P9-DGQ-832

MEKILTA DE-RABBI ISHMAEL

TRANSLATED BY

JACOB Z. LAUTERBACH

VOLUME TWO

THE JEWISH PUBLICATION SOCIETY OF AMERICA
Philadelphia

Copyright © 1933, 1961 by The Jewish Publication
Society of America
Paperback edition 1976
All rights reserved
Library of Congress Catalog card number 75-40823
ISBN 0-8276-0078-X
Manufactured in the United States of America

The JPS LIBRARY
of JEWISH CLASSICS

MEKILTA

de-RABBI ISHMAEL

A CRITICAL EDITION ON THE BASIS OF THE MANUSCRIPTS AND EARLY EDITIONS WITH AN ENGLISH TRANSLATION, INTRODUCTION AND NOTES

BY

JACOB Z. LAUTERBACH, Ph.D.
Professor at the
Hebrew Union College, Cincinnati

VOLUME TWO

PHILADELPHIA
THE JEWISH PUBLICATION SOCIETY OF AMERICA
1933

מכילתא

דרבי ישמעאל

הוצאה חדשה על פי כתבי יד ודפוסים ישנים עם שינויי נוסחאות
ומראה מקומות ותרגום והערות בשפת אנגלית

מאת

יעקב בצלאל הכהן לויטערבאך
פרופיסור בבית מדרש הרבנים בסינסינאטי

ספר שני

פילאדלפיא
החברה היהודית להוצאת ספרים אשר באמיריקא
תרצ"ד

Copyright, 1933,
by
The Jewish Publication Society of America

All rights reserved. No part of this book may be reproduced in any form without permission in writing from the publisher, except by a reviewer who may quote brief passages in a review to be printed in a magazine or newspaper.

PRINTED IN THE UNITED STATES OF AMERICA
PRESS OF THE JEWISH PUBLICATION SOCIETY
PHILADELPHIA, PENNA.

CONTENTS

TRACTATE SHIRATA

Chapter I

(Ex. 15.1)

Then Sang Moses. Sometimes the word "then" (*az*) refers to the past and sometimes to what is to come in the future. "Then began men to call upon the name of the Lord" (Gen. 4.26); "Then she said: 'A bridegroom of blood' " (Ex. 4.26); "Then sang Moses" (here); "Then David said" (I Chron. 15.2); "Then spoke Solomon" (I Kings 8.12)—these refer to the past. And there are instances in which the word "then" refers to what is to come in the future: "Then thou shalt see and be radiant" (Isa. 60.5); "Then shall thy light break forth as the morning" (ibid. 58.8); "Then shall the lame man leap as a hart" (ibid. 35.6); "Then the eyes of the blind shall be opened" (ibid., v. 5); "Then shall the virgin rejoice in the dance" (Jer. 31.12); "Then will our mouth be filled with laughter . . . Then will they say among the nations: 'The Lord hath done great things with these' " (Ps. 126.2)—these refer to what is to come in the future. Rabbi says: It is not written here: "Then Moses sang" (*Shar*), but, "Then Moses will sing" (*Yashir*). Thus we find that we can derive the resurrection of the dead from the Torah.

שירתא.

פרשתא קדמיתא (שמות ט"ו, א'.)

אז ישיר משה יש אז לשעבר ויש אז לעתיד לבא אז הוחל לקרוא בשם יי אז אמרה חתן דמים אז ישיר משה אז ישיר ישראל אז ידבר יהושע אז אמר דוד אז אמר שלמה הרי אלו לשעבר יש אז לעתיד לבא אז תיראי ונהרת אז יבקע כשחר אורך אז ידלג כאיל פסח אז תפקחנה אז תשמח בתולה אז ימלא שחוק פינו אז יאמרו בגוים הגדיל יי הרי אלו לעתיד לבא רבי אומר אז שר משה אין כתיב כאן אלא אז ישיר משה נמצינו למדין תחיית המתים מן התורה.

1–34 ש. 56. 1–39 ת. בשלח י'. 2 בראשית ד', כ"ו./ שמות ד', כ"ו. 3 במדבר כ"א, י"ז/ יהושע י', י"ב. 3–4 דהי"א. ט"ו, ב'. 4 מלכים א. ח', י"ב. 5 ישעיה ס', ה'./ שם נ"ח, ח'. 6 שם ל"ה, ו'./ שם ל"ה, ה'./ ירמיה ל"א, י"ב. 7 תהלים קכ"ו, ב'. 8–10 סנהדרין צ"א, ב'.

---

1 יש אז לשעבר] מ. אז ישיר ישראל ד. אז ישיר ישראל לשעבר / ויש אז] ד. ויש אומרין. 1–8 ויש אז לע"ל–ישיר ישראל] מ.<. 2 אמרה חתן דמים] ד. אמר. 3 אז ישיר משה] ד.<. 4 יש] ד. <. 8 רבי אומר] נ. ל. דבר אחר.

Moses and the Children of Israel. Moses was equal to Israel, and Israel was equal to Moses when uttering the song.

Another Interpretation: *Moses and the Children of Israel.* This tells that Moses sang the song before all Israel.

This Song. Is there only one song? Are there not ten songs? The first, which was recited in Egypt, as it is said: "Ye shall have a song, as in the night when a feast is hallowed"[1] (Isa. 30.29). The second, which was recited at the sea, as it is said: "Then sang Moses." The third, which was recited at the well, as it is said: "Then sang Israel" (Num. 21.17). The fourth, which Moses recited, as it is said: "And it came to pass when Moses had made an end of writing . . . And Moses spoke in the ears of all the assembly of Israel the words of this song until they were finished" (Deut. 31.24–30). The fifth, which Joshua recited, as it is said: "Then spoke Joshua to the Lord" (Josh. 10.12). The sixth, which Deborah and Barak the son of Abinoam recited, as it is said: "Then sang Deborah and Barak the son of Abinoam" (Judg. 5.1). The seventh, which David recited, as it is said: "And David spoke unto the Lord the words of this song" (II Sam. 22.1). The eighth, which Solomon recited, as it is said: "A Psalm, A Song at the Dedication of

[1] The verse in Isa. 30.29 was understood to refer to the festival observed by the Israelites on the night preceding their deliverance from Egypt (see Pes. 95b and Gen. Rab. 6.3).

משה ובני ישראל משה שקול כישראל וישראל שקולין כמשה בשעה שאמרו שירה דבר אחר משה ובני ישראל מגיד שאמר משה שירה כנגד כל ישראל.

את השירה הזאת וכי שירה אחת היא והלא עשר שירות הן הראשונה שנאמרה במצרים שנאמר השיר יהיה לכם כליל התקדש חג וגו׳ השנייה שנאמרה על הים שנאמר אז ישיר משה השלישית שנאמרה על הבאר שנאמר אז ישיר ישראל הרביעית שאמר משה שנאמר ויהי ככלות משה לכתוב וגו׳ החמישית שאמר יהושע שנאמר אז ידבר יהושע ליי וגו׳ הששית שאמרו דבורה וברק שנאמר ותשר דבורה וברק בן אבינועם השביעית שאמר דוד שנאמר וידבר דוד ליי את דברי השירה הזאת השמינית שאמר שלמה שנאמר מזמור שיר חנוכת

11–12 שהש״ר ד׳, א׳. 12–14 מ״ת. 45. 17 ישעיה ל׳, כ״ט. 19 במדבר כ״א, י״ז. 20–21 דברים ל״א, כ״ד. 21–22 יהושע י׳, י״ב. 23 שופטים ה׳, א׳. 24 שמואל ב. כ״ב, א׳. 25–26 תהלים ל׳, א׳.

11 משה] ס. ד״א משה. מ. רבי אומר משה./ כישראל] ד. כנגד כל ישראל. 12–13 שאמרו שירה–מגיד] א. <. 17 השיר] ק. נ. ~ הזה/ חג וגו׳] ס. חג פסח. 21 לכתוב] ד. לדבר/ וגו׳] מ. ס. ד. את (ד. ~ כל) דברי השירה הזאת. וליתא במקרא. 22 ליי]–ס. מ.: א. < ד. לפני יי ביום תת יי.

the House of David" (Ps. 30.1). Now, was it David who built it? Did not Solomon build it, as it is said: "So Solomon built the house, and finished it" (I Kings 6.14)? What then does it mean by saying: "A Psalm; A Song at the Dedication of the House of David?" Merely, that since David was with his whole soul devoted to it, wishing to build it, it is named after him. And so it says: "Lord, remember unto David all his affliction; how he swore unto the Lord, and vowed unto the Mighty One of Jacob: 'Surely I will not come into the tent of my house . . . until I find out a place for the Lord' . . . Lo, we heard of it as being in Ephrath," etc. (Ps. 132.1–6). What does it say in another passage? "Now, see to thine own house, David" (I Kings 12.16). Thus, since David was with his whole soul devoted to it, it is called by his name. And so you will find if a man devotes himself with his whole soul to anything it is named after him. There were three things to which Moses devoted himself with his whole soul and they were all named after him. He devoted himself with his whole soul to the Torah and it is named after him. For it is said: "Remember ye the law of Moses, My servant" (Mal. 3.22). But is it not the law of God, as it is said: "The law of the Lord is perfect restoring the soul" (Ps. 19.8)? Hence, what does it mean by saying: "The law

הבית לדוד וכי דוד בנאו והלא שלמה בנאו שנאמר ויבן שלמה את הבית ויכלהו ומה תלמוד לומר מזמור שיר חנוכת הבית לדוד אלא לפי שנתן דוד נפשו עליו לבנותו נקרא על שמו וכן הוא אומר זכור יי לדוד את כל ענותו אשר נשבע ליי נדר לאביר יעקב אם אבא באהל ביתי וגו׳ עד אמצא מקום ליי וגו׳ הנה שמענוה באפרתה וגו׳ מה הוא אומר עתה ראה ביתך דוד הא לפי שנתן דוד נפשו עליו נקרא על שמו וכן אתה מוצא שכל דבר שאדם נותן נפשו עליו נקרא על שמו שלשה דברים נתן משה נפשו עליהם ונקראו על שמו נתן נפשו על התורה ונקראת על שמו שנאמר זכרו תורת משה עבדי והלא תורת אלהים היא שנאמר תורת יי תמימה משיבת נפש הא מה תלמוד לומר תורת משה

---

27 מלכים א. ו׳, י״ד. 30–32 תהלים קל״ב, א׳–ו׳. 33 מלכים א. י״ב, ט״ז. 34–35 לקמן פ״י. 34–37 מ״ת. 96. שמו״ר ל׳, ד׳; במ״ר י״ב, י׳; פס״ר י״ד, ב׳. 37–38 מלאכי ג׳, כ״ב. 38–39 תהלים י״ט, ח׳. 39–43 מדרש תהלים א׳, ט״ז. שבת פ״ט, א׳.

---

30 ענותו] א. עונתו/ ליי] מ. יי. 32–33 מה הוא אומר] ד. ואם כן מהו אומר. 34 עליו נקרא] ד. עליה נקראת. 34–35 וכן אתה מוצא–נקרא על שמו] א. <.

of Moses, My servant?" Merely, that because Moses devoted himself with his whole soul to it, it is named after him. But where do we find that he devoted himself with his whole soul to the Torah? It is said: "And he was there with the Lord," etc. (Ex. 34.28). And it also says: "Then I abode in the mount forty days and forty nights," etc. (Deut. 9.9). Thus, since he devoted himself with his whole soul to the Torah, it is called after him.

He devoted himself with his whole soul to Israel and they were called his. For it says: "Go, get thee down; for thy people . . . have dealt corruptly" (Ex. 32.7). But were they not God's people, as it is said: "Yet they are Thy people and Thine inheritance" (Deut. 9.29)? And it also says: "in that men said of them: 'These are the people of the Lord' " (Ezek. 36.20). What then does it mean by saying: "Go, get thee down; for thy people . . . have dealt corruptly?" Merely, that since he devoted himself with his whole soul to Israel, they were called his people. But where do we find that he devoted himself with his whole soul to Israel? It is said: "And it came to pass, in those days, when Moses had grown up, that he went out unto his brethren, and looked on their burdens" (Ex. 2.11). And it is written: "And he looked this way and that way," etc. (ibid., v. 12). Thus, because he devoted himself with his whole soul to Israel they were called his.

He devoted himself with his whole soul to justice and the judges were called his. For, it

עבדי אלא לפי שנתן נפשו עליה נקראת על שמו וכי היכן מצינו שנתן נפשו על התורה שנאמר ויהי שם עם יי וגו׳ ואומר ואשב בהר ארבעים יום וגו׳ הא לפי שנתן נפשו על התורה נקראת על שמו נתן נפשו על ישראל ונקראו על שמו שנאמר לך רד כי שחת עמך והלא עם יי הם שנאמר והם עמך ונחלתך ואומר באמור להם עם יי אלה וגו׳ ומה תלמוד לומר לך רד כי שחת עמך אלא לפי שנתן נפשו על ישראל נקראו על שמו וכי היכן מצינו שנתן נפשו על ישראל שנאמר ויהי בימים ההם ויגדל משה ויצא אל אחיו וירא בסבלותם וכתיב ויפן כה וכה וגו׳ הא לפי שנתן נפשו על ישראל נקראו על שמו נתן נפשו על הדינין ונקראו הדינים

40–61 שמו״ר ל׳, ד׳. פס״ר י״ד, ב׳. ת. כי תשא ל״ה. במ״ר י״ב, י׳. מ״ת 96. מדרש שני כתובים (ווערטהיימער בתי מדרשות, בית רביעי ב׳ צד ב׳–ג׳). 40–70 ת. בשלח י׳. 41–42 שמות ל״ד, כ״ח. 42 דברים ט׳, ט׳. 44–45 שמות ל״ב, ז׳. 45–46 דברים ט׳, כ״ט. 46 יחזקאל ל״ו, כ׳. 49–51 שמות ב׳, י״א–י״ב.

---

43 נתן] מ. שנייה נתן. 52 נתן] מ. שלישית נתן/ הדינים] מ. ד. <.

says: "Judges and officers shalt thou make thee,"[2] etc. (Deut. 16.18). But is not justice God's, as it is said: "For the judgement is God's" (Deut. 1.17)? What, then, does it mean by saying: "Shalt thou make thee"? Merely, that since Moses devoted himself with his whole soul to justice, the judges are called his. But where do we find that he devoted himself with his whole soul to justice? It is said: "And he went out the second day," etc. And it says: "And he said: 'Who made thee a ruler and a judge over us?'" And it is written: "Now, when Pharaoh heard this thing," etc. And it is written: "Now, the priest of Midian had seven daughters," etc. And it is written: "And the shepherds came and drove them away" (Ex. 2.13–17).—Now, he had to flee just because of his acting as a judge and yet he turns again to acting as a judge—"He executed the righteousness of the Lord and His judgments with Israel" (Deut. 33.21). Thus, because he devoted himself to justice with his whole soul, the judges were called his.

The ninth song was the one which Jehoshaphat recited, as it is said: "And when he had taken counsel with the people, he appointed them that should sing unto the Lord, and praise in the beauty of holiness, as they went out before the army, and say: 'Give thanks unto the Lord, for His mercy endureth for ever'" (II Chron. 20.21). And why is this thanksgiving-song different from

---

[2] "Shalt thou make thee," is interpreted as having been addressed by God to Moses.

על שמו שנאמר שופטים ושוטרים תתן לך וגו׳ והלא המשפט לאלהים הוא שנאמר כי המשפט לאלהים הוא ומה תלמוד לומר תתן לך אלא לפי שנתן נפשו על הדינים נקראו הדיינין על שמו וכי היכן מצינו שנתן נפשו על הדינין שנאמר ויצא ביום השני וגו׳ ואומר ויאמר מי שמך לאיש שר ושופט עלינו וכתיב וישמע פרעה וגו׳ וכתיב ולכהן מדין שבע בנות וגו׳ וכתיב ויבאו הרועים ויגרשום מדיינין ברח ולדיינין חזר צדקת יי עשה ומשפטיו עם ישראל הא לפי שנתן נפשו על הדינין נקראו הדיינין על שמו התשיעית שאמר יהושפט שנאמר ויועץ על העם ויעמד משוררים ליי ומהללים בהדרת קדש וגו׳ ואומר הודו ליי כי לעולם חסדו ומה נשתנית

---

53 דברים ט״ז, י״ח. 54–55 שם א׳, י״ז. 57–60 שמות ב׳, י״ג–י״ז. 61 דברים ל״ג, כ״א. 63–65 דה״ב. כ׳, כ״א. 65–70 ספרי במדבר ק״ז. מגלה י׳, ב׳.

54–55 שנאמר–לאלהים הוא] א. ד. <. 55 לפי] מ. < ד. מתוך. 56 על הדינים] ד. עליהם מ. על הדין / נקראו] מ. נקרא / הדיינים] ד. < מ. הדין. 57 על הדינין] ד. עליהם. 61 חזר] מ. ~ שנאמר. 62 על הדינין] ד. עליהם / הדיינין] ד. <. 63–64 על העם] א. ס. כל העם. ד. יהושפט. במקרא אל העם. 64 ליי] מ. ס. בבית יי׳/ ומהללים] מ. ס. ד. מהללים/ בהדרת] במקרא להדרת. 65 ואומר] ד. אומר. במקרא ואומרים/ הודו ליי] א. ק. נ. ~ כי טוב.

all the other thanksgiving-songs in the Torah?[3] In all the other thanksgiving-songs in the Torah it is said: "Give thanks unto the Lord, for He is good, for His mercy endureth forever;" and why does it here say only: "Give thanks unto the Lord, for His mercy endureth forever?" Simply because—as if it could be said—there was no rejoicing over the destruction of the wicked before Him on high. Now, if there is no joy before Him on high at the destruction of the wicked, how much the more is there no joy at the destruction of the righteous, of whom one is as important as the whole world, as it is said: "But the righteous is the foundation of the world" (Prov. 10.25). The tenth song will be recited in the future, as it is said: "Sing unto the Lord a new song, and His praise from the end of the earth" (Isa. 42.10). And it also says: "Sing unto the Lord a new song, and His praise in the assembly of the saints." (Ps. 149.1). The designation for each one of the songs of the past is a feminine noun. For, just as a female gives birth, so all the deliverances of the past had after them subjugations. But the salvation which is to be will not be followed by subjugation. For this reason it is designated by a masculine noun. For,

---

Torah here is used in a broader sense to designate the whole Bible (see Bacher, op. cit., p. 197).

הודיה זו מכל ההודיות שבתורה שבכל הודיות שבתורה נאמר הודו ליי כי טוב כי לעולם חסדו וכאן הוא אומר הודו ליי כי לעולם חסדו אלא כביכול לא היתה שמחה לפניו במרום על אבדן של רשעים אם על מיתתן של רשעים לא היתה שמחה במרום קל וחומר על הצדיקים שאחד שקול ככל העולם כולו שנאמר וצדיק יסוד עולם העשירית לעתיד לבא שנאמר שירו ליי שיר חדש תהלתו מקצה הארץ ואומר שירו ליי שיר חדש תהלתו בקהל חסידים כל השירות שעברו קרואות בלשון נקבה כשם שהנקבה יולדת כך התשועות שעברו היו אחריהן שעבוד אבל התשועה העתידה להיות אין אחריה שעבוד לכך קרואה בלשון זכר

---

72 משלי י', כ"ה. 73–74 ישעיה מ"ב, י'. 74–75 תהלים קמ"ט, א'. 75–81 שמו"ר כ"ג, י"א. שהש"ר א', ה'. 75–139 ש. 57.

---

68 וכאן הוא אומר–לעולם חסדו] ד. ובזו לא נאמר. 69 במרום] ד. <. 71 על הצדיקים שאחד] מ. על אבידתן של צדיקים של צדיק אחד שהוא. א. ט. על אבידתן (ט. אבידתו) של צדיק אחד שהוא. ס. על אבידתן של צדיקים שצדיק אחד. 74 מקצה] א. ט. בקצה מ. בקהל. 78 אין אחריה שעבוד לכך] א. מ. ט. מ"ח. <.

it is said: "Ask ye now, and see whether a man doth travail with child" (Jer. 30.6). Just as a male does not give birth, so also the salvation which is to be in the future will not have any subjugation after it, as it is said: "O Israel, that art saved by the Lord with an everlasting salvation" (Isa. 45.17).

Unto the Lord. They said it to the Lord; they did not say it to a human being, as it is said further on: "That the women came out of all the cities of Israel singing and dancing, to meet King Saul" (I Sam. 18.6). And it says: "And the women sang one to another in their play," etc. (ibid., v. 7). But here, they said it to the Lord and not to a human being.

And Spoke Saying. R. Nehemiah says: The holy spirit rested upon Israel and they uttered the song in the manner in which people recite the *Shema'*. R. Akiba says: The holy spirit rested upon Israel and they uttered the song in the manner in which people recite the *Hallel*. R. Eliezer the son of Taddai says: Moses would first begin with the opening words. Israel would then repeat them after him and finish the verse

שנאמר שאלו נא וראו אם יולד זכר כשם שאין הזכר יולד כך התשועה העתידה לבא לא יהא אחריה שעבוד שנאמר ישראל נושע ביי תשועת עולמים.

ליי ליי אמרוה ולא אמרוה לבשר ודם כמו שנאמר להלן ותצאנה הנשים מכל ערי ישראל לשיר והמחולות לקראת שאול וגו׳ ואומר ותענינה הנשים המשחקות וגו׳ אבל כאן ליי אמרוה ולא אמרוה לבשר ודם.

ויאמרו לאמר רבי נחמיה אומר רוח הקדש שרת על ישראל והיו אומרים שירה כבני אדם שהן קורין את שמע רבי עקיבא אומר רוח הקדש שרת עליהם והיו אומרים שירה כבני אדם שהן קוראין את ההלל רבי אליעזר בן תדאי אומר משה היה פותח בדברים תחלה וישראל עונין אחריו וגומרין

---

79 ירמיה ל׳, ו׳. 81 ישעיה מ״ה, י״ז. 83–85 שמואל א. י״ח, ו׳–ז׳. 87–99 סוטה ל׳, ב׳. י׳ שם ה׳, ו׳ (20°). תוס׳ שם ו׳, ב׳–ג׳.

---

79 שנאמר] ט. < ש. מ״ע. כענין שנאמר. 80 לבא לא יהא] מ. ס. לבא קרויה לשון זכר שאין. 83 הנשים] א. ~ המחוללות ד. כל הנשים. 83–85 מכל ערי ישראל–ותענינה הנשים] ד. <. 85 המשחקות] ק. לשיר. 88 והיו אומרים שירה] מ. ד. ואמרו שירה והיו אומרים שירה (ד. והשירה שהיו אומרים). 89–90 רוח הקודש–אומרים שירה] ד. <. 91 אליעזר] ש. ט. ס. מ״ח. אלעזר/ תדאי] ט. עזריה.

with him. Moses began, saying: "I will sing unto the Lord, for He is highly exalted." And Israel repeated after him and finished with him: "I will sing unto the Lord, for He is highly exalted. The horse and the rider hath He thrown into the sea." Moses began, saying: "The Lord is my strength and my song." And Israel repeated after him and finished with him: "The Lord is my strength and my song. And He is become my salvation." Moses began, saying: "The Lord is a man of war." And Israel repeated after him and finished with him: "The Lord is a man of war, the Lord is His name."

I Will Sing unto the Lord, for He Is Highly Exalted. To the Lord it is meet to ascribe greatness; to the Lord it is meet to ascribe power; to the Lord it is meet to ascribe the glory and the victory and the majesty. And so David says: "Thine, O Lord, is the greatness and the power, and the glory, and the victory and the majesty" (I Chron. 29.11).

I Will Sing unto the Lord for He is Really Exalted. When a king of flesh and blood enters a province, all praise him to his face, saying that he is mighty when he really is weak; that he is rich when he really is poor; that he is wise when he really is foolish; that he is just[4]; that he is faithful; when he has none of these qualities.

---

[4] I. e., a true judge.

עמו משה היה פותח ואומר אשירה ליי כי גאה גאה וישראל עונין אחריו וגומרין עמו אשירה ליי כי גאה גאה סוס ורוכבו רמה בים משה היה פותח ואומר עזי וזמרת יה וישראל עונין אחריו וגומרין עמו עזי וזמרת יה ויהי לי לישועה משה היה פותח ואומר יי איש מלחמה וישראל עונין אחריו וגומרין עמו יי איש מלחמה יי שמו.

אשירה ליי כי גאה ליי נאה גדולה ליי נאה גבורה ליי נאה התפארת והנצח וההוד וכן דוד אומר לך יי הגדולה והגבורה והתפארת והנצח וההוד.

אשירה ליי כי גאה גאה מלך בשר ודם שנכנס למדינה והיו הכל מקלסין לפניו שהוא גבור ואינו אלא חלש שהוא עשיר ואינו אלא עני שהוא חכם ואינו אלא טפש שהוא רחמני ואינו אלא אכזרי שהוא דיין שהוא נאמן ואין בו אחת מכל המדות

---

102 דברי הימים א. כ"ט, י"א.

94–95 עונין אחריו–כי גאה גאה] ד. אומרים. 96–97 וגומרין עמו] ד. <. 97 עזי וזמרת יה] הוספתי–ס. ט. 98–99 וגומרין עמו י"י איש מלחמה] א. <. 100 לי"י כי גאה] מ. ד. <. 101 נאה התפארת–וההוד] מ. ד. <. 104 נאה גאה] א. מ. ט. ש.~(א. ש. מושלו משל מ. משל) למה הדבר דומה. 105 לפניו] מ. ס. ~ סבורין. 108 שהוא דיין] ד. </ ואין בו אחת] ק. < נ. ל. ואין נאמן.

They all merely flatter him. It is not so, however, with Him by whose word the world came into being. But, "I will sing unto the Lord," who is mighty, as it is said: "The great God, the mighty and the awful," etc. (Deut. 10.17); "The Lord strong and mighty, the Lord mighty in battle" (Ps. 24.8); "The Lord will go forth as a mighty man" (Isa. 42.13); "There is none like unto Thee, O Lord; Thou art great, and Thy name is great in might" (Jer. 10.6). "I will sing unto the Lord," who is rich, as it is said: "Behold, unto the Lord thy God belongeth the heaven," etc. (Deut. 10.14); "The earth is the Lord's, and the fulness thereof" (Ps. 24.1); "The sea is His," etc. (ibid. 95.5); "Mine is the silver, and Mine the gold" (Hag. 2.8); "Behold, all souls are Mine" (Ezek. 18.4). "I will sing unto the Lord," who is wise, as it is said: "The Lord by wisdom founded the earth" (Prov. 3.19); "With Him is wisdom and might," etc. (Job. 12.13); "For the Lord giveth wisdom" (Prov. 2.6); "He giveth wisdom unto the wise," etc. (Dan. 2.21); "Who would not fear Thee, O King of the nations? For it befitteth Thee; forasmuch as among all the wise men of the nations, and in all their royalty, there is none like unto Thee" (Jer. 10.7). "I will sing unto the Lord," who is merciful, as it

הללו אלא הכל מחניפין לו אבל מי שאמר והיה העולם אינו כן אלא אשירה ליי שהוא גבור שנאמר האל הגדול הגבור והנורא וגו׳ ואומר יי עזוז וגבור יי גבור מלחמה ואומר יי כגבור יצא וגו׳ ואומר מאין כמוך יי גדול אתה וגדול שמך בגבורה אשירה ליי שהוא עשיר שנאמר הן ליי אלהיך השמים וגו׳ ואומר ליי הארץ ומלואה וגו׳ ואומר אשר לו הים וגו׳ ואומר לי הכסף ולי הזהב וגו׳ ואומר הן כל הנפשות לי הנה וגו׳ אשירה ליי שהוא חכם שנאמר יי בחכמה יסד ארץ ואומר עמו חכמה וגבורה וגו׳ ואומר כי יי יתן חכמה וגו׳ ואומר יהיב חכמתא לחכימין וגו׳ מי לא ייראך מלך הגוים וגו׳ כי בכל חכמי הגוים ובכל מלכותם מאין כמוך אשירה ליי

---

111 דברים י׳, י״ז. 111–112 תהלים כ״ד, ח׳. 112 ישעיה מ״ב, י״ג. 113 ירמיה י׳, ו׳. 114 דברים י׳, י״ד. 115 תהלים כ״ד, א׳./ שם צ״ה, ה׳. 116 חגי ב׳, ח׳. 116–117 יחזקאל י״ח, ד׳. 118 משלי ג׳, י״ט./ איוב י״ג, י״ג. 119 משלי ב׳, ו׳. 119–120 דניאל ב׳, כ״א. 120–121 ירמיה י׳, ז׳.

---

109 אלא] ד. <. 110 אלא] ד. ~ כל מה שמקלסין אותו יותר הוא מקלוסו / שהוא גבור] מ. שהוא גדול ונבור. 111 יי עזוז] מ. לי עזוז. 116–117 הן כל הנפשות לי הנה וגו׳] ד. הן הנפשות לי הנה כנפש האב ונפש הבן לי הנה הנפש החוטאת היא תמות. 119 חכמתא א. חכמה. 120 וגו׳[2]] הוספתי=מא״ש. 120–121 מי לא ייראך–מאין כמוך] מ. א. ס. ט״כ. מי בכל חכמי הגוים וגו׳ ט. כי בכל חכמי הגוים.

is said: "The Lord, the Lord, God, merciful and gracious," etc. (Ex. 34.6); "For the Lord thy God is a merciful God" (Deut. 4.31); "The Lord is good to all; and His tender mercies are over all His works" (Ps. 145.9); "To The Lord our God belong compassions and forgiveness" (Dan. 9.9). "I will sing unto the Lord," who is a true judge, as it is said: "For the judgement is God's" (Deut. 1.17); "God standeth in the congregation of God; in the midst of the judges he judgeth" (Ps. 82.1); "The Rock, his work is perfect," etc. (Deut. 32.4). "I will sing unto the Lord," who is faithful, as it is said: "The faithful God," etc. (Deut. 7.9); "A God of faithfulness," etc. (ibid. 32.4).—Behold, to the Lord it is meet to ascribe the might, and the glory, and the victory, and the majesty.

I Will Sing unto the Lord. For He is excellent, He is majestic, He is praiseworthy and there is none to compare with Him, as it is said: "For who in the skies can be compared unto the Lord" . . . "A God dreaded in the great council of the holy ones," etc. (Ps. 89.7–8). And it also says: "O Lord God of hosts (*Zebaot*) who is a mighty one like Thee" (ibid., v. 9). What is the meaning of Zebaot? He is the ensign (*Ot*) among His host (*Zaba*). And likewise when it says: "And He came (*ve-ata*) from the myriads holy" (Deut. 33.3), it means He is the ensign[5] among His holy myriads. And so also David says:

[5] This interpretation is based upon a play on the word אתא which in Aramaic means "a sign."

שהוא רחמן שנאמר יי יי אל רחום וחנון וגו׳ ואומר כי אל רחום יי וגו׳ ואומר זכור רחמיך יי וגו׳ ואומר טוב יי לכל ורחמיו וגו׳ ואומר ליי אלהינו הרחמים והסליחות אשירה ליי שהוא דיין שנאמר כי המשפט לאלהים הוא ואומר אלהים נצב בעדת אל וגו׳ ואומר הצור תמים פעלו וגו׳ אשירה ליי שהוא נאמן שנאמר האל הנאמן וגו׳ ואומר אל אמונה וגו׳ הא ליי נאה הגבורה והתפארת והנצח וההוד.

אשירה ליי שהוא נאה שהוא הדור שהוא משובח ואין כערכו שנאמר כי מי בשחק יערך ליי וגו׳ ואומר אל נערץ בסוד קדושים רבה ואומר יי אלהי צבאות כי כמוך חסין יה מהו צבאות אות הוא בתוך צבא שלו וכן הוא אומר ואתא מרבבות קדש אות הוא בתוך רבבות קדש שלו וכן דוד הוא

122 שמות ל״ד, ו׳. 123 דברים ד׳, ל״א. / תהלים כ״ה, ו׳. 124 שם קמ״ה, ט׳. 124–125 דניאל ט׳, ט׳. 125–126 דברים א׳, י״ז. 126 תהלים פ״ב, א׳. 127 דברים ל״ב, ד׳. 128 שם ז׳, ט׳./ שם ל״ב, ד׳. 131–133 תהלים פ״ט, ז׳–ט׳. 134 135 דברים ל״ג, ב׳. ספרי דברים שמ״ג. חגיגה ט״ז, א׳.

125–127 אשירה ליי שהוא דיין–תמים פעלו וגו׳] א. <. 129 ליי] ד. לו. 131 ואין כערכו] מ. א. </ יערך] מ. ד. יעריך / ליי] מ. לך. 133 אלהי] א. ט. ש. אלהים./ מהו צבאות] א. מ. <. 135 אות הוא] ק. ס. אתא הוא מ. נ. ל. את הוא/ שלו] נ. ל. שלך.

"There is none like unto Thee, among the gods, O Lord," etc. (Ps. 86.8). And it also says: "My beloved is white and ruddy . . . His head is as the most fine gold . . . His eyes are like doves . . . His cheeks are as a bed of spices . . . His hands are as rods of gold . . . His legs are as pillars of marble" (Cant. 5.10–15).

R. Jose the Galilean says: Behold, it says: "Out of the mouth of babes and sucklings hast Thou founded strength" (Ps. 8.3). Babes (*'Olalim*) are those who are still in the mother's wombs, as in the passage: "Or as a hidden untimely birth I had not been; as infants (*ke'olalim*) that never saw light" (Job 3.16). Sucklings are those who suck from their mother's breasts, as in the passage: "Gather the children, and those that suck the breasts" (Joel 2.16). Rabbi says: Babes (*'Olalim*) here means children old enough to be out on the street, as in the passage: "To cut off the children (*'Olal*) from the street" (Jer. 9.20), and as in the passage: "The young children (*'Olalim*) ask bread," etc. (Lam. 4.4). Sucklings are those still at their mother's breasts, as in the passage: "Gather the children and those that suck the breasts" (Joel 2.16). These as well as those opened their mouths and uttered song before God, as it is said: "I will sing unto the Lord,"[6] etc. R. Meir says: Even embryos in their mother's wombs opened their mouths and uttered song before God, as it is said: "Bless ye God in full assemblies, even the Lord,

---

[6] The proof is from what follows: "My strength," etc. The

אומר אין כמוך באלהים יי וגו׳ וכן הוא אומר דודי צח ואדום וגו׳ ואומר ראשו כתם פז וגו׳ ואומר עיניו כיונים וגו׳ ואומר לחייו כערוגת הבושם וגו׳ ואומר ידיו גלילי זהב וגו׳ ואומר שוקיו עמודי שש וגו׳ רבי יוסי הגלילי אומר הרי הוא אומר מפי עוללים ויונקים יסדת עוז עוללים אלו שבמעי אמן שנאמר או כנפל טמון לא אהיה כעוללים לא ראו אור יונקים אלו שיונקים משדי אמן שנאמר אספו עוללים ויונקי שדים רבי אומר עוללים אלו שבחוץ שנאמר להכרית עולל מחוץ ואומר עוללים שאלו לחם יונקים אלו שעל שדי אמן שנאמר אספו עוללים ויונקי שדים אלו ואלו פתחו פיהם ואמרו שירה לפני המקום שנאמר אשירה ליי וגו׳ רבי מאיר אומר אף עוברין שבמעי אמן פתחו פיהן ואמרו שירה לפני המקום שנאמר במקהלות ברכו אלהים

---

136 תהלים פ״ו, ח׳. 136–139 שה״ש ה׳, י״א–ט״ו. 140–141 תהלים ח׳, ג׳. 141–142 איוב ג׳, ט״ז. 143–144 יואל ב׳, ט״ז. 145 ירמיה ט׳, כ׳./ איכה ד׳, ד׳. 146–147 יואל שם. 148–150 סוטה ל׳, ב׳. י׳ שם ה׳, ו׳ (20c). מדרש שה״ש (גרינהוט ל״ח, ב׳). 150 תהלים ס״ח, כ״ז.

---

141 עוללים אלו] ד. מפי עוללים אלו/ שבמעי אמן] ט. עוברים שבמעי אמן. 144 שבחוץ] כ. (תהלים ח׳, ט׳) שבארץ ישראל. 148–150 שנאמר אשירה–המקום] א. <.

ye that are from the fountain[7] of Israel" (Ps. 68.27). And not only Israel uttered song before God, but also the minstering angels, as it is said: "O Lord, our Lord, how glorious is Thy name in all the earth! Whose majesty is rehearsed above the heavens" (Ps. 8.2).

Chapter II
(Ex. 15.1)

For He Is Highly Exalted. He has exalted me and I have exalted Him.[1] He has exalted me in Egypt, as it is said: "And thou shalt say unto Pharaoh: Thus saith the Lord: Israel is My son, My firstborn" (Ex. 4.22). I too exalted Him in Egypt, as it is said: "Ye shall have a song as in the night when a feast is hallowed" (Isa. 30.29).

Another Interpretation: *For He Is Highly Exalted.* He has exalted me and I have exalted Him. He has exalted me at the sea, as it is said: "And the angel of God . . . removed," etc. (Ex. 14.19). I too exalted Him at the sea and uttered song before Him, as it is said: "I will sing unto the Lord, for He is highly exalted."

Another Interpretation: *For He Is Highly Exalted.* He is exalted and will be exalted in the future, as it is said: "For the Lord of hosts hath

---

burden of the song sung by the babes, then, was the strength of God.

[7] "The fountain" is taken as an allusion to the womb.

[1] The infinitive absolute is interpreted independently of the finite verb, as indicating a separate act.

וגו׳ ולא ישראל בלבד אמרו שירה לפני המקום אלא אף מלאכי השרת שנאמר יי אדוננו מה אדיר שמך בכל הארץ אשר תנה הודך על השמים.

פרשה ב (שמות ט״ו, א׳.)

כי גאה גאה גאני וגאיתיו גאני במצרים שנאמר ואמרת אל פרעה כה אמר יי בני בכורי ישראל אף אני גאיתיו במצרים שנאמר השיר יהיה לכם כליל התקדש חג וגו׳ דבר אחר כי גאה גאה גאני וגאיתיו גאני על הים שנאמר ויסע מלאך האלהים וגו׳ אף אני גאיתיו על הים ואמרתי לפניו שירה שנאמר אשירה ליי כי גאה גאה דבר אחר כי גאה גאה גיאה ועתיד להתגאות שנאמר כי יום

152–153 שם ח׳, ב׳.
1–23 ש. 57–58. 2–3 שמות ד׳, כ״ב. 3–4 ישעיה ל׳, כ״ט.
5–6 שמות י״ד, י״ט. 8–12 ישעיה ב׳, י״ב–י״ז.

---

3 אף אני גאיתיו] ד. ונאתיו. 8 גיאה] ק. נ. < א. ל. גאה.

a day upon all that is proud . . . And upon all the cedars of Lebanon . . . And upon all the high mountains . . . And upon every lofty tower . . . And upon all the ships of Tarshish . . . And the loftiness of man shall be bowed down . . . And the idols shall utterly pass away" (Isa. 2.12–18).

Another Interpretation: *For He Is Highly Exalted*. He is exalted above all those who exalt themselves. For with the very thing with which the nations of the world pride themselves before Him, He punishes them. For thus it says about the generation of the flood: "Their bull gendereth," etc.; "They send forth their little ones," etc.; "They sing to the timbrel and harp and rejoice," etc. (Job 21.10–12). And what is said further on? "Yet they say unto God: 'Depart from us,' etc.; 'What is the Almighty, that we should serve Him?' " etc. (ibid. vv. 14–15). They said: "Is it not but for the drop of rain? We do not need Him for that, but a mist that cometh up from the earth will water the whole face of the ground." Said the Holy One, blessed be He, to them: "Fools that you are! You act proudly with the good thing which I lavished upon you. As you live! By means of that very thing I will punish you," as it is said: "And the rain was upon the earth" (Gen. 7.12). R. Jose the son of the Damascene says: "They have turned their eye from the lofty to the low, to accomplish their evil desires.[2] And the Holy

[2] See Commentaries.

ליי צבאות על כל גאה וגו׳ ואומר ועל כל ארזי הלבנון וגו׳ ועל כל ההרים הרמים ועל כל מגדל גבוה וגו׳ ועל כל אניות תרשיש וגו׳ ושח גבהות אדם וגו׳ ואומר והאלילים כליל יחלוף דבר אחר כי גאה גאה מתגאה הוא על כל המתגאים שבמה שאומות העולם מתגאים לפניו בו הוא נפרע מהם שכן הוא אומר בדור המבול שורו עבר וגו׳ ישלחו כצאן עויליהם וגו׳ ישאו בתוף וכנור וישמחו וגו׳ ומה נאמר שם ויאמרו לאל סור ממנו וגו׳ מה שדי כי נעבדנו וגו׳ אמרו לא טפת גשמים היא אין אנו צריכים לו אלא ואיד יעלה מן הארץ והשקה את כל פני האדמה אמר להם הקדוש ברוך הוא שוטים שבעולם בטובה שהשפעתי לכם בה אתם מתגאים חייכם בה אני נפרע מכם שנאמר ויהי הגשם על הארץ וגו׳ רבי יוסי בן דורמסקית אומר הם נתנו את עיניהם העליונה בתחתונה כדי לעשות תאותם

15–18 איוב כ״א, י׳–י״ב, י״ד–ט״ו. 15–23 ספרי דברים מ״ג. תוס׳ סוטה ג׳, ו׳–ח׳. סנהדרין ק״ח, א׳. במ״ר ט׳, כ״ד. 19–20 בראשית ב׳, ו׳. 22–23 בראשית ז׳, י״ב. 23–52 ספרי דברים שם. תוס׳ סוטה ג׳, ט׳–י״ד. במ״ר שם. ש. 58.

19 לו] א. מ. ס. ט. לה. 22 חייכם] א. < ד. לפני. 24 העליונה] ד. העליונים.

One, blessed be He, opened on them wells from above and from below in order to destroy them, as it is said: "On the same day were all the fountains of the great deep broken up, and the windows of heaven were opened" (ibid. 7.11). And you find it also in the case of the people of the Tower that by means of the very thing with which they prided themselves before Him, God punished them. For it says: "And they said: 'Come let us build us a city,' " etc. (Gen. 11.4). And what is written following it? "So the Lord scattered them abroad from thence," etc. (ibid. v. 8).

And you find it also in the case of the people of Sodom that by means of the very thing with which they prided themselves before Him, God punished them. For it says: "As for the earth, out of it cometh bread," etc.; "The stones thereof are the place of sapphires," etc.; "That path no bird of prey knoweth," etc.; "The proud beasts have not trodden it," etc. (Job 28.5–8). The people of Sodom said: "We do not need any man to come to us. Behold, food is taken from us, and silver and gold and precious stones and pearls are taken away from us. Let traveling among us be forgotten." Said to them the Holy One, blessed be He: "Fools that you are! You act so proudly with the good things which I lavished upon you, and you say: 'Let us cause traveling among us to be forgotten.' I too will cause you to be forgotten from the world." For it says:

והקדוש ברוך הוא פתח עליהם מעינות מלמעלה ומלמטה כדי לאבדם שנאמר ביום הזה נבקעו כל מעינות תהום רבה וארובות השמים נפתחו וכן אתה מוצא באנשי מגדל שבמה שנתגאו לפניו בו נפרע מהם שנאמר ויאמרו הבה נבנה לנו עיר וגו׳ ואחריו מה כתיב ויפץ יי אותם משם וגו׳ וכן את מוצא באנשי סדום שבמה שנתגאו לפניו בו נפרע מהם שנאמר ארץ ממנה יצא לחם וגו׳ מקום ספיר אבניה וגו׳ נתיב לא ידעו עיט וגו׳ לא הדריכוהו בני שחץ וגו׳ אמרו הסדומיים אין אנו צריכין שיבא אדם אצלנו הרי מזון יוצא מאצלנו וכסף וזהב ואבנים טובות ומרגליות יוצאות מאצלנו נשכח את הרגל מבינותינו אמר להם הקדוש ברוך הוא שוטים שבעולם בטובה שהשפעתי לכם אתם מתגאים ואתם אומרים נשכח את הרגל מבינותינו אף אני אשכח אתכם מן העולם

26–27 בראשית ז׳, י״ב. 29 שם י״א, ד׳. 30 שם י״א, ח׳. ה׳, ב׳. 30–46 סנהדרין ק״ט, א׳. וי״ר ה׳ ב. 32–33 איוב כ״ח, ה׳–ח׳.

---

26 הזה] א. מ. ההוא. 28 מגדל] ד. ~ ובאנשי דור הפלגה. 30 ויפץ י״י אותם משם] ק. נ. ויפן י״י משם. 34 הסדומים] ק. ~ חסר/ אדם] ק. <. 35 הרי] ט. שהרי א. מ. ס. מ״ח .אלא הרי. 36 נשכח את הרגל] ד. בואו ונשכח תורת הרגל/ מבינותינו] ד. מארצנו. 38–39 ואתם אומרים נשכח את הרגל מבינותינו] ד. אתם אמרתם נשכח תורת הרגל מארצנו.

"He breaketh open a shaft away from where men sojourn; they are forgotten of the foot that passeth by; they hang afar from men, they swing to and fro" (ibid. v. 4). And it says: "A contemptible brand in the thought of him that is at ease," etc.; "The tents of robbers prosper," etc. Wherein lay the cause for this? "In whatsoever God hath brought into their hand" (ibid. 12.5–6). Likewise it says: "And they were haughty and committed abominations before Me." And what did this cause them? "Therefore, I removed them when I saw it" (Ezek. 16.50). And preceding this it says: "Behold this was the iniquity of thy sister Sodom," etc. (ibid. v. 49). So what was it that brought this upon them? "She did not strengthen the hand of the poor and needy." (ibid.) Likewise it says: "Before the Lord destroyed Sodom and Gomorrah they were like the garden of the Lord, like the land of Egypt" (Gen. 13.10). And afterwards what is written? "And they made their father drink wine,"[3] etc. (ibid. 19.33). And how could they have had wine in the cave had not the Holy One, blessed be He, provided wine for them in the manner stated: "And it shall come to pass in that day the mountains shall drop down sweet wine" (Joel 4.18). Now, if the Holy One, blessed be He, thus provided for those who provoke Him, how much more will He do so for those who do His will. And you also find in the case of the Egyptians that with the very thing with which they prided

---

[3] See Commentaries.

שנאמר פרץ נחל מעם גר הנשכחים מני רגל דלו מאנוש נעו ואומר לפיד בוז לעשתות שאנן וגו׳ ישליו אוהלים לשודדים וגו׳ מי גרם להם לאשר הביא אלוה בידו וכן הוא אומר ותגבהנה ותעשנה תועבה לפני ומה גרם להם ואסיר אתהן כאשר ראיתי וכן הוא אומר הנה זה היה עון סדום אחותך וגו׳ מי גרם להם יד עני ואביון לא החזיקה וכן הוא אומר לפני שחת יי את סדום ואת עמורה כגן יי כארץ מצרים ואחריו מה כתיב ותשקין את אביהן יין וגו׳ וכי מנין היה להן יין במערה אלא שזימן להם הקב״ה יין כענין שנאמר והיה ביום ההוא יטפו ההרים עסיס אם כן זימן הקב״ה למכעיסיו קל וחומר לעושי רצונו וכן אתה מוצא במצריים שבמה שנתגאו לפניו

40–41 שם כ״ח, ד׳. 41–43 שם י״ב, ה׳–ו׳. 43–44 יחזקאל ט״ז, נ׳. 45–46 שם ט״ז, מ״ט. 46–47 בראשית י״ג, י׳. 48 בראשית י״ט, ל״ג. 48–52 ב״ר נ״א, ח׳. 50 יואל ד׳, י״ח.

---

42 לשודדים וגו׳] ק. נ. לשודדים ובוטחים לטרגיזי אל. 43–44 וכן הוא אומר–כאשר ראיתי] א. <. 44 ומה גרם להם] ד. < ט. מי גרם להם. 45–46 מי גרם להם] ד. ולכד. 46 יד] מ. ידי. ד. ויד.

themselves before Him, God punished them. For it says: "And he took six hundred chariots," etc. (Ex. 14.7). And afterwards it is said: "Pharaoh's chariots and his hosts hath He cast into the sea" (ibid. 15.4). And you also find it so in the case of Sisera. By means of the very thing with which he prided himself before Him, God punished him. For it says: "And Sisera gathered together all his chariots, even nine hundred chariots of iron" (Judg. 4.13). What is written afterwards? "They fought from heaven, the stars in their courses fought against Sisera" (ibid. 5.20). And you also find in the case of Samson that by means of the very thing with which he acted proudly before Him, God punished him. For it says: "And Samson said unto his father: 'Get her for me; for she is pleasing in my eyes' " (ibid. 14.3). What is written afterwards? "And the Philistines laid hold on him and put out his eyes and they brought him down to Gaza" (ibid. 16.21). R. Judah says: His misconduct first began in Gaza, therefore he was punished only in Gaza. And you also find it so in the case of Absalom. By means of the very thing with which he acted proudly before Him,

בו נפרע מהם שנאמר ויקח שש מאות רכב בחור וגו׳ וכתיב אחריו מרכבות פרעה וחילו ירה בים וגו׳ וכן את מוצא בסיסרא שבמה שנתגאה לפניו בו נפרע ממנו שנאמר ויזעק סיסרא את כל רכבו תשע מאות רכב ברזל מה כתיב אחריו מן שמים נלחמו הככבים ממסלותם נלחמו עם סיסרא וכן אתה מוצא בשמשון שבמה שנתגאה בו נפרע ממנו שנאמר ויאמר שמשון אל אביו אותה קח לי כי היא ישרה בעיני אחריו מה כתיב ויאחזוהו פלשתים וינקרו את עיניו ויורידו אותו עזתה רבי יהודה אומר תחלת קלקלתו בעזה היתה לפיכך לא היה ענשו אלא בעזה וכן את מוצא באבשלום שבמה שנתגאה בו

---

53 שמות י״ד, ז׳. 54 שם ט״ו, ד׳. 55–58 לקמן פ״ו. 56–57 שופטים ד׳, י״ג. 57–58 שם ה׳, כ׳. 58–64 סוטה ט׳, ב׳. י׳ שם א׳, ח׳ (17a). 58–87 תוס׳ סוטה ג׳, י״ג–י״ט. במ״ר שם. 60–61 שופטים י״ד, ג׳. 61–62 שופטים ט״ז, כ״א. 64–74 סוטה י׳, ב׳. נזיר ד׳, ב׳–ה׳, א׳. י׳ שם א׳, ב׳ (51b).

56–57 ויזעק–תשע מאות] ק. ויצעק סיסרא את כל רוכבו סיסרא תשע מאות. 59 בשמשון] נ. ל. ~ הגבור. 61 בעיני] מ. ד. ~ ואומר (מ. וגו׳) ואביו ואמו לא ידעו כי מי״י וגו׳ / אחריו מה כתיב]– מ״ח. ט: ס. מה כתיב אחריו א. מה כתוב ד. וכתוב. 62 ויורידו אותו] ד. ויורידוהו. 64 וכן אתה מוצא] ד. וכמו כן / באבשלום] ק. נ. בא באבשלום.

God punished him. For it says: "Now in all Israel there was none to be so much praised as Absalom for his beauty . . . And when he polled his head," etc. (II Sam. 14.25–26)—R. Judah says: He was a Nazirite for life and would poll his hair once in twelve months, as it is said: "And it came to pass at the end of forty years, that Absalom said," etc. (ibid. 15.7). R. Jose says: He was a Nazirite for a certain number of days and would poll his hair once every thirty days, as it is said: "Now it was after a period of days, according to the days after which he polled it,"[4] etc. (ibid. 14.26). Rabbi says: He would poll his hair every Friday. For, such is the custom of princes that they poll their hair every Friday—And what is written further on? "And Absalom chanced to meet the servants of David. And Absalom was riding upon his mule . . . And his head caught hold of the terebinth," etc. (ibid. 18.9). And you also find it so in the case of Sennacherib. By means of the very thing with which he acted proudly before Him, God punished him. For it says: "By thy messengers hast thou taunted the Lord," etc.; "I have digged and drunk strange waters" (II Kings 19.23–24). And what is written after this? "And it came to pass that night, that the angel of the Lord went forth, and smote in the camp of the Assyrians a hundred fourscore and five thousand" (ibid. v. 35). It is told that the greatest among their commanders was in charge of a hundred four

---

[4] I. e., after thirty days, the usual period prescribed for a Nazirite (see M. Naz. 6.3).

נפרע ממנו שנאמר וכאבשלום לא היה איש יפה בכל ישראל וגו׳ ובגלחו את ראשו וגו׳ רבי יהודה אומר נזיר עולם היה והיה מגלח אחת לשנים עשר חדש שנאמר ויהי מקץ ארבעים שנה ויאמר אבשלום וגו׳ רבי יוסי אומר נזיר ימים היה והיה מגלח אחת לשלשים יום שנאמר והיה מקץ ימים לימים אשר יגלח וגו׳ רבי אומר כל ערב שבת היה מגלח שכן דרך בני מלכים להיות מגלחין מערב שבת לערב שבת ומה כתיב ויקרא אבשלום לפני עבדי דוד ואבשלום רוכב על הפרד וגו׳ ויחזק ראשו באלה וגו׳ וכן את מוצא בסנחריב במה שנתגאה בו נפרע ממנו שנאמר ביד מלאכיך חרפת יי וגו׳ אני קרתי ושתיתי מים וגו׳ ומה כתיב אחריו ויהי בלילה ההוא ויצא מלאך יי ויך במחנה אשור מאה שמונים וחמש אלף אמרו הגדול שבהם היה ממונה על מאה

65–66 שמואל ב. י״ד, כ״ד–כ״ו. 68 שם ט״ו, ז׳. 70–71 שם י״ד, כ״ו. 73–74 שם י״ח, ט׳. 75–140 ש. 58–59. 76–77 מלכים ב. י״ט, כ״ג–כ״ד. 77–79 שם י״ט, ל״ה.

---

69 יוסי] ד. ~ הגלילי. 70 והיה] א. ויהי ד. <. 73 ומה כתיב] מ. ט. ס. וכן הוא אומר ד. מה היה בסופו/ דוד] מ. המלך. 75–76 במה שנתגאה בו נפרע ממנו] א. מ. ס. ט. < מ״ח. במה שנהג בו נפרע ממנו.

score and five thousand, and the least among them was in charge of no less than two thousand, as it is said: "How then canst thou turn away the face of one captain, even of the least of my master's servants?" (ibid. 18.24). "This is the word that the Lord had spoken concerning him: The virgin daughter of Zion hath despised thee," etc.; "Whom hast thou taunted," etc. (ibid. 19.21–22). And it is written: "This very day shall he halt at Nob," etc. (Isa. 10.32). And you also find it so in the case of Nebuchadnezzar. By means of the very thing with which he acted proudly before Him, God punished him. For it says: "And thou saidst in thy heart: 'I will ascend to heaven . . . I will ascend above the heights of the clouds,'" etc. (Isa. 14.13–14). What is written following it? "Yet thou shalt be brought down to the netherworld," etc. (ibid. v. 15). And you find it also in the case of Tyre that by means of the very thing with which she prided herself, etc. For it is said: "Thou, O Tyre, hast said: 'I am of perfect beauty,'" etc. (Ezek. 27.3). And it is written: "Behold, I am against thee, O Tyre, and will cause many nations to come up against thee," etc. (ibid. 26.3). And you find it also in the case of the prince of Tyre, that by means of the very thing with which he prided himself, etc. For it is said: "Son of man, say unto the prince of Tyre: Thus saith the Lord God: Because thy heart is lifted up, and thou hast said: I am a God," etc. (ibid. 28.2). What does it say further on? "Thou shalt die the

ושמונים וחמשה אלף והקטן שבהם אין פחות משני אלפים שנאמר ואיך תשיב את פני פחת אחד עבדי אדוני הקטנים וגו׳ זה הדבר אשר דבר יי עליו בזה לך וגו׳ את מי חרפת וגו׳ וכתיב עוד היום בנוב לעמוד וגו׳ וכן את מוצא בנבוכדנצר במה שנתגאה בו נפרע ממנו שנאמר ואתה אמרת בלבבך השמים אעלה וגו׳ אעלה על במתי עב וגו׳ מה כתיב אחריו אך אל שאול תורד וגו׳ וכן את מוצא בצור שבמה שנתגאה וגו׳ שנאמר צור את אמרת אני כלילת יופי וגו׳ וכתיב הנני עליך צור והעליתי עליך גוים רבים וגו׳ וכן את מוצא בנגיד צור שבמה שנתגאה וגו׳ שנאמר בן אדם אמור לנגיד צור כה אמר יי אלהים יען גבה לבך ותאמר אל אני וגו׳ מהו אומר מותי

81–82 שם י״ח, כ״ד. 82–83 שם י״ט, כ״א–כ״ב. 83–84 ישעיה י׳, ל״ב. 84–87 לקמן פ״ו. 85–87 ישעיה י״ד, י״ג–ט״ו. 88 יחזקאל כ״ז, ג׳. 89 שם כ״ו, ג׳. 91–92 שם כ״ח, ב׳. 92–93 שם כ״ח, י׳.

---

81 פחת] א. פחות/ עבדי] ד. מעבדי. 82 זה] ד. וזה/ עליו ק. נ. אליו מ״ח. <. 87 בצור] ד. ~ ובמלכה. 89 וגו׳] ד. ובמלכה מהו אומר ותתן לבך וגו׳ / וכתיב] ד. ~ על צור / עליך] ד. אליך. 90–92 וכן אתה מוצא–מהו אומר] ד. ובמלכה נאמר.

deaths of the uncircumcised by the hand of strangers" (ibid., v. 10).—Thus by means of the very things with which the nations of the world act proudly before Him, God punishes them, as it is said: "For He is highly exalted."

The Horse and His Rider. But was there only one horse and one rider? Has it not been said: "And he took six hundred chosen chariots," etc. (Ex. 14.7); "Pharaoh's chariots," etc. (ibid. 15.4)? It is simply this: When the Israelites do the will of God, their enemies are before them as but one horse and rider. In like manner you must interpret the passage: "When thou goest forth to battle against thine enemies, and seest a horse and chariot" (Deut. 20.1). Is there only one horse and one rider? Is it not said: "A people more than thou" (ibid.)? It is simply this: When the Israelites do the will of God, etc.

The Horse and His Rider. This tells that the horse tied to the rider and the rider tied down to the horse would rise up high and go down to the deep without being separated from one another. If a man throws up two vessels into the air together, will they not in the end become separated from one another? But here horse and

ערלים תמות ביד זרים הא במה שאומות העולם מתגאים לפניו בו נפרע מהם שנאמר כי גאה גאה.

סוס ורוכבו וכי סוס אחד היה ורכב אחד היה והלא כבר נאמר ויקח שש מאות רכב בחור וגו׳ מרכבות פרעה וגו׳ אלא כשישראל עושין רצונו של מקום אין אויביהן לפניהם אלא כסוס אחד ורוכבו כיוצא בדבר אתה אומר כי תצא למלחמה על אויבך וראית סוס ורכב וכי סוס אחד היה ורכב אחד היה והלא כבר נאמר עם רב ממך אלא כשישראל עושין רצונו של מקום וכו׳.

סוס ורוכבו מגיד שהסוס קשור ברכבו ורכבו קשור בסוס עולים למרום ויורדים לתהום ואינן נפרדין זה מזה אדם זורק שני כלים לאויר לא סוף אחד מהם להיפרד מחבירו אבל כאן סוס

95–102 ספרי דברים ק״צ. מ״ת 118. 95–119 ת. בשלח י״ג. 96 שמות י״ד, ז׳. 97 שם ט״ו, ד׳. 99–100 דברים כ׳, א׳.

---

93 הא] ד. ~ למדת. 98 לפניהם] ד. עומדין לפניהם. 101 והלא כבר נאמר עם רב ממך] ד. <. 105 אדם] הגהתי=א״צ: א. מ. ד. משל לאדם מ״ח. והלא / זורק] ד. שורק מ״ח. הזורק. 106 לא סוף]=מ״ח: מ. לסוף ס. לבסוף ט. סוף ד. <. / אחד מהם להיפרד מחבירו] ד. ונפרדין הן מיד זה מזה. 106–107 סוס ורוכבו יחד] א. מ. ט. <.

rider remained together when thrown up (*ramah*) and when cast down (*yarah*)—for "thrown up" (*ramah*) means, they went up high, "cast down" (*yarah*) means, they went down to the deep—without being separated from one another. One passage says: "He hath thrown up" (*ramah*) into the sea, and one passage says: "Hath He cast down" (*yarah*) into the sea (Ex. 15.4). How can both these verses be maintained? "Thrown up" (*ramah*) means, they would rise high in the sea. "Cast down" (*yarah*) means, they would sink down to the deep.

Another Interpretation: *Hath He Thrown* (*ramah*). As soon as the Israelites saw the guardian angel of the Egyptian kingdom falling down into the sea, they began to render praise. In this sense it is said: (*ramah*) "hath He thrown down" from on high. And you also find that in the future the Holy One, blessed be He, will punish the kingdoms only after He has first punished their guardian angels, as it is said: "And it shall come to pass in that day, that the Lord will punish the host of the high heaven on high and," only afterwards, "the kings of the earth upon the earth" (Isa. 24.21). And it also says: "How hast thou fallen from heaven, O day-star, son of the morning," and then, "How art thou cut down to the ground, that didst cast lots over the nations" (ibid. 14.12). And it further says: "For My sword hath drunk its fill in heaven," and after this, "behold it shall come down upon Edom" (ibid. 34.5).

ורוכבו יחד רמה ירה רמה שהיו עולין למרום ירה שהיו יורדין לתהום ואינן נפרדין זה מזה כתוב אחד אומר רמה בים וכתוב אחד אומר ירה בים כיצד יתקיימו שני כתובים הללו רמה שהיו עולין למרום ירה שהיו יורדים לתהום דבר אחר רמה כיון שראו ישראל שרה של מלכות נופל התחילו נותנין שבח לכך נאמר רמה וכן אתה מוצא שאין הקב״ה עתיד להפרע מן המלכיות לעתיד לבא עד שיפרע משריהן תחלה שנאמר והיה ביום ההוא יפקוד יי על צבא המרום במרום ואחר כך על מלכי האדמה באדמה ואומר איך נפלת משמים הילל בן שחר ואחר כך נגדעת לארץ חולש על גוים ואומר כי רותה בשמים חרבי ואחר כך הנה על אדום תרד.

108–111 לקמן פ״ד. 111–113 שמו״ר כ״ג, ט״ו. 113–119 ד״ר א׳, כ״ב. מדרש שמואל י״ח. ועיין ג״כ סדר רבה דבראשית (ווערטהיימער, בתי מדרשות) צד כ״ז. 115–117 ישעיה כ״ד, כ״א. 117–118 שם י״ד, י״ב. 118–119 שם ל״ד, ה׳.

107–108 רמה שהיו עולין–זה מזה] ד. <. 111–113 רמח כיון שראו–נאמר רמה] ד. <. 112 מלכות] ט. ~ מצרים ט. (ישעיה ת״ח) ש. מצרים. 116–117 ואחר כך–באדמה] ד. וגו׳. 117 באדמה] מ. ועל האדמה. לפנינו במקרא על האדמה. 118–119 כי רותה] ד. כי הנה רותה. 119 הנה] ד. והנה. 120 הקב״ה] א. שהיה ט. לע״ל הקב״ה ש. היה הקב״ה.

The Horse and His Rider. The Holy One, blessed be He, would bring the horse and his rider and make them stand trial. He would say to the horse: Why did you run after My children? The horse would answer: The Egyptian drove me against my will, as it is said: "And the Egyptians pursued," etc. (Ex. 14.9). God would then say to the Egyptian: Why did you pursue My children? And he would answer: It was the horse that ran away with me against my will, as it is said: "For the horses of Pharaoh went in," etc. (Ex. 15.19). What would God do? He would make the man ride upon the horse and thus judge them together, as it is said: "The horse and his rider hath He thrown into the sea."

Antoninus asked our Teacher, the Saint: "After a man has died and his body ceased to be, does God then make him stand trial?" He answered him: "Rather than ask about the body which is impure, ask me about the soul that is pure." To give a parable for this, to what is this like? To the following: A king of flesh and blood had a beautiful orchard. The king placed in it two guards, one of whom was lame and the other blind," etc.[5], closing with, "and afterwards, 'that He may judge His people' " (Ps. 50.4). Isi the son of Shammai says: Here is told of the punishment of a horse implicitly, and there is told of the punishment of a horse explicitly, for it says: "I

[5] The rest of this parable here referred to in apparatus by the word 'וכו, etc., may be found in Sanhedrin 91b.

סוס ורוכבו הקב״ה מביא סוס ורוכבו ומעמידן בדין אומר לסוס למה רצת אחרי בניי והוא אומר מצרי הריצני בעל כרחי שנאמר וירדפו מצרים וגו׳ ואומר למצרי למה רצת אחרי בניי והוא אומר הסוס הריצני על כרחי שנאמר כי בא סוס פרעה וגו׳ מה עשה המקום מרכיב את האדם על הסוס ודן אותם יחד שנאמר סוס ורוכבו רמה בים שאל אנטונינוס את רבינו הקדוש בשעה שאדם מת והגוף כלה הקב״ה מעמידו בדין אמר לו עד שתשאלני על הגוף שהוא טמא שאלני על הנשמה שהיא טהורה מושלו משל למה הדבר דומה למלך בשר ודם שהיה לו פרדס נאה הושיב בו המלך שומרים שנים אחד חיגר ואחד סומא עד ואחר כך לדין עמו. איסי בן שמאי אומר נאמר כאן סוס סתום ונאמר להלן סוס מפורש שנאמר אכה כל

122–123 שמות י״ד, כ״ג. 124–125 שם ט״ז, י״ט. 127–130 סנהדרין צ״א, א׳. 130–133 סנהדרין שם. וי״ר ד׳, ה׳. 134–136 זכריה י״ב, ד׳.

125–127 מה עשה–רמה בים] א. מ. ט. <. 127 הקדוש] א. מ. ט. ס. מ״ח. <. 130 מושלו] מ. ד. אמר לו. 131–133 הושיב בו–לדין עמו] מ. ד. וכו׳. 133 לדין עמו] ס. ~ זה הגוף/ איסי] א. ר׳ אסי ט. ר׳ איסי/ שמאי] ט. עזאי כ. (זכריה י״ד, ט״ו) יוסף א״צ. יהודה.

will smite every horse with bewilderment, and his rider with madness; and I will open Mine eyes upon the house of Judah, and will smite every horse of the peoples with blindness" (Zech. 12.4). And it also says: "And this shall be the plague," etc. (ibid. 14.12). "And so shall be the plague of the horse," etc. (ibid. v. 15). The explicit statement comes and teaches about the implicit: Just as the explicit statement deals with a punishment consisting of five plagues, so also the implicit statement must deal with one consisting of five plagues.

Chapter III

(Ex. 15.2)

My Strength and Song Is the Lord. "My strength," here is but a designation for the Torah, as in the passage: "The Lord will give strength unto His people" (Ps. 29.11). And it also says: "The strength also of the king who loveth justice" (ibid. 99.4).

Another Interpretation: *My Strength.* "My strength," here is but a designation for royalty, as in the passage: "O Lord, in thy strength the king rejoices" (ibid. 21.2). And it also says: "And He will give strength unto His king" (I Sam. 2.10).

Another Interpretation: *My Strength.* "My strength," means simply my stronghold, as in the passage: "O Lord, my strength and my stronghold" (Jer. 16.19). And it also says: "The

סוס בתמהון ורוכבו בשגעון ועל בית יהודה אפקח את עיני וכל סוס העמים אכה בעורון ואומר וזאת תהיה המגפה וגו׳ ואומר וכן תהיה מגפת הסוס וגו׳ בא מפורש ולימד על הסתום מה מפורש מכה בחמש מכות אף סתום בחמש מכות.

פרשה ג (שמות ט״ו, ב׳.)

עזי וזמרת יה אין עזי אלא תורה שנאמר יי עוז לעמו יתן וגו׳ ואומר ועוז מלך משפט אהב דבר אחר עזי אין עזי אלא מלכות שנאמר יי בעזך ישמח מלך ואומר ויתן עוז למלכו דבר אחר עזי אין עזי אלא תוקפי שנאמר יי עוזי ומעוזי ואומר יי

136–137 שם י״ד, י״ב–ט״ו.

1–6 לקמן פ״ט. 2 תהלים כ״ט, י״א. / תהלים צ״ט, ד׳. 3–4 שם כ״א, ב׳. 4 שמואל א. ב׳, י׳. 5 ירמיה ט״ז, י״ט. 5–6 תהלים כ״ח, ז׳.

---

138 בא מפורש ולימד על הסתום] ד. <./ מכה] א. ט. מ״ח. <.

139 בחמש] הגהתי–ש. ז״נ. ומא״ש: א. מ. ס. ד. ט.: בחמשים.

Lord is my strength and my shield, in Him has my heart trusted, and I am helped" (Ps. 28.7).

Another Interpretation: *My Strength.* Thou art a helper and a supporter of all who come into the world, but of me especially. *And Song is the Lord.* Thou art the subject of song to all who come into the world but to me especially. He has proclaimed me of special distinction and I have proclaimed Him of special distinction. He has proclaimed me of special distinction, as it is said: "And the Lord has avouched thee this day" (Deut. 26.18). And I have proclaimed Him of special distinction, as it is said: "Thou hast avouched the Lord this day" (ibid. v. 17). —But behold, all the nations of the world declare the praise of Him by whose word the world came into being! Mine, however, is more pleasing, as it is said: "But sweet are the songs of Israel" (II Sam. 23.1)—Israel says: "Hear, O Israel! The Lord our God, the Lord is One" (Deut. 6.4). And the Holy Spirit calls aloud from heaven and says: "And who is like Thy people Israel, a nation one in the earth" (I Chron. 17.21). Israel says: "Who is like unto Thee, O Lord, among the mighty" (Ex. 15.11). And the Holy Spirit calls aloud from heaven and says: "Happy art thou, O Israel, who is like unto thee" (Deut. 33.29). Israel says: "As the Lord our God is whensoever we call upon Him" (Deut. 4.7). And the Holy Spirit calls aloud from heaven

עוזי ומגיני בו בטח לבי ונעזרתי דבר אחר עזי עוזר וסומך אתה לכל באי העולם אבל לי ביותר וזמרת יה זמרה אתה לכל באי העולם אבל לי ביותר עשאני אמירה ואני עשיתיו אמירה עשאני אמירה דכתיב ויי האמירך היום ואני עשיתיו אמירה דכתיב את יי האמרת היום והרי כל אומות העולם אומרים שבחו של מי שאמר והיה העולם אבל שלי נעים לפניו שנאמר ונעים זמירות ישראל ישראל אומרים שמע ישראל יי אלהינו יי אחד ורוח הקדש צווחת מן השמים ואומרת ומי כעמך ישראל גוי אחד בארץ ישראל אומרים מי כמוך באלים יי ורוח הקדש צווחת מן השמים ואומרת אשריך ישראל מי כמוך ישראל אומרים כיי אלהינו בכל קראנו אליו ורוח הקדש צווחת מן השמים ואומרת

9–23 ברכות ו׳, א׳; ספרי דברים שנ״ה–שנ״ו. 10 דברים כ״ו, י״ז. 11 שם כ״ו, י״ח. 13 שמואל ב. כ״ג, א׳. 14 דברים ו׳, ד׳. 15–16 דהי״א. י״ז, כ״א. 16 שמות ט״ו, י״א. 17–18 דברים ל״ג, כ״ט. 18–19 דברים ד׳, ז׳.

---

8 וזמרת יה] הוספתי – ש. / זמרה] מ. זמרת. 8–9 זמרה אתה–לי ביותר]– מ״ח: א. ד. <. 9 אמירה] מ. ד. ס. מ״ח. אימרה. 13 נעים] מ. ד. ~ ונאה / לפניו] ד. ~ יותר משלחם. / ונעים] – ל. ס. ש. ט. מ״ח: א. מ. נ. נעים. 15 מן השמים] ד. </ ומי] א. מי. 15–17 ומי כעמך–ואומרת] ד. <. 18 כיי אלהינו] א. ד. מי כיי אלהינו.

and says: "And what great nation is there, that hath statutes and ordinances so righteous etc. (ibid. v. 8). Israel says: "For Thou art the glory of their strength" (Ps. 89.18). And the Holy Spirit calls aloud from heaven and says: "Israel in whom I will be glorified" (Isa. 49.3).

And He Is Become My Salvation. Thou art the salvation of all those who come into the world, but of me especially.

Another Interpretation: *And He Is Become My Salvation*, means both, He was and He is. He was my salvation in the past and He will be my salvation in the future.[1]

This Is My God and I Will Glorify Him. R. Eliezer says: Whence can you say that a maid-servant saw at the sea what Isaiah and Ezekiel and all the prophets never saw? It says about them: "And by the ministry of the prophets have I used similitudes" (Hos. 12.11). And it is also written: "The heavens were opened and I saw visions of God" (Ezek. 1.1). To give a parable for this, to what is this like? To the following: A king of flesh and blood enters a province surrounded by a circle of guards; his heroes stand to the right of him and to the left of him; his soldiers are before him and behind

---

[1] The Hebrew word ויהי can be read ויְהִי as well as ויהִי.

ומי גוי גדול אשר לו חקים ומשפטים צדיקים וגו׳ ישראל אומרים כי תפארת עוזמו אתה וגו׳ ורוח הקדש צווחת מן השמים ואומרת ישראל אשר בך אתפאר.

ויהי לי לישועה ישועה אתה לכל באי העולם אבל לי ביותר דבר אחר ויהי לי לישועה היה לי ויהיה לי היה לי לשעבר ויהיה לי לעתיד לבא.

זה אלי ואנוהו רבי אליעזר אומר מנין אתה אומר שראתה שפחה על הים מה שלא ראו ישעיה ויחזקאל וכל שאר הנביאים שנאמר בהם וביד הנביאים אדמה וכתיב נפתחו השמים ואראה מראות אלהים מושלו משל למה הדבר דומה למלך בשר ודם שנכנס למדינה ועליו צפירה מקיפתו וגבוריו מימינו ומשמאלו וחיילות מלפניו ומלאחריו והיו

---

20 שם ד׳, ח׳. 21 תהלים פ״ט, י״ח. 22–23 ישעיה מ״ט, ג׳. 24–27 שמו״ר כ״ג, ט״ו. 28–101 ש. 60–61. 30–31 הושע י״ב, י״א. 31–32 יחזקאל א׳, א׳.

---

20 ומי] א. מ. ט. כי מי / חקים ומשפטים צדיקים וגו׳] הגהתי – כ. (ישעיה מ״ט ג׳): א. מ. ד. אשר לו אלהים קרובים אליו. 28 מנין] מ״ח. מכאן א״צ. ש״ט. <. 30 וכל שאר הנביאים] א. מ. ט. </ בהם] א. מ. ס. ט. <. 31–32 מראות אלהים] א״א. ~ אבל הכא זה אלי ל״ט. ~ אבל על הים כולם ראו ואמרו זה אלי ואנוהו.

him. And all the people ask, saying: "Which one is the king?" Because he is of flesh and blood like those who surround him. But, when the Holy One, blessed be He, revealed Himself at the sea, no one had to ask: "Which one is the king?" But as soon as they saw Him they recognized Him, and they all opened their mouths and said: "This is my God and I will glorify Him."

And I Will Glorify Him. R. Ishmael says: And is it possible for a man of flesh and blood to add glory to his Creator? It simply means: I shall be beautiful before Him in observing the commandments. I shall prepare before Him a beautiful *Lulab*, a beautiful *Sukkah*, beautiful fringes and beautiful phylacteries. Abba Saul says: O be like Him! Just as He is gracious and merciful, so be thou also gracious and merciful. R. Jose says: I shall proclaim the glories and the praise of Him by whose word the world came into being, before all the nations of the world. R. Jose the son of the Damascene says: I will

הכל שואלין לומר איזה הוא המלך מפני שהוא בשר ודם כמותם אבל כשנגלה הקב״ה על הים לא נצרך אחד מהם לשאול איזהו המלך אלא כיון שראוהו הכירוהו ופתחו כלן פיהם ואמרו זה אלי ואנוהו.

ואנוהו רבי ישמעאל אומר וכי אפשר לבשר ודם להנוות לקונו אלא אנווה לו במצות ׳אעשה לפניו לולב נאה סוכה נאה ציצית נאה תפלה נאה אבא שאול אומר נא דמה לו מה הוא חנון ורחום אף אתה תהא חנון ורחום רבי יוסי אומר אגיד ניאותיו ושבחו של מי שאמר והיה העולם בפני כל אומות העולם רבי יוסי בן דורמסקית אומר אעשה

40–44 שבת קל״ה, ב׳. י׳ פאה א׳, א׳ (15b); סופרים פ״ג. 43–44 ספרי דברים מ״ט.

---

37 נצרך] ד שאל. 38 כלן] מ. </ פיהם] א. ד. <. 40 ואנוהו] ד. <. 41 להנוות] ש. לנאות את/ לקונו]=ט. מ״ח. ס. Pugio fidei צד 731: א. מ. לקוניו. ד. קונו/ אנוה] ד. אתנאה. 43 נא דמה] א. מ״ח. אדמה ד. נדמה ש. הִדַּמֵּה. 44 תהא] ד. </ יוסי] ס. ד.~הגלילי/ אגיד]=מ״ח. א״א: ט. מגיד ש. אדבר א. מ. ס. ד.<. 45 ניאותיו] ס. נווהו (נוותו?) ק. נייניו נ. ל.ניינו/ של מי שאמר והיה העולם] ד. להב״ה.

make for Him a beautiful Temple. For the word *Naveh* designates the Temple, as in the passage: "And laid waste His habitation"[2] (*navehu*) (Ps. 79.7). And it also says: "Look upon Zion, the city of our solemn gatherings; thine eyes shall see Jerusalem a peaceful habitation" (*naveh*) (Isa. 33.20). R. Akiba says: I shall speak of the prophecies and the praises of Him by whose word the world came into being, before all the nations of the world. For all the nations of the world ask Israel, saying: "What is thy beloved more than another beloved, that thou dost so adjure us" (Cant. 5.9), that you are so ready to die for Him, and so ready to let yourselves be killed for Him?—For it is said: "Therefore do the maidens love Thee" (ibid. 1.3), meaning, they love Thee unto death. And it is also written: "Nay but for Thy sake are we killed all the day" (Ps. 44.23).—"You are handsome, you are mighty, come and intermingle with us." But the Israelites say to the nations of the world: "Do you know Him? Let us but tell you some of His praise: 'My beloved is white and ruddy,' " etc. (Cant. 5.10). As soon as the nations of the

[2] The suffix of נוהו is taken as referring to God and not to Jacob.

לפניו בית המקדש נאה ואין נוה אלא בית המקדש שנאמר ואת נוהו השמו ואומר חזה ציון קרית מועדנו עיניך תראינה ירושלם נוה שאנן רבי עקיבא אומר אדבר בנבואותיו ובשבחיו של מי שאמר והיה העולם בפני כל אומות העולם שהרי אומות העולם שואלין את ישראל לומר מה דודך מדוד שככה השבעתנו שכך אתם מתים עליו וכך אתם נהרגין עליו שנאמר על כן עלמות אהבוך אהבוך עד מות וכתיב כי עליך הורגנו וגו׳ הרי אתם נאים הרי אתם גבורים בואו והתערבו עמנו וישראל אומרים להם לאומות העולם מכירין אתם אותו נאמר לכם מקצת שבחו דודי צח ואדום וגו׳ וכיון ששומעין אומות העולם

---

48 תהלים ע"ט, ז׳. 48–49 ישעיה ל"ג, כ׳. 49–50 סופרים שם. 51 שהש"ר ה׳, ט׳. 51–55 שהש"ר ז׳, א׳. 51–62 ספרי דברים שמ"ג. 52 שה"ש ה׳, ט׳. 54 שה"ש א׳, ג׳. / שהש"ר א׳, ג׳. 54–55 תהלים מ"ד, כ"ג. 58 שה"ש ה׳, י׳.

---

47 נוה]=מ"ח. ס. א"א: א. < מ. ד. נאה. 49 עקיבא] כ. (תהלים מ"ד, י"ז) אליעזר. 50 בנבואותיו] ט. א"א. ז"נ. א"צ. בנאותיו. ש. ניאותו. אור זרוע (אלפא ביתא, אות צ׳) לשמותיו/ מ"] מ. ד. הקב"ה. 51 בפני כל אומות העולם] ד. <. 54 אהבוך עד מות] כ. (שם) ס. אור זרוע (שם) אהבנוך עד מות. Pugio fidei (שם) ש. אל תקרא עלמות אלא (ש. ~ אפלו) על מות (ש. ~ אהבוך). 55 הרי אתם] מ"ח. אומות אומרים לישראל הרי אתם. 57 אותו נאמר] מ. אתו ונאמר.

world hear some of His praise, they say to the Israelites: "We will join you," as it is said: "Whither is thy beloved gone, O thou fairest among women? Whither hath thy beloved turned him, that we may seek him with thee" (ibid. 6.1). The Israelites, however, say to the nations of the world: "You can have no share in Him, but 'My beloved is mine and I am his' (Cant. 2. 16), 'I am my beloved's and my beloved is mine,' " etc. (ibid. 6.3). And the other sages say: I will accompany Him until I come with Him into His Temple. To give a parable, a king had a son who went away to a far away country. He went after him and stood by him. Then the son went to another country, and the king again followed him and stood by him. So also, when Israel went down to Egypt the Shekinah went down with them, as it is said: "I will go down with thee into Egypt" (Gen. 46.4). When they came up from Egypt the Shekinah came up with them, as it is said: "And I will also surely bring thee up again" (ibid.). When they went into the sea, the Shekinah was with them, as it is said: "And the angel of God . . . removed," etc. (Ex. 14.19). When they went out into the wilderness the Shekinah was with them, as it is said: "And the Lord went before them by day" (ibid. 13.21) until they brought Him with them to His holy Temple. And so it also says: "Scarce had I passed from them," etc. (Cant. 3.4).

מקצת שבחו של מי שאמר והיה העולם אומרים להם לישראל נלכה עמכם שנאמר אנה הלך דודך היפה בנשים אנה פנה דודך ונבקשנו עמך וישראל אומרים להם לאומות העולם אין לכם חלק בו אלא דודי לי ואני לו אני לדודי ודודי לי וגו׳ וחכמים אומרים אלונו עד שאבוא עמו לבית מקדשו משל למלך שהלך בנו למדינת הים ויצא אחריו ועמד עליו הלך לו למדינה אחרת ויצא אחריו ועמד עליו כך כשירדו ישראל למצרים שכינה ירדה עמהם שנאמר אנכי ארד עמך מצרימה עלו עלתה שכינה עמהם שנאמר ואנכי אעלך גם עלה ירדו לים שכינה עמהם שנאמר ויסע מלאך האלהים וגו׳ יצאו למדבר שכינה עמהם שנאמר ויי הולך לפניהם יומם עד שהביאוהו עמם לבית מקדשו וכן הוא אומר כמעט שעברתי מהם וגו׳.

60–61 שם ו׳, א׳. 63 שם ב׳, ט״ז. / שם ו׳, ג׳. 67–73 לעיל פסחא י״ד. 68 בראשית מ״ו, ד׳. 70 שמות י״ד, י״ט. 71–72 שם י״ג, כ״א. 73 שה״ש ג׳, ד׳.

---

59 מקצת]–מ: א. < ד. שכך. 60 עמכם] ק. נ. עמהם. 66 עליו] מ״ח. עמו. 68 ירדה] ד. </ מצרימה] א. מ. מצרים. 69 עלתה]– ט. מ״ח. ל: מ. נעלה א. נ. עלה ק. <. 72 שהביאוהו עמם] א. מ. ט. ס. שאבוא עמו.

My God. With me He dealt according to the rule of mercy, while with my fathers He dealt according to the rule of Justice. And how do we know that "My God" (*Eli*) signifies the Rule of Mercy? It is said: "My God, my God (*Eli Eli*), why hast Thou forsaken me?" (Ps. 22.2). And it also says: "Heal her now, O God, (*El*) I beseech Thee"[3] (Num. 12.13). And it also says: "The Lord is God (*El*) and hath given us light" (Ps. 118.27).

My Father's God, and I Will Exalt Him. I am a queen, the daughter of kings; beloved, the daughter of beloved ones; holy, the daughter of holy ones; pure, the daughter of pure ones. To give a parable: A man goes to betroth a woman. Sometimes he may be ashamed of her, sometimes he may be ashamed of her family, sometimes he may be ashamed of her relatives. I, however, am not of that kind, but I am a queen, the daughter of kings; beloved, the daughter of beloved ones; holy, the daughter of holy ones; pure, the daughter of pure ones.

My Father's God and I Will Exalt Him. R. Simon b. Eleazar says: When the Israelites do the will of God His name becomes renowned in the world, as it is said: "And it came to pass, when all the kings of the Amorites . . . heard," etc. (Josh. 5.1). And so also Rahab the harlot said to the messengers of Joshua: "For we have

---

[3] A supplication necessarily addresses itself to God's mercy. Cf. Rashi to Ex. 34.6.

אלי עמי נהג במדת רחמים ועם אבותי נהג במדת הדין ומנין שאין אלי אלא מדת רחמים שנאמר אלי אלי למה עזבתני ואומר אל נא רפא נא לה ואומר אל יי ויאר לנו.

אלהי אבי וארוממנהו אני מלכה בת מלכים אהובה בת אהובים קדושה בת קדושים טהורה בת טהורים משל לאדם שהלך לקדש אשה פעמים בוש בה פעמים בוש במשפחתה פעמים בוש בקרובותיה אבל אני איני כן אלא מלכה בת מלכים אהובה בת אהובים קדושה בת קדושים טהורה בת טהורים.

אלהי אבי וארוממנהו רבי שמעון בן אלעזר אומר כשישראל עושין רצונו של מקום שמו מתגדל בעולם שנאמר ויהי כשמוע כל מלכי האמורי וגו׳ וכן רחב הזונה אמרה להם לשלוחי

---

76 תהלים כ״ב, ב׳. 76–77 במדבר י״ב, י״ג. 77 תהלים קי״ח, כ״ז. 87–88 יהושע ה׳, א׳.

---

75 הדין] ד. רחמים. 77 לה] מ. לי. 83–84 אהובה–טהורים] ד. וגו׳. 88 הזונה] ד. <.

heard how the Lord dried up the water of the Red Sea before you . . . And as soon as we had heard it, our hearts did melt," etc. (ibid. 2. 10–11). But when the Israelites fail to do the will of God, His name becomes profaned in the world, as it is said: "And when they came unto the nations whither they came, they profaned My holy name," etc. (Ezek. 36.20). And it is written further on: "But I had pity for My holy name, which the house of Israel had profaned" (ibid. v. 21). And it is written further on: "Therefore say unto the house of Israel: Thus saith the Lord God: I do not this for your sake . . . And I will sanctify My great name which hath been profaned among the nations," etc. (ibid. vv. 22–23).

My Father's God and I Will Exalt Him. The community of Israel said before the Holy One, blessed be He: Not only for the miracles which Thou hast performed for me will I utter song and praise before Thee, but for the miracles which Thou hast performed for my fathers and for me and for that which Thou wilt do for me in every generation. In this sense it is said: "My father's God, and I will exalt Him."

יהושע כי שמענו את אשר הוביש יי את מי ים סוף וגו׳ ונשמע וימס לבבנו וגו׳ ובזמן שאין ישראל עושין רצונו של מקום שמו מתחלל בעולם שנאמר ויבוא אל הגוים אשר באו שם ויחללו את שם קדשי וגו׳ וכתיב ואחמל על שם קדשי אשר חללוהו בית ישראל וכתיב לכן אמר לבית ישראל כה אמר יי אלהים לא למענכם אני עושה וגו׳ וקדשתי את שמי הגדול המחולל בגוים וגו׳.

אלהי אבי וארוממנהו אמרה כנסת ישראל לפני הקב״ה רבונו של עולם לא על הנסים שעשית עמי בלבד אומר לפניך שירה וזמרה אלא על נסים שעשית עם אבותי ועמי ועושה עמי בכל דור ודור לכך נאמר אלהי אבי וארוממנהו.

89–90 שם ב׳, י׳–י״א. 91–96 יחזקאל ל״ו, כ׳–כ״ב.

---

90 ובזמן] א. מ. וכיון / שאין ישראל] ד. שאינן. 91 של מקום] ד. ~ כביכול / ויבוא] מ. ס. ויבאו. 92 שם] מ. ס. שמה. 93–95 וכתיב ואחמל–אני עושה] ד. <. 94 לכן] מ. ~ כה / לבית] א. ט. לבני. 95 וגו׳] ד. ואומר. 97–98 אמרה כנסת ישראל–עולם] א. מ. ס. ט. <. 99 בלבד] הוספתי–ט. מ״ח. ש. 100 ועושה] ד. שאתה עושה. 101 לכך נאמר] הוספתי–ש.

Chapter IV
(Ex. 15.3–4)

The Lord Is a Man of War, the Lord Is His Name. R. Judah says: This is a verse replete with meaning, being illustrated by many passages. It tells that He appeared to them with all the implements of war. He appeared to them like a mighty hero girded with a sword, as it is said: "Gird thy sword upon thy thigh, O mighty one" (Ps. 45.4). He appeared to them like a horseman, as it is said: "And He rode upon a cherub, and did fly" (Ps. 18.11). He appeared to them in a coat of mail and helmet, as it is said: "And He put on righteousness as a coat of mail, and a helmet of salvation upon His head" (Isa. 59.17). He appeared to them with a spear, as it is said: "At the shining of Thy glittering spear" (Hab. 3.11). And it also says: "Draw out also the spear and battle-axe," etc. (Ps. 35.3). He appeared to them with bow and arrows, as it is said: "Thy bow is made quite bare," etc. (Hab. 3.9). And it also says: "And He sent out arrows, and scattered them," etc. (II Sam. 22.15). He appeared to them with shield and buckler, as it is said: "His truth is a shield and a buckler," etc. (Ps. 91.4). And it also says: "Take hold of shield and buckler," etc. (ibid. 35.2). I might understand that He has need of any of these measures, it therefore says: "The Lord is His name."—With His name does He fight and has no need of

פרשה ד (שמות ט״ו, ג׳–ד׳.)

יי איש מלחמה יי שמו רבי יהודה אומר הרי זה מקרא עשיר במקומות הרבה מגיד שנגלה עליהם בכל כלי זיין נגלה עליהם כגבור חגור חרב שנאמר חגור חרבך על ירך גבור נגלה עליהם כפרש שנאמר וירכב על כרוב ויעף נגלה עליהם בשריין וכובע שנאמר וילבש צדקה כשריין נגלה עליהם בחנית שנאמר לנוגה ברק חניתך ואומר והרק חנית וסגור וגו׳ נגלה עליהם בקשת ובחצים שנאמר עריה תעור קשתך וגו׳ ואומר וישלח חצים ויפיצם וגו׳ נגלה עליהם בצנה ובמגן שנאמר צנה וסוחרה אמתו וגו׳ ואומר החזק מגן וצנה וגו׳ שומע אני שהוא צריך לאחת ממידות הללו ת״ל יי איש מלחמה יי שמו בשמו הוא נלחם ואינו צריך לאחת

1–31 ש. 61. 4 תהלים מ״ה, ד׳. 5 שם י״ח, י״א. 6 ישעיה נ״ט, י״ז. 7 חבקוק ג׳, י״א. 8 תהלים ל״ה ג׳. 9 חבקוק ג׳, ט׳. 9–10 שמואל ב. כ״ב, ט״ו. 10–11 תהלים צ״א, ד׳. 11 שם ל״ה, ב׳.

---

3 עליהם 1]=ט. א״א. מ״ח: א. מ. ד. עליו. 4–5 נגלה–ויעף] א. <. 5 וירכב–ויעף] מ״ח. מקול פרש ורומי קשת (ירמיה ד׳, כ״ט)/ נגלה] ד. נראה. 6 וכובע] ק. ~ כגבור צדיק וישר נ. ל. ~ כגבור. 7 עליהם] א. עליו. 8 עליהם] א. עליו. 9 חצים] מ. ס. חציו. 11 שומע] א. מ״ח. או שומע. 12 אני] ד. ~ ולא. 13–14 ואינו צריך לאחת ממידות הללו] ד. ואינו נלחם באחד מכל הכלים.

any of these measures. If so, why need Scripture specify every single one of them? Merely to tell that when Israel is in need of them, God fights their battles for them. And woe unto the nations of the world! What do they hear with their own ears! Behold, He by whose word the world came into being, will fight against them.

The Lord Is a Man of War, the Lord Is His Name. Why is this said? For this reason. At the sea He appeared to them as a mighty hero doing battle, as it is said: "The Lord is a man of war." At Sinai He appeared to them as an old man full of mercy. It is said: "And they saw the God of Israel" (Ex. 24.10), etc. And of the time after they had been redeemed what does it say? "And the like of the very heaven for clearness" (ibid.). Again it says: "I beheld till thrones were placed, and one that was ancient of days did sit" (Dan. 7.9). And it also says: "A fiery stream issued," etc. (ibid. v. 10). Scripture, therefore, would not let the nations of the world have an excuse for saying that there are two Powers,[1] but declares: "The Lord is a man of war, the Lord is His name." He, it is, who was in Egypt and He who was at the sea. It is He who was in the past and He who will be in the future. It is He who is in this world and He who will be in the world to

[1] See Introduction.

מכל מידות הללו אם כן למה צריך הכתוב לפרט כל אחד ואחד בפני עצמו אלא שאם נצרכו לישראל המקום עושה להם מלחמה ואוי להם לאומות העולם מה הם שומעין באזניהם שהרי מי שאמר והיה העולם עתיד להלחם בהם.

יי איש מלחמה יי שמו למה נאמר לפי שנגלה על הים כגבור עושה מלחמות שנאמר יי איש מלחמה נגלה בסיני כזקן מלא רחמים שנאמר ויראו את אלהי ישראל וגו׳ וכשנגאלו מהו אומר וכעצם השמים לטוהר ואומר חזה הוית עד די כרסון רמיו ועתיק יומין יתב ואומר נהר די נור וגו׳ שלא ליתן פתחון פה לאומות העולם לומר שתי רשויות הן אלא יי איש מלחמה יי שמו הוא במצרים הוא על הים הוא לשעבר הוא לעתיד לבוא הוא בעולם הזה הוא לעולם הבא שנאמר

19–31 לקמן-בחודש ה׳. חגיגה י״ד, א׳. שמו״ר כ״ח, ה׳. פסדר״כ ק״ט, ב׳. פס״ר ק׳, ב׳. ת. בובער יתרו ט״ז (מ׳, א׳). 22 שמות כ״ד, י׳. 23 שם. 23–24 דניאל ז׳, ט׳–י׳.

---

14 הכתוב] –א. מ״ח: מ. ד. <. 15 נצרכו] א. צרכו להם. 16 המקום] ד. <. 19 יי שמו] –ט. א״א: א. מ. ד. <. 24 ועתיק יומין יתיב] הוספתי: א. ט. וגו׳.

come, as it is said: "See now that I, even I, am He," etc. (Deut. 32.39). And it also says: "Who hath wrought and done it? He that called the generations from the beginning. I, the Lord, who am the first, and with the last am the same" (Isa. 41.4).

There may be a hero in a country who is fully equipped with all the implements of warfare, but possesses neither strength nor courage, nor the knowledge of the tactics and the order of warfare. He by whose word the world came into being, however, is not so, but He has strength, courage and knowledge of the tactics and the order of warfare, as it is said: "For the battle is the Lord's and He will give you into our hand" (I Sam. 17.47). And it is written: "A Psalm of David. Blessed be the Lord my Rock, who traineth my hands for war, and my fingers for battle" (Ps. 144.1). There may be a hero in a country, but the strength which he has at the age of forty is not like that which he has at sixty; nor is the strength which he has at sixty the same as at seventy but, as he goes on, his strength becomes diminished. He by whose word the world came into being, however, is not so, but "I the Lord change not" (Mal. 3.6). There may be a mighty hero in a country who when wrapped in zeal and courage goes on to strike in his anger even his father and his mother and his near relative. He by whose word the world came into being, however, is not so, but, "The Lord is a man of war, the Lord is His name." "The Lord is a man of war," in that He fights against the Egyptians. "The Lord is His

ראו עתה כי אני אני הוא וגו׳ ואומר מי פעל ועשה קורא הדורות מראש אני יי ראשון ואת אחרונים אני הוא. יש גבור במדינה ועליו כל כלי זיין אבל אין לו לא כח ולא גבורה ולא טקסים ולא מלחמה אבל מי שאמר והיה העולם אינו כן אלא יש לו כח וגבורה טקסים ומלחמה שנאמר כי ליי המלחמה ונתן אתכם בידינו וכתוב לדוד ברוך יי צורי המלמד ידי לקרב אצבעותי למלחמה. יש גבור במדינה וכחו עליו בן ארבעים שנה אינו דומה לבן ששים ולא בן ששים דומה לבן שבעים אלא כל שהוא הולך כחו מתמעט אבל מי שאמר והיה העולם אינו כן אלא אני יי לא שניתי. יש גבור במדינה שמשקנאה וגבורה לובשתו אפילו אביו ואפילו אמו אפילו קרובו מכה והולך בחימה אבל מי שאמר והיה העולם אינו כן אלא יי איש מלחמה יי שמו יי איש מלחמה שהוא נלחם במצרים יי שמו

29 דברים ל״ב, ל״ט. 29–31 ישעיה מ״א, ד׳. 34–35 שמואל א. י״ז, מ״ז. 35–36 תהלים קמ״ד, א׳. 36–54 ש. 62–61. 40 מלאכי ג׳, ו׳.

30 י״י] א. <. 31 הוא] א. <. 32 טקסים] ד. תכסים. 35 אתכם] ד. אותם. 38 אלא] ד. אבל. 42 ואפילו אמו] א. מ. ט. <./ מכה] ד. הכל מכה.

name," in that He has mercy over his creatures, as it is said: "The Lord, the Lord, God, merciful and gracious," etc. (Ex. 34.6). There may be a mighty hero in a country, but once the arrow leaves his hand he is unable to make it come back, since it is gone out of his hand. He by whose word the world came into being, however, is not so, but when Israel fails to do the will of God, a decree, as it were, issues forth from before Him, as it is said: "If I whet My glittering sword," etc. (Deut. 32.41). But when Israel repents, He immediately makes it come back, as it is said: "And My hand takes hold on judgment" (ibid.). Now, I might understand that He makes it turn back void, but Scripture says: "I will render vengeance to My enemies" (ibid.). And upon whom does He turn it? Upon the nations of the world, as it is said: "And will recompense them that hate Me" (ibid.). When a king of flesh and blood prepares to go out to war and the provinces close to him come and ask their needs of him, they are told: The king is troubled now, he is preparing to go to war. When he returns victorious, you come then and ask your needs of him. He by whose word the world came into being, however, is not so, but: "The Lord is a man of war," in that He fights against the Egyptians; "the Lord is His name," in that He

שהוא מרחם על בריותיו שנאמר יי יי אל רחום וחנון וגו׳. יש גבור במדינה שמשהחץ יוצא מידו אינו יכול להחזירו שכבר יצא מידו אבל מי שאמר והיה העולם אינו כן אלא כשאין ישראל עושין רצונו של מקום כביכול גזירה יוצאה מלפניו שנאמר אם שנותי ברק חרבי וגו׳ עשו תשובה מיד הוא מחזירה שנאמר ותאחז במשפט ידי או שומע אני שהוא מחזירה ריקם ת״ל אשיב נקם לצרי ועל מי הוא מחזירה על אומות העולם שנאמר ולמשנאי אשלם. מלך בשר ודם יוצא למלחמה ומדינות קרובות אצלו באות ושואלות צרכיהן מלפניו והן אומרים להן זעוף הוא למלחמה הוא יוצא לכשינצח ויחזור אתם באין ושואלין צרכיכם מלפניו אבל מי שאמר והיה העולם אינו כן אלא יי איש מלחמה שהוא נלחם במצרים יי שמו שהוא שומע צעקת

45–46 שמות ל״ד, ו׳. 50–51 דברים ל״ב, מ״א. 52 שם.

---

45 על] מ. ~ כל. 46 שמשהחץ] מ. שמה שהחצי ד. בשעה שהחצי ט. שמשעה שהחץ מ״ח. כיון שהחץ. 47 אינו יכול] ד. עוד לא יכול/ להחזירו] ד. להחזירה אליו/ שכבר יצא מידו]=מ. ס. ט: ד. <. 49 של מקום] ד. <. 51–52 שנאמר–מחזירה] א. <. 52 ת״ל] א. שנאמר. 55–56 והן אומרים] ק. והוא אומר נ. ל. אומר. 56–57 הוא למלחמה–אתם באין] א. <. 57 אתם באין] ק. באין אותן/ צרכיכם] ק. נ. צרכיהן.

hears the petitions of all those who come into the world, as it is said: "O Thou that hearest prayer, unto Thee doth all flesh come" (Ps. 65.3). A king of flesh and blood engages in war and is not able to feed his armies nor to supply them with their other provisions. He by whose word the world came into being, however, is not so, but "The Lord is a man of war," in that He fights against the Egyptians, "the Lord is His name," in that He sustains and provides for all His creatures, as it is said: "To Him who divided the Red Sea in sunder," etc. (Ps. 136.13), and following it is written: "Who giveth food to all flesh" (ibid. v. 25).

The Lord Is a Man of War. Is it possible to say so? Has it not been said: "Do not I fill heaven and earth? Saith the Lord" (Jer. 23.24). And it is written: "And one called unto another and said," etc. (Isa. 6.3). And it also says: "And, behold, the glory of the God of Israel came," etc. (Ezek. 43.2). What then does Scripture mean by saying: "The Lord is a man of war?" Merely this: Because of My love for you and because of your holiness I sanctify My

כל באי העולם שאמר שומע תפלה עדיך כל בשר יבואו. מלך בשר ודם עומד במלחמה ואינו יכול לזון את חיילותיו ולא לספק להם אופסניות אבל מי שאמר והיה העולם אינו כן אלא יי איש מלחמה שהוא נלחם במצרים יי שמו שהוא זן ומפרנס כל בריותיו שנאמר לגוזר ים סוף לגזרים וגו׳ וכתיב בתריה נותן לחם לכל בשר.

יי איש מלחמה איפשר לומר כן והלא כבר נאמר הלא את השמים ואת הארץ אני מלא נאם יי וכתוב וקרא זה אל זה ואמר וגו׳ ואומר והנה כבוד אלהי ישראל בא וגו׳ ומה ת״ל יי איש מלחמה אלא מפני חבתכם ומפני קדושתכם אקדש שמי בכם

60–61 תהלים ס״ה, ג׳. 65 שם קל״ה, י״ג. 66 שם קל״ה, כ״ה. 68 ירמיה כ״ג, כ״ד. 69 ישעיה ו׳, ג׳. 69–70 יחזקאל מ״ג, ב׳.

---

62 אופסניות] = ס: ט״כ. אפסניאות ש״ט. ט. (תהלים תתפ״ד) אפסניות ד. אכסניות א. מ. מ״ח. אופניניות. 66 וכתיב בתריה] ד. <. / לכל בשר] ד. ~ נותן לבהמה לחמה לבני עורב אשר יקראו ומספק אכסניות לכל באי העולם (ק. ~ שנאמר אף ידי נטו שמים נ. ל. ~ י״י שמו שהוא נותן לחם לכל בשר). 69–70 ואומר–וגו׳] ד. וכתיב והנה י״י אלהי ישראל. וכתיב והנה כבוד יי אלהי ישראל. Pugio fidei 731 והנה שם כבוד י״י אלהי ישראל כמראה אשר ראיתי בבקעה (יחזקאל ח׳, ד׳). 70 אלא] ד. > Pugio fidei ~ אמר הב״ה.

name by you. And in this sense it also says: "Though I am God and not a man, yet I, the Holy One, am in the midst of thee" (Hos. 11.9), I sanctify My name by you.

The Lord Is His Name. With His name does He fight and does not need any of those measures of war. And so David said: "Thou comest to me with a sword, and with a spear, and with a javelin; but I come to thee in the name of the Lord of hosts" (I Sam. 17.45). And it is written: "Some trust in chariots, and some in horses; but we will make mention of the name of the Lord our God" (Ps. 20.8). And of Asa it also says: "And Asa cried unto the Lord his God," etc. (II Chron. 14.10).

Pharaoh's Chariots and His Hosts, etc. With what measure a man metes it is measured unto him. They said: "Who is the Lord" (Ex. 5.2)? And Thou also didst mete out to them the same measure. In this sense it is said: "Pharaoh's chariots and his host hath He cast down into the sea." One passage says: "Hath He cast down (*yarah*) into the sea," and one passage says: "He hath thrown up (*ramah*) into the sea" (Ex. 15.1). How can both these verses be maintained? "Cast down" (*yarah*) means, they would sink down to the deep. "Thrown up" (*ramah*) means, they would rise high in the sea.

וכן הוא אומר כי אל אנכי ולא איש בקרבך קדוש אקדש שמי בכם.

יי שמו בשמו הוא נלחם ואינו צריך לאחת מכל המדות הללו וכן דוד אומר אתה בא אלי בחרב ובחנית ובכידון ואנכי בא אליך בשם יי צבאות וכתיב אלה ברכב ואלה בסוסים ואנחנו בשם יי אלהינו וכן אסא אומר ויקרא אסא אל יי אלהיו וגו׳.

מרכבות פרעה וחילו וגו׳ במדה שאדם מודד בה מודדין לו הם אמרו מי יי ואף אתה באותה המדה מדדת להם לכך נאמר מרכבות פרעה וחילו ירה בים. כתוב אחד אומר ירה וכתוב אחד אומר רמה כיצד יתקיימו שני כתובין הללו ירה שהן יורדין לתהום רמה שהן עולין למרום

---

72 הושע י״א, ט׳. 75–76 שמואל א. י״ז, מ״ה. 77–78 תהלים כ׳, ח׳. 78–79 דהי״ב. י״ד, י׳. 80–83 שמו״ר ה׳, י״ד. ת. וארא ה׳. 80–101 ש. 62. 81 שמות ה׳, ב׳.

---

72 וכן הוא אומר] ד. שנאמר / בקרבך קדוש] הוספתי=ס. Pugio fidei מ״ח: א. מ. ד. וגו׳. 73 אקדש שמי בכם] ד. <. 76–77 ובכידון ואנכי–צבאות] א. מ. ט. וגו׳ ד. ובכידון ואני–צבאות. 80–81 במדה–לו] מ. ס. מ״ח. במדה שמדדו בה מדדת להם. 82 לכך נאמר מרכבות] מ״ח. יי שמו שמרכבות. 83 וחילו ירה בים] הוספתי=מ״ח. ס: א. וגו׳ מ. ירה.

Another Interpretation: *Pharaoh's Chariots,* etc. The measure with which they meted Thou hast measured unto them. They said: "Every son that is born ye shall cast into the river" (Ex. 1.22). And Thou too didst mete out to them the same measure. In this sense it is said: "Pharaoh's chariots and his hosts hath He cast into the sea." Of them it is said: "And he took six hundred chosen chariots" (Ex. 14.7). And Thou too didst mete out to them the same measure. In this sense it is said: "Pharaoh's chariots," etc.

And His Chosen Captains Are Sunk in the Red Sea. The measure with which they meted, etc. Of them it is said: "And captains over all of them" (Ex. 14.7). And Thou too didst mete out to them the same measure: "And his chosen captains are sunk," etc.

Are Sunk in the Red Sea. The measure with which they meted, etc. Of them it is said: "And they made their lives bitter with hard service, in mortar" (Ex. 1.14). And Thou too didst mete out to them the same measure. Thou didst make the water like clay and they sank in it. In this sense it is said: "Are sunk in the Red

דבר אחר מרכבות פרעה וגו׳ במדה שמדדו בה מדדת להן הן אמרו כל הבן הילוד היאורה וגו׳ ואף אתה באותה המדה מדדת להם לכך נאמר מרכבות פרעה וחילו ירה בים. הם אמרו ויקח שש מאות רכב ואף אתה באותה המדה מדדת להם לכך נאמר מרכבות פרעה וגו׳.

ומבחר שלישיו טבעו בים סוף במדה שמדדו וכו׳ הם אמרו ושלישים על כלו ואף אתה באותה המדה מדדת להם ומבחר שלישיו טבעו וגו׳.

טבעו בים סוף במדה שמדדו וכו׳ הם וימררו את חייהם בעבודה קשה בחומר ואף אתה באותה המדה מדדת להם עשית להם המים כטיט והיו משתקעין בהם לכך נאמר טבעו בים סוף ואין

---

87 שם א׳, כ״ב. 89–90 שם י״ד, ז׳. 93 שם. 96 שם א׳, י״ד.

---

86 דבר אחר] א. ט. <. 86–87 במדה–להן] ד. במדה שאדם מודד בה מודדין לו. 88 לכך נאמר] ד. שנאמר. 89 וחילו ירה בים] הוספתי=ס: א. וגו׳/ הם אמרו] ט. דבר אחר הם אמרו. 89–91 הם אמרו–מרכבות פרעה] א. <. 90–91 באותה המדה–מרכבות פרעה וגו׳] ד. <. 92–93 במדה שמדדו וכו׳] מ. במדה שאדם מודד בה מודדין לו. ד. <. 93 הם אמרו ושלישים על כלו]=א. ס. מ״ח: ד. הן שמו שלישים על כולו מ. <. 93–94 ואף אתה באותה המדה–טבעו וגו׳] מ. > ד. אף אתה תהומות יכסיומו. 95 טבעו בים סוף במדה שמדדו וכו׳] מ. ד. <. 95–96 הם וימררו] ד. הן מררו מ. ס. הם אמרו וימררו 97 באותה המדה מדדת להם] ד. <. 98 בהם] ד. בה.

Sea." For "sinking" (*tebi'ah*) can mean only sinking in the mire, as in the passage: "And Jeremiah sank in the mire" (Jer. 38.6). And it also says: "I am sunk in deep mire" (Ps. 69.3). In this sense also it says here: "Are sunk in the Red Sea."

Chapter V

(Ex. 15.5–6)

The Deeps Cover Them. But were there any abysses there? Was it not rather an even beach? What then does Scripture mean by saying, "The deeps cover them?" It merely teaches that the lower depth as well as the upper depth rose so that the waters, fighting against the Egyptians, inflicted upon them all kinds of punishments. In this sense it is said: "The deeps cover them."

Another Interpretation: *The Deeps Cover Them.* But were there any abysses there? Was it not rather an even beach? What then does Scripture mean by saying, "The deeps cover them?" It merely teaches that the lower depth rose above the upper depth, covering the sky above them and darkening the stars above them, as it is said: "All the bright lights of heaven will I make black over thee," etc. (Ezek. 32.8). And what for? "That I may set darkness upon thy land, saith the Lord God" (ibid.). And likewise

טביעה אלא בטיט שנאמר ויטבע ירמיהו בטיט ואומר טבעתי ביון מצולה לכך נאמר טובעו בים סוף.

פרשה ה (שמות ט״ו, ה׳–ו׳.)

תהומות יכסיומו וכי תהומות יש שם והלא עשונית היא ומה ת״ל יכסיומו אלא מלמד שעלו תהום התחתון ותהום העליון והיו המים נלחמים בהם בכל מיני פורעניות לכך נאמר תהומות יכסיומו דבר אחר תהומות יכסיומו וכי תהומות יש שם והלא עשונית היא ומה ת״ל תהומות יכסיומו אלא מלמד שעלה תהום התחתון על תהום העליון וחיפה עליהן את הרקיע והקדיר עליהן את הכוכבים שנאמר כל מאורי אור בשמים וגו׳ ולמה ונתתי חשך על ארצך נאם יי אלהים וכן הוא אומר

99 ירמיה ל״ח, ו׳. 100 תהלים ס״ט, ג׳.
1–73 ש. 62–63. 9–10 יחזקאל ל״ב, ח׳.

99 טביעה] ד. טובעו.
2 מ. מ״ח. עשוניות ש. א״צ. שונית / מלמד] ד. <. 6 מ. עשוניות. 7 העליון] ד. ~ והיו המים נלחמים בהם בכל מיני פורענות לכך נאמר תהומות יכסיומו. 9 שנאמר] א״א. כענין שנאמר ט. < כל] ט. וכל.

it says: "For the stars of heaven and the constellations thereof shall not give their light," and why? "The sun shall be darkened in his going forth," etc. (Isa. 13.10). And likewise it says: "At Tehaphnehes also the day shall withdraw itself," etc. Because of what? Because: "As for her, a cloud shall cover her" (Ezek. 30.18). And it is written: "And I will visit upon the world their evil," etc. (Isa. 13.11). Jonah went down to one deep, as it is said: "The deep was round about me," etc. (Jonah 2.6), but the Egyptians went down to two deeps, as it is said: "The deeps cover them." Jonah went down to one depth, as it is said: "Thou didst cast me into the depth," etc. (ibid. 2.4), but they went down to two depths, as it is said: "They went down into the depths." "Depth" (*Mezulah*) merely means a point where the waters are mighty, as in the passage: "For Thou didst cast me into the depth, in the heart of the sea" (ibid.). And it is written: "And their pursuers Thou didst cast into the depths as a stone, into the mighty waters" (Neh. 9.11).

They Went Down into the Depths. But were there any depths there? Was it not rather an even beach? What then does Scripture mean by saying: "They went down into the depths?" It merely teaches that the great sea burst forth into the Red Sea, so that the waters, fighting against the Egyptians, inflicted upon them all kinds of punishments. In this sense it says: "They went down into the depths."

כי כוכבי השמים וכסיליהם לא יהלו אורם ולמה חשך השמש בצאתו וגו׳ וכן הוא אומר ובתחפנחס חשך היום וגו׳ מפני מה היא ענן יכסנה וכתיב ופקדתי על תבל רעה וגו׳. יונה ירד לתהום אחד שנאמר תהום יסובבני וגו׳ והם ירדו לשני תהומות שנאמר תהומות יכסיומו יונה ירד למצולה אחת שנאמר ותשליכני מצולה וגו׳ והם ירדו לשני מצולות שנאמר ירדו במצולות ואין מצולה אלא מים עזים שנאמר ותשליכני מצולה בלבב ימים וכתיב ואת רודפיהם השלכת במצולות כמו אבן במים עזים.

ירדו במצולות וכי מצולות יש שם והלא עשונית היא ומה ת״ל ירדו במצולות אלא מלמד שנפרץ הים הגדול לתוכו והיו המים נלחמים בהם בכל מיני פורעניות לכך נאמר ירדו במצולות.

---

11 ישעיה י״ג, י׳. 12–13 יחזקאל ל׳, י״ח. 14 ישעיה י״ג, י״א. 15 יונה ב׳, ו׳. 17 שם ב׳, ד׳. 19 שם. 19–20 נחמיה ט׳, י״א.

---

13 יכסנה וכתיב] מ. יכסה וכן ס. יכסנו וכן הוא אומר. 18 מים עזים] ד. מים עד ים. 22 עשונית] א״צ. ש. שונית/ היא] ד. היתה. 23 שנפרץ] א. שפרץ ד. שנפרש/ לתוכו] מ. < ד. לתוהו.

Like a Stone. The measure with which they meted didst Thou measure unto them. They said: "Ye shall look upon the birthstool (made of stones)" (Ex. 1.16). And Thou too didst make the waters be to them like stones; furthermore, the waters struck them upon their stones. In this sense it is said: "Like a stone."

Another Interpretation. *Like a Stone* This was an intermediate punishment. The wicked ones were tossed about like straw. The intermediate ones like a stone. The good ones sank as lead in the mighty waters.

Another Interpretation: *Like a Stone.* Because they made their heart hard like a stone. But Thou, O God, Thy goodness and Thy many kindnesses and Thy mercies are upon us, and Thy right hand is stretched forth to all who come into the world, as it is said: "Thy right hand, O Lord . . . Thy right hand, O Lord" (v. 6)—two times. "But Thy hand, and Thine arm, and the light of Thy countenance, because Thou wast favourable unto them" (Ps. 44.4). And it is written: "By Myself have I sworn, the word is gone forth from My mouth in righteousness, and shall not come back" (Isa. 45.23).

Glorious in Power. Thou art fair and mighty in power. For Thou didst give an extension of time to the generation of the flood, that they might repent—but they did not repent—as it is

כמו אבן במידה שמדדו בה מדדת להם הן אמרו וראיתם על האבנים ואף עתה עשית להם המים כאבנים והיו המים מכין אותם על מקום האבנים לכך נאמר כמו אבן דבר אחר כמו אבן היא היתה מכה בינונית הרשעים שבהם היו מטורפין כקש הבינוניים כאבן הפקחים שבהם צללו כעופרת במים אדירים דבר אחר כמו אבן על שהקשו את לבם כמו אבן אבל אתה טובך וחסדיך הרבים ורחמיך עלינו וימינך פשוטה לכל באי העולם שנאמר ימינך יי ימינך יי שני פעמים כי ימינך וזרועך ואור פניך כי רציתם וכתיב בי נשבעתי יצא מפי צדקה דבר ולא ישוב.

נאדרי בכח נאה אתה ואדיר בכח שנתת ארכה לדורו של מבול לעשות תשובה ולא עשו

---

26 שמות א׳, ט׳ז. 34–35 תהלים מ׳ד, ד׳. 35–36 ישעיה מ׳ה, כ׳ג.
37–40 אדר׳נ ל׳ב. ב׳ר ל׳ב, ז׳. ת. נח ה׳.

---

25 במירה–להם] ד. במדה שאדם מודד בה מ:דדין לו.
27 המים 2] מ. ס. < / מכין] ק. בכין / אותם] ט. ק. א. <.
29 מכה] ט. א״א. מיתה. 29–31 מכה בינונית–במים] מ. <.
31 כמו אבן] מ. ס. ~ מפני מה / על] ק. עד. 33 עלינו] א. מ. ט. מ״ח. < / וימינך] א. מ. ט. ~ שהיא. 34 פעמים] א״צ. ~ אחד שטובך וחסדך עלינו וימינך אחר פשוטה לכל באי עולם ש״ט. ~ ימינך לקבל שבים ולהושיעם בכוחך ימינך ד׳ לשבר מזידין.

said: "My spirit shall not judge," etc.[1] (Gen. 6.3). And Thou didst not definitely decree destruction upon them until they displayed their utmost wickedness before Thee. One finds this likewise in the case of the men of the Tower. For Thou didst give an extension of time to the men of the Tower that they might repent—but they did not repent—as it is said: "And the Lord said: 'Behold, they are one people, and they have all one language; and this is what they begin to do; and now' " (ibid. 11.6).—The expression (*ve'attah*) "and now," is but a plea for repentance, as in the passage: "And now (*ve'attah*), Israel, what doth the Lord thy God require of thee," etc. (Deut. 10.12).—And Thou didst not definitely decree destruction upon them until they displayed their utmost wickedness before Thee. One finds this likewise in the case of the men of Sodom. For Thou didst give an extension of time to the men of Sodom, that they might repent—but they did not repent—as it is said: "Verily, the cry of Sodom and Gomorrah . . . I will go down now and see," etc. (Gen. 18.20–21). And what is said there further on? "Then the Lord caused to rain," etc. (ibid. 19.24)—that is, if they repent, behold, it will be ordinary rain;[2] but if not, behold it will be—"brimstone and fire" (ibid.). And Thou didst not definitely decree destruction upon them until they displayed their utmost wickedness

[1] See Gen. Rab. 26.13.

[2] This is suggested by the use of the word המטיר instead of הוריד.

תשובה שנאמר ויאמר יי לא ידון רוחי וגו׳ ולא גמרת עליהן כלייה עד שהשלימו רשען לפניך. וכן אתה מוצא באנשי המגדל שנתת להם ארכה לעשות תשובה ולא עשו שנאמר ויאמר יי הן עם אחד ושפה אחת לכלם וזה החלם לעשות ועתה וגו׳ ואין עתה אלא תשובה שנאמר ועתה ישראל מה יי אלהיך שואל מעמך וגו׳ ולא גמרת עליהם כלייה עד שהשלימו רשען לפניך וכן אתה מוצא באנשי סדום שנתת להם ארכה לעשות תשובה ולא עשו שנאמר ויאמר יי זעקת סדום ועמורה וגו׳ ארדה נא ואראה וגו׳ מה נאמר שם ויי המטיר על סדום וגו׳ אם יעשו תשובה הרי מטר ואם לאו הרי גפרית ואש ולא גמרת עליהן כלייה עד שהשלימו רשען

---

39 בראשית ו׳, ג׳. 41–43 ב״ר ל״ח, ט׳. ת. שם י״ח. 42–43 בראשית י״א, ו׳. 44–45 דברים י׳, י״ב. 44–46 ב״ר שם. 48–49 בראשית י״ח, כ׳–כ״א. 49 שם י״ט, כ״ד.

---

39 שנאמר ויאמר י״י] ד. ואומר. 41 שנתת להם ארכה] ד. שהארכת להם. 45 שואל] ק. נ. דורש. 46–53 וכן אתה מוצא–שהשלימו רשען] מ. <. 47–48 לעשות תשובה ולא עשו] א. <. 48 זעקת] ד. צעקת. 49 וגו׳ מה נאמר שם] ד. ואומר. 50 יעשו] ד. עשו. 50–51 גפרית ואש] א. ד. ~ נאמר כאן מטר ונאמר להלן מטר מה להלן מטר אף כאן מטר ואי (א. או) מה כאן גפרית ואש אף להלן גפרית ואש ת״ל מאת י״י מן השמים. וחסר בט. מ״ח. וא״א ז״י וא״א מחקוהו.

before Thee. Ten plagues didst Thou bring upon the Egyptians in Egypt. But Thou didst not definitely decree destruction upon them until they displayed their utmost wickedness before Thee.

Another Interpretation: *Thy Right Hand, O Lord, Glorious in Power.* When the Israelites do the will of God, they make His left hand, as it were, to be like a right hand, as it is said: "Thy right hand, O Lord . . . Thy right hand, O Lord" —two times. And when the Israelites fail to do the will of God, they make His right hand to be like a left hand, as it is said: "He hath drawn back His right hand" (Lam. 2.3). When the Israelites do the will of God there is no sleep unto Him, as it is said: "Behold, He that keepeth Israel doth neither slumber nor sleep" (Ps. 121.4). But when the Israelites fail to do the will of God, there is, as it were, sleep unto Him, as it is said: "Then the Lord awaked as one asleep" (Ps. 78.65). When the Israelites do the will of God, there is no anger unto Him, as it is said: "Fury is not in Me" (Isa. 27.4). But when the Israelites fail to do the will of God, there is, as it were, anger unto Him, as it is said: "And the anger of the Lord be kindled" (Deut. 11.17). When the Israelites do the will of God He fights for them, as it is said: "The Lord will fight for you" (Ex. 14.14). But when the Israelites fail to do the will of God He fights against them, as it is said: "Therefore He was turned to be their

עשר מכות הבאת על המצריים במצרים ולא גמרת עליהן כלייה עד שהשלימו רשען. דבר אחר ימינך יי נאדרי בכח כשישראל עושין רצונו של מקום הן עושין שמאל ימין שנאמר ימינך יי ימינך יי שני פעמים וכשאין ישראל עושין רצונו של מקום הן עושין ימין שמאל שנאמר השיב אחור ימינו כשישראל עושין רצונו של מקום אין שינה לפניו שנאמר הנה לא ינום ולא יישן וגו׳ וכשאין ישראל עושין רצונו של מקום כביכול שינה לפניו שנאמר ויקץ כישן יי כשישראל עושין רצונו של מקום אין חימה לפניו שנאמר חימה אין לי וכשאין עושין רצונו של מקום כביכול חימה לפניו שנאמר וחרה אף יי כשישראל עושין רצונו של מקום הוא נלחם להם שנאמר יי ילחם לכם וכשאין ישראל עושין רצונו של מקום הוא נלחם בם שנאמר ויהפך להם לאויב והוא

---

57 איכה ב׳, ג׳. 58–59 תהלים קכ״א, ד׳. 60 שם ע״ח, ס״ה.
62 ישעיה כ״ז, ד׳. 63 דברים י״א, י״ז. 64–65 שמות י״ד, י״ד.
66–67 ישעיה ס״ג, י׳.

52–53 עשר–רשען] מ. <. 53 דבר אחר] א. מ. ט. מ״ח. <. 54 של מקום] ד. כביכול. 58–60 שנאמר–לפניו] מ. <. 63 וחרה אף יי] ד. וחרה אפי בכם. 66–67 והוא נלחם בם] א. < במקרא כתוב הוא נלחם בם.

enemy, Himself fought against them" (Isa. 63. 10). And, what is more, they make the Merciful One cruel, as it is said: "The Lord is become as an enemy" (Lam. 2.5).

Dasheth in Pieces the Enemy. It does not say: *ra'azta* "hast dashed," but it says: *tir'az* "wilt dash," that is, in the future, as it is said: "Thou wilt march through the earth in indignation" (Hab. 3.12).

Dasheth in Pieces the Enemy. This means Pharaoh, as in the passage: "The enemy said" (Ex. 15.9). Another Interpretation: This means Esau, as in the passage: "Because the enemy hath said" (Ezek. 36.2).[3]

Chapter VI
(Ex. 15.7–8)

And in the Greatness of Thine Excellency Thou Overthrowest Them that Rise Up Against Thee. Thou hast shown Thyself exceedingly great against those who rose up against Thee. And who are they that rose up against Thee? They that rose up against Thy children. It is not written here: "Thou overthrowest them that rise up against *us*," but: "Thou overthrowest them that rise up against *Thee*." Scripture thereby tells that if one rises up against Israel it is as if he rose up against Him by whose word the world came into being. And so it also says: "Forget not the voice of Thine adversaries, the

[3] And there, as is evident from v. 5, it means Esau, who is Edom.

נלחם בם ולא עוד אלא שהן עושין רחמן אכזרי שנאמר היה יי כאויב.

תרעץ אויב רעצת אויב אינו אומר אלא תרעץ אויב לעתיד לבוא שנאמר בזעם תצעד ארץ וגו׳.

תרעץ אויב זה פרעה שנאמר אמר אויב. דבר אחר זה עשו שנאמר יען אמר האויב.

פרשה ו (שמות ט״ו, ז׳–ח׳.)

וברוב גאונך תהרוס קמיך הרבית להתגאות נגד מי שקמו כנגדך ומי הם שקמו כנגדך הם שקמו כנגד בניך תהרוס קמינו אין כתיב כאן אלא תהרוס קמיך מגיד הכתוב שכל מי שהוא קם כנגד ישראל כאלו קם כנגד מי שאמר והיה העולם וכן הוא אומר אל תשכח קול צורריך שאון קמיך

---

68 איכה ב׳, ה׳. 70 חבקוק ג׳, י״ב. 73 יחזקאל ל״ו, ב׳.
1–3 ש. 63. 1–35 ת. 3–33 ספרי במדבר פ״ד. 6–7 תהלים ע״ד, כ״ג.

---

67 רחמן] ד. רצון רחמן.
6 אל תשכח] מ. ס. התשכח.

tumult of those that rise up against Thee which ascendeth continually" (Ps. 74.23). "For, lo, Thine enemies are in an uproar." How so? "They hold crafty converse against Thy people," etc. (ibid. 83.3–4). And it is written: "Do not I hate them, O Lord, that hate Thee," etc. How so? "I hate them with utmost hatred; they are mine enemies" (ibid. 139.21–22).

And so it also says: "Surely he that toucheth you toucheth the apple of his eye" (Zech. 2.12). R. Judah says: It does not say here: "The apple of the eye," but: "The apple of his eye," referring, as it were, to the One above. Scripture, however, modifies the expression.[1] In like manner you interpret the passage: "Ye say also: Behold, what a weariness is it and ye have snuffed at it" (Mal. 1.13), etc.[2] Scripture however modified the expression.[3] In like manner you interpret the passage: "For the iniquity, in that he knew that his sons did bring a curse upon themselves" (I Sam. 3.13), etc. Scripture, how-

---

[1] The original expression was, or should have been עיני "Mine eye," since God is speaking, and He must be referring to Himself. This original expression has been modified in our scriptural text and עינו, "his eye," has been written instead. These changes in the biblical text are usually referred to as "corrections of the *Soferim* תיקוני סופרים. See Lauterbach, *Midrash and Mishnah* (New York, 1916), p. 37 ff. Comp. also Jacob Brüll, *Die Mnemotechnik des Talmud* (Vienna, 1864), p. 8, and H. J. Pollak in I. H. Weiss' *Bet Hamidrash* (Vienna, 1865), pp. 56–57. The Rabbis must have had reliable traditions about the origin of these changes or corrections;

עולה תמיד כי הנה אויביך יהמיון מפני מה על עמך יערימו סוד וגו׳ וכתיב הלא משנאיך יי אשנא וגו׳ מפני מה תכלית שנאה שנאתים לאויבים היו לי וכן הוא אומר כי הנוגע בכם נוגע בבבת עינו רבי יהודה אומר בבבת עין אינו אומר כאן אלא בבבת עינו כביכול כלפי מעלה אלא שכינה הכתוב. כיוצא בו אתה אומר ואמרתם הנה מתלאה והפחתם אותו וגו׳ אלא שכינה הכתוב כיוצא בו אתה אומר בעון אשר ידע כי מקללים להם וגו׳ אלא שכינה

7–8 שם פ״ג, ג׳–ד׳. 8–9 שם קל״ט, כ״א–כ״ב. 10 זכריה ב׳, י״ב. 13–14 מלאכי א׳, י״ג. 15 שמואל א. ג׳, י״ג.

9 לאויבים היו לי]–ט: א. מ. ד. וגו׳. 10 כי הנוגע] מ. ס. כ. (תהלים פ״ג, ב׳) כי כל הנוגע ק. נ. והנוגע ט. כל הנוגע./ בכם] א. ס. ק. נ. כ. (תהלים ק״י, כ׳) בהם / נוגע] ק. נ. ט. כ. (שם) כנוגע. 11 בבבת עין–אלא] ק. כ. (שם) <. 11–12 בבבת עינו] ק. כ. (שם) בבבת עיני כתיב. 12 מעלה] א. מ. ט. ~ הכתוב מדבר. 14 אותו] ק. אותי. 14–15 כיוצא בו–להם וגו׳] מ. <.

against Jacob Reifmann in *Bet Talmud* II, 375 ff. Comp. also Geiger, op. cit., p. 309ff.

[2] Here the phrase, "Referring as it were to the One above," is left out and is referred to by the expression וגו׳, "etc."

[3] I. e., by writing אותו for אותי.

ever, modifies the expression. In like manner you interpret the passage: "Why hast Thou set me as a mark for Thee, so that I am a burden to myself" (Job 7.20). Scripture has modified the expression. In like manner you interpret the passage: "Art not Thou from everlasting, O Lord my God, my Holy One? We shall not die" (Hab. 1.12). Scripture has modified the expression. In like manner you interpret the passage: "Hath a nation changed its gods, which yet are no gods? But My people hath changed its glory" (Jer. 2.11). Scripture has modified the expression. In like manner you interpret the passage: "Thus they exchanged their glory for the likeness of an ox that eateth grass," (Ps. 106.20). Scripture has modified the expression. In like manner you interpret the passage: "And if Thou deal thus with me . . . and let me not look upon my wretchedness" (Num. 11.15). Scripture has modified the expression. Likewise in the passage: "We have no portion in David . . . every man to his tents, O Israel" (II Sam. 20.1). Scripture has modified the expression. Likewise in the passage: "And, lo, they put the branch to their nose" (Ezek. 8.17). Scripture has modified the expression. Likewise in the passage: "When he cometh out of his mother's womb" (Num. 12.12), it should have said: "That came out of our mother's womb,"[4] but Scripture modified the expression. And so also here in the interpretation of the passage: "Surely, he that toucheth you toucheth the apple of his eye." R. Judah

[4] See *Sifre* Num. 105, Friedmann 28a.

הכתוב כיוצא בו אתה אומר למה שמתני למפגע לך ואהיה עלי למשא כינה הכתוב כיוצא בו אתה אומר הלא אתה מקדם יי אלהי קדושי לא נמות כינה הכתוב כיוצא בו אתה אומר ההמיר גוי אלהים והמה לא אלהים ועמי המיר כבודו כינה הכתוב כיוצא בו וימירו את כבודם בתבנית שור כינה הכתוב כיוצא בו ואם ככה אתה עושה לי וגו׳ ואל אראה ברעתי כינה הכתוב כיוצא בו אין לנו חלק בדוד וגו׳ איש לאהליו ישראל כינה הכתוב כיוצא בו והנם שולחים את הזמורה אל אפם כינה הכתוב. כיוצא בו אשר בצאתו מרחם אמו אמנו יצא היה לו לומר אלא שכינה הכתוב. ואף כאן אתה אומר הנוגע בכם נוגע בבבת עינו ר״י אומר בבבת

16–17 איוב ז׳, כ׳. 18 חבקוק א׳, י״ב. 19–20 ירמיה ב׳, י״א. 21 תהלים ק״ו, כ׳. 22–23 במדבר י״א, ט״ו. 23–24 שמואל ב. כ׳, א׳. 25 יחזקאל ח׳, י״ז. 26 במדבר י״ב, י״ב.

18 מקדם] ד. מלכי מקדם / אלהי] נ. ל. אלהים / קדושי לא נמות] א. וגו׳ ועפי״ז הוספתי כמו במקרא: מ. ס. קדושי ולא נמות ד. ולא נמות ט״כ. קדושי ולא אמות. 22 כיוצא בו ואם ככה אתה עושה לי וגו׳] א. ד. <. 22–23 ואל אראה ברעתי כינה הכתוב] א. מ. <. 25 אח] א. ד. <. 26 יצא] ד. <. 27 היה לו לומר] א. < מ. אינו אומר כאן אלא אשר בצאתו מרחם אמו. 28 הנוגע] מ. ס. כי כל הנוגע/ בכם נוגע] ס. בכם כנוגע ק. נ. בו כנוגע. 28–29 ר״י אומר–אלא בבבת עינו] נ. ל. <.

says: It does not say: "The apple of the eye," but: "The apple of his eye." Scripture really refers, as it were, to the One above, but modifies the expression.

And if one helps Israel it is as if he helped Him by whose word the world came into being, as it is said: "Curse ye Meroz, said the angel of the Lord, Curse ye bitterly the inhabitants thereof, because they came not to the help of the Lord, to the help of the Lord against the mighty" (Judg. 5.23).

Thou hast shown Thyself exceedingly great against those that rose up against Thee. And who are they that rose up against Thee? They that rose up against Thy friends. And in what manner? "Against Chedorlaomer king of Elam," etc. (Gen. 14.9); "And he divided himself against them by night" (ibid. v. 15); "Who hath raised up one from the east . . . his sword maketh them as the dust" (Isa. 41.2). And what does it say further? "He pursueth them and passeth on safely," etc. (ibid. v.3). And so it also says: "The Lord saith unto my lord . . . The rod of thy strength the Lord will send out of Zion . . . Thy people offer themselves willingly in the day of thy warfare . . . The Lord hath sworn and will not repent," etc. (Ps. 110.1–4). And what does it say following this? "The Lord at thy right hand," etc. (ibid. v. 5).

Thou hast shown Thyself exceedingly great against those who rose up against Thee—And who are they that rose up against Thee? They that rose up against Thy children—against

עין אינו אומר אלא בבבת עינו כביכול כלפי מעלה הכתוב מדבר אלא שכינה הכתוב. וכל מי שהוא עוזר את ישראל כאלו עוזר למי שאמר והיה העולם שנאמר אורו מרוז אמר מלאך יי אורו ארור יושביה כי לא באו לעזרת יי לעזרת יי בגבורים. הרבית להתגאות כנגד מי שקמו כנגדך ומי הן שקמו כנגדך מי שקמו כנגד ידידיך ומה טיבן את כדרלעומר מלך עילם וגו׳ ויחלק עליהם לילה וגו׳ מי העיר ממזרח וגו׳ יתן כעפר חרבו וגו׳ ומהו אומר ירדפם יעבור שלום וגו׳ וכן הוא אומר נאם יי לאדוני וגו׳ מטה עוזך ישלח יי מציון וגו׳ עמך נדבות ביום חילך וגו׳ נשבע יי ולא ינחם וגו׳ ומה הוא אומר יי על ימינך וגו׳. הרבית להתגאות כנגד מי שקמו כנגדך ומי הן שקמו כנגדך הם שקמו כנגד בניך

32–33 שופטים ה׳, כ״ג. 33–36 ש. 63. 35–36 בראשית י״ד, ט׳. 36 שם י״ד, ט״ו. 36–38 ישעיה מ״א, ב׳–ג׳. 36–41 ב״ר מ״ג, ד׳. מדרש תהלים ק״י, ב׳. 36–142 ש. 63–64. 38–41 תהלים ק״י, א׳–ו׳.

---

34 שקמו] ד. שקם / ומי הן שקמו כנגדך] ד. <. 35 ידידיך] ד. בניך הוא קם כנגדך. 41–42 מי שקמו–בניך] ד. <.

Pharaoh and all his hosts. For it is said: "And he took six hundred chosen chariots," etc. (Ex. 14.7). And what does it say further on? "Pharaoh's chariots and his hosts hath He cast into the sea" (ibid. 15.4). Against Sisera and all his chariots for it is said: "And Sisera gathered together all his chariots," etc. (Judg. 4.13). What does it say further on? "They fought from heaven," etc. (ibid. 5.20). Against Sennacherib and all his troops. For it is said: "By Thy servants hast thou taunted," etc. (Isa. 37.24). What does it say afterwards? "And the Lord sent an angel, who cut off all the mighty men of valor," etc. (II Chron. 32.21). Against Nebuchadnezzar and all his multitude. For it is said: "And Thou saidst in thy heart: 'I will ascend unto heaven' " (Isa. 14.13).—Nebuchadnezzar said: "I will make me a little cloud and will dwell in it," as it is said: "I will ascend above the heights of the clouds" (ibid. v. 14). Said God to him: "You wanted to separate yourself from men, in the end men will separate themselves from you," as it is said: "At the end of twelve months . . . the king spoke and said: 'Is not this great Babylon' . . . While the word was in the king's mouth . . . and thou shalt be driven from men . . . The same hour was the thing

כנגד פרעה וכל חילו שנאמר ויקח שש מאות רכב בחור וגו׳ מהו אומר מרכבות פרעה וחילו ירה בים וגו׳. סיסרא וכל רכבו שנאמר ויזעק סיסרא את כל רכבו וגו׳ מהו אומר מן שמים נלחמו וגו׳. סנחריב וכל אגפיו שנאמר ביד עבדיך חרפת וגו׳ מהו אומר וישלח יי מלאך ויך כל גבור חיל וגו׳. נבוכדנצר וכל המונו שנאמר ואתה אמרת בלבבך השמים אעלה וגו׳ אמר נבוכדנצר אעשה לי עב קטנה ואדור בתוכה שנאמר אעלה על במתי עב וגו׳ אמר לו הקב״ה אתה רצית לפרוש עצמך מבני אדם סוף בני אדם נפרשין ממך שנאמר לקצת ירחין תרי עשר וגו׳ ענה מלכא ואמר הלא דא היא בבל רבתא וגו׳ עוד מלתא בפום מלכא וגו׳ ומן אנשא לך טרדין וגו׳ בה שעתא מלתא ספת על

43–44 שמות י״ד, ז׳. 45–46 שופטים ד׳, י״ג. 46 שם ה׳, כ׳. 47 ישעיה ל״ז, כ״ד. 48 דה״ב. ל״ב, כ״א. 49–50 ישעיה י״ד, י״ג. 51 שם י״ד, י״ד. 53–57 דניאל ד׳, כ״ו–ל׳.

46 שמים] א. השמים. 47 עבדיך] א. מלאכיך. 48 ויך כל גבור חיל] א. ויכה כל גבורי החיל מ. ס. ויכה במחנה אשור, ובמקרא ויכחד כל גבור חיל. 50 אמר] מ. < / נבוכדנצר] מ. ~ הרשע אני.

fulfilled upon Nebuchadnezzar," etc. (Dan. 4.26–30).—What does it say? "All this came upon the king Nebuchadnezzar" (ibid. v. 25).

"Belshazzar the king made a great feast . . . Belshazzar, while he tasted the wine, commanded . . . Then they brought the golden vessels . . . They drank wine . . . In the same hour came forth fingers . . . Then the king's countenance was changed," etc. (ibid. 5.1–6). Of him it is said: "Woe unto him that giveth his neighbour drink . . . Thou art filled with shame instead of glory" (Hab. 2.15–16). And it says: "In that night Belshazzar the Chaldean king was slain" (Dan. 5.30).

Thou Overthrowest Them that Rise Up Against Thee. It is not written here *harasta* "Thou hast overthrown," but *taharos* "Thou wilt overthrow," in the future. For it is said: "Break their teeth, O God, in their mouth," etc. (Ps. 58.7). Why? "Because they give no heed to the works of the Lord, nor to the operation of His hands; He will break them down and not build them up" (Ps. 28.5)—"He will break them down," in this world; "and not build them up," in the world to come.

נבוכדנצר וגו׳ מה הוא אומר כולא מטא על נבוכדנצר מלכא. בלשאצר מלכא עבד לחם רב וגו׳ בלשאצר אמר בטעם חמרא וגו׳ באדין היתיו מאני דהבא וגו׳ אשתיו חמרא וגו׳ בה שעתא נפקן אצבען וגו׳ אדיין מלכא זיוהי שנוהי וגו׳ ועליו הוא אומר הוי משקה רעהו וגו׳ שבעת קלון מכבוד ואומר ביה בליליא קטיל בלשאצר.

תהרוס קמיך הרסת קמיך אין כתיב כאן אלא תהרוס קמיך לעתיד לבא שנאמר אלהים הרס שנימו בפימו וגו׳ מפני מה כי לא יבינו אל פעולת יי ואל מעשה ידיו יהרסם ולא יבנם יהרסם בעולם הזה ולא יבנם לעולם הבא.

57–58 שם ד׳, כ״ה. 58–61 שם ה׳, א׳–ה׳. 61–62 שבת קמ״ט, א׳.
62 חבקוק ב׳, ט״ו–ט״ז. 63 דניאל ה׳, ל׳. 65–66 תהלים נ״ח, ז׳.
66–67 שם כ״ח, ה׳.

---

57 מה הוא אומר] ד. <. 58 נבוכדנצר מלכא] א. ~ וגו׳ ד. ~ מה הוא אומר כולא מטא לקצת ירחין תרי עשר. 60 נפקן]=א. ל: ק. נ. ט. נפקת ס. ט״כ. נפקא. מ. <. 61 אצבען] ק. נ. ט. אצבעתא/ וגו׳] מ. די אינש וגו׳ ס. די יד אינש/ שנוהי] ק. נ. שנין ט. אשתני. 64 תהרוס קמיך] הוספתי=מ״ח. ומ״ע. 65 לעתיד לבא] ס. לגוים לעתיד לבא.

Thou Sendest Forth Thy Wrath. It is not written here *shilaḥta ḥaroneka* "Thou hast sent out Thy wrath," but *teshallaḥ ḥaroneka* "Thou wilt send out Thy wrath"—in the future, as it is said: "Pour out Thine indignation upon them," etc. (Ps. 69.25). And it also says: "Pour out Thy wrath upon the nations" . . . Why? "For they have devoured Jacob" (Jer. 10.25).

It Consumeth Them as Stubble. It is not written here *akalamo kakash* "Has consumed them as stubble," but *tokelemo kakash* "Will consume them as stubble"—in the future, as it is said: "And the house of Jacob shall be a fire," etc. (Obad. 1.18). And it also says: "In that day will I make the chiefs of Judah like a pan of fire among wood and like a torch of fire," etc. (Zech. 12.6).

When any kind of wood burns, the sound of it does not go far, but when stubble burns, the sound of it goes far. So also the crying of the Egyptians because of the punishment which Thou didst bring upon them, was heard afar. When any kind of wood burns, there is some substance to it. But when stubble burns, there is not substance to it. It is said: "And he took six hundred chosen chariots," etc. (Ex. 14.7).

תשלח חרונך שלחת חרונך אין כתיב כאן אלא תשלח חרונך לעתיד לבא שנאמר שפוך עליהם זעמך וגו׳ ואומר שפוך חמתך על הגוים וגו׳ מפני מה כי אכלו את יעקב.

יאכלמו כקש אכלמו כקש אין כתיב כאן אלא יאכלמו כקש לעתיד לבא שנאמר והיה בית יעקב אש וגו׳ ואומר ביום ההוא אשים את אלופי יהודה ככיור אש בעצים וכלפיד אש וגו׳. כל העצים כשהן דולקין אין קולן הולך אבל הקש כשהוא דולק קולו הולך כך היה קולן של מצרים הולך מפני הפורענות שהבאת עליהן כל העצים כשהן דולקין יש בהן ממש אבל הקש כשהוא דולק אין בו ממש שנאמר ויקח שש מאות רכב בחור וגו׳ או

70–71 שם ס״ט, כ״ה. 71–72 ירמיה י׳, כ״ה. 74–75 עובדיה א׳, י״ח. 75–76 זכריה י״ב, ו׳. 81 שמות י״ד, ז׳.

---

69 תשלח חרונך] הוספתי=ש״ט. מ״ח. ומ״ע. 70 שנאמר] ד. <. 71 ואומר] ד. <. 72 יעקב] א. ט. ~ ואת נוהו השמו נאוה שאנן. 73 יאכלמו כקש] הוספתי=מ״ח. ש״ט. ומ״ע. 75 אשים] ק. נ. אשית. 76 ככיור אש בעצים–וגו׳] א. מ. ט. וגו׳ ד. ככיור אש וכעצים וכלפיד אש וגו׳. 77 הולך] ד. נשמע. 78 קולו הולך] ד. והולך נשמע. 79 שהבאת עליהן] ד. <. 80 בהן] ק. נ. מהן. 81 שנאמר–וגו׳] ד. < מ״ח. לפי שנאמר/ או] ט. מ״ח. <.

I might understand that there was some substance to them, but Scripture says: "as stubble." Just as the stubble when it burns there is no substance to it, so also with the Egyptians. There was no substance to them in the face of the punishment which Thou didst bring upon them. And so it says: "They lie down together, they shall not rise, they are extinct, they are quenched as a wick" (Isa. 43.17). This is to teach you that there was no kingdom more abject than Egypt, but it acquired power for a while only for the sake of the honor of Israel. When Scripture speaks figuratively of the other kingdoms, it compares them to cedars, as it is said: "Behold, the Assyrian was a cedar in Lebanon," etc. (Ezek. 31.3). And it also says: "Yet, destroyed I the Amorite before them, whose height was like the height of the cedars" (Amos 2.9). And it also says: "The tree that thou sawest," etc. (Dan. 4.17). But when it speaks figuratively of the Egyptians, it compares them to stubble as it is said: "It consumeth them as stubble." Again, when Scripture speaks figuratively of the other kingdoms, it compares them to silver and gold, as it is said: "As for that image, its head was of fine gold" (Dan. 2.32). But when it speaks figuratively of the Egyptians,

שומע אני שהיה בהם ממש ת"ל יאכלמו כקש מה הקש כשהוא דולק אין בו ממש כך המצריים לא היה בהן ממש מפני פורענות שהבאת עליהן וכן הוא אומר יחדיו ישכבו בל יקומו דעכו כפשתה ללמדך שלא היתה מלכות ירודה משל מצרים אלא שנטלה שררה לשעה בשביל כבודן של ישראל וכשהוא מושל את המלכיות אינו מושלן אלא בארזים שנאמר הנה אשור ארז בלבנון וגו' ואומר ואנכי השמדתי את האמורי מפניהם אשר כגובה ארזים גבהו ואומר אילנא די חזית וגו' וכשהוא מושל את המצריים אינו מושלם אלא בקש שנאמר יאכלמו כקש. וכשהוא מושל את המלכיות אינו מושלן אלא בכסף וזהב שנאמר הוא צלמא ראשיה די דהב טב וכשהוא מושל את המצריים אינו מושלן

---

85 ישעיה מ"ג, י"ז. 86–87 לעיל בשלח ב'. 89 יחזקאל ל"א, ג'. 88–99 שהש"ר ב', ט"ו. 90–91 עמוס ב', ט'. 91 דניאל ד', י"ז. 94–95 שם ב', ל"ב.

---

83 המצריים] ד. ~ כשהיו דולקין. 84 שהבאת עליהן] ד. <. 84–85 וכן הוא אומר] ד. וי"י אמר. 85 ישכבו] א. ישכבון. 86 ירודה]–ט"כ. נ. ל: ק. מ. יהודה (אך בגליון מ. נמצא ירודה) א. ידודה/שררה] מ. סדרה. 90 ואנכי] ק. נ. והנה אנכי. 90–91 מפניהם–גבהו] א. מ. וגו' ועפי"ז הוספתי כמו במקרא: ד. מפניכם...גבהו. 94 הוא] א. הא ד. <.

it compares them to lead, as it is said: "They sank as lead" (v. 10). Again when Scripture speaks figuratively of the other kingdoms, it compares them to great beasts, as it is said: "And four great beasts" (Dan. 7.3). But when it speaks figuratively of the Egyptians, it compares them merely to foxes, as it is said: "Take us the foxes" (Cant. 2.15).

Antoninus asked our Teacher, the Saint: "I want to go to Alexandria. Is it possible that it will set up a king against me to defeat me?" He said to him: "I do not know. However, we have it written that the land of Egypt will not be able to set up a ruler or a prince," as it is said: "And there shall be no more a prince out of the land of Egypt" (Ezek. 30.13). It shall be the lowliest of the kingdoms" (ibid. 29.15).

And With the Blast of Thy Nostrils the Waters Became Tricky.[5] The measure with which they meted Thou didst measure unto them. They said: "Come, let us deal shrewdly with them" (Ex. 1.10). Thou, too, didst put shrewdness into the water, and the water fought against them, inflict-

---

5 The word נערמו is understood as coming from עָרֹם, "to be tricky, shrewd."

אלא בעופרת שנאמר צללו כעופרת. וכשהוא מושל את המלכיות אינו מושלן אלא בחיות שנאמר וארבע חיון רברבן וגו׳ וכשהוא מושל את המצריים אינו מושלן אלא בשועלים שנאמר אחזו לנו שועלים. שאל אנטונינוס את רבינו הקדוש אני מבקש לילך לאלכסנדריא שמא תעמיד עלי מלך וינצחני אמר לו איני יודע מכל מקום כתוב לנו שאין ארץ מצרים יכולה להעמיד לא מושל ולא שר שנאמר ונשיא מארץ מצרים לא יהיה עוד מן הממלכות תהיה שפלה וגו׳.

וברוח אפך נערמו מים במדה שמדדו בה מדדת להם הם אמרו הבה נתחכמה לו אף אתה נתת ערמימות במים והיו המים נלחמים בהם

96–99 שמו״ר כ״ב, א׳. 98 דניאל ז׳, ג׳. 99 שה״ש ב׳, ט״ו. 103–104 יחזקאל ל׳, י״ג. 104–105 שם כ״ט, ט״ו. 107 שמות א׳, י׳.

---

98 וארבע] א. מ. ט״כ. ארבע/ מושל] ד. ממשל. 100 הקדוש] א. מ. ס. ט. <. 101 לאלכסנדריא] ק. נ. לאלסכנדריא/ תעמיד עלי] ד. יעמוד ס. יעמוד עלי ט. יעמוד עליו / וינצחני] א. וינצחוני מ. וינצחנו ט. וינצחהו. 108 מושל] ד. מלך. 103–104 ונשיא–עוד] ד. <. 104 הממלכות] ק. נ. המלכות. 108 ערמימות במים] ד. ערמה למים.

ing upon them all kinds of punishments. In this sense it is said: "And with the blast of Thy nostrils the waters became tricky."

Another Interpretation: *And With the Blast of Thy Nostrils the Waters Were Piled Up.* He piled them up in stacks.

They Stood Upright as a Skin Bottle. Just as the skin bottle, when it is tied up, does not let anything escape nor come in, so were the Egyptians, their spirits tied up within them. But the Israelites were eating and drinking and rejoicing. There came out for them tubes with sweet water from the midst of the salt water. For it is said: "He brought forth streams" (Ps. 78.16). And "streams" *nozelim* here can only mean living water, just as when it says: "A fountain of gardens, a well of living waters, and flowing streams" (Cant. 4.15). And it also says: "Drink waters out of thine own cistern, and running waters (*venozelim*) out of thine own well" (Prov. 5.15).

Another Interpretation: *They Stood Upright as a Skin Bottle.* Just as a skin bottle, when tied up, stands still and does not let anything escape nor come in, so were the Egyptians, their breath tied up within them. They could not inhale nor exhale, being overcome by the smell of the water, as it is said: "He maketh the deep to boil like a pot" (Job. 41.23). But for the Israelites the sea

בכל מיני פורעניות לכך נאמר וברוח אפך נערמו מים. דבר אחר וברוח אפך נערמו מים עשאן כמין ערימות.

נצבו כמו נד מה נד צרור אינו לא מוציא ולא מכניס כך היתה נפשם של מצריים צרורה בהם וישראל אוכלין ושותין ושמחים יצאו להם זכרי מים מתוקין מתוך מים מלוחים שנאמר ויוצא נוזלים ואין נוזלים אלא מים חיים כענין שנאמר מעין גנים באר מים חיים ונוזלים ואומר שתה מים מבורך ונוזלים מתוך בארך. דבר אחר נצבו כמו נד מה נד צרור עומד אינו לא מוציא ולא מכניס כך היתה נפשם של מצריים צרורה בהם ולא מוציאין ולא מכניסין מעולפים מריח הים שנאמר ירתיח כסיר מצולה וישראל נעשה להם הים מיני

115–116 תהלים ע'ח, ט'ז. 117 שה"ש ד', ט'ו. 117–118 משלי ה', ט'ו. 122 איוב מ'א, כ'ג.

---

109 מיני] ק. מי. 110 נערמו מים] ד. <. 113 של מצריים] א. מ. מ"ח. ט. <. 114 בהם] ד. ~ לא מוציאין ולא מכניסין. 115 זכרי]=מ. ס. ט"כ: א. זכירי ש. זכרון ט. כ. (תהלים ע'ח, י"ב) כדי ד. <. 116 כענין] ד. <. 117 ונוזלים] הוספתי=ס: א. מ. וגו'. 119 מה נד] ד. מ"ח. ט. < / מה נד–ולא מכניס] מ. וגו'. 122 מצולה] ד. ~ וגו'.

became like spices of various kinds, as it is said: "He maketh the sea like a pot of ointment" (ibid.). And it also says: "Awake, O north wind; and come, thou south, blow upon my garden that the spices thereof may flow out" (Cant. 4.16).

The Deeps Were Congealed. He formed them into a sort of vault.

In the Heart of the Sea. Where is a man's heart placed? Just above two thirds of his height. So also did the sea congeal around them just above two thirds of its depth.

The sea had no heart but a heart was ascribed to it, as it is said: "In the heart of the sea." The terebinth had no heart but a heart was ascribed to it, as it is said: "While he was yet alive in the heart of the terebinth" (II Sam. 18.14). The heaven had no heart but a heart was ascribed to it, as it is said: "And the mountain burned with fire unto the heart of heaven" (Deut. 4.11). It was fitting that the sea which had no heart but to which a heart was ascribed should come and punish the Egyptians, who had hearts but who nevertheless subjected Israel to all sorts of affliction, as it is said: "And the Egyptians made the children of Israel to serve with rigour" (Ex. 1.13). It was fitting that the terebinth which had no heart but to which a heart was ascribed

בשמים שנאמר ים ישים כמרקחה ואומר עורי צפון ובואי תימן הפיחי גני יזלו בשמיו.

קפאו תהומות עשאן כמין קופה.

בלב ים היאך לבו של אדם נתון משני חלקים ולמעלן כך קפה עליהם הים משני חלקים ולמעלה. הים לא היה לו לב ונתן לו לב שנאמר בלב ים האלה לא היה לה לב ונתן לה לב שנאמר עודנו חי בלב האלה השמים לא היה להם לב ונתן להם לב שנאמר וההר בוער באש עד לב השמים יבא הים שלא היה לו לב ונתן לו לב ויפרע מן המצרים שהיה להם לב ושעבדו את ישראל בכל מיני פורעניות שנאמר ויעבידו מצרים את בני ישראל בפרך תבא האלה שלא היה לה לב ונתן לה לב

123–124 שה"ש ד', ט"ז. 125 לעיל בשלח ה'. 129–130 שמואל ב. י"ח, י"ד. 131 דברים ד', י"א. 134–135 שמות א', י"ג.

123 ואומר] ד. <. 125 קופה] א. כיפה ט. ס. קיפה. 127 קפה] ד. קפא א"א. נקפא ט. נקפה / עליהם] א"צ. < א"א. ט. להם / חלקים] ד. חלקיו / ולמעלה] א. מ. <. 128 לא היה] ד. אין / שנאמר בלב ים] ד. <. 129 עודנו] מ. ועודנו. 132 ונתן לו לב] א. <. 133 לב] מ"ח. ~ כבד / ושעבדו] א"צ. לשעבד / ישראל] ק. מצרים.

should come and punish Absalom, who had a heart but who committed three thefts, stealing the heart of his father, the heart of the court and the hearts of the men of Israel, as it is said: "So Absalom stole the hearts of the men of Israel" (II Sam. 15.6). It was fitting that the heaven which had no heart but to which a heart was ascribed should come and cause manna, like dew, to come down for the Israelites, who possessed a heart and received the Torah and served God with all their heart and with all their soul, as it is said: "And thou shalt love the Lord thy God with all thy heart, and with all thy soul" (Deut. 6.5). And not the heavens alone rejoiced over the redemption of Israel but also the "mountains and all the hills, fruitful trees and all cedars" (Ps. 148.9), as it is said: "Sing, O ye heavens, for the Lord hath done it; shout, ye lowest parts of the earth; break forth into singing, ye mountains, O forest, and every tree therein." Why? "For the Lord hath redeemed Jacob, and doth glorify Himself in Israel" (Isa. 44.23). And it says further: "Sing, O heavens and be joyful, O earth" (ibid. 49.13).

ותפרע מאבשלום שהיה לו לב וגנב שלש גנבות לב אביו ולב בית דין ולב אנשי ישראל שנאמר ויגנב אבשלום את לב אנשי ישראל יבואו השמים שלא היה להם לב ונתן להם לב ויורידו המן כטל לישראל שהיה להם לב וקבלו התורה ועבדו השם בכל לבבם ובכל נפשם שנאמר ואהבת את יי אלהיך בכל לבבך ובכל נפשך וגו׳ ולא השמים בלבד שמחים בגאולתן של ישראל אלא אף ההרים וכל גבעות עץ פרי וכל ארזים שנאמר רנו שמים כי עשה יי הריעו תחתיות ארץ פצחו הרים רנה יער וכל עץ בו מפני מה כי גאל יי יעקב ובישראל יתפאר ואומר רנו שמים וגילי ארץ.

136–137 שמואל ב. ט״ו, ו׳. 136–138 סוטה א׳, ח׳. 141–142 דברים ו׳, ה׳. 144–147 ישעיה מ״ד, כ״ג. 147 שם מ״ט, י״ג.

---

136 שהיה לו] מ. שלא היה לו/ גנבות] א. ~ גנב ש. א״צ. לבבות. 137–138 שנאמר–אנשי ישראל] א. ש. <. 140 וקבלו התורה] א. מ. ס. ט. <. 140–141 ועבדו השם] א. ועבדו את התורה ס. ועבדו את הקב״ה ט. ועסקו בתורה. 144 רנו] א. ד. רונו. 146 מפני מה] ד. </ יעקב] מ. ס. ד. את יעקב. 147 וגילי ארץ] א. ~ פצחו רנה וגו׳ ד. ~ פצחי רנה כי נחם יי׳ עמו גאל ירושלים.

Chapter VII
(Ex. 15.9–10)

The Enemy Said. This really was the beginning of the section. Why then was it written here? Because no strict order as to "earlier" and "later" is observed in the Torah. A similar case is: "And it came to pass on the eighth day, that Moses called," etc. (Lev. 9.1). This really was the beginning of the section. Why then was it written here? Because no strict order as to "earlier" and "later" is observed in the Torah. A similar case is: "In the year that king Uzziah died," etc. (Isa. 6.1). This really was the beginning of the book. Why then was it written here? Because no strict order as to "earlier" and "later" is observed in the Torah. A similar case is: "Son of man, stand upon thy feet" (Ezek. 2.1)—Some say: It is: "Son of man put forth a riddle" (ibid. 17.2).—This really was the beginning of the book. Why then was it written here? Because no strict order as to "earlier" and "later" is observed in the Torah. A similar case is: "Go, and cry in the ears of Jerusalem" (Jer. 2.2). This really was the beginning of the book. Why then was it written here? Because no strict order as to "earlier" and "later" is observed in the Torah. A similar case is: "Israel was a luxuriant vine" (Hos. 10.1). This really was the beginning of the book. Why then was it written here? Because no strict order as to "earlier" and "later" is observed in the Torah. A similar case is: "I, Koheleth, have been king over Israel in Jeru-

פרשה ז (שמות ט"ו, ט'–י'.)

אמר אויב זה היה תחלת הפרשה ולמה נכתב כאן שאין מוקדם ומאוחר בתורה. כיוצא בו ויהי ביום השמיני קרא משה וגו' זה היה תחלת הפרשה ולמה נכתב כאן שאין מוקדם ומאוחר בתורה. כיוצא בו בשנת מות המלך עוזיהו וגו' זה היה תחלת הספר ולמה נכתב כאן לפי שאין מוקדם ומאוחר בתורה. כיוצא בו בן אדם עמד על רגליך ויש אומרים בן אדם חוד חידה זה היה תחלת הספר ולמה נכתב כאן לפי שאין מוקדם ומאוחר בתורה. כיוצא בו הלוך וקראת באזני ירושלים וגו' זה היה תחלת הספר ולמה נכתב כאן לפי שאין מוקדם ומאוחר בתורה. כיוצא בו גפן בוקק ישראל זה היה תחלת הספר ולמה נכתב כאן לפי שאין מוקדם ומאוחר בתורה. כיוצא בו אני קהלת הייתי מלך

1–16 קה"ר א', י"ב. 1–78 ש. 64–65. 3 ויקרא ט', א'. 5 ישעיה ו', א'. 7 יחזקאל ב', א'. 8 שם י"ז, ב'. 10 ירמיה ב', ב'. 12 הושע י', א'. 14 קהלת א', י"ב.

2–5 כיוצא בו–בתורה] ד. <. 4 הפרשה] ש. הספר / כאן] הוספתי–מ"ח. 6 הספר] ד. הפרשה. 8 הספר] ד. מ. הפרשה. 11 הספר] ד. מ. הפרשה. 12–14 כיוצא בו–בתורה] א. ט. <. 13 הספר–ט. (ירמיה רס"ד) מ"ח; ד. הפרשה.

salem" (Eccl. 1.12). This really was the beginning of the book. Why then was it written here? Because no strict order as to "earlier" and "later" is observed in the Torah.

The Enemy Said. This means Pharaoh. But how did the Israelites know what Pharaoh had planned against them when he was still in Egypt? It was simply through the Holy Spirit that rested upon them that they knew what Pharaoh had planned against them when he was still in Egypt. When Pharaoh saw the Israelites had gone out he said: "It would not be worth our while to pursue the Israelites themselves for their sake, but for the sake of the silver and gold which they have taken from us it is worth while." But when those of the people who lost but a little money saw it, they said: "For the sake of a trifle shall we run after the Israelites?" When Pharaoh realized this he declared: "We shall all be equal in sharing the spoil—as it is said: "I will divide the spoil."—And what is more, I open to you the treasuries of silver and gold and distribute among you precious stones and pearls."

Another Interpretation: *The Enemy Said.* This means Pharaoh—but he did not realize what he was saying.—"The preparations of the heart are man's, but the answer of the tongue is from the Lord" (Prov. 16.1). It is not written here: "We shall pursue, we shall overtake, we shall divide," in the plural form, but: "I shall pursue, I shall

וגו׳ זה היה תחלת הספר ולמה נכתב כאן לפי שאין מוקדם ומאוחר בתורה.

אמר אויב זה פרעה וכי מנין היו ישראל יודעין מה פרעה חושב עליהן במצרים אלא רוח הקדש שרתה עליהן והיו יודעין מה פרעה חשב עליהן במצרים. כיון שראה פרעה שיצאו ישראל אמר לא דיינו לרדוף אחרי ישראל אלא בשביל כסף וזהב שלקחו ממנו כדי הוא כיון שראו מקצת העם שאבדו ממון מועט אמרו אוותרה נרדוף אחרי ישראל כיון שראה פרעה אמר כולנו שוין בבזה שנאמר אחלק שלל ולא עוד אלא שאני פותח לכם תוסווריות של כסף ושל זהב ומחלק לכם אבנים טובות ומרגליות. דבר אחר אמר אויב זה פרעה ולא ידע מה אמר לאדם מערכי לב ומיי מענה לשון נרדוף נשיג נחלק אין כתיב כאן אלא ארדוף

28 משלי ט״ז, א׳.

15 וגו׳] מ. ד. בירושלים/ הספר] מ. ד. הפרשה. 17 זה פרעה] ד. <. 20 כיון שראה] ד. וכשראה / שיצאו ישראל] הוספתי=ט. א״א. 21 לא] ק. <. 23 ממנו] ד. <. 23 ממון] ד. ממונם/ אוותרה] א. מ״ח. הוותרה ס. נוותרה ט. הוו יתרתה ט״כ. הו יתרתה ש. הא ותרא ד. </ נרדוף] מ״ח. ש. לא נרדוף ד. נרדפם. 23–24 אחרי ישראל] ד. <. 26 תוסווריות] ד. אוצרות / לכם] ד. להם. 27 דבר אחר] ד. <.

overtake, I shall divide," in the singular form. This means I am pursued, I am overtaken, I am being driven towards them, I am being delivered over to them. My spoil and my money are about to be distributed among them. It is not written here: "Shall be satisfied upon them," but "My soul shall make them satisfied"—they will satisfy their desire upon me. It does not say here: "My hand shall possess them," but: "My hand shall cause them to possess"—I shall make them inherit my wealth and my glory.

In the past, when you took spoil from them I used to claim it from you by the laws of the government, but now: "I will divide the spoil." In the past, if you killed any of them, I used to hold you responsible by the laws of the government, but now: "I will draw my sword." In the past, if you sought to violate their wives their sons and their daughters, I used to hold you responsible by the laws of the government, but now: "My hand shall give them into your possession." Some say: It does not say here: "I shall point my sword," but: "I shall empty my sword"—he meant to commit pederasty[1] with them. It is the same as in the passage: "And they shall empty their swords against the beauty of thy wisdom" (Ezek. 28.7), where it does not say:

[1] "Emptying the sword," is taken as a euphemistic expression for pederasty.

אשיג אחלק ארדף אוסג מורדף אני להם מותפס אני להם מחולק הוא שללי וממוני להם תמלאם אין כתיב כאן אלא תמלאמו נפשי ממלאין הן נפשן ממני תורישם ידי אינו אומר כאן אלא תורישמו ידי מוריש אני עושרי וכבודי להם לשעבר הייתם בוזזים בהם והייתי תובע מידכן בנימוסי מלכות אבל כאן אחלק שלל לשעבר הייתם הורגים בהם והייתי תובע מידכן בנימוסי מלכות אבל כאן אריק חרבי לשעבר הייתם רוצין לאנוס נשיהן ובניהן ובנותיהן והייתי תובע מידכן בנימוסי מלכות אבל כאן תורישמו ידי. ויש אומרים אתן חרבי אינו אומר אלא אריק חרבי אמר לבעול את זכוריהם כענין שנאמר והריקו חרבותם על יפי חכמתך ונתנו

---

42 יחזקאל כ״ח, ז׳.

---

30 ארדף] א. ד. ארדוף ט. < / אוסג] ד. מושג ט. <. 31 מחולק] ד. מוחלק א. נחלק. 32 אין כתיב] ד. אינו אומר. 33 ממני] ד. ממנו. 35 מידכן] ק. נ. בידכם. 36 אחלק שלל] א. אריק· חרבי ד. תורישמו ידי. 36–38 לשעבר הייתם הורגים–אריק חרבי] ק. א. <. 38–40 לשעבר–כאן תורישמו ידי] ד. <. 39 בנימוסי מלכות] א. <. 40 תורישמו ידי] א. מ״ח. אריק חרבי / אינו אומר] מ. אין כתוב כאן. 41 את זכוריהם] א. ד. זכריהם. 42 והריקו חרבותם על יפי חכמתך] הוספתי–א״א. ומ״ה. ומ״ע. / ונתנו] ד. ונתתי.

"And they shall point their swords," but: "And they shall empty their swords against the beauty of thy wisdom." Because he was haughty and proud of heart, God brought him low and all the nations insulted him.

The Egyptians at the sea were divided into three groups as regards the Israelites. One group proposed: Let us get from them their money and our money without killing them. One proposed: Let us kill them without taking their money. And one proposed: Let us kill them and also take their money. The one that proposed: Let us take their money without killing them, said: "I will divide the spoil." The one that proposed: Let us kill them without taking their money, said: "My lust shall be satisfied upon them." The one that proposed: Let us kill them and also take their money, said: "My hand shall inherit them." Pharaoh, when still in Egypt, defiantly boasted of five things: "The enemy said: 'I will pursue, I will overtake, I will divide the spoil; my lust shall be satisfied upon them; I will draw my sword, my hand shall destroy them' " (Ex. 15.9). As against these five boasts, the Holy Spirit answered and said: "Thou didst blow with Thy wind," etc.; "Thy right hand, O Lord, dasheth in pieces the enemy;" "And in the greatness of Thine excellency Thou overthrowest them that rise up against Thee; Thou sendest forth Thy wrath, it consumeth them as stubble;" "Thou stretchest out Thy right hand," etc. To give a parable, to what can this be compared? To the following: A robber standing behind the king's palace, defiantly says: "If I find the prince, I

חרבותם אינו אומר כאן אלא והריקו חרבותם על יפי חכמתך לפי שגאה וגבה לבו השפילו המקום וביזו אותו כל אומות העולם. שלש כתות נעשו מצרים על ישראל על הים אחת אומרת ניטול ממונם וממונינו ולא נהרגם ואחת אומרת נהרגם ולא ניטול ממונם ואחת אומרת נהרגם וניטול ממונם זו שאומרת ניטול ממונם ולא נהרגם אחלק שלל וזו שאומרת נהרגם ולא ניטול ממונם תמלאמו נפשי וזו שאומרת נהרגם וניטול ממונם תורישמו ידי. חמשה דברים היה פרעה עומד ומנאץ בתוך ארץ מצרים אמר אויב ארדוף אשיג אחלק שלל תמלאמו נפשי אריק חרבי תורישמו ידי וכנגדן של חמשה דברים השיבה רוח הקדש ואמרה נשפת ברוחך וגו׳ ימינך יי תרעץ אויב וברוב גאונך תהרוס קמיך תשלח חרונך יאכלמו כקש נטית ימינך וגו׳ מושלו משל למה הדבר דומה ללסטים שהיה עומד ומנאץ אחר פלטרין של מלך אומר אם אמצא את בן המלך

---

44 לפי שגאה] ד. < / וגבה] ד. שגבה. 45 וביזו–העולם] ד. ובזוהו כל האומות ט. ובאו עליו כל אומות העולם / כתות] א. מ. ט. מ״ח. כתים. 47 וממונינו]=מ. ס. מ״ח: א. ד. <. 51 חמשה] א״צ. ששה. 54 של] מ. < ד. שלח. 55 השיבה] מ. ~ אותו ד. השיבתו / ואמרה] ד. ואומר א. מ. ~ לו. 59 פלטרין] א. פלטין.

shall seize him, I shall kill him, I shall crucify him, I shall make him die the most cruel death." So also did the wicked Pharaoh boast defiantly in the land of Egypt: "The enemy said: 'I will pursue, I will overtake' " etc. But the Holy Spirit laughs at him and says: "Thou didst blow with Thy wind." And it also says: "Thou stretchest out Thy right hand." And so it also says: "Why are the nations in an uproar . . . Let us break their bands asunder . . . He that sitteth in heaven laugheth" (Ps. 2.1–4). And it says: "Behold, they belch out with their mouth" (ibid. 59.8). And what is written following this? "But Thou, O Lord, shalt laugh" (ibid. v. 9). And so also it says: "Sheba and Dedan, and the merchants of Tarshish," etc. (Ezek. 38.13). And it says: "And it shall come to pass in that day, when Gog shall come . . . shall shake at My presence" (ibid. vv. 18–20).—Thus all these thousands and all these myriads sank as lead because of the boast of one.[2]

Another Interpretation: *Sank as Lead in the Mighty Waters.* Four are called mighty: The Holy One, blessed be He, is called mighty, as it is said: "The Lord on high is mighty" (Ps. 93.4). Israel is called mighty, as it is said: "They are

[2] See Lauterbach, "Abbreviations and their Solutions," in *Studies in Jewish Bibliography in Memory of A. S. Freidus* (New York, 1929), pp. 146–147.

אני תופשו והורגו וצולבו וממית אותו מיתות חמורות כך היה פרעה הרשע עומד ומנאץ בתוך ארץ מצרים אמר אויב ארדוף אשיג וגו׳ ורוח הקדש מלעגת עליו ואומרת נשפת ברוחך ואומר נטית ימינך וכן הוא אומר למה רגשו גוים וגו׳ ננתקה וגו׳ יושב בשמים ישחק וגו׳ ואומר הנה יביעון בפיהם וגו׳ ואחריו מה כתוב ואתה יי תשחק וגו׳ וכן הוא אומר שבא ודדן וסוחרי תרשיש וגו׳ ואומר והיה ביום ההוא ביום בוא גוג וגו׳ ורעשו מפני הא כל אותן האלפים וכל אותן הרבבות צללו כעופרת בדבר אחד. דבר אחר צללו כעופרת במים אדירים ארבעה נקראו אדירים הקב״ה נקרא אדיר שנאמר אדיר במרום יי ישראל נקראו אדירים שנאמר

64–65 תהלים ב׳, א׳–ד׳. 65–66 תהלים נ״ט, ח׳–ט׳. 67 יחזקאל ל״ח, י״ג. 67–69 שם ל״ח, י״ח–כ׳. 72 תהלים צ״ג, ד׳.

---

65 יביעון] א. ק. נ. יביעו] / בפיהם ק. נ. ~ אחריו. 66 ואתה] מ. נ. ל. אתה. / ואתה י״י תשחק וגו׳] ק. <. 66–67 וכן הוא אומר–תרשיש וגו׳] נ. ל. < ק. כן קהלת קהליך. 68 ורעשו מפני] א. < ד. ירעשו מפניו. 70 בדבר אחד] א. וגו׳ ט. < נ. במי ים אדירים ס. ל. במים אדירים. / דבר אחר] נ. ל. </ צללו כעופרת] מ. ס. ד. <. 71 ארבעה] ד. ~ דברים / אדירים] ד. ~ ואלו הן.

the mighty in whom is all my delight" (ibid. 16.3). The Egyptians are called mighty, as it is said: "Even her with the daughters of the mighty nations" (Ezek. 32.18). The waters are called mighty, as it is said: "Above the voices of many waters, the mighty breakers of the sea" (Ps. 93.4). The Holy One who is mighty revealed Himself to Israel who is called mighty to punish the Egyptians who are called mighty by means of the waters which are called mighty, as it is said: "They sank as lead in the mighty waters."

Chapter VIII
(Ex. 15.11)

Who Is Like Unto Thee, O Lord, Among the Gods. When the Israelites saw that Pharaoh and his hosts perished in the Red Sea and that the kingdom of the Egyptians came to an end, and that judgments were executed upon their idols, they all opened their mouths and said: "Who is like unto Thee, O Lord, among the gods." And not only Israel uttered song, but the nations of the world also uttered song. As soon as the nations of the world saw that Pharaoh and his hosts perished in the Red Sea and that the kingdom of the Egyptians came to an end, and

ואדירי כל חפצי בם מצרים נקראו אדירים שנאמר אותה ובנות גוים אדירים המים נקראו אדירים שנאמר מקולות מים רבים אדירים נגלה הקדוש שהוא אדיר על ישראל שנקראו אדירים להפרע ממצרים שנקראו אדירים במים שנקראו אדירים שנאמר צללו כעופרת במים אדירים.

פרשה ח (שמות ט״ו, י״א.)

מי כמוכה באלים יי כיון שראו ישראל שאבד פרעה וחילו בים סוף ובטלה מלכותן של מצריים ושפטים נעשו בעבודה זרה שלהן פתחו כולם פיהם ואמרו מי כמוכה באלים יי ולא ישראל בלבד אמרו שירה אלא אף אומות העולם אמרו שירה כיון ששמעו אומות העולם שאבד פרעה וחילו בים ובטלה מלכותן של מצריים ושפטים

73 שם ט״ז, ג׳. 74 יחזקאל ל״ב, י״ח. 75 תה׳לים צ״ג, ד׳.

1–100 ש. 65–67.

73 ואדירי] ק. נ. אדירי. 74 אותה] ד. אתה/ גוים אדירים] ק. נ. גוים והמה אדירים. 74–77 המים נקראו–להפרע ממצרים] ד.<. 77 שנקראו אדירים 1] נ. ק. <.

3 שלהן] ד. < מ. ס. ~ כפרו כולן בע״ז שלהן. 4 ואמרו] מ. והודו במקום ואמרו. 5–6 אמרו שירה] ד. <. 7 וחילו] א. < ד. ומצרים.

that judgments were executed upon their idols, they all renounced their idols and opened their mouths and, confessing God, said: "Who is like unto Thee, O Lord, among the gods." You also find that in the future likewise the nations of the world will renounce their idols, as it is said: "O Lord, my strength, and my stronghold, and my refuge, in the day of affliction, unto Thee shall the nations come . . . Shall a man make unto himself gods?" (Jer. 16.19–20). And it says: "In that day a man shall cast away his idols of silver . . . to go into the clefts of the rocks," etc. (Isa. 2.20–21). And this is written after: "And the idols shall utterly perish" (ibid. v.18).

Another Interpretation: *Who Is Like unto Thee among the Mighty.* It is written *ba-alm:*[1] Who is like unto Thee among the strong and who is like unto Thee in the wonders and mighty deeds which Thou didst perform at the sea, as it is said: "Terrible things by the Red Sea" (Ps. 106.22); "And He rebuked the Red Sea, and it was dried up" (ibid. v. 9). Who is like unto Thee in silence, O Lord, who is like unto Thee among the silent ones, O Lord, who is like unto Thee, who though seeing the insult heaped upon Thy children, yet keepest silence, as it is said: "I have long time held My peace, I have been still,

---

[1] באלם is written defectively without a *Yod* after the *Lamed.* It accordingly means: "In strength." For אלם is not the plural of אל, but a singular noun, meaning "strength" (see Jastrow, *Dictionary*, p. 71; and Ben Jehudah, *Dictionary*, p. 247).

נעשו בעבודה זרה שלהן כפרו כולן בעבודה זרה שלהן ופתחו כולן פיהם והודו במקום ואמרו מי כמוכה באלים יי וכן את מוצא שעתידין אומות לכפור בעבודה זרה שלהן שנאמר יי עוזי ומעוזי ומנוסי ביום צרה אליך גוים יבאו וגו׳ היעשה לו אדם אלהים וגו׳ ואומר ביום ההוא ישליך האדם את אלילי כספו וגו׳ ואומר לבא בנקרת הצורים וגו׳ ואחריו מה כתיב והאלילים כליל יחלוף. דבר אחר מי כמוך באלים יי באלם כתיב מי כמוך באלמים ומי כמוך בנסים וגבורות שעשית על הים שנאמר נוראות על ים סוף וגו׳ ויגער בים סוף ויחרב מי כמוך באלים יי מי כמוך באילמים יי מי כמוך רואה בעלבון בניך ושותק שנאמר החשתי מעולם

11–13 ירמיה ט״ז, י״ט–כ׳. 13–14 ישעיה ב׳, כ׳–כ״א. 15 ישעיה ב׳, י״ח. 16 גיטין נ״ו, ב׳. 18 תהלים ק״ו, כ״ב. / שם ק״ו, ט׳. 20–23 ישעיה מ״ב, י״ד–ט״ו.

---

9 שלהן ופתחו] ק. שלחו יפתחו / והודו] ק. והורו / במקום] מ. למקום ד. למרום. 10 מוצא] ד. ~ בעבודה זרה. 11 בעבודה זרה שלהן] ד. בה. 14 בנקרת] במקרא שלפנינו, בנקרות. 15 ואחריו מה כתיב] אולי צ״ל ואחר מה כתיב. 16 באלם כתיב] מ. ד. <. 17 באלמים] א. מ. ס. באילמים. 18 וגו׳] א. < נ. ק. שנאמר ל. ואומר. 19 מי כמוך באלים יי] מ. ד. <. 19–20 מי כמוך רואה] ד. שומע. 20 בעלבון] ד. עלבון.

and refrained Myself; now will I cry like a travailing woman, gasping and panting at once."—In the past I have been still and refrained Myself, but from now on:—"I will cry like a travailing woman gasping and panting at once. I will make waste," etc. (Isa. 42.14–15).

Another Interpretation: *Who Is Like unto Thee Among the Mighty.* Who is like unto Thee among those who serve before Thee in heaven, as it is said: "For who in the skies can be compared unto the Lord . . . A God dreaded in the great council of the holy ones . . . O Lord, God of hosts, who is a mighty one, like unto Thee, O Lord" (Ps. 89.7–9).

Who Is Like unto Thee Among the Gods, O Lord. Who is like unto Thee among those who call themselves gods? Pharaoh called himself a god, as it is said: "The river is mine" (Ezek. 29.9); "And I have made myself" (ibid. v. 3). Sennacherib called himself a god, as it is said: "Who are they among the gods of these nations," etc. (Isa. 36.20). Nebuchadnezzar called himself a god, as it is said: "I will ascend above the heights of the clouds," etc. (ibid. 14.14). The prince of Tyre called himself a god, as it is said: "Son of man, say unto the prince of Tyre: Thus saith the Lord: 'Because they heart is lifted up,' " etc. (Ezek. 28.2).

אחריש אתאפק כיולדה אפעה אשום ואשאף יחד לשעבר אחריש אתאפק מכאן ואילך כיולדה אפעה אשום ואשאף יחד אחריב וגו׳. דבר אחר מי כמוך באלים יי מי כמוך באלו שמשמשין לפניך במרום שנאמר כִי מי בשחק יערוך וגו׳ אל נערץ בסוד קדושים רבה וגו׳ יי אלהי צבאות מי כמוך חסין יה. מי כמוך באלים יי מי כמוך באלו שקוראין עצמן אלוהות פרעה קרא עצמו אלוה שנאמר יען אמר לי יאורי ואני עשיתיני סנחריב קרא עצמו אלוה שנאמר מי בכל אלהי הארצות האלה וגו׳ נבוכדנצר קרא עצמו אלוה שנאמר אעלה על במתי עב וגו׳ נגיד צור קרא עצמו אלוה שנאמר בן אדם אמור לנגיד צור כה אמר יי אלהים יען גבה לבך וגו׳.

25–27 תהלים פ״ט, ז׳–ט׳. 28–29 יחזקאל כ״ט, ג׳. 30 ישעיה ל״ו, כ׳. 31–32 ישעיה י״ד, י״ד. 32–33 יחזקאל כ״ח, ב׳.

---

21 אחריש–יחד] א. <. 23 דבר אחר] א. מ. ס. ט. <. 24 באלו] א״צ. באלים מ. באל׳. 25 וגו׳] נ. אליך. 26 אלהי צבאות] מ. אלהים צבאות ק. נ. אלהי ישראל צבאות. 27 מי כמוך באלים יי] מ. ס. ד. < ש. מ״ח. דבר אחר מי כמוך באלים יי וכן הגיה הרמא״ש. 29 לי יאורי ואני עשיתיני] ק. יאור לי ואני עשיתיני נ. יאור לי ואני עשיתי / סנחריב] ד. וכן סנחריב. 29–30 קרא עצמו אלוה] ד. <. 31 ד. וכן נבוכדנצר / קרא עצמו אלוה] ד. <. 32 נגיד] ד. וכן נגיד / קרא עצמו אלוה] ד. <.

Who Is Like unto Thee Among the Gods, O Lord. Who is like unto Thee among those whom others call gods, in whom there is no substance and of whom it is said: "They have mouths but speak not" (Ps. 115.5). These have mouths and cannot speak. He by whose word the world came into being, however, is not so, but He can say two words in one utterance, a manner of speech of which human beings are incapable, as it is said: "God had spoken once, twice have we heard this," etc. (Ps. 62.12); "Is not My word like as fire," etc. (Jer. 23.29). And it is written: "And a sound goes out from His mouth" (Job 37.2).

Who Is Like unto Thee Glorious in Holiness. Thou art fair and mighty in holiness. The nature of the Holy One, blessed be He, is not like the nature of a human being. For it is in the nature of a human being that he cannot say two words in one utterance, but He by whose word the world came into being spoke the ten commandments in one utterance—a manner of speech of which human beings are incapable—as it is said: "And God spoke all these words, saying" (Ex. 20.1). It is in the nature of a human being

מי כמוך באלים יי מי כמוך באלו שאחרים קוראין אותם אלוהות ואין בהם ממש ועליהם נאמר פה להם ולא ידברו וגו׳ אילו פה להם ולא ידברו אבל מי שאמר והיה העולם אינו כן אלא אומר שני דברים בדיבור אחד מה שאי איפשר לבשר ודם לומר כן שנאמר אחת דבר אלהים שתים זו שמענו וגו׳ הלא כה דברי כאש וגו׳ וכתיב והגה מפיו יצא.

מי כמוך נאדר בקדש נאה אתה ואדיר בקדש שלא כמדת בשר ודם מדת הקב״ה מדת בשר ודם אינו יכול לומר שני דברים כאחד אבל מי שאמר והיה העולם אמר עשרת הדברות בדיבור אחד מה שאי איפשר לבשר ודם לומר כן שנאמר וידבר אלהים את כל הדברים האלה לאמר מדת

---

36 תהלים קט״ו, ה׳. 36–38 לקמן בחודש ז׳. 39–40 תהלים ס״ב, י״ב. 40 ירמיה כ״ג, כ״ט. 40–41 איוב ל״ז, ב׳. 47 שמות כ׳, א׳.

---

34 מי כמוך באלים י״י] מ. ס. ד. < / שאחרים] א. <. 36 וגו׳ אילו–ולא ידברו] ד. <. 37 אינו כן אלא] ד. < 38 אחד] מ. <. 39 לומר] מ. לדבר ד. לעשות. 40 והגה] מ. והגא. 43 מדת הקב״ה]=ט: א. מדת ה״ק (=הקדוש) מ. ד. מדתך. 44 לומר] הגהתי=ט. ש״י: א״צ. לדבר א. מ. ד. לשמוע / שני דברים כאחד]=ט. מ״ח: א. מ. ס. משני בני אדם ד. בשני דברים כאחת. 45 בדיבור] ד. <. 46 אחד נ. ל. כאחד / לומר] א. לדבר ד. לעשות.

that he cannot listen to two people crying at the same time. He by whose word the world came into being, however, is not so, but even when all those who came into the world come and cry before Him, He hears their cries, as it is said: "O Thou that hearest prayer unto Thee doth all flesh come" (Ps. 65.3).

Fearful in Praises. Not only from now on but from eternity has He been fearful in praises.

Another Interpretation: *Fearful in Praises.* It is in the nature of a human being that he is more revered by those farther away from him than by those nearer to him. It is not so, however, with Him by whose word the world came into being. He is revered by those near to Him even more than by those who are far from Him, as it is said: "Through them that are nigh unto Me I will be sanctified" (Lev. 10.3). And it is written: "And round about Him it stormeth mightily" (Ps. 50.3). And it says: "A God dreaded in the great council of the holy ones, and feared of all them that are round about Him? O Lord God of Hosts, who is a mighty one, like unto Thee, O Lord? And Thy faithfulness is round about Thee" (Ps. 89.8–9). The rule among human beings is: When a laborer works for a householder, whether he plow for him, sow for him, weed for him, or hoe for him, the householder gives him a

בשר ודם אינו יכול לשמוע משני בני אדם כשהן צועקין כאחת אבל מי שאמר והיה העולם אינו כן אלא אפילו כל באי העולם באין וצועקין לפניו הוא שומע צעקתם שנאמר שומע תפלה עדיך כל בשר יבאו.

נורא תהלות לא מעכשיו אלא מעולם נורא תהלות. דבר אחר נורא תהלות מדת בשר ודם מוראו על רחוקים יותר מן הקרובים אבל מי שאמר והיה העולם אינו כן אלא מוראו על קרוביו יותר מעל רחוקיו שנאמר בקרובי אקדש וכתיב וסביביו נשערה מאד ואומר אל נערץ בסוד קדושים רבה ונורא על כל סביביו ואומר יי אלהי צבאות מי כמוך חסין יה ואמונתך סביבותיך. מדת בשר ודם פועל עושה אצל בעל הבית חורש עמו זורע עמו מנכש עמו מעדר עמו מטבע אחד הוא נותן לו

49–51 לעיל פ״ד. 51–52 תהלים ס״ה, ג׳. 57 ויקרא י׳, ג׳. 57–58 תהלים נ׳, ג׳. 57–59 יבמות קכ״א, ב׳. 58–60 תהלים פ״ט, ח׳–ט׳. 60–67 מדרש תהלים קכ״ז, ג׳.

---

49 כאחת] ד. <. 49–50 אינו כן אלא] ד. <. 50 כל] ק. נ. לכל. 53–54 נורא תהלות לא–דבר אחר] א. <. 57 מעל רחוקיו] א. ד. מרחוקיו/ וסביביו] ק. נ. סביביו. 58 נשערה] מ. בסִערה א. נסערה. 59 אלהי] א. אלהים. 62 הוא] ד. < מ. פחת הוא.

coin and lets him go. It is not so, however, with Him by whose word the world came into being. But if a man desires children, He can give them to him, as it is said: "Lo, children are a heritage of the Lord" (ibid. 127.3). If one desires wisdom, He can give it to him, as it is said: "For the Lord giveth wisdom" (Prov. 2.6). If a man desires possessions, He can give them to him, as it is said: "Both riches and honor come from Thee" (I Chron. 29.12). The rule among human beings is: When one builds, one first builds the lower and then the upper part. It is not so with Him by whose word the world came into being. He builds the upper part first and then the lower, as it is said: "In the beginning God created the heaven and the earth" (Gen. 1.1). The rule among human beings is: When one makes a roof, one makes it of wood, of stones, or of earth and water. It is not so, however, with Him by whose word the world came into being. He has made of water a roof for His world, as it is said: "Who maketh of water a cover for his upper chambers" (Ps. 104.3). It is in the nature of a human being that he cannot shape any forms of mere water. It is not so, however, with Him by whose word the world came into being, but He has shaped forms of mere water, as it is said: "And God said: 'Let the waters swarm,' " etc. (Gen. 1.20). It is in the nature of a human being that he

והולך לו אבל מי שאמר והיה העולם אינו כן אלא אדם תאב לבנים נותן לו שנאמר הנה נחלת יי בנים וגו׳ תאב לחכמה נותן לו שנאמר כי יי יתן חכמה תאב לנכסים נותן לו שנאמר והעושר והכבוד מלפניך. מדת בשר ודם כשהוא בונה בונה את התחתון ואחר כך בונה את העליון אבל מי שאמר והיה העולם אינו כן בונה את העליון ואחר כך בונה את התחתון שנאמר בראשית ברא אלהים את השמים ואחר כך את הארץ. מדת בשר ודם כשהוא מקרה מקרה בעצים ובאבנים ובעפר ובמים אבל מי שאמר והיה העולם אינו כן קירה את עולמו במים שנאמר המקרה במים עליותיו. מדת בשר ודם אינו יכול לצור צורה במים אבל מי שאמר והיה העולם אינו כן אלא צר צורה במים שנאמר ויאמר אלהים ישרצו המים וגו׳. מדת בשר ודם

---

64 תהלים קכ״ז, ג׳. 65 משלי ב׳, ו׳. 66–67 דהי״א. כ״ט, י״ב.
67–71 ב״ר י״ב, י״ב. מדרש תהלים פ״ו ג׳. 70–71 בראשית א׳, א׳.
71–74 ב״ר ד׳, א׳.

---

63 לו] ד. </ אלא] ד. <. 64 תאב] ס. תאיו/ נחלת יי] מ. נחלת לי. 65 תאב] ס. תאיו. 66 תאב] ס. תאיו/ והעושר] א. ד. העושר. 69–70 בונה--התחתון] מ. ברא את העליון ואח״כ בנה את התחתון. 72 ובאבנים] ד. </ ובמים] א״צ. מוחקו ט. שמא במים.

cannot shape a form within the earth. But He by whose word the world came into being can shape a form within the earth, as it is said: "When I was made in secret, and curiously wrought in the lowest parts of the earth" (Ps. 139.15). It is in the nature of a human being that when he comes to form a figure he must begin either with its head, or with some other part of it, first and then complete it. It is not so, however, with Him by whose word the world came into being. He forms the whole figure all at once, as it is said: "For He is the former of the whole" (Jer. 10.16). And it also says: "Neither is there any Rock like our God" (I Sam. 2.2).—Neither is there any former[2] like our God. The rule among human beings is: If one goes to a sculptor and says to him: "Make me an image of my father," the latter says to him: "Let your father come and pose before me, or bring me a likeness of him, and I will make you an image of him." It is not so, however, with Him by whose word the world came into being, but out of a drop of fluid he gives to a man a son who is the image of his father.

---

[2] This interpretation is based upon a play on the Hebrew word for rock, צור, which can also mean: "to fashion, to form."

אינו יכול לצור צורה בעפר אבל מי שאמר והיה העולם צר צורה בעפר שנאמר אשר עשיתי בסתר רוקמתי בתחתיות ארץ. מדת בשר ודם כשהוא בא לצור צורה מתחיל בראשה או באחד מאיבריה ואחר כך גומרה אבל מי שאמר והיה העולם אינו כן צר צורה כולה כאחת שנאמר כי יוצר הכל הוא ואומר ואין צור כאלהינו אין צייר כאלהינו. מדת בשר ודם הולך אצל עושה צלמים ואומר לו עשה לי צורתו של אבא והלה אומר לו יבא אביך ויעמוד לפני או הבא לי אקונין שלו ואני עושה לך צורתו אבל מי שאמר והיה העולם אינו כן אלא נותן לאדם בן מטפה של מים ודומה לצורתו של אביו.

---

74 תהלים ק"ד, ג'. 74–77 ב"ר ז', א'. ת. תזריע ב'. מדרש שמואל פ"ה (ל'). 77 בראשית א', כ'. 79–80 תהלים קל"ט, ט"ו. 80–84 מדרש שמואל שם (60). 83 ירמיה י', ט"ז. 84 שמואל א. ב', ב'. 83–84 ברכות י', א'.

76–77 שנאמר ויאמר–ונו'] ד. הלא כחלב תתיכני. 83 צורה] ד. <. 84 ואין] א. מ. אין. 86 והלה] מ. והלא ד. והוא. 88 אינו כן] מ. </ אלא] מ. ד. <. 88–89 נותן לאדם–של אביו] מ. ס. צר את העובר במעי אמו ודומה צורתו לשל אביו. 89 לאדם בן] ד. לאדם זה מ"ח. את הבן.

Doing Wonders. It is not written here: "Who did wonders," but: "Who does wonders," that is, in the future, as it is said: "Therefore, behold, the days come, saith the Lord, that it shall no more be said: 'As the Lord liveth, that brought up the children of Israel out of the land of Egypt,' but: 'As the Lord liveth, that brought up the children of Israel,' " etc. (Jer. 16.14–15).

Another Interpretation: *Doing Wonders.* He did wonders for us and still does wonders for us in every generation, as it is said: "Wonderful are Thy works; and that my soul knoweth right well" (Ps. 139.14). And it says: "Many things hast Thou done, O Lord my God, even Thy wondrous works, and Thy thoughts toward us" (ibid. 40.6).

Another Interpretation: *Doing Wonders.* He did wonders for the fathers and He will in the future do wonders for the children, as it is said: "As in the days of thy coming forth out of the land of Egypt I will show unto him marvelous things" (Micah 7.15)—I will show him what I have never shown to the fathers. For, behold the miracles and the mighty deeds which I will in the future perform for the children will be more of a wonder. They will be marvelous things which I have never done for the fathers. And so it says: "To Him who alone doeth great

עושה פלא עשה פלא אין כתיב כאן אלא עושה פלא לעתיד לבא שנאמר לכן הנה ימים באים נאום יי ולא יאמר עוד חי יי אשר העלה את בני ישראל מארץ מצרים כי אם חי יי אשר העלה את בני ישראל וגו׳. דבר אחר עושה פלא עשה עמנו פלא ועושה עמנו בכל דור ודור שנאמר נפלאים מעשיך ונפשי יודעת מאד ואומר רבות עשית אתה יי אלהי נפלאותיך ומחשבותיך אלינו. דבר אחר עושה פלא עושה פלא עם האבות ועתיד לעשות עם הבנים שנאמר כימי צאתך מארץ מצרים אראנו נפלאות אראנו מה שלא הראיתי לאבות שהרי נסים וגבורות שאני עתיד לעשות עם הבנים יותר מהפלא נפלאות מה שלא עשיתי עם האבות וכן הוא אומר

91–94 ירמיה ט״ז, י״ד–ט״ו. 95–96 תהלים קל״ט, י״ד. 96–97 שם מ׳, ו׳. 99–100 מיכה ז׳, ט״ו.

---

90 עושה פלא] א״צ. נורא תהלותלא מעכשיו אלא מעולם עושה פלא. 91–94 לעתיד לבא–דבר אחר] נמחק בא״צ. 92 ולא] מ. ס. ט. לא/ יאמר] א. יאמרו. 92–94 אשר העלה את בני ישראל מארץ מצרים–וגו׳]–ס.: א. מ. ט. וגו׳. ד. אשר העלה ישראל ממצרים וגו׳. 94 דבר אחר] מ. <. 99 מארץ מצרים] ק. נ. ממצרים. 100–101 אראנו–וגבורות] מ״ח. <. 101 שא:י] מ״ח. אני. 101–102 יותר–שלא עשיתי] ד. יותר הם ממה שעשיתי ט. יותר מהפלא ונפלאות מה שעשיתי ט״כ. יותר מן הפלא ונפלאות שעשיתי מ״ח. נפלאות שלא עשיתי ס. יותר נפלאות מה שלא עשיתי.

wonders, for his mercy endureth for ever" (Ps. 136.4). "Blessed be the Lord God, the God of Israel who only doeth wondrous things. And blessed be His glorious name forever; and let the whole earth be filled with His glory. Amen and Amen" (ibid. 72.18–19).

Chapter IX

(Ex. 15.12–16)

Thou Stretchedst Out Thy Right Hand—The Earth Swallowed Them. This tells that all souls are in the hand of Him by whose word the world came into being, as it is said: "In whose hand is the soul of every living thing," etc. (Job 12.10); "Into Thy hand I commit my spirit" (Ps. 31.6). By what virtue did they merit that a place for burial should be given to them? By virtue of having said: "The Lord is righteous" (Ex. 9.27). Said the Holy One, blessed be He, to them: "You have accepted the judgment upon you as righteous, and so I will not deprive you of your reward but I will give you a place for burial," as it is said: "Thou stretchedst out Thy right hand, the earth swallowed them."

Another Interpretation: *Thou Stretchedst Out Thy Right Hand.* This tells that the sea would cast them out to the land and the land would

לעושה נפלאות גדולות לבדו כי לעולם חסדו ברוך יי אלהים אלהי ישראל עושה נפלאות לבדו וברוך שם כבודו לעולם וימלא כבודו את כל הארץ אמן ואמן.

פרשה ט (שמות ט"ו, י"ב-ט"ז.)

נטית ימינך תבלעמו ארץ מגיד שכל הנפשות בכף מי שאמר והיה העולם שנאמר אשר בידו נפש כל חי וגו׳ בידך אפקיד רוחי וגו׳. באיזה זכות ניתן להם מקום קבורה בזכות שאמר יי הצדיק וגו׳ אמר להם הקב״ה אתם צדקתם עליכם את הדין אף אני לא אקפח שכרכם ואתן לכם מקום קבורה שנאמר נטית ימינך תבלעמו ארץ. דבר אחר נטית ימינך מגיד שהים זרקן ליבשה והיבשה

---

103 תהלים קל"ו, ד׳. 104–106 שם ע"ב, י"ח-י"ט.

1–3 ספרי במדבר קל"ט. 1–30 ש. 67–68. 2–3 איוב י"ב, י׳. 3 תהלים ל"א, ו׳. 3–4 לע"ל בשלח א. 4 שמות ט׳, כ"ז. 8–16 פדר"א מ"ב.

103–106 לעושה נפלאות-אמן ואמן] ד. עושה נפלאות וגו׳ ואומר ברוך יי אלהי ישראל וגומר. 104 ברוך-נפלאות לבדו]=ט: א. <. 104–106 עושה נפלאות-אמן ואמן] מ. מן העולם ועד העולם ברוך שם כבודו לעולם.

2 בכף] ד. ביד. 4 ניתן] ד. נתנה / מקום] ד. < / שאמר] ט. ש. מ"ח. שאמרו. 5 להם] ד. < / אתם] ד. אם. / עליכם] ד. עלי. 6 אף] ד. < / אקפח] ד. ~ לכם. 8 שהים] נ. ל. שהיה.

throw them back into the sea. The land said: "Even when I received only the blood of Abel, who was but one individual, it was said of me; 'And now cursed art thou from the ground,' etc.[1] (Gen. 4.11). And now, how can I receive the blood of all these troops?" So that the Holy One, blessed be He, had to swear to it: "I shall not make you stand trial." For it says: "Thou stretchedst out Thy right hand, the earth swallowed them." And the "right hand" merely signifies an oath, as in the passage: "The Lord hath sworn by His right hand," etc. (Isa. 62.8).

Another Interpretation: *Thou Stretchedst Out Thy Right Hand*, etc. Scripture here tells that when the Holy One, blessed be He, stretches out His hand, the wicked perish from the world, as it is said: "And He will stretch out His hand against the north, and destroy Assyria" (Zeph. 2.13). And it also says: "Behold, I will stretch out my hand upon the Philistines, and I will cut off," etc. (Ezek. 25.16). And it says: "And I will stretch out My hand upon Judah," etc. (Zeph. 1.4). And it also says: "I will stretch out My hand upon Edom, and will cut off," etc. (Ezek. 25.13). To give a parable, to what is this like? To this: When eggs are placed in a man's hand, if he but turn his hand a little they all fall and break. For it is said: "So when the Lord shall stretch out His hand, both he that helped shall stumble, and he that is helped shall fall," etc. (Isa. 31.3).

---

[1] The expression 'וגו, etc., refers also to ibid. v. 12 (cf. Gen. Rab. 22.10).

זורקן לים אמרה היבשה ומה אם בשעה שלא קבלתי אלא דמו של הבל שהוא יחידי נאמר לי ועתה ארור אתה מן האדמה וגו׳ ועכשיו האיך אני יכולה לקבל דמן של אוכלוסין הללו עד שנשבע לה הקב״ה שאיני מעמידך בדין שנאמר נטית ימינך תבלעמו ארץ ואין ימין אלא שבועה שנאמר נשבע יי בימינו וגו׳. דבר אחר נטית ימינך וגו׳ מגיד הכתוב שכשהקב״ה מטה את ידו רשעים כלים מן העולם שנאמר ויט ידו על צפון ויאבד את אשור וגו׳ ואומר הנני נוטה ידי על פלשתים והכרתי וגו׳ ואומר נטיתי ידי על יהודה וגו׳ ואומר ונטיתי ידי על אדום והכרתי וגו׳ משל למה הדבר דומה לבצים שהן נתונות ביד אדם שאם יטה את ידו מעט כולן נופלות ומשתברות שנאמר ויי יטה ידו וכשל עוזר ונפל עזור וגו׳.

---

11 בראשית ד׳, י״א. 14–15 ישעיה ס״ב, ח׳. 17 צפניה ב׳, י״ג. 18 יחזקאל כ״ה, ט״ז. 18–19 צפניה א׳, ד׳. 19–20 יחזקאל כ״ה, י״ג. 22–23 ישעיה ל״א, ג׳.

---

11 ועכשיו] ד. עתה. 11–12 אני יכולה] ד. אוכל. 15 דבר אחר] א. ט. מ״ח. </ מגיד הכתוב] ד. <. 16 שכשהקב״ה מטה] ד. כשהקב״ה נוטה. 18 ידי] ד. את ידי. 18–19 ואומר–יהודה] א. מ. <. 18 נטיתי] ט. כמו במקרא ונטיתי. 19 וגו׳] הוספתי/ ונטיתי] נ. ל. נטיתי. 21 ביד] א. מ. ס. ט. בידי/ שאם] ד. <. 22 שנאמר וי״י יטה] ש. וכן כשהמקום מטה.

Thou in Thy Love Hast Led. Thou hast shown us mercy, for we had no meritorious deeds to show, as it is said: "I will make mention of the mercies of the Lord" (Isa. 63.7); "I will sing of the mercies of the Lord for ever" (Ps. 89.2). And the world from its very beginning was created only by mercy, as it is said: "For I have said: 'The world shall be built by mercy,' "[2] etc. (ibid. v. 3).

The People That Thou Hast Redeemed. For the whole world is Thine, and yet Thou hast no other people than Israel, as it is said: "The people which I formed for Myself" (Isa. 43.21). And it also says: "There are threescore queens," etc. (Cant. 6.8).—"There are threescore queens," refers to the sixty myriads. "And fourscore concubines," refers to those of the age of twenty and above. "And maidens without number," refers to the young ones whose number was not definite. And yet: "My dove, my undefiled, is but one" (ibid. v. 9). This refers to Moses who was equal to all of them together. Once Rabbi was sitting and expounding: One woman in Egypt gave birth to sixty myriads. One of the disciples sitting before him spoke up and said to him: "Master, who is great, the world or the righteous man?" He said to him: "The righteous man." "Why?" asked the disciple. Said the

---

[2] Cf. Gen. Rab. 12.15 and *Pesikta Rabbati*, Friedmann 167a.

נחית בחסדך חסד עשית עמנו שלא היה בידינו מעשים שנאמר חסדי יי אזכיר וגו׳ חסדי יי עולם אשירה וגו׳ והעולם מתחלתו לא נברא אלא בחסד שנאמר כי אמרתי עולם חסד יבנה וגו׳.

עם זו גאלת לפי שכל העולם כולו שלך הוא ואין לך עם אלא ישראל שנאמר עם זו יצרתי לי וכן הוא אומר ששים המה מלכות וגו׳ ששים המה מלכות אלו ששים רבוא ושמונים פלגשים אלו מבן עשרים שנה ומעלה ועלמות אין מספר אלו קטנים שאין להם מנין ואף על פי כן אחת היא יונתי תמתי זה משה שהיה שקול כנגד הכל. וכבר היה רבי יושב ודורש שילדה אשה במצרים ששים רבוא נענה תלמיד אחד מלפניו ואמר לו רבי וכי מי גדול העולם או הצדיק אמר לו הצדיק למה אמר לו

---

25 שם ס״ג, ז׳. 25–26 תהלים פ״ט, ב׳. 27 שם פ״ט, ג׳. 29 ישעיה מ״ג, כ״א. 30 שה״ש ו׳, ח׳. 30–34 שהש״ר ו׳, ח׳. 33 שה״ש ו׳, ט׳. 34–42 שהש״ר ד׳, ב׳.

---

24 עשית] ד. שעשית. 25 חסדי י״י] מ. חסד לי / חסדי י״י] ק. חסד י״י. 26 נברא] ד. ס. ט. נבנה. 28 לפי] ש. מ״ח. א״צ. אף על פי. 29 ואין] ש. מ״ח. אין. 31–32 מבן עשרים שנה ומעלה] מ״ס. ש״י. הניהו מבן ששים שנה ומעלה. ואולי צ״ל מבן עשרים שנה ולמטה ועיין ש״י. מ״ה. ומ״ע. 34 זה משה] א. < אולי צ״ל אם משה / שהיה שקול] ד. שנשקל א. שהיא שקולה. 37 או הצדיק] ד. </ אמר לו 2] ד. <.

master to him: "Because Moses, to whom Jochebed gave birth, was equal to all the people together." And where do we find that he was equal to all the people together? It says: "As the Lord commanded Moses and the children of Israel" (Num. 26.4). And it says: "Then sang Moses and the children of Israel" (Ex. 15.1). And it says: "And there hath not arisen a prophet since in Israel like unto Moses" (Deut. 34.10).

Thou Hast Guided Them in Thy Strength. For the sake of the Torah which they were destined to receive, for "Thy strength" here is but a designation for the Torah, as in the passage: "The Lord will give strength unto His people" (Ps. 29.11). And it says: "The strength also of the king who loveth justice" (ibid. 99.4).

Another Interpretation: *Thou Hast Guided Them in Thy Strength.* For the sake of the kingdom of the house of David which they were destined to accept, for "Thy strength" here is but a designation for royalty, as in the passage: "O Lord, in Thy strength the king rejoiceth," etc. (Ps. 21.2). And it says: "And He will give strength unto His king" (I Sam. 2.10).

To Thy Holy Habitation. For the sake of the Temple which they were destined to build. For habitation (*naveh*) is but a designation for the Temple, as in the passage: "And laid waste His habitation" (Ps. 79.7). And it also says: "Look upon Zion, the city of our solemn gatherings; thine eyes shall see Jerusalem a peaceful habitation" (Isa. 33.20).

שכשילדה יוכבד את משה היה שקול כנגד הכל וכי היכן מצינו שהוא שקול כנגד הכל שנאמר כאשר צוה יי את משה ובני ישראל ואומר אז ישיר משה ובני ישראל ואומר ולא קם נביא עוד בישראל כמשה.

נהלת בעזך בזכות התורה שהן עתידין לקבל ואין עזך אלא תורה שנאמר יי עז לעמו יתן ואומר ועוז מלך משפט אהב. דבר אחר נהלת בעזך בזכות מלכות בית דוד שהן עתידין לקבל ואין עזך אלא מלכות שנאמר יי בעזך ישמח מלך וגו׳ ואומר ויתן עז למלכו.

אל נוה קדשך בזכות בית המקדש שהן עתידין לבנות ואין נוה אלא בית המקדש שנאמר ואת נוהו השמו ואומר חזה ציון קרית מועדינו עיניך תראינה ירושלם נוה שאנן.

39–40 לעיל א׳. / במדבר כ״ו, ד׳. 40–41 שמות ט״ו, א׳. 41–42 דברים ל״ד, י׳. 43–48 לעיל ג׳. 43–116 ש. 68–69. 44 תהלים כ״ט, י״א. 45 תהלים צ״ט, ד׳. 47 שם כ״א, ב׳. 48 שמואל א. ב׳, י׳. 51 ירמיה י׳, כ״ה. 51–52 ישעיה ל״ג, כ׳.

---

38 יוכבד] א. ·אם משה / הכל] ד. כל העולם כלו. 39 שהוא] ד. שהיה משה. 40 יי את] א. <. 46 לקבל] ד. ~ את המלכות. 47 עזך] מ. ס. מ״ח. עוז / וגו׳] א. יי עוז למו ומעוז ישועות משיחו (תהלים כ״ח, ח׳). 50 בית] ד. <. 51–52 עיניך תראינה ירושלים נוה שאנן] הוספתי: א. וגו׳ מ. עיניך תחזינה ירושלים כנוה שאנן.

The Peoples Have Heard, They Tremble. As soon as the nations of the world saw that Pharaoh and his hosts perished in the Red Sea and that the kingdom of the Egyptians came to an end, and that judgments were executed upon their idols, they began to tremble for themselves. In this sense it is said: "The peoples have heard, they tremble."

Another Interpretation: *The Peoples Have Heard, They Tremble.* As soon as the nations of the world heard that God was exalting the horn of Israel and was bringing them into the land, they began to tremble with rage. Said God to them: Fools that you are! How many were the kings who reigned among you, and yet the Israelites did not get angry, as it is said: "And these are the kings that reigned in the land of Edom," etc. (Gen. 36.31). How many were the rulers who ruled among you, and yet the Israelites never got angry, as it is said: "The chief of Lotan," etc. (ibid. v. 39). And now you get angry! I too will vent upon you an irreconcilable anger, as it is said: "The Lord reigneth; let the people tremble" (Ps. 99.1).

Pangs Have Taken Hold on the Inhabitants of Philistia. As soon as the inhabitants of Philistia heard that the Israelites were entering the land, they said: Now the Israelites are come to exact

שמעו עמים ירגזון כיון ששמעו אומות העולם שאבד פרעה וחילו בים ובטלה מלכות של מצרים ושפטים נעשו בעבודה זרה שלהן התחילו מתרגזין לכך נאמר שמעו עמים ירגזון דבר אחר שמעו עמים ירגזון כיון ששמעו אומות העולם שהמקום מגביה קרנם של ישראל ומכניסן לארץ התחילו מתרגזין אמר להם המקום שוטים שבעולם כמה מלכים מלכו מכם ולא כעסו ישראל שנאמר ואלה המלכים אשר מלכו בארץ אדום כמה שלטונות שלטו מכם ולא כעסו ישראל שנאמר אלוף לוטן וגו׳ ועכשיו אתם כועסים אף אני אתן לכם כעס שאין בו רצון שנאמר יי מלך ירגזו עמים.

חיל אחז יושבי פלשת כיון ששמעו יושבי פלשת שישראל נכנסין לארץ אמרו עכשיו הן באין

---

61 בראשית ל״ו, ל״א. 62–63 שם ל״ו, כ״ט. 64 תהלים צ״ט, א׳.

53–56 שמעו עמים–דבר אחר] א. <. 57 כיון ששמעו] ד. כדי שישמעו. 59 מתרגזין] ד. ~ לכך נאמר שמעו עמים ירגזון / להם] ד. <. 60 מכם] ד. לפני א״צ. לפניהם א״א. לפני בני מכם / ישראל] א. בני ישראל מ. את בני ישראל. 62 ישראל] א. בניי מ. את בני ישראל. 64 ירגזו] א. ירגזון. 65–66 יושבי פלשת] ד. האומות ויושבי פלשת ט״כ. פלשתים. 66 עכשיו] ד. <.

revenge for the sons of Ephraim. For it is said: "And the sons of Ephraim: Shuthelaḥ—and Bered was his son," etc. (I Chron. 7.20). And it also says: "The children of Ephraim were archers, handling the bow, they turned back in the day of battle" (Ps. 78.9). Why? Because "they kept not the covenant of God and refused to walk in His law" (ibid. 78.10), that is, because they ignored the stipulated term, because they violated the oath.

Another Interpretation: They said: There is no road for them other than through us. Now they will come and despoil our property and lay waste our land.

Then Were the Chiefs of Edom Affrighted. You might think because they said: "The Israelites are come to take possession of our land." But has it not already been said: "You are to pass through the border of your brethren . . . take ye good heed unto yourselves, therefore, contend not with them," etc. (Deut. 2.4–5). How then can Scripture say: "Then were the chiefs of Edom affrighted?" Because they were afraid of imposts.

Another Interpretation: They said: Now the Israelites are come to reawaken the strife that

לעורר עירותם של בני אפרים שנאמר ובני אפרים שותלח בנו ברד בנו וגו׳ ואומר בני אפרים נושקי רומי קשת הפכו ביום קרב מפני מה על שלא שמרו ברית אלהים ובתורתו מאנו ללכת על אשר עברו על הקץ ועל אשר עברו על השבועה. דבר אחר אמרו אין להם דרך מכל מקום אלא עלינו עכשיו הן באים ובוזזים את נכסינו ומחריבים את ארצנו.

אז נבהלו אלופי אדום אם תאמר שהם באים לירש את ארצנו והלא כבר נאמר אתם עוברים בגבול אחיכם וגו׳ ונשמרתם מאד אל תתגרו בם וגו׳ הא מה ת״ל אז נבהלו אלופי אדום מפני אניניות. דבר אחר אמרו עכשיו הם באים לעורר

67–68 דהי״א. ז׳, כ׳. 68–69 תהלים ע״ח, ט׳–י׳. 69–71 לעיל בשלח א׳. 76–78 דברים ב׳, ד׳–ה׳.

67 עירותם] ס. עיירותם נ. ל. עידותן ט. עברתם א״צ. עירורין / ובני] א. ד. בני. 68 שותלח בנו ברד בנו] במקרא שותלח :ברד בנו ק. נ. שותלח ובכר בנו ס. שותלח בנו בכר בנו ל. שותלח בנו זבד בנו/ וגו׳] א. מ. ~ עד מאתים אלף בני אפרים. 69 שלא] א. מ. לא. 70–71 על אשר עברו] ד. ועל שעברו. 71–72 דבר אחר] ד. <. 72 מכל] ד. בכל / עלינו] מ. עליו. 77–78 וגו׳–אל תתגרו בם] ק. נ. בני עשו ואומר אל תתגר בם מלחמה. 78 אלופי אדום] ס. אלא. 79 אניניות]–א. מ״ח: ש. ארנוניאות ס. ארנוניות מ. ד. אנינות/ דבר אחר] ד. < / הם באים] מ. אין באין.

was between our father and their father, as it is said: "And Esau hated Jacob" (Gen. 27.41).

The Mighty Men of Moab Trembling Taketh Hold upon Them. You might think because they said: "The Israelites are come to take possession of our land." But has it not already been said: "Be not at enmity with Moab," etc. (Deut. 2.9). And it also says: "And when thou comest nigh over against the children of Ammon," etc. (ibid. v. 19). How then can Scripture say: "The mighty men of Moab trembling taketh hold upon them?" Because they were afraid of imposts.

Another Interpretation: They said: Now the Israelites are come to reawaken the strife that was between our father and their father, as it is said: "And there was a strife between the herdmen of Abram's cattle," etc. (Gen. 13.7).

All the Inhabitants of Canaan Are Melted Away. When the inhabitants of Canaan heard that God had said to Moses: "Howbeit of the cities of these nations . . . But thou shalt utterly destroy them" (Deut. 20.16–17), they said: Both these Edomites and Moabites feared only for their money and their property. But against us, the Israelites come only to destroy us utterly and to take possession of our land. So they began to lose

מריבה שבין אבינו לאביהם שנאמר וישטום עשו את יעקב.

אילי מואב יאחזמו רעד אם תאמר שהם באים לירש את ארצנו והלא כבר נאמר אל תצר את מואב וגו׳ ואומר וקרבת מול בני עמון וגו׳ הא מה ת״ל אילי מואב יאחזמו רעד מפני אניניות דבר אחר אמרו עכשו הן באים לעורר מריבה שבין אבינו לאביהם שנאמר ויהי ריב בין רעי מקנה אברם וגו׳.

נמוגו כל יושבי כנען כיון ששמעו יושבי כנען שאמר המקום למשה רק מערי העמים וגו׳ כי החרם וגו׳ אמרו אלו ואלו לא היו מתיראין אלא מפני ממונם ומפני נכסיהם אבל עלינו אינן באין אלא לכלותינו ולירש את ארצנו התחילו נימסין

80–81 בראשית כ״ז, מ״א. 83–84 דברים ב׳, ט׳. 84 שם ב׳, י״ט. 87–88 בראשית י״ג, ז׳. 90–91 דברים כ׳, ט״ז–י״ז.

---

80 מריבה] מ. מרעה / שבין] ד. ששטם. 85 אניניות]=א. מ״ח: ש. ארנוניאות ס. ארנוניות מ. ד. אנינות. 86 דבר אחר אמרו] ד. <. 87 רעי] מ. רעה. 90–91 כי החרם] ק. נ. כי אם החרם. 91 אלו ואלו] מ. אלו לאלו/ מתיראין] ק. מתירין. 92 מפני ממונם ומפני נכסיהם] ד. ממונם ומנכסיהם. 93 לכלותינו] א. לכלותים/ נימסין] ד. להמס.

courage, as it is said: "All the inhabitants of Canaan are melted away." For "melting away" (*nemigah*) only means "losing courage" (*mesiy-yah*), as in the passage: "And every heart shall lose courage" (Ezek. 21.12), and it also says: "When the earth and all the inhabitants thereof are dissolved" (Ps. 75.4), and it says: "That their heart may melt" (Ezek. 21.20).

Fear and Dread Falleth upon Them. Fear upon those far away and dread upon those near by, as it is said: "And it came to pass when all the kings of the Amorites . . . heard," etc. (Josh. 5.1). And Rahab, likewise, says to the messengers of Joshua: "For we have heard how the Lord dried up the water of the Red Sea," continuing to say: "And as soon as we had heard it, our hearts did melt" (ibid. 2.10–11).

By the Greatness of Thine Arm They Are as Still as a Stone. As soon as the Israelites came out of the sea, Amalek gathered together all the nations of the world and was about to come and make war upon Israel. In that hour did Moses pray and they all became as still as a stone. Therefore it says: "By the greatness of Thine arm they are as still as a stone."

Another Interpretation: *They Are as Still as a Stone.* When the spies entered the land, whoso-ever was about to say: These are Israelitish spies, became still as a stone.

Another Interpretation: *By the Greatness of Thine Arm.* As soon as the Israelites crossed the

שנאמר נמוגו כל יושבי כנען ואין נמיגה אלא מסייה שנאמר ונמס כל לב ואומר נמוגים ארץ וכל יושביה ואומר למען למוג לב.

תפול עליהם אימתה ופחד אימתה על רחוקים ופחד על קרובים כענין שנאמר ויהי כשמוע כל מלכי האמורי וגו׳ וכן רחב אומרת לשלוחי יהושע כי שמענו את אשר הוביש יי את מי ים סוף ואומר ונשמע וימס לבבנו.

בגדול זרועך ידמו כאבן כיון שיצאו ישראל מן הים כנס עמלק את כל אומות העולם ובא ונלחם עם ישראל ונתפלל משה באותה שעה ודממו כלן כאבן לכך נאמר בגדול זרועך ידמו כאבן. דבר אחר ידמו כאבן כיון שנכנסו מרגלים לארץ כל מי שהיה אומר אלו מרגלי ישראל היה דומם כאבן. דבר אחר בגדול זרועך כיון שעברו

---

95 יחזקאל כ״א, י״ב./ תהלים ע״ה, ד׳. 96 יחזקאל כ״א, כ׳. 97–101 ספרי דברים נ״ב. 98–99 יהושע ה׳, א׳. 100–101 שם ב׳, י׳–י״א. 102–105 לקמן עמלק א׳.

---

94 מסייה] ד. נמיסה. 96 למוג לב] א. מ. ~ נמוגו כל יושבי כנען. 99 וגו׳] ד. אשר בעבר הירדן כי י״י אלהיכם הוא האלהים. 104 ובא ונלחם] מ. ובא ונעשה מלחמה ט. ובא ועשה מלחמה ש. לבוא להלחם/ באותה שעה] מ. ט. בעד העם באותה שעה מ״ח. עליהם.

Jordan, all the kings of Canaan assembled to come and make war upon Israel, as it is said: "And it came to pass, when Jabin king of Hazor heard thereof . . . and to the kings that were on the north," etc. (Josh. 11.1–2). And it also says: "That they gathered themselves together to fight with Joshua and with Israel with one accord" (ibid. 9.2). In that hour did Joshua pray, and they all became still as a stone. Therefore it says: "By the greatness of Thine arm they are as still as a stone."

Till Thy People Pass Over, O Lord, Till They Pass Over. "Till Thy people, O Lord, pass over" the sea. "Till they pass over" the Jordan, "till they pass over" the rivers of Arnon.

The People that Thou Hast Gotten. For the whole world is Thine, and yet Thou hast no other people than Israel, as it is said: "The people which I formed for Myself" (Isa. 43.21). Four are called possessions: Israel is called a possession, as it is said: "The people that Thou hast

ישראל את הירדן נתקבצו כל מלכי כנען ובאו ונלחמו עם ישראל שנאמר ויהי כשמוע יבין מלך חצור וגו׳ ואל המלכים אשר מצפון וגו׳ ואומר ויתקבצו יחדו להלחם עם יהושע פה אחד באותה שעה התפלל יהושע ודממו כלן כאבן לכך נאמר בגדול זרועך ידמו כאבן.

עד יעבור עמך יי עד יעבור עד יעבור עמך יי את הים עד יעבור את הירדן עד יעבור נחלי ארנון.

עם זו קנית לפי שכל העולם שלך ואין לך עם אלא ישראל שנאמר עם זו יצרתי לי. ארבעה נקראו קנין ישראל נקראו קנין שנאמר עם זו קנית

110–111 יהושע י״א, א׳–ב׳. 112 שם ט׳, ב׳. 115–117 לעיל בשלח א׳. ספרי במדבר קל״ד. ברכות ד׳, א׳. 119 ישעיה מג, כ״א. 119–126 ספרי דברים ש״ט. פסחים פ״ז, ב׳.

---

111 וגו׳] מ. וישלח את יובב מלך חצור ס. וישלח אל יוב מלך חצור / ואל המלכים] ס. ואל כל המלכים ד. ואלה המלכים/ מצפון] מ. ~ בהר ובשפלה הכנעני ממזרח ומים. 111–112 וגו׳ ואומר–פה אחד] ד. וגו׳ יצאו הם וכל מחניהם וגו׳ ויועדו כל המלכים האלה ויתקבצו כל המלכים יחדו. 112 יהושע]–ס. במקרא ~ ועם ישראל. 115–116 עד יעבור עמך י״י את הים] הוספתי–ט: מ״ח. את הים. 116–117 עד יעבור את הירדן עד יעביר נחלי ארנון] ד. <. 118 לפי שכל] מ. ס. ט. לפיכך כל מ״ח. א״צ. אף על פי שכל.

gotten." The land of Israel is called a possession, as it is said: "The possessor of heaven and earth"[3] (Gen. 14.22). The Temple is called a possession, as it is said: "To the mountain which His right hand had gotten" (Ps. 78.54). The Torah is called a possession, as it is said: "The Lord possessed me in the beginning of His way" (Prov. 8.22). Let Israel that is called a possession come to the land which is called a possession and build the Temple which is called a possession, by virtue of their having received the Torah which is called a possession. In this sense it is said: "The people that Thou hast gotten."

Chapter X
(Ex. 15.17–21)

Thou Bringest Them In, and Plantest Them. The fathers prophesied without realizing what they prophesied. It is not written here: "Thou bringest *us* in, and plantest *us*," but: "Thou bringest *them* in and plantest *them*." They thus predicted that the children would enter the land and the fathers would not. And likewise it says: "If thou know not, O thou fairest among women,

---

[3] According to the *Mekilta*, however, the phrase קונה שמים וארץ in this verse is to be rendered: The possessors of heaven and the land, i. e., the Land of Israel.

ארץ ישראל נקראת קנין שנאמר קונה שמים וארץ בית המקדש נקרא קנין שנאמר הר זה קנתה ימינו התורה נקראת קנין שנאמר יי קנני ראשית דרכו יבואו ישראל שנקראו קנין לארץ שנקראת קנין ויבנו בית המקדש שנקרא קנין בזכות התורה שנקראת קנין לכך נאמר עם זו קנית.

פרשה י (שמות ט״ו, י״ז,–כ״א.)

תביאמו ותטעמו נתנבאו האבות ולא ידעו מה נתנבאו תביאנו ותטענו אין כתיב כאן אלא תביאמו ותטעמו אמרו הבנים נכנסין ואין האבות נכנסין וכן הוא אומר אם לא תדעי לך היפה בנשים

---

121 בראשית י״ד, י״ט. 122 תהלים ע״ח, נ״ד. 123 משלי ח׳, כ״ב.
1–4 מ״ת 17. 1–6 שמו״ר ב׳, ד׳. שהש״ר א׳, ח׳. 4–5 שה״ש א׳, ח׳.

---

121 ארץ ישראל נקראת]=מ. ס. ט. ש: ד. שמים וארץ נקראו כ. (תהלים ע״ח, ס״ה) מ״ח. אברהם נקרא קנין/ קונה שמים וארץ] מ. ס. מ״ח. ויברכהו ויאמר ברוך אברם לאל עליון קונה שמים וארץ ט. הר זה קנתה ימינו. 122 בית המקדש–קנתה ימינו] ט. אברהם נקרא קנין שנאמר ויברכהו ויאמר ברוך אברם לאל עליון קונה שמים וארץ/ ימינו] מ. ימינך. 124 לארץ] מ. ס. מ״ח. לארץ ישראל.

go thy way forth by the footsteps of the flock and feed thy kids," etc. (Cant. 1.8)—the kids enter but not the goats.

Another Interpretation: *Thou Bringest Them In, and Plantest Them.* Like a vineyard that is planted in rows, as it is said: "From the east side unto the west side Judah, one portion" (Ezek. 48.7); "Dan, one portion" (ibid. v. 1); "Naphtali, one portion" (ibid. v. 3).

Another Interpretation: *Thou Bringest Them In, and Plantest Them.* A planting, not to be followed by a plucking up, as it is said: "And I will build them, and not pull them down; and I will plant them, and not pluck them up" (Jer. 24.6). And it also says: "And I will plant them upon their land, and they shall no more be plucked up," etc. (Amos 9.15).

In the Mountain of Thine Inheritance. The mountain about which Thou hast made us a promise, as it is said: "For in My holy mountain," etc. (Ezek. 20.40). And it also says: "In the mountain of the height of Israel will I plant it" (ibid. 17.23).

Thine Inheritance. Four are called inheritances: Israel is called an inheritance, as it is said: "Yet they are Thy people and Thine inheritance" (Deut. 9.29). The land of Israel is called an inheritance, as it is said: "In the land which the Lord thy God giveth thee for an inheritance" (ibid. 15.4). The Temple is called an inheritance, as it is said: "In the mountain

צאי לך בעקבי הצאן ורעי את גדיותיך וגו׳ הגדיים נכנסין ואין התיישים נכנסין. דבר אחר תביאמו ותטעמו ככרם זה שהוא נטוע שורות שנאמר מפאת קדים עד פאת ימה יהודה אחד דן אחד נפתלי אחד. דבר אחר תביאמו ותטעמו נטיעה שאין בה נתיצה שנאמר ובניתים ולא אהרוס ונטעתים ולא אתוש ואומר ונטעתים על אדמתם ולא ינתשו עוד.

בהר נחלתך בהר שהבטחתנו בו שנאמר כי בהר קדשי ואומר בהר מרום ישראל אשתלנו.

נחלתך ארבעה נקראו נחלה ישראל נקראו נחלה שנאמר והם עמך ונחלתך ארץ ישראל נקראת נחלה שנאמר בארץ אשר יי אלהיך נותן לך נחלה בית המקדש נקרא נחלה שנאמר בהר נחלתך

8–9 יחזקאל מ״ח, ז׳. ספרי דברים שט״ו. 10–11 ירמיה כ״ד, ו׳. 11–12 עמוס ט׳, ט״ו. 13–14 יחזקאל כ׳, מ׳. 14 שם י״ז, כ״ג. 16 דברים ט׳, כ״ט. 16–91 ש. 69–71. 17 דברים ט״ו, ד׳.

---

5 הגדיים] ס. אמרו הגדיים. 9 דבר אחר] הוספתי–ט. א״צ. 10 נתיצה] ס. מ״ח. ש. ט״כ. נתישה./ ובניתים ולא אהרוס]–ט. ש: מ. <. 11 ונטעתים ולא אתוש] ק. נ. ~ובניתים ולא אהרוס. 12 ולא ינתשו עוד] מ. וגו׳ ק. נ. ולא ינטשו עוד ל. ולא ינתצו עוד. 14 ואומר] ד. <./ אשתלנו] ד. <. 15 נחלתך] ד. <. 15–16 ישראל–ונחלתך] ד. <.

of Thine inheritance." The Torah is called an inheritance, as it is said: "And from Mattanah to Nahaliel"[1] (Num. 21.19). Said the Holy One, blessed be He: Let Israel that is called an inheritance come into the land of Israel which is called an inheritance and build the Temple which is called an inheritance by virtue of having received the Torah which is called an inheritance. In this sense it is said: "In the mountain of Thine inheritance."

The Place for Thee to Dwell In. Corresponding to Thy dwelling place. This is one of the statements to the effect that the Throne below corresponds to and is the counterpart of the Throne in heaven. And so it also says: "The Lord is in His holy Temple, the Lord, His throne is in heaven" (Ps. 11.4). And it also says: "I have surely built Thee a house of habitation, a place for Thee to dwell in for ever"[2] (I Kings 8.13).

Which Thou Hast Made. Precious is the Temple to Him by whose word the world came into being. For when the Holy One, blessed be He, created His world, He created it with a

---

[1] See Midrash to Psalms 5 (Buber, 25b–26a) and 'Er. 54a.

[2] The interpretation of our Midrash, however, would require the following rendering of this verse: "I have built thee a house of habitation corresponding to (reading מְכֻוָּן for מָכוֹן) Thy eternal throne in heaven."

התורה נקראת נחלה שנאמר וממתנה נחליאל אמר הקב״ה יבאו ישראל שנקראו נחלה לארץ ישראל שנקראת נחלה ויבנו בית המקדש שנקרא נחלה בזכות התורה שנקראת נחלה לכך נאמר בהר נחלתך.

מכון לשבתך מְכֻוָּן לשבתך זה אחד מן הדברים שכסא של מטה מכוון כנגד כסא של מעלה וכן הוא אומר יי בהיכל קדשו יי בשמים כסאו ואומר בנה בניתי בית זבול לך מכון לשבתך עולמים.

פעלת יי חביב בית המקדש לפני מי שאמר והיה העולם שכשברא הקב״ה את עולמו לא בראו

---

19 במדבר כ״א, י״ט. 24–28 שמו״ר ל״ג, ד׳. ב״ר נ״ה, ז׳. פס״ר ק״ע, א׳. 26–27 תהלים י״א, ד׳. 27–28 מלכים א. ח׳, י״ג.

---

19 התורה] ד. וכן התורה / נחליאל] ד. ~ וכן ישראל קרויין נחלה שנאמר עמי ונחלתי ישראל. 24 מְכֻוָּן לשבתך] ד. < ל״ט. פירושו מכוון לשבתך, ועל פי זה נקדתי. 24–25 זה אחד מן הדברים] ל״ט. < ש״ט. ~ שמוכיחין ש. א״א. זה אחד מן המקראות א״צ. זה אחד מן המקומות שהוא אומר. 25 שכסא] ד. שהוא כנגד של מעלה (ק. ~ של מטה) שכסא/ של מטה] מ. ס. ט. שלמטן. 25–26 של מעלה] מ. ס. ט. שלמעלן. 26 וכן הוא אומר]=ט. מ״ח. א״צ: ד. והכי אמר מ. <. 26–28 וכן הוא אומר–לשבתך עולמים] מ. <.

mere word, as it is said: "By the word of the Lord were the heavens made" (Ps. 33.6). But when He built the Temple there was work before Him, as it were. For it is said: "Which Thou hast made." Woe unto the nations of the world! What do they hear with their own ears? Behold the Temple was regarded as a work by Him, and they arose and destroyed it. They said: "Rase it, rase it, even to the foundation thereof" (ibid. 137.7). In regard to this what does it say? "The Lord doth roar from on high, and utter His voice from His holy habitation; He doth mightily roar because of His Temple" (Jer. 25.30).

The Sanctuary, O Lord, which Thy Hands Have Established. Precious is the Temple to Him by whose word the world came into being. For when the Holy One, blessed be He, created His world He created it with but one hand, as it is said: "Yea, My hand hath laid the foundation of the earth" (Isa. 48.13). But when He came to build the Temple He did it, as it were, with both His hands, as it is said: "The sanctuary, O Lord, which Thy hands have established."

The Lord Shall Reign. When? When Thou wilt again build it with both Thy hands. To give a parable, to what is this to be compared? To

אלא במאמר שנאמר בדבר יי שמים נעשו וכשבנה בית המקדש כביכול פעולה לפניו שנאמר פעלת יי אוי להם לאומות העולם מה הן שומעות באזניהם שהרי בית המקדש קרוי פעולה לפניו שנאמר פעלת יי ועמדו אילו והחריבוהו הם אמרו ערו ערו עד היסוד בה לענין כן מהו אומר יי ממרום ישאג ממעון קדשו יתן קולו שאוג ישאג על נוהו.

מקדש יי כוננו ידיך חביב בית המקדש לפני מי שאמר והיה העולם שכשברא הקב״ה את עולמו לא בראו אלא בידו אחת שנאמר אף ידי יסדה ארץ וכשבא לבנות בית המקדש כביכול בשתי ידיו שנאמר מקדש יי כוננו ידיך יי ימלוך אימתי תבניהו בשתי ידיך משל למה הדבר דומה

---

31 תהלים ל״ג, ו׳. 35–36 שם קל״ז, ז׳. 36–37 ירמיה כ״ה, ל׳. 38–42 כתובות ה׳, א׳. אדר״נ א׳. 40–41 ישעיה מ״ח, י״ג.

---

31 וכשבנה]– מ״ח. ט. ש: מ. ולכשברא ט״כ. ס. וכשברא ד. כשבא. 34 קרוי] ד. שקרוי. 34–35 שנאמר פעלת יי״] ד. <. 35 ועמדו] ד. עמדו/ אילו] ד. <./ הם] ד. והם. 36 לענין כן]– ט. מ״ח. א״א: מ. לעיניין כאן ק. ס. לענין מה נ. ל. כענין/ מהו אומר] ק. אומר נ. ל. מה שנאמר / ממעון] במקרא וממעון. 36–37 ממעון–נוהו] ד. <. 41 וכשבא לבנות] מ. ולכשברא מ״ח. ט״כ. ס. וכשברא. 42 י״י ימלוך] ד. <. 43 בשתי ידיך] ש״י. ~ י״י ימלוך לעולם ועד.

the following: Robbers entered the palace of a king, despoiled his property, killed the royal household and destroyed the palace of the king. After some time, however, the king sat in judgment over them. Some of them he imprisoned, some of them he killed, some of them he crucified. He then again dwelt in his palace. And thereafter his reign was recognized in the world. In this sense it is said: "The sanctuary, O Lord, which Thy hands have established. The Lord shall reign for ever and ever."

The Lord Shall Reign for Ever and Ever. R. Jose the Galilean says: Had the Israelites at the sea said: "The Lord is king for ever and ever," no nation or kingdom would ever have ruled over them. But they said: "The Lord shall reign for ever and ever"—in the future—surely, over Thy people, Thy herd, Thy flock, the flock of Thy pasture, the seed of Abraham Thy friend, the children of Isaac Thine only one, the congregation of Jacob, Thy first-born son, the vine which Thou didst pluck up out of Egypt and the stock which Thy right hand hath planted.

The Lord Shall Reign for Ever and Ever. How so? "For the horses of Pharaoh went in," etc.

ללסטים שנכנסו לפלטין של מלך בזזו נכסיו והרגו פמליא של מלך והחריבו פלטרין של מלך לאחר זמן ישב עליהן המלך בדין תפש מהם הרג מהם צלב מהם וישב בפלטין שלו ואחר כך נתודעה מלכותו בעולם לכך נאמר מקדש יי כוננו ידיך יי ימלוך לעולם ועד.

יי ימלוך לעולם ועד רבי יוסי הגלילי אומר אלו אמרו ישראל על הים יי מלך עולם ועד לא היתה אומה ומלכות שולטת בהן לעולם אלא אמרו יי ימלוך לעולם ועד לעתיד לבא אבל על עמך עדרך צאנך צאן מרעיתך זרע אברהם אוהבך בני יצחק יחידך עדת יעקב בנך בכורך גפן שהסעתה ממצרים וכנה אשר נטעה ימינך יי ימלוך לעולם ועד מפני מה כי בא סוס פרעה וגו׳.

---

44 לפלטין] ד. לפלטרין/ בזזו נכסיו] ט. <. 44–45 והרגו פמליא של מלך] מ. ס. והרגו בני פלטין של מלך ט. <. 45 והחריבו] נ. והחריצו ט. והחזירו / פלטרין של מלך] מ. ס. בני פמליא של מלך והשיבו בני פלטין של מלך ט. פלטין של מלך ובזזו והרגו בני המלך. 47 בפלטין] ד. בפלטרין. 48 בעולם] ד. לעולם. 50 י״י ימלוך לעולם ועד] ד. <. 51 עולם] ד. לעולם. 52 ומלכות] ד. ולשון. 53 אבל] ד. <.

And Miriam the Prophetess . . . Took. But where do we find that Miriam prophesied: It is merely this: Miriam had said to her father: "You are destined to beget a son who will arise and save Israel from the hands of the Egyptians." Immediately, "There went a man of the house of Levi and took to wife . . . and the woman conceived, and bore a son . . . And when she could no longer hide him," etc. (Ex. 2.1–3). Then her father reproached her. He said to her: "Miriam! What of thy prediction?" But she still held on to her prophecy, as it is said: "And his sister stood afar off, to know what would be done to him" (ibid. v. 4). For the expression "standing" (*yezibah*) suggests the presence of the Holy Spirit, as in the passage: "I saw the Lord standing beside the altar" (Amos 9.1). And it also says: "And the Lord came and stood" (I Sam. 3.10). And it also says: "Call Joshua and stand," etc. (Deut. 31.14).

Afar Off. The expression: "afar off" (*meraḥok*) everywhere suggests the presence of the Holy Spirit, as in the passage: "From afar (*meraḥok*) the Lord appeared unto me." (Jer. 31.2).

To Know. "Knowledge" (*de'ah*) everywhere suggests the presence of the Holy Spirit, as in the passage: "For the earth shall be full of the knowledge of the Lord" (Isa. 11.9). And it also

ותקח מרים הנביאה וכי היכן מצינו שנתנבאת מרים אלא שאמרה לאביה סופך שאת מוליד בן שהוא עומד ומושיע את ישראל מיד מצרים מיד וילך איש מבית לוי ויקח וגו׳ ותהר האשה ותלד בן וגו׳ ולא יכלה עוד הצפינו נזף בה אביה אמר לה מרים היכן היא נבואתיך ועודה מתחזקת בנבואתה שנאמר ותתצב אחותו מרחוק לדעת מה יעשה לו ואין יציבה אלא רוח הקדש שנאמר ראיתי את יי נצב על המזבח ואומר ויבא יי ויתיצב ואומר קרא את יהושע והתיצבו וגו׳ מרחוק אין מרחוק בכל מקום אלא רוח הקדש שנאמר מרחוק יי נראה לי לדעה אין דעה אלא רוח הקדש שנאמר כי מלאה הארץ דעה את יי וגו׳ ואומר כי

58–64 סוטה י״ג, א׳. 58–70 שמו״ר א׳, כ״ב. 61–62 שמות ב׳, א׳–ג׳. 64–65 שם ב׳, ד׳. 64–67 לעיל בשלח ב׳. י׳ סוטה א׳, ט׳ (17b). 66 עמוס ט׳, א׳. 66–67 שמואל א. ג׳, י׳. 67 דברים ל״א, י״ד. 69 ירמיה ל״א, ב׳. 70 ישעיה י״א, ט׳. 70–72 חבקוק ב׳, י״ד.

---

59 שנתנבאת] ד. שנביאה היתה. 60–61 מיד מצרים מיד] מ. שנאמר. 62 האשה] ד. <. 63 אמר לה] מ. ואמרה לה / מרים] ד. בתי. 64 מתחזקת] ד. מחזקת. 65 יציבה] מ. ~ בכל מקום / רוח הקדש] ד. נבואה. 69 אין דעה] מ. ס. ~ בכל מקום. 70–71 ואומו כי תמלא–ים] ד. <.

says: "For the earth shall be filled with the knowledge of the glory of the Lord, as the waters cover the sea" (Hab. 2. 14).

What Would Be Done to Him. The expression "doing" (*'asiyyah*) suggests the presence of the Holy Spirit, as it is said: "For the Lord will do nothing, but He revealeth His counsel unto His servants the prophets" (Amos 3.7).

The Sister of Aaron. But was she not the sister of both Moses and Aaron? Why then does it say: "The sister of Aaron?" It is merely because Aaron was devoted with his whole soul to his sister that she is called his sister. In like manner you must interpret: "Simeon and Levi, Dinah's brethren" (Gen. 34.25). But was not Dinah the sister of all the tribes? Why then need Scripture say: "Dinah's brethren." It is merely because they were devoted with their whole soul to their sister that she is referred to especially as their sister. In like manner you must interpret: "In the matter of Cozbi, the daughter of the prince of Midian, their sister" (Num. 25.18). But was she their sister? Was she not rather one of the chiefs of her nation, as it is said: "Cozbi, the daughter of Zur; he was head of the people of a father's house in Midian" (ibid. v. 15). Why then does it say: "Their sister"? It is only because she was devoted with her whole soul to her nation that the whole nation is called by her name.

תמלא הארץ לדעת את כבוד יי כמים יכסו על ים מה יעשה לו אין עשייה אלא רוח הקדש שנאמר כי לא יעשה יי אלהים דבר וגו׳.

אחות אהרן והלא אחות שניהם היתה ומה ת״ל אחות אהרן אלא לפי שנתן נפשו על אחותו נקראת על שמו כיוצא בו אתה אומר שמעון ולוי אחי דינה והלא אחות כל השבטים היתה ומה ת״ל אחי דינה אלא לפי שנתנו נפשם על אחותן נקראת אחותם על שמם כיוצא בו אתה אומר על דבר כזבי בת נשיא מדין אחותם וכי אחותם היתה והלא ראש באומתה היתה שנאמר ראש אומות בית אב במדין הוא ומה ת״ל אחותם אלא על שנתנה נפשה על אומתה נקראת אומתה על שמה.

---

73 עמוס ג׳, ז׳. 74–76 סוטה י״ב, ב׳. 74–83 לעיל א׳. ב״ר פ׳, ט׳. 76–77 בראשית ל״ד, כ״ה. 79–80 במדבר כ״ה, י״ח. 81–82 שם כ״ה, ט״ו.

---

72 עשייה] מ. ס. ~ בכל מקום. 74 והלא אחות שניהם היתה] ד. ולא אחות משה. 75 נפשו] ד. ~ אהרן. 76 נקראת] מ. ~ אחותו/ אתה אומר] ד. <. 79 כיוצא בו–על דבר] ד. וכן. 80 היתה] ד. היא. 81 ראש באומתה] ד. ראש אומות בית אב מ״ח. בת ראש אומות / היתה] נ. ל. היה. 81–82 ראש אומות בית אב במדין הוא]= א״א: מ. ד. ולכהן מדין שבע בנות (שמות ב׳, ט״ז). 83 אומתה על שמה] ד. על שמה מ״ח. אחותם.

A Timbrel in Her Hand. But where could the Israelites have gotten timbrels and flutes in the wilderness? It was simply that the righteous ones had been confident and knew that God would do miracles and mighty deeds for them at their going out from Egypt and they prepared for themselves timbrels and flutes.[3]

And Miriam Sang unto Them. Scripture tells that just as Moses recited the song for the men, so Miriam recited the song for the women: "Sing ye to the Lord, for He is highly exalted," etc.

---

[3] See Ben Jehudah, *Dictionary*, p. 2904, s. v. מחול.

את התוף בידה וכי מנין להם לישראל תופים ומחולות במדבר אלא הצדיקים היו מובטחים ויודעים שהמקום עושה להם נסים וגבורות עם יציאתן ממצרים והתקינו להם תופים ומחולות.

ותען להם מרים מגיד הכתוב שכשם שאמר משה שירה לאנשים כך אמרה מרים שירה לנשים שירו ליי כי גאה גאה וגו׳.

חסלת שירתא ואית בה פרשיתא „י״ וסימנהון בכן איתגאה תקיפא יי תהומא רבא אמר מאן ארים ועלי.

84–88 פדר"א מ"ב.

---

84 להם לישראל] ד. היו לה. 85 היו] מ. א. <. 87 עם יציאתן] ד. עת שיוצאין / והתקינו] ד. התקינו. 89 להם מרים] ד. ~ שירו ליי כי גאה גאה סוס ורוכבו רמה בים. 90 משה שירה] א. משה / לנשים] ד. ~ שנאמר. 92–94 ואית בה–ארים ועלי] מ. ס. ד. < ועיין מאמרי The Arrangement and the Divisions of the Mekilta, in *Hebrew Union College Annual*, I (Cincinnati, 1924), pp. 452–3.

TRACTATE VAYASSA'

CHAPTER I
(Ex. 15.22–26)

And Moses Led Israel Onward from the Red Sea. R. Joshua says: This journey Israel made at the command of Moses. All other journeys they made only at the command of God, as it is said: "At the commandment of the Lord they encamped, and at the commandment of the Lord they journeyed" (Num. 9.23). This journey, however, they made merely at the command of Moses. In this sense it is said: "And Moses led Israel onward." R. Eliezer says: They made this journey also at the command of the Almighty, for we find it stated in two or three passages that they journeyed only at the command of the Almighty. Why then does it say here: "And Moses led Israel onward?" To proclaim the excellence of Israel. For when Moses told them: "Arise and journey," they did not say: How can we go out into the desert, without having provisions for the journey? But they believed in Moses and followed him. Of them it is said in the traditional sacred writings: "Go and cry in the

מסכתא ויסע

פרשה א (שמות ט"ו, כ"ב.–כ"ו.)

ויסע משה את ישראל מים סוף רבי יהושע אומר זו נסיעה נסעו ישראל על פי משה ושאר כל המסעות כולן לא נסעו אלא על פי הגבורה שנאמר על פי יי יחנו ועל פי יי יסעו אבל נסיעה זו לא נסעו אלא על פי משה לכך נאמר ויסע משה את ישראל רבי אליעזר אומר על פי הגבורה נסעו שכן מצינו בשנים ובשלשה מקומות שלא נסעו אלא על פי הגבורה ומה ת"ל ויסע משה את ישראל אלא להודיע שבחן של ישראל שכיון שאמר להם משה קומו סעו לא אמרו היאך אנו יוצאין למדבר ואין בידינו מחיה לדרך אלא האמינו והלכו אחרי משה ועליהם מפורש בקבלה הלוך

1–4 ש. 71. 4 במדבר ט', כ"ג. 9–13 לעיל בשלח ג'.

---

2 נסעו ישראל] ד. לא נסעו אלא. 3 לא נסעו אלא] ד. נסעו. 4 יחנו] ק. נ. ~ בני ישראל. 5 לכך נאמר] ד. שנאמר. 7 מצינו] א. מ. ט. ~ במקום מ"ח. ~ במקום אחד / בשנים] מ. ובשנים. / מקומות] א. ט. <. 8 על פי] ד. מפי / הגבורה] ד. ~ וכאן לא נסעו אלא על פי הגבורה. 9 אלא] ד. <. 11 למדבר–לדרך] ד. במדבר ואין לנו מחיה בדרך.

ears of Jerusalem saying: Thus saith the Lord: I remember for thee the affection of thy youth, the love of thine espousals; How thou wentest after Me in the wilderness, in a land that was not sown (Jer. 2.2).[1] We also find that in their journeying they even had to go back three stations, as it is said: "And they journeyed from Pene-hahiroth and passed through the midst of the sea into the wilderness; and they went three days' journey in the wilderness of Etham, and pitched in Marah. And they journeyed from Marah and came unto Elim . . . And they journeyed from Elim, and pitched by the Red Sea"[2] (Num. 33.8–10). We also find that they had to go back eight stations—this was for the honor of Aaron and to have the proper funeral rites performed for him—for it is said: "And the children of Israel journeyed from Beeroth-bene-jaakan to Moserah; there Aaron died, and there he was buried" (Deut. 10.6). But was it in Moserah that he died, was it not actually on the mount Hor that he died, as it is said: "And Aaron the priest went up into the mount Hor at the commandment of the Lord, and died there" (Num. 33.38)? How then can Scripture say: "There Aaron died and there he was buried?" It is but to teach that for the honor of Aaron and to have the proper funeral

---

[1] The main part of the verse: "Thus saith the Lord: I remember for thee the affection of thy youth, the love of thine espousal; how thou wentest after Me in the wilderness in a land that was not sown", is left out in the Hebrew text and referred to by 'וגו.

[2] See Introduction and cf. Commentaries.

וקראת באזני ירושלם לאמר וגו׳ וכן מצינו שחזר מסען לאחוריהם שלש מסעות שנאמר ויסעו מפני החירות ויעברו בתוך הים וגו׳ ויסעו ממרה ויבאו אילימה ויסעו מאילים ויחנו על ים סוף וכן מצינו שחזרו לכבודו של אהרן לקבורתו שמנה מסעות שנאמר ובני ישראל נסעו מבארות בני יעקן מוסרה שם מת אהרן וגו׳ וכי במוסרה מת והלא לא מת אלא בהר ההר שנאמר ויעל אהרן הכהן אל הר ההר על פי יי וימת שם ומה ת״ל שם מת אהרן ויקבר שם אלא מלמד שחזרו לכבודו של אהרן לקבורתו

12–13 ירמיה ב׳, ב׳. 14–16 במדבר ל״ג, ח׳–י׳. 16–28 י׳ יומא א׳, א׳ (38b). י׳ סוטה א׳, י׳ (17a). סע״ר ט׳. במ״ר י״ט, כ׳. ת. חקת י״ח, ת. בובער שם מ״ב. ילמדנו (ווערטהיימער, בתי מדרשות ג׳, י״ד). 18–19 דברים י׳, ו׳. 20–21 במדבר ל״ג, ל״ח.

---

14 מפני] ד. מפי. 15 ויעברו בתוך הים] א. ד. < / וגו׳] מ. ד. <. 18–23 שנאמר ובני ישראל–שמונה מסעות] א. <. 18 שנאמר] ד. < / בני יעקן] מ. בני ישראל / מוסרה] ד. וגו׳. 22 שחזרו] ד. ~ לאחריהם.

rites performed for him the Israelites had to go back eight stations. For it is said: "And they journeyed from Moseroth, and pitched in Bene-jaakan. And they journeyed from Bene-jaakan, and pitched in Hor-haggidgad. And they journeyed from Hor-haggidgad, and pitched in Jotbah. And they journeyed from Jotbah, and pitched in Abronah. And they journeyed from Abronah, and pitched in Ezion-geber. And they journeyed from Ezion-geber, and pitched in the wilderness of Zin—the same is Kadesh. And they journeyed from Kadesh, and pitched in mount Hor, in the edge of the land of Edom"[3] (Num. 33.31–37). R. Eliezer says: They made this journey at the command of the Almighty, for we find it stated in several passages that they journeyed only at the command of the Almighty. What then does Scripture mean by saying here: "And Moses led Israel onward?" It is but to teach that Moses forced them with the rod to move on against their will. For, when the Israelites saw the corpses of those who used to work them with rigor and hard labor—all of them corpses, lying dead upon the shore of the sea—they said: It seems to us that there has not been left a man in Egypt. "Let us make a captain, and let us return into Egypt" (Num. 14.4).—Let us make an idol to march at the head of us, and let us return to Egypt. One might think that they merely said so, but did not do it. But

[3] See Introduction and cf. Commentaries.

שמנה מסעות שנאמר ויסעו ממוסרות ויחנו בבני יעקן ויסעו מבני יעקן ויחנו בהר הגדגד ויסעו מהר הגדגד ויחנו ביטבתה ויסעו מיטבתה ויחנו בעברונה ויסעו מעברונה ויחנו בעציון גבר ויסעו מעציון גבר ויחנו במדבר צין היא קדש ויסעו מקדש ויחנו בהר ההר בקצה ארץ אדום. רבי אליעזר אוֹמר על פי הגבורה נסעו שכן מצינו בשנים ובשלשה מקומות שלא נסעו אלא על פי הגבורה ומה ת״ל ויסע משה אלא מלמד שהסיען משה במקל על כרחן שכיון שראו בפגרי האנשים שהיו מעבידין בהן בפרך ובעבודה קשה כולן פגרים מתים מוטלין על שפת הים אמרו כמדומין אנו שלא נשתייר אדם במצרים נתנה ראש ונשובה מצרימה ונעשה לנו עבודה זרה ותרד בראשנו ונחזור למצרים יכול שאמרו ולא

23–28 שם ל״ג, ל״א–ל״ז. 28–38 שמו״ר כ״ד, ב׳. ש. 72–71.

---

27 צין] מ. סין. 28 בקצה ארץ אדום] ד. <. מ. בקצה אדם / אליעזר] ט״כ. ז״י. ש״י. אלעזר. 29 בשנים ובשלשה מקימות] א. במקום בשנים ובשלשה. 29–30 שכן מצינו–על פי הגבורה] ט. <. 30 שלא נסעו אלא על פי הגבורה] ד. < א. וכן לא נסעו אלא על פי הגבורה. 31 אלא מלמד] ד. < / משה] ד. <. 32 שהיו מעבידין] א. שהן מעבידין ד. שהעבידום. 34 כמדומין אנו] ד. כמדומה לנו.

behold it says: "And refused to hearken, neither were mindful of Thy wonders that Thou didst among them; but hardened their neck, and in their rebellion appointed a captain to return to their bondage," etc.; "Yea, when they had made them a molten calf, and said: This is thy God that brought thee up out of Egypt, and had wrought great provocations" (Neh. 9.17–18). R. Judah the son of Il'ai says: The Israelites crossing the Red Sea had with them an idol which Moses removed at that hour, as it is said: "And Moses led Israel away from the Red Sea" —away from the thing which they had with them in the sea. And what was it? It was an idol. In this sense it is said: "And Moses led Israel onward from the Red Sea."

And They Went Out into the Wilderness of Shur. This is the wilderness of Kub. They said of the wilderness of Kub that it was eight hundred parasangs square, all full of serpents and scor-

עשו הרי הוא אומר וימאנו לשמוע ולא זכרו נפלאותיך אשר עשית עמהם ויקשו את ערפם ויתנו ראש לשוב לעבדותם וגו׳ ואף כי עשו להם עגל מסכה ויאמרו זה אלהיך אשר העלך ממצרים ויעשו נאצות גדולות רבי יהודה בן אלעאי אומר עבודה זרה עברה עם ישראל בים והסיעה משה באותה שעה שנאמר ויסע משה את ישראל מים סוף מדבר שהיה עמם בים סוף ואיזו זו עבודה זרה לכך נאמר ויסע משה וגו׳.

ויצאו אל מדבר שור זה מדבר כוב אמרו עליו על מדבר כוב שהיה שמנה מאות פרסה על שמנה מאות פרסה כלו מלא נחשים ועקרבים

37–39 נחמיה ט׳, י״ז. 39–41 שם ט׳, י״ח. 39–76 ש. 72.
41–45 שמו״ר שם. 46–63 שם כ״ד, ד׳. ת. בשלח י״ח, ת. בובער שם י״ז.

37 זכרו] מ. זכר. 38 עשית] ק. עשיתי א. עשיתה. 39 וגו׳] ד. ואתה אלוה הסליחות (במקרא סליחות) חנון ורחום ארך אפים ורב חסד ולא עזבתם ואומר / ואף] במקרא אף. 40–41 ויאמרו זה אלהיך–ויעשו נאצות גדולות] הוספתי כמו במקרא: ד. וגו׳ א. ויאמרו זה וגו׳ מ. ויאמרו אלה אלהיך ישראל אשר העלוך מארץ מצרים ויעשו נאצות גדולות. 42 עם ישראל] ק. עם משה / בים] מ. מים. 44 עמם] ד. עם ישראל. 45 לכך נאמר–וגו׳] מ״ח. שנאמר ועבר בים צרה. 46 כוב] ד. כזב מ״ח. כזוב ש״ט. נוב. 47–48 שמונה מאות פרסה על שמונה מאות פרסה] ד. תשעה מאות פרסה על תשעה מאות פרסה א״צ. ארבעים מאה פרסה על ארבעים מאה פרסה. ועיין מ״ע. 48 ועקרבים] מ. ~ צפעונין.

pions, as it is said: "Who led thee through the great and dreadful wilderness, wherein were serpents, fiery serpents, and scorpions," etc. (Deut. 8.15). And it is written: "The burden of the wilderness of the sea . . . from a dreadful land" (Isa. 21.1). And it is written: "The burden of the beasts of the South. Through the land of trouble and anguish, from whence come the lioness and the lion, the viper (*ef'eh*) and flying serpent" (ibid. 30.6).—*Ef'eh* means viper. They say that when the viper looks upon the shadow of a flying bird, the bird immediately is whirled around and falls in pieces—and yet: "Neither said they: 'Where is the Lord that brought us up out of the land of Egypt that led us through the wilderness, through a land of deserts and of pits, through a land of drought and of the shadow of death?' " (Jer. 2.6). What is "the shadow of death" (*Zalmavet*)? A place where there is shade and with it death.[4] Said R. Abba: The following was told me by our great teacher: There was a man in the land of Israel whom they used to call "Plucked Hair" (*Merutah*). They told of him: Once he went up to the top of a mountain to

---

[4] The word צלמות is interpreted to mean not "shadow of death," but "Shade and death" (cf. Lauterbach, *Saadya Al-fayyumis arabische Psalmen-übersetzung u. Commentar*, Berlin, 1903, p. 17, note 10).

שנאמר המוליכך במדבר הגדול והנורא נחש שרף ועקרב וגו׳ וכתיב משא מדבר ים וגו׳ מארץ נוראה וכתיב משא בהמות נגב בארץ צרה וצוקה לביא וליש מהם אפעה ושרף מעופף אין אפעה אלא עכס אמרו שעכס זה רואה צל עוף פורח באויר מיד הוא מכרכר ונושר איברים ואף על פי כן ולא אמרו איה יי המעלה אותנו מארץ מצרים המוליך אותנו במדבר בארץ ערבה ושוחה בארץ ציה וצלמות מהו צלמות מקום צל ועמו מות. אמר רבי אבא הדבר הזה הסיח לי רבינו הגדול אדם אחד היה בארץ ישראל והיו קורין אותו מרוטה אמרו פעם אחת עלה לראש ההר ללקוט עצים

49–50 דברים ח׳, ט״ו. 50 ישעיה כ״א, א׳. 51–52 שם ל׳, ו׳.
55–57 ירמיה ב׳, ו׳.

50 מדבר] מ״ח. במדבר / מארץ נוראה] הוספתי=מא״ש. 50–51 ים–בהמות] א. מ. ט. ט״כ. מ״ח. <. 52 ושרף מעופף] א. וגו׳ ועפי״ז הוספתי כמו במקרא ד. שרף מעופף וגו׳. 53 עכס] ש. איכעוס / שעכס] מ״ח. כשעכס / רואה ש״ט. < / צל] ט. ש״ט. כל / פורח] ד. שהוא פורח מ״ח. הפורח / באויר] ד. ~ וכשהוא ריאה העוף. 54 מיד הוא מכרכר] א. מיד מהחבר מ״ח. מיד הוא מתחבר ש״ט. מיד הוא משתבר ד. ומתחבר אל צלו ש״י. מתחבר לצלו ט. ומיד מת ל״ט. מיד העוף / ונושר איברים] ד. ואיבריו נושרין ל״ט. נושר. 57 מקום] ד. <. 58 אבא] ד. עקיבא / הדבר הזה] ד. דבר / לי] א. <. / הגדול ד. הקדוש. 60 אמרו] ד. < / לראש ההר] ד. להר.

gather wood and he saw a serpent that was sleeping. And though the serpent did not see him, the hair of his head immediately fell out. And unto his dying day no hair ever grew on his head. Therefore they called him Merutah.

And They Went Three Days in the Wilderness and Found No Water. R. Joshua says: This is to be taken literally. R. Eliezer says: But was there not water underneath the feet of the Israelites, since the earth is but floating upon the water, as it is said: "To Him that spread forth the earth above the waters" (Ps. 136.6)? How is it then that Scripture says: "And found no water"? This was simply to tire them out. Others say: The water which the Israelites took along with them from between the clefts[5] gave out at that time. Accordingly, what is the meaning of: "And found no water"? That even in their vessels they found no water, as when it is said: "And their nobles send their lads for water: They come to the pits, and find no water; they return and their vessels are empty" (Jer. 14.3). The allegorists say: They did not find words of Torah which are likened to water. And whence do we know

[5] I. e., of the Red Sea (see above, *Beshallaḥ*, V).

וראה את הנחש ישן והנחש לא ראהו ומיד נשר שער ראשו ולא צמח בו שער עד יום מותו והיו קורין אותו מרותה.

וילכו שלשת ימים במדבר ולא מצאו מים רבי יהושע אומר כשמועו רבי אליעזר אומר והלא המים תחת רגלי ישראל היו והארץ אינה צפה אלא על המים שנאמר לרוקע הארץ על המים הא מה ת״ל ולא מצאו מים אלא כדי ליגען אחרים אומרים מים שנטלו ישראל מבין הגזרים שלמו מהן באותה שעה הא מה ת״ל ולא מצאו מים שאף בכליהם לא מצאו כענין שנאמר ואדיריהם שלחו צעיריהם למים באו על גבים לא מצאו מים שבו כליהם ריקם דורשי רשומות אמרו לא מצאו דברי תורה שנמשלו למים ומנין

67–68 תהלים קל״ו, ו׳. 68–76 ת. שם י״ט. 72–73 ירמיה י״ד, ג׳. 73–81 ב״ק פ״ב, א׳.

---

61 נשר] ד. סר. 62 צמח] ד. היה. 65 אליעזר] ש. ~ המודעי מ. ד. אלעזר. 67 אינה צפה אלא] ד. היתה צפה. 68 ולא] א. מ. לא/ אלא] ד. <. 69 ליגען] ש. לנסותן. 71 מים–לא מצאו] א. <. / מצאו] ד. ~ מים. 72–73 באו על גבים–כליהם ריקם] א. ט. וגו׳ מ. < ד. ולא מצאו שבו כליהם ריקם. 74–75 ומנין–במים] א. ט. < ד. ומנין שנמשלו למים.

that the words of the Torah are likened to water? It is said: "Ho, every one that thirsteth, come ye for water," etc. (Isa. 55.1). It was because they had been without words of Torah for three days that they became rebellious. It is for this reason that the elders and the prophets instituted the reading from the Torah for the Sabbath and for the second and fifth day of the week. How so? They read on the Sabbath, and they skip only one day after the Sabbath. Then they read on the second day and skip the third and fourth. Then again they read on the fifth day and skip the day preceding the Sabbath.

And When They Came to Marah. R. Joshua says: The Israelites came to three places[6] at that time, for it is said: "And when they came to Marah," etc. R. Eleazar of Modi'im says: They came only to one place.

And the People Murmured Against Moses. R. Joshua says: The Israelites should first have taken counsel with the greatest one among them, saying: "What shall we drink?" But, instead, they arose and spoke words of complaint against Moses. R. Eleazar of Modi'im says: The Israel-

[6] See Commentaries.

לדברי תורה שהן משולים במים שנאמר הוי כל צמא לכו למים לפי שפרשו מדברי תורה שלשת ימים לכך מרדו לפיכך התקינו הזקנים והנביאים שיהיו קורין בתורה בשבת בשני ובחמישי הא כיצד קורין בשבת ומפסיקין לאחר שבת וקורין בשני ומפסיקין בשלישי וברביעי וקורין בחמישי ומפסיקין בערב שבת.

ויבאו מרתה רבי יהושע אומר לשלשה מקומות באו ישראל באותה שעה שנאמר ויבואו מרתה רבי אלעזר המודעי אומר לא באו אלא למקום אחד בלבד.

וילונו העם על משה וגו׳ רבי יהושע אומר היה להם לישראל להמלך בגדול שבהם תחלה לאמר מה נשתה אלא עמדו ואמרו דברי תרעומת על משה רבי אלעזר המודעי אומר למודין היו

75–76 ישעיה נ״ה, א׳. 76–81 ב״ק שם; י׳ מגלה ד׳, א׳ (75c). ת. בשלח י״ט. 76–175 ש. 72–74. 86–92 ת. בובער בשלח י״ח.

---

77 התקינו] ~ להם. 79 לאחר שבת] ד. באחד בשבת. 81 בערב שבת] א. בששי. 82–83 ויבואו מרתה–שנאמר] א. <. 84–89 ר׳ אלעזר–על משה] מ. <. 84 אלעזר] מ. ק. אליעזר / המודעי] א. <. 85 בלבד] מ. ד. <. 87 לישראל] ד. <. 89 אלעזר] א. ד. אליעזר / המודעי] מ. המיודעי. 89–90 רבי אלעזר–על משה] א. <.

ites were in the habit of speaking words of complaint against Moses. And not against Moses alone did they speak, but also against the Almighty. In this sense it is said: "Saying:[7] 'What shall we drink?' "

And He Cried unto the Lord, etc. From this you learn that the righteous are not hard to complain to.[8] By the way, you also learn that the prayer of the righteous is short. It happened once that a disciple, in the presence of R. Eliezer, went up to read the service, and made his prayers short. The other disciples remarked to R. Eliezer: "You notice how so and so made his prayers short."—And they used to say about him: "This one is a scholar who makes short prayers."—But R. Eliezer said to them: He did not make it shorter than Moses did, as it is said: "Heal her now, O God, I beseech Thee" (Num. 12.13). Again it happened once that a disciple in the presence of R. Eliezer went up to read the service and made his prayers long. The other disciples remarked to R. Eliezer: "You notice that so and so made his prayers long."—And they used to say about him: "This one is a scholar who makes long prayers."—But R. Eliezer said to them: He did not make them longer than Moses did, as it

---

[7] I. e., they asked Moses to convey their complaint to God, to say (לאמור) to Him in their name: "What shall we drink?"

[8] I. e., they readily listen to complaint and seek to help. For Moses did not get angry, but rather listened to their complaint and prayed for them to God.

ישראל היות אומרים דברי תרעומת על משה ולא על משה בלבד אמרו אלא כלפי הגבורה לכך נאמר לאמר מה נשתה.

ויצעק אל יי וגו׳ מכאן שאין הצדיקים קשין לקבל לפי דרכך אתה למד שתפלת הצדיקים קצרה. מעשה בתלמיד אחד שעבר לפני רבי אליעזר וקיצר בברכותיו אמרו לו תלמידיו רבינו ראית פלוני שקיצר בברכותיו והיו אומרים עליו תלמיד חכם קצרן הוא זה אמר להם לא קיצר זה יותר ממשה שנאמר אל נא רפא נא לה שוב מעשה בתלמיד אחד שעבר לפני רבי אליעזר והאריך בברכותיו אמרו לו תלמידיו רבינו ראית פלוני שהאריך בברכותיו והיו אומרין עליו תלמיד חכם מארכן הוא זה אמר להם לא האריך זה יותר ממשה

95–105 ברכות ל״ד, א׳. 99 במדבר י״ב, י״ג.

---

90 היות אומרים] ט. להיות אומרים ט״כ. מ״ח. לומר א. ד. < / דברי] ד. בדברי. 91 כלפי] ד. על. 92 לאמר] ד. <. 93 ויצעק] א. ויצעקו. 94 לקבל] ק. < ט. ש״י ~ תפלתן ועיין מא״ש וז״י. 95–96 רבי אליעזר] ד. רבו]. 97 אומרים עליו ק. מלעיגין עליו נ. ל. מלעיגין עליו ואומרים עליו. 98 קצרן] א. ק. מ״ח. ט״כ. < ט. קצר מ. מקצרן. 99 ממשה] מ. ~ רבינו. 100 אליעזר] ד. אלעזר. 101 פלוני] ד. זה. 102 תלמיד חכם] א. ד. ט. <. 103 מארכן] ט. ארכן.

is said: "So I fell down before the Lord the forty days," etc. (Deut. 9.25). For R. Eliezer used to say: There is a time to be brief in prayer and a time to be lengthy.

And the Lord Showed Him a Tree. R. Joshua says: It was a willow tree. R. Eleazar of Modi'im says: It was an olive tree, though you can hardly find anything more bitter than the olive. R. Joshua b. Karḥa says: It was an ivy. R. Simon b. Joḥai says: He showed him a teaching of the Torah. For it really says: "And the Lord taught him (*vayorehu*) a tree." It is not written here: "And He showed him" (*vayarehu*) but: "And He taught him" (*vayorehu*) just as in the passage: "And he taught me (*vayoreni*) and said unto me" (Prov. 4.4). R. Nathan says: It was a cedar. And some say: It was the root of a fig tree and the root of a pomegranate tree. The allegorists say: He showed him words of the Torah which is likened to a tree, as it is said: "She is a tree of life to them that lay hold upon her" (Prov. 3.18).

R. Simon b. Gamaliel says: Come and see, how far different the ways of God are from the ways of human beings. Human beings use the sweet to cure what is bitter. He by whose word the world came into being, however, is not so, but with the bitter He cures what is bitter. How so?

שנאמר ואתנפל לפני יי את ארבעים היום וגו׳ שהיה אומר יש שעה לקצר ויש שעה להאריך.

ויורהו יי עץ רבי יהושע אומר זה עץ של ערבה רבי אלעזר המודעי אומר זה עץ של זית שאין לך מר יותר מזית רבי יהושע בן קרחה אומר זה עץ של הרדופני רבי שמעון בן יוחאי אומר דבר מן התורה הראהו שנאמר ויורהו יי עץ ויראהו אין כתיב כאן אלא ויורהו כענין שנאמר ויורני ויאמר לי וגו׳ רבי נתן אומר זה עץ של קתרוס ויש אומרים עיקר תאנה ועיקר רמון דורשי רשומות אמרו הראהו דברי תורה שנמשלו כעץ שנאמר עץ חיים היא למחזיקים בה רבן שמעון בן גמליאל אומר בא וראה כמה מפורשין דרכיו של מקום מדרכי בשר ודם בשר ודם במתוק מרפא את המר אבל מי שאמר והיה העולם אינו כן אלא במר הוא מרפא

---

104 דברים ט׳, כ״ה. 105 לעיל בשלח ד׳. ספרי במדבר ק״ה. 106–113 שמו״ר ג׳, נ׳. ת. שב כ״ד; ת. בובער שם י״ח. 111–112 משלי ד׳, ד׳. 114–115 שם ג׳, י״ח. 114–128 לעיל בשלח ו׳. שמו״ר נ׳, ג׳.

---

104 את ארבעים היום] ד. כראשונה (דברים ט׳, י״ח). 106 זה] מ. <. 107 ערבה מ. ~ היה / אלעזר] ד. אליעזר / המודעי] מ. המיודעי. 108 מר] ד. עץ מר / מזית] ד. מעץ זית. 109 של] ד. <. 110 ויראהו] ד. ~ י״י עץ. 110–111 ויראהו אין כתיב כאן אלא ויורהו] א. ט. מ״ח. <.

He puts a thing that spoils into a thing that has been spoiled, so as to perform a miracle therewith. In like manner you must interpret: "And Isaiah said: Let them take a cake of figs," etc. (Isa. 38.21). But is it not a fact that raw flesh, if a cake of figs be laid upon it, soon decays? How so then? He puts a thing that spoils on a thing that has been spoiled, so as to perform a miracle therewith. In like manner you must interpret: "And he went forth unto the spring of the waters, and cast salt therein, and said: 'Thus saith the Lord: I have healed these waters'" (II Kings 2.21). But even good water, if you put salt into it, will taste bad. How so then? He puts a thing that spoils into a thing that has been spoiled, so as to perform a miracle therewith.

And He Cast It into the Waters. Others say: The Israelites were beseeching their father in heaven, humbling themselves before Him, just as a son beseeches his father and as a pupil humbles himself before his teacher. They said before Him: We sinned when we complained about the water.

את המר הא כיצד נותן דבר המחבל לתוך דבר שנתחבל כדי לעשות בו נס כיוצא בו אתה אומר ויאמר ישעיהו ישאו דבלת תאנים וגו׳ והלא בשר חי כשאתה נותן עליו דבלת תאנים מיד הוא נסרח הא כיצד נותן דבר המחבל לתוך דבר שנתחבל כדי לעשות בו נס. כיוצא בו אתה אומר ויצא אל מוצא המים וישלך שם מלח ויאמר כה אמר יי רפאתי למים האלה והרי המים היפים כיון שאתה נותן בהן מלח מיד הם נסרחין הא כיצד נותן דבר המחבל לתוך דבר שנתחבל כדי לעשות בו נס.

וישלך אל המים אחרים אומרים היו ישראל מתחננין ומתגדרין לפני אביהן שבשמים כבן שהוא מתחנן לפני אביו וכתלמיד שהוא מתגדר לפני רבו ואומרים לפניו רבונו של עולם חטאנו לפניך שנתרעמנו על המים.

---

121 ישעיה ל״ח, כ״א. 124–126 מלכים ב. ב׳, כ״א.

---

126 רפאתי למים האלה] הוספתי: מ. ד. וגו׳ / והרי] ד. מהו רפואתו והלא. 130 ומתגדרין] ד. ומתפללין ט. ומתגררים / שבשמים] ד. ~ והיו אומרים. 130–131 שהוא מתחנן-וכתלמיד] ד. <. 131 מתגדר] נ. מתגדד ט. מתגורר / רבו] ד. ~ כך היו ישראל מתחננים ומתגדרים (נ. ומתגדדים) לפני אביהם שבשמים. 132 לפניך] ד. ~ על הים. 133 על המים] ד. לפניך על הים.

And the Waters Were Made Sweet. R. Joshua says: They had become bitter only for the time being and then became sweet again. R. Eleazar of Modi'im says: They were bitter from their very origin. For it is said: "The waters, the waters" —twice.

There He Made for Them a Statute and an Ordinance. "A statute," that is the law about the Sabbath. "And an ordinance," that is the law about honoring father and mother—these are the words of R. Joshua. R. Eleazar of Modi'im says: "A statute," meaning the laws against incestuous practices, as it is said: "That ye do not any of these abominable customs" (Lev. 18.30). "And an ordinance," meaning laws about robbery, laws about fines, and laws about injuries.

And There he Proved Them. He bestowed greatness upon them. These are the words of R. Joshua, interpreting the stem *nasah* as in the passage: "That Evil-Merodach . . . did raise up (*nasa*) the head of Jehoiachim" (II Kings 25.27). And it says: "Raise up the heads of the sons of Gershon also" (Num. 4.22). Said to him R. Eleazar of Modi'im: But, behold, the meaning "greatness" could be attached to this word only if it were spelled with a *sin*. But here it is written only with a *samek*. Hence what must be the meaning of "And there He proved them" (*nissahu*)? There God tested Israel.

וימתקו המים רבי יהושע אומר מרים נהיו לפי שעה ונמתקו רבי אלעזר המודעי אומר מרים היו מתחלתם שנאמר המים המים שני פעמים.

שם שם לו חק ומשפט חק זה השבת ומשפט זה כיבוד אב ואם דברי רבי יהושע רבי אלעזר המודעי אומר חק אלו עריות שנאמר לבלתי עשות מחוקות התועבות ומשפט אלו דיני אונסין ודיני קנסות ודיני חבלות.

ושם נסהו שם נשא לו גדולה דברי רבי יהושע שנאמר נשא אויל מרודך וגו׳ את ראש יהויכין ואומר נשא את ראש בני גרשון אמר לו רבי אלעזר המודעי והלא גדולה אינה תלויה אלא בשין וכאן לא כתיב אלא בסמך הא מה ת״ל ושם נסהו שם נסה המקום את ישראל.

137–141 סע״ר ה׳; סנהדרין נ״ו, ב׳. 140 ויקרא י״ח, ל׳. 142–143 לקמן בחודש ט׳. ב״ר נ״ה, ו׳. 143 מלכים ב. כ״ה, כ״ז. 144 במדבר ד׳, כ״ב.

---

134 נהיו] ד. היו. 139 אלעזר] א. מ. אליעזר / המודעי] מ. המיודעי. 142 נשא לו גדולה] מ. ניסה «ועל גבי השורה תקן נישה» לו גדולה ש. נעשה נסאון לישראל. 145–146 לא כתיב אלא בסמך] מ. לא כתב אלף בסמך מ״ח. כתוב בסמך ש. אינו אלא סמך.

And he Said: If Thou Wilt Diligently Hearken. On the basis of this passage the sages said: If a man hearkens to one commandment he is given the opportunity to hearken to many commandments. For, it really says: "If you begin to hearken you will continue to hearken.[9] If a man forgets but one commandment he will be led to forget many commandments. For it says: "And it shall be, if you begin to forget that you will continue to forget" (Deut. 8.19).

To the Voice of the Lord Thy God, meaning the ten commandments that were given "mouth to mouth"[10] in ten sounds.

And Wilt Do That Which is Right in His Eyes, meaning those excellent sayings which are to be listened to by all men.

And Wilt Give Ear to his Commandments, meaning the decrees.

And Keep all his Statutes, meaning the Halakot.[11]

I Will Put None of the Diseases upon Thee, which I Have Put upon the Egyptians.—For, behold if I should—

Indeed, I am the Lord that Healeth Thee. These are the words of R. Joshua.

R. Eleazar of Modi'im says: *If you begin to Hearken.* One might think that it is voluntary,

---

[9] The infinitive absolute is interpreted independently of the finite verb as indicating a separate act.

[10] See Num. 12.8.

[11] *Halakot* is the designation for traditions or unwritten laws. See Jastrow, *Dictionary*, p. 353 and *JE*, VI, 163, s. v.

ויאמר אם שמוע תשמע מכאן אמרו שמע אדם מצוה אחת משמיעין אותו מצות הרבה שנאמר אם שמע תשמע שכח אדם מצוה אחת משכחין לו מצות הרבה שנאמר והיה אם שכח תשכח. לקול יי אלהיך אלו עשרת הדברות שנתנו מפה לפה בעשרה קולות והישר בעיניו תעשה אלו הגדות משובחות הנשמעות באזני כל אדם והאזנת למצותיו אלו גזרות ושמרת כל חקיו אלו הלכות כל המחלה אשר שמתי במצרים לא אשים עליך הא אם אשים כי אני יי רופאך דברי רבי יהושע רבי אלעזר המודעי אומר אם שמע יכול רשות

148–150 לקמן בחודש ב׳. ספרי דברים ע׳ט. 151–152 דברים ח׳, י׳ט. 155 ספרי דברים נ׳ח–נ׳ט. 156–157 סנהדרין ק׳א, א׳.

---

151 משכחין לו] מ. משמיעין אותו. 154 באזני] מ. בעיני.
155 גזרות] ט. א"א. ~ שוות א"צ. משניות / הלכות] א"צ. הדינין.
157 אם] מ"ח. ~ לא תשמע / אשים] מ"ח. ~ ואם אתה חוזר בך.
158 אלעזר] א. מ. ק. אליעזר / המודעי] מ. המיודעי.

but Scripture says: "You shall hearken"—declaring it obligatory and not voluntary.

You Shall Hearken. This is a principle, comprising the whole Torah.

To the Voice of the Lord Thy God. This teaches that if one hearkens to the voice of the Almighty, it is accounted to him as though he stood and served before Him who lives and endures for all eternity.

And Wilt Do that Which is Right in His Eyes, in business dealings. This teaches that if one is honest in his business dealings and the spirit of his fellow creatures takes delight in him, it is accounted to him as though he had fulfilled the whole Torah.

And Wilt Give Ear to His Commandments, meaning the Halakot.

And Keep All His Statutes, meaning those against sexual licentiousness.

I Will Put None of the Diseases upon Thee Which I Have Put upon the Egyptians. And why does Scripture say: "For I am the Lord that healeth thee"? God said to Moses: Say to Israel: The words of the Torah which I have given you are life unto you, as it is said: "For they are life unto those that find them" (Prov. 4.22). They are health unto you, as it is said: "It shall be health to thy navel, and marrow to thy bones" (ibid. 3.8). R. Isaac says: Behold, if no disease is put upon them, what need have they of healing? But: "I will put none of the diseases upon thee which I have put upon the Egyptians," refers to this world. "For I am the Lord that

ת״ל תשמע חובה ולא רשות תשמע זה הכלל שכל התורה כולה כלולה בו לקול יי אלהיך מלמד שכל מי ששומע לקול הגבורה מעלין עליו כאלו עומד ומשמש לפני חי וקים לעולם ולעולמי לעולמים והישר בעיניו תעשה זה משא ומתן מלמד שכל מי שהוא נושא ונותן באמונה ורוח הבריות נוחה הימנו מעלין עליו כאלו קיים כל התורה כולה והאזנת למצותיו אלו הלכות ושמרת כל חוקיו אלו עריות כל המחלה אשר שמתי במצרים לא אשים עליך ומה ת״ל כי אני יי רופאך אמר המקום למשה אמור להם לישראל דברי תורה שנתתי לכם חיים הם לכם שנאמר כי חיים הם למוצאיהם ורפואה היא לכם שנאמר רפאות תהי לשריך ושיקוי לעצמותיך רבי יצחק אומר הא אם אין בהם מחלה מפני מה הם צריכין רפואה אלא כל המחלה אשר שמתי במצרים לא אשים עליך בעולם הזה ואם אשים כי

170 משלי ד׳, כ״ב. 171 שם ג׳, ח׳.

159 ולא רשות תשמע] מ״ח. לקול / תשמע] ש. ד״א תשמע. 160 לקול] מ״ח. <. 161 לקול הגבורה] ד. מפי גבורה א״צ. מא״ש. מפי רבו. 164 ורוח] ד. רוח. 165 מעלין] ד. ומעלין. 169 שנתתי לכם] ד. ~ רפואה הם לכם. 170–171 ורפואה היא לכם שנאמר] ד. ואומר. 172 הא] ט. מ״ח. < / אם] ק. <. 173–174 אשר-עליך] ד. <.

healeth thee"—in case I put sickness upon thee—refers to the world to come.[12] Simon b. Azzai says: "If you are willing to hearken." Why does Scripture say further: "You shall hearken"? On the basis of this passage the sages have said: If a man wishes to hearken, he will in the course of time be given the opportunity to hearken. If a man wishes to forget, he will in the course of time be led to forget. But Scripture says: "And it shall be,"[13] meaning immediately. How then is it? If one wishes to hearken, he is immediately given the opportunity to hearken. If one wishes to forget, he is immediately led to forget. And he also used to say: Once a man desires to hearken of his own will, he is led to hearken both when it is his will to do so and even when it is not his will. And if it be his will to forget, he will be led to forget even when it is not his will. Freedom of choice is given,[14] as it is said: "The scorners He lets scorn but unto the humble He giveth grace" (Prov. 3.34). Others say: "If thou take a pledge thou wilt pledge"[15] (Ex. 22.25). If thou seizest a pledge once, in the end many pledges will be seized from you.

---

[12] The righteous sometimes suffer sickness in this world for the purpose of atoning for whatever sins they may have, thus securing the inheritance of the world to come (cf. Kid. 40b).

[13] Ben Azzai cites the expression: "And it shall be" in Deut. 6.13 and 8.19 as an argument against the interpretation of the sages.

[14] Freedom of choice is given to man. But once he has

אני יי רופאך לעולם הבא שמעון בן עזאי אומר אם שמוע ומה ת״ל תשמע מכאן אמרו רצה אדם לשמוע משמיעין אותו לאחר זמן לשכח משכחין אותו לאחר זמן ת״ל והיה מיד היה הא כיצד רצה לשמוע משמיעין אותו מיד לשכח משכחין אותו מיד והוא היה אומר רצה אדם לשמוע בטובתו משמיעין אותו בטובתו ושלא בטובתו לשכח בטובתו משכחין אותו שלא בטובתו הרשות נתונה שנאמר אם ללצים הוא יליץ ולענוים יתן חן אחרים אומרים אם חבול תחבול אם חבלת חבולה אחת סוף שחובלין בך חבולות הרבה.

175–178 ספרי דברים מ״ח. ברכות מ׳, א׳. 175–185 מ״ת. 34.
182–183 משלי ג׳, ל״ד. 183–184 שמות כ״ב, כ״ה.

175 ע׳אי] מ״ח. יוחאי. 176 אמרו] נ. ל. אומר. 177 לאחר זמן] מ״ח.<. 177–178 משכחין אותו] מ״ח. ~ יכול. 178 והיה] ד. שמוע תשמע שכח תשכח מ״ח. והיה אם שמוע / מיד היה] נ. ל. <. 181 בטובתו ושלא] ד. שלא. 184 סוף שחובלין בך] מ״ח. סופך שאתה חובל. 185 חבולות הרבה]=ט. מ״ח. א״א: ד. < מ. ט״כ. תחבולות הרבה.

made his choice, he is helped along and led to pursue his course (cf. Lauterbach, *The Pharisees and Their Teachings*, New York, 1930, pp. 61–62).

[15] See Note 8. The word תחבל written defectively without a *Vav* after the *Bet* is interpreted as if it read חֲחָבֵל.

CHAPTER II
(Ex. 15.27–16.3)

And They Came to Elim Where Were Twelve Springs of Water. Scripture here tells that that place was praised for its water more than all other places. You can learn that this was so, for there were there twelve springs. Normally these supplied water for only seventy palm-trees. And when the Israelites came and six hundred thousand men encamped around these springs, they supplied them with water even though they stayed there over one night and a second and a third.

And They Encamped There by the Waters. The Israelites never encamped except near water—These are the words of R. Joshua. R. Eleazar of Modi'im says: On the very day when the Holy One, blessed be He, created His world, He created there twelve springs, corresponding to the twelve tribes of Israel, and seventy palm-trees, corresponding to the seventy elders. And as for Scripture's saying: "And they encamped there by the waters," it is merely to teach that they were occupied with the words of the Torah which had been given to them at Marah.

And They Took Their Journey From Elim, and All the Congregation of the Children of Israel Came . . . on the Fifteenth Day. Why is "day"[1]

[1] It would have been sufficient to say merely: On the fifteenth of the second month.

פרשה ב (שמות ט"ו, כ"ז.—ט"ז, ג'.)

ויבואו אלימה ושם שתים עשרה עינות מים מגיד הכתוב שאותו מקום מהולל במים מכל המקומות תדע שכן שהרי היו שנים עשר מבועין ולא ספקו אלא לשבעים דקלים וכיון שבאו ישראל ושרו עליהם ששים רבוא בני אדם וספקו להם ולנו ושנו ושלשו ויחנו שם על המים לעולם אין ישראל חונין אלא על המים דברי רבי יהושע רבי אלעזר המודעי אומר מיום שברא הקב"ה את עולמו ברא שם שנים עשר מבועין כנגד שנים עשר שבטי ישראל ושבעים תמרים כנגד שבעים זקנים ומה ת"ל ויחנו שם על המים אלא מלמד שהיו עוסקים בדברי תורה שנתנו להם במרה.

ויסעו מאלים ויבואו כל עדת בני ישראל וגו' בחמשה עשר יום למה נאמר

1—57 ש. 74—75. 13—32 סע"ר ה'.

---

3 בסים] ק. א"צ. <. 5 בני אדם] ד. <. 6 ולנו] ד. <.
7 חונין] מ. מ"ח. שורין. 8 מיום] ד. כיון. 9 שם] ד. <.
14 וגו'] הוספתי / בחמשה עשר יום] הוספתי=מ"ח.

said? It is to tell that it happened to be the day of the Sabbath which had been recurring regularly from the day when the Holy One finished the creation of His world until it was given as a law unto Israel on the twenty-second day of the month of Iyyar.

Another Interpretation: *On the Fifteenth Day.* Why is "day" said? That you may know on what day the Torah was given to Israel. The new moon of the month of Nisan in which Israel went out from Egypt came on the fifth day of the week. Nisan was a complete month, so the new moon of Iyyar came on a Sabbath. Iyyar was a defective month,[2] so the new moon of Sivan came on the first day of the week. For it says: "On the morrow after the passover the children of Israel went out" (Num. 33.3). And here it says: "On the fifteenth day of the second month." And it also says: "On the new moon of the third month after the children of Israel were gone forth out of the land of Egypt," etc. (Ex. 19.1). Thus you must say that the Torah was given in the third month on the sixth of the month and on the sixth day of the week.[3]

Another Interpretation: *On the Fifteenth Day.* Why is "day" said? That you may know on what day the manna first came down for Israel. The cake which the Israelites took along with

---

[2] It is assumed that Nisan had 30 days and Iyyar only 29 days. This is the regular order according to the fixed calendar of later times.

[3] See Shab. 87b–88a.

יום מגיד שבאותו היום אירעה שבת להיות שהיא סדורה ובאה מיום שברא הקדוש את עולמו עד שנתנה להם תורה לישראל בעשרים ושנים באייר. דבר אחר בחמשה עשר יום למה נאמר יום לידע באיזה יום ניתנה תורה לישראל ניסן שיצאו בו ישראל ממצרים אירע להיות בחמישי בשבת השלים ניסן אירע אייר להיות בשבת חסר אייר אירע סיון להיות באחד בשבת ואומר ממחרת הפסח יצאו ואומר בחמשה עשר יום לחדש השני ואומר בחדש השלישי לצאת בני ישראל ממצרים נמצאת אומר בחדש השלישי בששי בחדש בששי בשבת. דבר אחר בחמשה עשר יום למה נאמר יום לידע באיזה יום ירד המן לישראל חררה שנטלו ישראל ממצרים

18–25 לעיל בשלח ב׳. שבת פ״ז–פ״ח. 22 במדבר ל״ג ג׳. 23 שמות ט״ז, א׳. 23–24 שם י״ט, א׳. 27–29 לעיל פסחא י״ד. שמו״ר ג׳, ד׳. כ״ה, ד׳.

16 מיום–עולמו] ד. מששת ימי בראשית. 17 להם] ד. </ תורה] ט. מ״ח. ש. < / בעשרים ושנים באייר] ד. <. 18 דבר אחר] ד. <. 22 ממחרת הפסח] מ. ממחרת בשבת. 23 בחמשה] מ. ובחמשה. 24 נמצאת אומר] מ. שכשתמצא לומר ק. כשתמצא לומר מ״ח. כשתמצא אומר ט. <. 25 בחדש השלישי] מ. בשלשה חדשים ק. שלשה חדשים מ״ח. בשלישי לחדשים. 26 בחמשה] מ. ובחמשה / יום] מ. לחדש.

them from Egypt they ate for thirty-one days. For it is said: "And they baked unleavened cakes of the dough which they brought forth out of Egypt" (Ex. 12.39). And here it says: "On the fifteenth day of the second month after their departing out of the land of Egypt." And what is written near it? "Behold, I will cause to rain bread from heaven for you"[4] (v. 4). R. Shila says: It furnished them sixty-one meals.

And the Whole Congregation of the Children of Israel Murmured. R. Joshua says: The Israelites should first have taken counsel with the greatest one among them, asking: "What shall we eat"? But, instead, they arose and spoke words of complaint against Moses. R. Eleazar of Modi'im says: The Israelites were in the habit of speaking words of complaint against Moses. And not against Moses alone did they speak, but also against Aaron.

And the Children of Israel Said unto Them: 'Would That We Had Died by the Hand of the Lord in the Land of Egypt.' They said unto them: Would that we had died during the three days of darkness in Egypt.

---

[4] The fifteenth day of Iyyar was on a Saturday (see above, note 2). On that day they were promised the manna for the next morning. The manna, then, first came down on the sixteenth of Iyyar, 31 days after they came out from Egypt. R. Shela, however, reasons that since, according to vv. 8 and 12, they were given meat for the evening meal of the fifteenth day of Iyyar, what was left of the cake furnished them only one of the two meals of that day.

אכלו ממנה שלשים ואחד יום שנאמר ויאפו את הבצק וגו׳ ואומר בחמשה עשר יום לחדש השני לצאתם מארץ מצרים ובצדו מה הוא אומר הנני ממטיר לכם לחם מן השמים רבי שילא אומר נתפרנסו הימנה ששים ואחת סעודה.

וילונו כל עדת בני ישראל רבי יהושע אומר היה להם לישראל להמלך בגדול שבהם מה נאכל אלא עמדו ואמרו דברי תרעומת על משה רבי אלעזר המודעי אומר למודין היו ישראל היות אומרים דברי תרעומת על משה ולא על משה בלבד אלא אף על אהרן.

ויאמרו אליהם בני ישראל מי יתן מותנו ביד יי בארץ מצרים אמרו להם ולואי מתנו בשלשת ימי אפלה של מצרים.

29 בחמשה עשר יום] הוספתי=ש. / לחדש]=ש: מ. ד. ט. בחדש. 32 ששים] נ. ל. שבעים. 33 כל עדת בני ישראל] ק. נ. העם. 38 אהרן] א. מ. ט. ~ שנאמר. 40 להם א. ד. <. 41 אפלה] א.מ״ח. חשך.

When We Sat by the Flesh-Pots. R. Joshua says: And were they really desirous of eating meat? They were merely exaggerating when they said this. R. Eleazar of Modi'im says: The Israelites in Egypt were servants to royal princes. They could go out to the market, take for themselves bread, meat, fish, and anything else and no one would stop them. They could go out to the field, take figs, grapes, pomegranates, and anything else, and no one would stop them. R. Jose says: You must know that it was given them only at the very last.[5] In this sense it is said: *ha-kishuim* (Num. 11.5), meaning things that were hard on their stomachs.[6]

For Ye have Brought us Forth into this Wilderness. They said to them: You brought us forth into this wilderness, a desolation where nothing can be found.

To Kill this Whole Assembly With Hunger. R. Joshua says: There is no death worse than death by hunger, as it is said: "They that are slain with the sword are better than they that are slain with hunger" (Lam. 4.9). R. Eleazar of Modi'im says: *With Hunger* (*Ba-ra'ab*). There came upon us hunger after hunger, pestilence after pestilence, darkness after darkness.

---

[5] See Commentaries.

[6] This is a play on the word קשואים, which is interpreted as if it were derived from קשה, "something hard." See Talmud, 'Ab. Zarah, 11a.

בשבתנו על סיר הבשר רבי יהושע אומר וכי תאבים היו לאכל אלא בידו ואמרו רבי אלעזר המודעי אומר עבדים היו ישראל למלכים במצרים יוצאין לשוק נוטלין פת ובשר ודגים וכל דבר ואין בריה מוחה בידם יוצאין לשדה נוטלין תאנים וענבים ורמונים וכל דבר ואין בריה מוחה בידם רבי יוסי אומר תדע שלא נתן להם אלא באחרונה לכך נאמר את הקישואים שהן קשים למעיהם.

כי הוצאתם אותנו אל המדבר אמרו להם הוצאתם אותנו אל המדבר הזה תוהו שאין בו כלום.

להמית את כל הקהל הזה ברעב רבי יהושע אומר אין לך מיתה קשה ממיתת רעב שנאמר טובים היו חללי חרב מחללי רעב רבי אלעזר המודעי אומר ברעב בא עלינו רעב אחר רעב דבר אחר דבר חשך אחר חשך.

43–46 ספרי במדבר פ"ז. 49 ע"ז י"א, א'. 53–55 ב"ב ח', ב'. 55 איכה ד', ט'.

---

43 וכי] א. ד. <ש. והלא / לאכל] ד. ישראל לאכל ש. לכל מ"ח. ~ בשר / אלא בידו ואמרו ד. ט. <. 49 שהן] ד. שהיו. 54 יהושע] ד. ~ בן קרחא / קשה ד. ~ יותר. 56 ברעב] ש. ~ בא רעב.

Chapter III
(Ex. 16.4–10)

Then the Lord Said unto Moses: 'Behold, I will Cause to Rain Bread from Heaven for you.' R. Joshua says: God said to Moses: Behold I am revealing Myself immediately and will not delay. R. Eleazar of Modi'im says: He says: "Behold I will" (*Hineni*), only to indicate that it was because of the merit of the fathers.[1]

For You. R. Joshua says: It means: Surely it is not due you. R. Eleazar of Modi'im says: He says: "For you" (*lakem*), only to indicate that it was because of the merit of Abraham, Isaac and Jacob.[2]

From Heaven. From the good treasure of heaven, as it is said: "The Lord will open unto thee His good treasure the heaven" (Deut. 28.12). R. Simon b. Gamaliel says: Come and see how much beloved the Israelites are by Him by whose word the world came into being. Because they are so much beloved by Him, He made for them a change in the natural order of things. For their sake He made the upper region like the lower and the lower like the upper. In the past the bread came up from the earth and the dew would come down from heaven, as it

---

[1] The word הנני points to the merit of the fathers who were wont to use this word to express their readiness to do the will of God.

[2] The word לכם, "for you," is understood as an aside, addressed to the patriarchs.

פרשה ג (שמות ט"ז, ד'–י'.)

ויאמר יי אל משה הנני ממטיר לכם לחם מן השמים רבי יהושע אומר אמר המקום למשה הרי אני נגלה מיד ואיני מעכב רבי אלעזר המודעי אומר אינו אומר הנני אלא בזכות אבות.

לכם רבי יהושע אומר בודאי אינו ראוי לכם רבי אלעזר המודעי אומר אינו אומר לכם אלא בזכות אברהם יצחק ויעקב.

מן השמים מאוצר הטוב של שמים שנאמר יפתח יי לך את אוצרו הטוב את השמים רבן שמעון בן גמליאל אומר בא וראה כמה חביבין ישראל לפני מי שאמר והיה העולם ולפי שהם חביבין עליו שנה להם מעשה בראשית עשה להם עליונים תחתונים ותחתונים עליונים לשעבר היה הלחם עולה מן הארץ והטל יורד מן השמים שנאמר ארץ

1–84 ש. 75–76. 3–7 שמו"ר כ"ה, ה'. 9 דברים כ"ח, י"ב. 13–18 שמו"ר כ"ה, ב'-ו'. 14–15 דברים ל"ג, כ"ח.

פרשה ג] ד. פרשה ב'. 3 אלעזר] ד. אליעזר. 4 המודעי] א. מ. <. 4–6 בזכות אבות–לכם אלא] ד. <. 5 בודאי אינו] מ"ח. הריני. 14 שנאמר] ק. למלך אל.

is said: "The earth yielding corn and wine; yea, His heavens drop down dew" (Deut. 33.28). But now things have changed. Bread began to come down from heaven and the dew came up from the earth, as it is said: "Behold, I will cause to rain bread from the heaven," and it says: "And the layer of dew came up" (v. 14).

And the People Shall go out and Gather. They will not be able to gather it by merely stepping out into their courtyards, but they will have to go out into the wilderness to gather it.

A Day's Portion Every Day. R. Joshua says: This means that a man may gather on one day the portion for the next day[3] just as is done on the eve of the Sabbath for the Sabbath. R. Eleazar of Modi'im says: This means that a man may not gather on one day the portion for the next day, as is done on the eve of the Sabbath for the Sabbath. For it says: "The day's portion every day." He who created the day has also created its sustenance. Hence R. Eleazar used to say: He who has enough to eat for today and says: "What will I eat tomorrow?" Behold he is of little faith. For it is said: "That I may prove them, whether they will walk in My law or not." R. Joshua says: If a man but studies two *Halakot* in the morning and two *Halakot* in the evening and the whole day he occupies himself with his trade, it is accounted to him

[3] See Commentaries.

דגן ותירוש אף שמיו יערפו טל ועכשיו נתחלפו הדברים התחיל הלחם יורד מן השמים והטל עולה מן הארץ שנאמר הנני ממטיר לכם לחם מן השמים ואומר ותעל שכבת הטל.

ויצא העם ולקטו שלא יהיו יוצאין לחצרות ומלקטין אלא יהיו יוצאין למדברות ומלקטין.

דבר יום ביומו רבי יהושע אומר כדי שילקט אדם מהיום למחר כעין מערב שבת לשבת רבי אלעזר המודעי אומר כדי שלא ילקט אדם מהיום למחר כעין מערב שבת לשבת שנאמר דבר יום ביומו מי שברא היום ברא פרנסתו מכאן היה רבי אלעזר אומר כל מי שיש לו מה יאכל היום ואומר מה אני אוכל למחר הרי זה מחוסר אמנה שנאמר למען אנסנו הילך בתורתי אם לא רבי יהושע אומר שונה אדם שתי הלכות בשחרית ושתי הלכות בערבית ועוסק במלאכתו כל היום מעלין

23–25 מנחות ק"ג, ב'. 29–31 שם צ"ט ב'; מדרש תהלים א', י"ז.

---

15 יערפו] א. ירעפו. 19 ויצא] א. מ. ויצאו / יוצאין לחצרות] מ"ח. יושבין בחצרות א"צ. מלקטין בחצרות. 22 למחר] א. מ. ולמחר / לשבת] ד. לערב שבת. 23 אלעזר] ד. אליעזר. 24 לשבת] ד. לערב שבת / שנאמר] ד. <. 26 אלעזר] מ. מ"ח. אליעזר.

as though he had fulfilled the whole Torah. R. Simon b. Joḥai used to say in connection with this: Only to those who have manna to eat is it given to study the Torah. For behold, how can a man be sitting and studying when he does not know where his food and drink will come from, nor where he can get his clothes and coverings? Hence, only to those who have manna to eat is it given to study the Torah. And like them are those who eat *Terumah*.[4]

And it Shall Come to Pass on the Sixth Day That They Shall Prepare, etc. From this it can be learned that the *'Erub*[5] necessary for the Sabbath must be laid on the eve of the Sabbath.

And it Shall be Different (*mishneh*). This means bread of a different quality (*meshuneh*). You interpret it to mean bread of a different quality. Perhaps it is not so, but merely means a double quantity of bread? However, when it says: "Two *omers* for each one" (v. 22), behold, there the double quantity of bread is mentioned. Hence, what must be the meaning of: "And it shall be different" (*meshuneh*)? Bread that is different in quality. How so? For every day there was but one *omer*; for the Sabbath there were two *omers*. Every day its savor spread; on the Sabbath more so. Every day it shone like gold; on the Sabbath more so.

---

[4] Cf. above, *Beshallaḥ* I, note 5.

[5] See Jastrow, *Dictionary*, pp. 1075 and 1110 and comp. *JE*, V, 203 f., s. v. *'Erub*.

עליו כאלו קיים כל התורה כולה מכאן היה רבי שמעון בן יוחאי אומר לא נתנה תורה לדרוש אלא לאוכלי המן הא כיצד היה יושב ודורש ולא היה יודע מהיכן הוא אוכל ושותה ומהיכן הוא לובש ומתכסה הא לא נתנה תורה לדרוש אלא לאוכלי המן ושוין להן אוכלי תרומה.

והיה ביום הששי והכינו וגו׳ מכאן שיערב אדם מערב שבת לשבת.

והיה משנה לחם משנה אתה אומר לחם משנה הוא או אינו אלא לחם כפול כשהוא אומר שני העומר לאחד הרי לחם כפול אמור הא מה ת״ל והיה משנה לחם שהוא משונה הא כיצד בכל יום היה בו עומר אחד ובשבת שני עומרין בכל יום היה ריחו נודף ובשבת היה ביותר בכל יום היה מצהיל כזהב ובשבת ביותר.

32–36 לעיל בשלח א׳. 39–42 לקמן ה׳, מדרש תהלים צ״ב, א׳. 44 שבת קי״ט, א׳.

33–36 הא כיצד–לאוכלי המן] מ. <. 36 ושוין] ד. ושניים אוכלי] א. לאוכלי. 38 מערב שבת] א״צ. מערב יום טוב / לשבת] מ״ח. < מ. לערב שבת. 42 והיה משנה] ד. לחם משנה. 45 מצהיל]–א[2]. ש: א. מ. ד. מצולהב ט. מ״ח. מוזהב ט״כ. מוצהב / כזהב] ט. בזהב.

And Moses and Aaron Said unto All the Children of Israel: 'At Even, then Ye Shall Know.' They said to them: While you are sleeping upon your beds, God provides the food for you.

Then Ye Shall Know that the Lord Hath Brought You Out from the Land of Egypt. From this you learn that the deliverance from Egypt is equal to all the miracles and mighty deeds which God has done for Israel.

And in the Morning, Then Ye Shall See. From this you learn that the manna was given to Israel with a bright countenance. The quail, because they asked for it out of a full stomach, was given to them with a frowning countenance. But the manna which they were justified in asking, was given to them with a bright countenance.

For that He Hath Heard Your Murmurings Against the Lord; and what are We, that Ye Murmur Against Us. They said to them: And are we so distinguished that you murmur against us?

And Moses Said: 'This Shall Be, When the Lord Shall Give You in the Evening Flesh to Eat.' From this you learn that the quail was given to Israel with a frowning countenance. The manna, however, which they were justified in asking, was given to them with a bright countenance.

ויאמר משה ואהרן אל כל בני ישראל ערב וידעתם אמרו להם עד שאתם ישנים על מטותיכם המקום מפרנס אתכם.

וידעתם כי יי הוציא אתכם מארץ מצרים מכאן אתה למד ששקולה יציאת מצרים כנגד כל נסים וגבורות שעשה המקום לישראל.

ובקר וראיתם וגו׳ מכאן אתה למד שבפנים מאירות ניתן המן לישראל השליו ששאלו אותו ממלא מעיים ניתן להם בפנים חשיכות אבל המן ששאלו אותו כהלכה ניתן להם בפנים מאירות.

בשמעו את תלונותיכם על יי ונחנו מה כי תלינו עלינו אמרו להם וכי מה אנו ספונין שאתם עומדים ומתרעמים עלינו.

ויאמר משה בתת יי לכם בערב בשר לאכל מכאן את למד שבפנים חשכות ניתן השליו לישראל והמן ששאלו אותו כהלכה ניתן בפנים מאירות.

52–55 יומא ע״ה, א׳–ב׳.

46 ויאמר–בני ישראל] ק. נ. ויאמר משה אל בני ישראל. 56 בשמעו] א. מ. בשמע יי/ על יי] הוספתי=ג״ק: מ. א. אשר אתם מלינים עליו. 56–57 ונחנו מה כי תלינו עלינו] ד. <. 57–58 אנו ספונין] מ. אתם פונין. 59–60 בערב בשר לאכול] ד. < א. מ. וגו׳. 64 עלינו] א. ~ בלבד / מתרעמים] ד. עומדים ומתרעמים.

For that the Lord Heareth Your Murmurings, etc. They said to them: If you were merely complaining against us, we would bear with you, but you are rising to complain before the King who lives and endures for eternity.

And Moses Said unto Aaron: 'Say unto All the Congregation of the Children of Israel: Come Near,' etc. R. Joshua says: Come near, because the Almighty has revealed Himself. R. Eleazar of Modi'im says: Come near, to give account.

As Aaron Spoke. And why need Scripture say: "And it came to pass?" Merely to teach that it came to pass just as God had decreed.

And They Turned Toward the Wilderness. R. Joshua says: They did not turn until the Almighty had revealed Himself. R. Eleazar of Modi'im says: They turned only because of the deeds of the fathers. For it is said: "The wilderness"—like the wilderness in which there is neither iniquity nor sin, so also were the forefathers. There was neither iniquity nor sin in them.

And Behold, the Glory of the Lord Appeared in the Cloud. R. Jose b. Simon says: Whenever the Israelites sought to stone Moses and Aaron,

בשמוע יי את תלונותיכם וגו׳ אמרו להם אלו עלינו הייתם מתרעמים היינו סובלין אתכם אלא הרי אתם עומדים ומתרעמים לפני מלך חי וקים לעולמים.

ויאמר משה אל אהרן אמור אל כל עדת בני ישראל קרבו וגו׳ רבי יהושע אומר קרבו על שנגלתה גבורה רבי אלעזר המודעי אומר קרבו כדי ליתן את הדין.

כדבר אהרן ומה ת״ל ויהי אלא מלמד שכשם שגזר המקום כך היה.

ויפנו אל המדבר רבי יהושע אומר לא הפנו עד שנגלתה גבורה רבי אלעזר המודעי אומר לא הפנו אלא על מעשה אבות שנאמר המדבר מה מדבר אין בו לא עון ולא חטא כך אבות הראשונים אין בהם לא עון ולא חטא.

והנה כבוד יי נראה בענן רבי יוסי בן שמעון אומר כל זמן שהיו ישראל מבקשין לסקול

---

69 המודעי] ד. <. 71 ומה] ד. ויהי מה. 72 המקום] ד. הקב״ה ובז״ר ובזי״נ השמיטוהו ופירשו שגזר אהרן. 74 הפנו]—א: א[2]. הופנו ד. נפנו / המודעי] ד. <. 76 לא עון ולא חטא] ד. כלום. 78–79 בן שמעון]—מ. א[2]. ש: א. ט. שמוע ד. הגלילי מ״ח. <.

immediately "the glory of the Lord appeared in the cloud." What does it say further on? "But all the congregation bade stone them with stones, when the glory of the Lord appeared," etc. (Num. 14.10). And what does it say here? "And behold, the glory of the Lord appeared in the cloud." And why all this? The Holy One, blessed be He, said: "Better let the pillar of cloud be struck, and let not Moses and Aaron be stoned."

Chapter IV
(Ex. 16.11–15)

And the Lord Spoke unto Moses, Saying: 'I Have Heard the Murmurings of the Children of Israel.' R. Joshua says: God said to Moses: Before Me is revealed what the Israelites have said and what they will say.

Speak unto Them, Saying; At Dusk Ye Shall Eat Flesh, and in the Morning Ye Shall Be Filled with Bread. Say to them: You are standing between two things: You have asked for bread;

את משה ואת אהרן מיד וכבוד יי נראה בענן להלן מהו אומר ויאמרו כל העדה לרגום אותם באבנים וכבוד יי נראה וגו׳ וכאן מהו אומר והנה כבוד יי נראה וגו׳ וכל כך למה אמר הקדוש ברוך הוא מוטב שילקה עמוד הענן ואל יסקלו משה ואהרן.

פרשה ד (שמות ט״ז, י״א–ט״ו.)

וידבר יי אל משה לאמר שמעתי את תלונות בני ישראל רבי יהושע אומר אמר המקום למשה גלוי לפני מה שאמרו ישראל ומה שהן עתידין לומר.

דבר אליהם לאמר בין הערבים תאכלו בשר ובבקר תשבעו לחם אמור להם בין שני דברים אתם עומדים שאלתם לחם

81–82 במדבר י״ד, י׳.

1–105 ש. 76–77.

---

80 להלן]=א[2]: א. מ. ד. ט. ולהלן. 82 וכבוד יי נראה] הוספתי / והנה] הוספתי / כבוד] מ. וכבוד. 84 יסקלו]=א[2]: א. מ. ד. ט. יסקל.

2 ר׳ יהושע אומר] ד. <. 3 שאמרו ישראל] ד. שאמרה כנסת ישראל. 6 אמור] ד. אמר. 7 בין] ק. בשביל. 7 עומדים] מ. עתידין.

since it is impossible for human beings to live without bread, I have given it to you. Now, you turn around and, out of a full stomach, you ask for meat. Behold, I am going to give it to you. Why will I give it to you? Because otherwise you might say that it is not in My power to give it to you. But though I am giving it to you, I shall later punish you, "and ye shall know that I am the Lord your God"—I am a judge to exact punishment of you.

And It Came to Pass at Even that the Quails Came Up. From this you learn that the quail was given to Israel with a frowning countenance.

And Covered the Camp. From this I would not know how much, therefore it says: "And about two cubits above the face of the earth" (Num. 11.31). It was two cubits high from the ground up, so that a man standing up could reach out for it at the level of his heart and get it without any effort. For from the heart down a man measures two cubits, and from the heart up one cubit. R. Jose the Galilean says: It was three parasangs

לפי שאי איפשר לבשר ודם בלא לחם ונתתיו לכם חזרתם ושאלתם בשר ממלא מעיין הרי אני נותנו לכם מפני מה אני נותנו לכם שמא תאמרו שאין ספק בידי ליתנו לכם אלא הריני נותנו לכם ובסוף אני נפרע מכם וידעתם כי אני יי אלהיכם דיין אני להפרע מכם.

ויהי בערב ותעל השליו מכאן אתה למד שבפנים חשכות ניתן השליו לישראל.

ותכס את המחנה איני יודע כמה ת״ל וכאמתים על פני הארץ שתי אמות היתה גבוהה מן הארץ כדי שיהיה אדם עומד כנגד לבו ונוטל שלא בצער שמלבו ולמטה שתי אמות ומלבו ולמעלה אמה אחת רבי יוסי הגלילי אומר שלשה

16–18 תוס׳ סוטה ד׳, ד׳. 16–27 ספרי במדבר צ״ז. 16–39 ספרי זוטא 273. 17 במדבר י״א, ל״א.

---

8 לפי] ג״ק. ולפי/ שאי איפשר] מ. שאפשר. / בלא] ג״ק. לחיות בלא. 10 שמא] ד. שלא/ שאין] ד. אין. 11 ספק] א. פסוקה ט. ג״ק. ספיקה/ בידי] ד. ג״ק. בידו. 18 אדם] ד. <. 19 שלא בצער] ד. כדי שלא יצטער א. ~ בקומה זקופה. 20 ר׳ יוסי הגלילי אומר] א. מ. ד. ~ ויטוש על המחנה כדרך (א. ~ וגו׳ ד. ~ יום כה וכדרך יום כה) וחסר בא2. ובמ״ח: ג״ק. ר׳ יאשיה בן יהודה אומר הרי הוא אומר כדרך יום כה וגו׳ ר׳ יוסי הגלילי אומר.

on every side "and about two cubits deep above the face of the earth," as it is said: "And let them fall by the camp"[1] (ibid.). And it also says: "And He let it fall in the midst of their camp, round about their dwellings" (Ps. 78.28). R. Josiah says: Behold it says: "And let them fall by the camp," that is, three parasangs on every side. And what does it mean by saying: "About a day's journey on this side and a day's journey on the other side?" The camp with three parasangs above it and three parasangs below it makes nine.[2] Nine times nine make eighty-one. "And about two cubits above the surface of the earth" (Num. 11.31) that is, round about the camp. And it also says: "And he let it fall in the midst of their camp, round about their dwellings" (Ps. 78.28). Others say: "And let them fall by the camp about a day's journey," journeying at an average pace, that is, ten parasangs. "As much again" (*Koh*), behold there are twenty. Added to this: "And about a day's journey, as much again," makes forty. "And about two cubits deep above the face of the earth." And it says: "Thou preparest a table before me in the presence of mine enemies"[3] (Ps. 23.5). One might think that the streets were spoiled, but

---

[1] The camp extended over an area of three parasangs square (see 'Er. 55b).

[2] The distance of a day's journey is ten parasangs (see Pes. 94a). Nine parasangs then are about a day's journey.

[3] See Introduction and cf. Commentaries.

פרסאות לכל רוח וכאמתים על פני הארץ שנאמר ויטש על המחנה ואומר ויפל בקרב מחנהו סביב למשכנותיו רבי יאשיה אומר הרי הוא אומר ויטש על המחנה שלשה פרסאות לכל רוח ומה ת״ל כדרך יום כה וכדרך יום כה שלשה כלפי למעלה ושלשה כלפי מטה הרי תשעה ותשעה על תשעה הרי שמונים ואחד וכאמתים על פני הארץ סביבות המחנה ואומר ויפל בקרב מחנהו סביב למשכנותיו אחרים אומרים ויטש על המחנה כדרך יום דרך בינונית עשרה פרסאות כה הרי עשרים וכדרך יום כה הרי ארבעים וכאמתים על פני הארץ ואומר תערך לפני שלחן נגד צוררי יכול שהיו אסטרטיות

---

22 במדבר שם. 22–23 תהלים ע״ח, כ״ח. 32 שם כ״ג, ה׳.

---

21 לכל רוח] ד. < / הארץ]=א^{2}: א. מ. ד. כל הארץ. 21–22 שנאמר ויטש על המחנה]=מ״ח: א. סביבות המחנה מ. סביב למחנה ד. <. 22–23 סביב למשכנותיו]=א^{2}: א. וגו׳ ד. סביב למשכנותם. 23 יאשיה] נ. יעשיה א^{2}. ג״ק. יוסי הגלילי. 25 שלשה] א. מ. ג״ק. מ״ח. שלשים / למעלה] א. מ. ג״ק. למעלן. 26 ושלשה כלפי מטה] הגהתי=א״צ: א. מ. ד. שלשה על שלשה (ק. ~ ועל שלשה) / על תשעה] מ״ח. כנגד תשעה. 27 שמונים ואחד]=א^{2}: א. מ. ד. שמונה עשר. 28–31 ואומר ויפל–על פני הארץ] מ. <. 32 לפני] ק. נ. לפניו / שהיו] ד. יהוא (ל. והיו) / אסטרטיות] א^{2}. אסטריות.

Scripture says: "Above the face of the earth," meaning, the vacant[4] parts of the ground; for one passage says: "Round about the camp" (Num. 11.31), and another passage says: "Round about their dwellings" (Ps. 78,28). This merely means that it formed a circle around their dwellings.[5] R. Eliezer says: Behold it says: "And about two cubits above the face of the earth." The manna was two cubits high from the ground up and the Israelites took it only off the top. You must needs say: Come and see how the manna used to come down for Israel. The north wind would come and sweep the desert; then rain would come down and level the ground; then the dew would come up and the wind would blow upon it. The ground thus became a sort of a golden table on which the manna would come down and from which the Israelites would take it and eat it. If God thus provided for those who provoked Him, how much the more will He in the future pay a good reward to the righteous!

---

[4] This is a play on the word פני, which is taken to be like פנוי, "free," "vacant."

[5] See Introduction and cf. Commentaries.

מקולקלות ת״ל על פני הארץ על הפנוי שבארץ כתוב אחד אומר סביבות המחנה וכתוב אחד אומר סביב למשכנותיו אלא שהיה סיבוב למשכנות רבי אליעזר אומר הרי הוא אומר וכאמתים על פני הארץ שתי אמות היה המן גבוה מן הארץ ולא נטלו אותו ישראל אלא מן הגבוה אמרת צא וראה כיצד היה המן יורד להם לישראל יוצאת רוח צפונית ומכבדת את המדבר יורד מטר ומכבש את הארץ והטל עולה והרוח מנשבת בו ועושה אותו כמין שלחנות של זהב והמן יורד עליהם ומהן היו ישראל נוטלין ואוכלין אם כן זימן המקום למכעיסיו על אחת כמה וכמה ישלם שכר טוב לצדיקים לעתיד לבא.

45 במדבר י״א, ל״ג. 46–48 ספרי במדבר צ״ד. יומא ע״ה, ב׳.

33 פני הארץ]–א[2]: א. מ. ד. ט. פני כל הארץ. 34 המחנה] ק. נ. המחנות. 35 למשכנותיו] ק. נ. למשכנותם / אלא] מ. לא / שהיה] א. שיהיה / סיבוב] ק. < נ. ל. סובב] ט. חבור מ״ח. אף סביב. 36 אליעזר] מ. אלעזר המודעי. 40 ומכבש] ד. ומכבס. 42 ומהן] ד. ומה נ״ק. והמן. 43 נוטלין] ד. < / ואוכלין] ט. ואומרין / כן] נ. מן.

While the Flesh Was Yet Between Their Teeth (Num. 11.33). They said: The good ones among the people ate it and passed it off immediately, but the wicked ones ate it and suffered from it for thirty days.

The Anger of the Lord Was Kindled against the People, etc. *From Kibroth-Hattaavah the People Journeyed unto Hazeroth* (ibid. vv. 33–5). But how could they, after having journeyed from Hazeroth, have encamped at Hazeroth? It simply teaches that in their journey they went back three stations because of Miriam.[6]

And in the Morning There Was a Layer of Dew. This bears upon what we have already said above.

And When the Layer of Dew Was Gone Up. Behold Scripture has taught you how the manna used to come down for Israel. The north wind would come and sweep the desert; then rain would come down and level the ground; then the dew would come up and the wind would blow upon it. The ground thus became a sort of a golden table on which the manna would come down and from which the Israelites would take it and eat it.

Behold upon the Face of the Wilderness. Not upon all the wilderness but only upon part of it. "Fine," teaches that it was fine, "scalelike," teaches that it was like scales, "as the hoar-frost" teaches that it came down upon the

---

[6] The above comments on Num. 11.33–35 belong to a Midrash on Numbers, but have been incorporated here in our Midrash to Exodus.

הבשר עודנו בין שיניהם וגו׳ אמרו הכשר שבהן אוכלו ונותרו מיד והרשע שבהן אוכלו ומצטער עד שלשים יום. ואף יי חרה בעם וגו׳ מקברות התאוה נסעו העם חצרות וכי מחצרות נסעו ובחצרות חנו אלא מלמד שחזר מסען לאחוריהם שלש מסעות בשביל מרים.

ובבקר היתה שכבת הטל לענין שאמרנו.

ותעל שכבת הטל והרי לימדך הכתוב כיצד היה המן יורד להם לישראל יוצאה רוח צפונית ומכבדת את המדבר יורד מטר ומכבש את הארץ והטל עולה והרוח מנשבת בו ועושה אותו כמין שלחנות של זהב והמן יורד עליהם ומהן היו ישראל נוטלין ואוכלין.

והנה על פני המדבר לא על המדבר כלו אלא על מקצתו דק מלמד שהוא דק מחוספס מלמד שהוא מחוספס ככפור מגיד שהיה יורד

48–49 במדבר י״א, ל״ג–ל״ה. 48–51 לעיל א׳; ספרי שם ק״ו.

---

46 ונותרו מיד] מ. ונתרו ונבעת מיד א[2]. נ. ל. ונתרז מיד ג״ק. נתרז היה מיד מ״ח. ונהנה הבינוני שבהם אוכלו ונתרז מיד א״א. ונדון מיד. 47 ומצטער] א[2]. ג״ק. נבעת. 49 חצרות] ד. מחצרות. 53 והרי לימדך] ד. והרי בא ללמדך מ״ח. לענין שאמרנו לימדך. 61 שהוא מחוספס] ד. ט. < מ״ח. שהיה נימוח בפס / ככפור מגיד] ד. <.

ground like sleet—these are the words of R. Joshua. R. Eleazar of Modi'im says: "And when the layer of dew was gone up" means when the prayer[7] of our forefathers who lay in the earth went up. "Behold upon the face of the wilderness." Not upon all of the wilderness but only upon part of it. "Fine" (*dak*), teaches that it came from heaven,[8] as it is said: "That stretcheth out the heavens (*kadok*) like a thin curtain" (Isa. 40.22). And since it came down from heaven one might think that it would be cold when it came down, but it says: "warm" (*ḥam*). One might think that it came down with noises but it says: "silent"[9] (*ḥas*). One might think that it came down on the ground, and how do we know that it only came down upon vessels? It says: "Like a lid"[10] (*kakefor*). R. Tarfon says: it merely came down upon the hands of those who gathered it. "As a pardon"[11] (*kekippur*). God stretched out His hand, as it were, and accepted the prayer of our forefathers who lay in the earth, and in return sent down the manna for

---

[7] טל, "dew," is taken in a figurative sense as a designation for "prayer" (see Deut. 32.2).

[8] This is a play on the word דק which could be read דק (*Dok*), which is used as a description of the heavens.

[9] This is based upon a fanciful interpretation of the word מחספס. The first two letters, read backward, spell חם, "warm." The second and third letter spell חס which is taken to be like הס and interpreted to mean, "silent."

[10] כפור is taken to be like כפורת, "lid" or "cover."

[11] ככפור is interpreted as if it read כְּכִפּוּר.

כגליד על הארץ דברי רבי יהושע רבי אלעזר המודעי אומר ותעל שכבת הטל עלתה תפלתן של אבותינו שהיו שוכבים בעפר על הארץ והנה על פני המדבר לא על המדבר כלו אלא על מקצתו דק מלמד שהיה יורד מן הרקיע שנאמר הנוטה כדוק שמים ולפי שהיה יורד מן הרקיע יכול יהא יורד צונן ת״ל חם יכול יהא יורד בקולות ת״ל חס יכול יהא יורד על הארץ ומנין שאינו יורד אלא על הכלים ת״ל ככפור רבי טרפון אומר אינו יורד אלא על האוספים ככפור כביכול פשט המקום את ידו ונטל את תפלתם של אבותינו שהיו שכובים בעפר על הארץ והוריד המן כטל לישראל כענין

66–67 ישעיה מ׳, כ״ב.

63 תפלתן] א. מ. ט. פלפול תפלתן מ״ח. פילול תפלתן. 64 בעפר] מ״ח. א״א. כטל. 66 הרקיע] א. ג״ק. השמים. 68 חם] ד. פס / חס] ט״כ. הס. 70 ככפור] א2. ש. סף. 71 האוספים] ד. האופסים א2. האספיים ש. הסעפים ט. ט״כ. הקופסא. / ככפור] = א2. ש.

Israel, in accordance with what is said in the passage: "I have found a ransom" (Job 33.24).

Once R. Tarfon and the Elders were sitting together and R. Eleazar of Modi'im was sitting before them. Said to them R. Eleazar of Modi'im: Sixty cubits high was the manna that came down for Israel. Said they to him: "How long will you go on making astonishing statements before us?" Said he to them: "This can be proved from a passage of the Torah. For which measure is greater, the measure for good or the measure for evil? You must say: the measure for good. Now what does it say about the measure for evil? 'On the same day were all the fountains of the great deep broken up, and the windows of heaven were opened' (Gen. 7.11). And it says: 'Fifteen cubits upward did the waters prevail,' etc. (ibid. v. 20). Whichever you consider, fifteen cubits came down on the top of the mountains and fifteen cubits came down in the valley. And what does it say about the measure for good? 'And He commanded the skies above and opened the doors of heaven' (Ps. 78.23). The least that 'doors' can designate is two. How many windows are there in a door? Four. Four added to four makes eight. Now, go and figure it up and you will find that the manna that came down for Israel was sixty cubits high."[12] Issi b. Shammai says: When the manna came down for Israel all

[12] If what came down through an opening of two windows was a volume of fifteen cubits, then what came down through an opening of eight windows must have been four times as large, i. e., a volume of sixty cubits.

שנאמר מצאתי כופר. כבר היה רבי טרפון והזקנים יושבין ורבי אלעזר המודעי יושב לפניהם אמר להם רבי אלעזר המודעי ששים אמה היה גובהו של מן שהיה יורד להם לישראל אמרו לו מודעי עד מתי אתה מתמיה עלינו אמר להם מקרא הוא מן התורה וכי איזו מדה מרובה מדת הטובה או מדת הפורענות הוי אומר מדת הטובה במדת הפורענות מהו אומר ביום הזה נבקעו כל מעינות תהום רבה וארבות השמים נפתחו ואומר חמש עשרה אמה מלמעלה גברו המים וגו׳ מה נפשך על גבי ההר חמש עשרה אמה בבקעה חמש עשרה אמה במדת הטובה מהו אומר ויצו שחקים ממעל ודלתי שמים פתח מיעוט דלתות שתים וכמה ארובות בדלת ארבע ארבע על ארבע הרי שמונה צא וחשוב ששים אמה היה גובהו של המן שהיה יורד להם לישראל איסי בן שמאי אומר כשירד המן

---

74 איוב ל״ג, כ״ד. 74–91 יומא ע״ו, א׳. מדרש תהלים כ״ג, ה׳. ע״ח, ג׳. 81–82 בראשית ז׳, י״א. 82–83 שם ז׳, כ׳.

---

76 ר׳ אלעזר המודעי] מ. ר׳ יהושע. 77 שהיה–לישראל] ד. </ מודעי] א2. אלעזר אחינו. 80 במדת] ד. ממדת. 81 מהו] ד. הרי הוא. 81–82 ביום הזה–ואומר] ד. <. 83–85 מה נפשך–בבקעה חמש עשרה אמה] ד. <. 84 בבקעה] א2. בתוך הנחל מ. מ״ח ובבקעה.

the nations of the world saw it, as it is said: "Thou preparest a table for me in the presence of mine enemies" (ibid. 23.5).

And when the Children of Israel Saw It, They Said One to Another, etc. As a man says to his fellowman: "What is it?" so the Israelites said to one another: "What is it?" The Allegorists[13] said: "The Israelites called it 'manna' (*man*)."

And Moses Said unto Them. R. Joshua says: Moses told it to the Elders and the Elders told it to all Israel. R. Eleazar of Modi'im says: Moses told it to both the Elders and to all Israel.

It Is the Bread. On the basis of this passage R. Jose b. Simon used to say: The Israelites at that time were fattened like horses. For here it is said: "To eat," and there it is said: "Man did eat the bread of strong horses" (Ps. 78.25). Furthermore, do not read: "of strong horses" (*Abirim*), but: "of the limbs" (*Ebarim*), that is, bread that is absorbed by the limbs. He said to

---

[13] See Lauterbach, "The Ancient Jewish Allegorists in Talmud and Midrash," in *JQR*, n. s., III (1911), p. 324 ff.

לישראל ראו אותו כל אומות העולם שנאמר תערך לפני שלחן נגד צוררי.

ויראו בני ישראל ויאמרו איש אל אחיו וגו׳ כאדם שאומר לחבירו מה הוא כך אמרו זה לזה מה הוא דורשי רשומות אמרו ישראל קראו את שמו מן.

ויאמר משה אליהם וגו׳ רבי יהושע אומר משה אמר לזקנים וזקנים לכל ישראל רבי אלעזר המודעי אומר משה אמר לזקנים ולכל ישראל.

הוא הלחם מכאן היה רבי יוסי בר׳ שמעון אומר כסוסים נתפטמו ישראל באותה שעה נאמר כאן לאכלה ונאמר להלן לחם אבירים אכל איש אל תקרי אבירים אלא איברים לחם שניטוח

85--86 תהלים ע״ח, כ״ג. 90—91 שם כ״ג, ה׳. 101 שם ע״ח, כ״ה. 102—103 יומא ע״ה, ב׳. ספרי במדבר פ״ח. מדרש תהלים שם.

86 שמים פתח] ד. ~ לענין שאמרנו מה נפשך על גבי ההר ט״ו אמה. 87 הרי שמונה] א. מ. ק. נ. ~ שמונה על שמונה הרי שש עשרה. ומוחקו זי״נ. וחסר בל. ומ״ח. וש. 87—88 צא וחשוב] ד. באו וחשבו. 88 היה] א. מ. שהיה. 89 איסי] ד. אסי / בן שמאי] ד. בר שמיי א[2]. ש. בן עקיבה. 95 מן] ד. ~ שנאמר. 97—99 ר׳ אלעזר המודעי—הוא הלחם] ד. <. 99 היה] ט״כ. היו / בר׳ שמעון]—א[2]. ש: מ״ח. < א. מ. ד. ור׳ שמעון. 100 אומר] ט. אומרים. 102 שניטוח] א[2]. שניטווח ט. א״א. שנימוח.

them: This manna that you are eating will be absorbed in your limbs.

He Sent Them Provisions to the Full (Ps. ibid.). This refers to Joshua[14] the son of Nun, for whom there came down as much manna as for all Israel together. And some say: It came down upon his limbs[15] and from off his limbs he would take it and eat it. In this sense it is said: "Man did eat the bread of the limbs."

Chapter V
(Ex. 16.16–27)

This Is the Thing Which the Lord Hath Commanded: Gather Ye of It, etc. The sages said: Now, Naḥshon the son of Amminadab and his household went out and gathered much. A poor man in Israel went out and gathered little. But when they came to measure it, "they did mete it with an omer, he that gathered much had nothing over, and he that gathered little had no lack; they gathered every man according to his eating" (v. 18). They said: If one ate that measure of it, he was healthy and blessed. If one ate less, it was harmful for his stomach. If one ate more, he was considered a glutton.

---

[14] See Commentaries and cf. Yoma, 75b–76a.

[15] Perhaps על איבריו is to be translated: "upon one's limbs," referring to every Israelite and not to Joshua only.

באיברים אמר להם המן הזה שאתם אוכלים ניטוח הוא באיבריכם. צדה שלח להם לשובע זה יהושע בן נון שירד לו מן כנגד כל ישראל ויש אומרים על איבריו היה יורד ומאיבריו היה נוטל ואוכל לכך נאמר לחם אבירים אכל איש.

פרשה ה (שמות ט״ז, ט״ז–כ״ז.)

זה הדבר אשר צוה יי לקטו ממנו וגו׳ אמרו עכשיו יצא נחשון בן עמינדב וביתו ומלקט הרבה יצא עני שבישראל ומלקט קימעא וכשהן באין לידי מדה וימדו בעומר ולא העדיף המרבה והממעיט לא החסיר איש לפי אכלו לקטו. אמרו אוכל כשיעור הזה הרי זה בריא ומבורך פחות מכאן קללה במעיו יותר מכן הרי זה רעבתן.

104–105 יומא ע״ו, א׳. מדרש תהלים שם.

1–84 ש. 77–79.

---

103 ניטוח] א. מטוח א[2]. ניטווח ט. א״א. נימוח. 104 צדה שלח להם לשובע] ש. א״צ. דבר אחר לחם אבירים אכל איש מ״ח. אכל איש. 105 ויש] מ. וישראל.

1 ממנו וגו׳] מ. העומר. 4 מדה] מ״ח. א״א. ~ נמצאו כולם שווין שנאמר. 4–5 ולא העדיף–לקטו] מ. ד. <. א. וגו׳. 6 בריא] ק. ברוך. 7 קללה] מ. < א. ט. מ״ח. מקולקל.

And the Children of Israel Did So. They did what they had been commanded. They did not transgress the decree of Moses, but "they gathered some more some less and meted it with an omer."

And Moses Said unto Them: 'Let No Man Leave of It Till the Morning. Notwithstanding They Hearkened Not unto Moses. These were those of little faith among the Israelites.

But Some of Them Left of It. They said: Good people did not leave any of it; people that were not good did.

And It Bred Worms and Rotted. The order in this passage is to be transposed. For does a thing first breed worms and then rot? It is but after it rots that it breeds worms—just as it is said in the passage: "And it did not rot, neither was there any worm therein" (v. 24).

And Moses Was Wroth with Them. Moses became angry with them and said to them: Why did you do so?

And They Gathered It Morning by Morning. Early every morning. The Allegorists[1] said: From this we learn that "in the sweat of thy face shalt thou eat bread" (Gen. 3.19), applied even to the manna.

---

[1] See Lauterbach, op. cit., p. 322 ff.

ויעשו בני ישראל עשו מה שנתפקדו ולא עברו על גזרת משה וילקטו המרבה והממעיט וימדו בעומר.

ויאמר אליהם משה איש אל יותר ממנו עד בקר ולא שמעו אל משה אלו מחוסרי אמנה שבישראל.

ויותירו אנשים ממנו אמרו אנשים טובים לא הותירו אנשים שאינן טובים הותירו.

וירם תולעים ויבאש הרי זה מקרא מסורס וכי מה שמרחיש הוא מבאיש אלא מבאיש ואחר כך מרחיש כענין שנאמר ולא הבאיש ורמה לא היתה בו.

ויקצף עליהם משה כעס עליהם משה ואמר להם מפני מה עשיתם כן.

וילקטו אותו בבקר בבקר בשחרית בשחרית דורשי רשומות אמרו מכאן שהיה במן בזעת אפך תאכל לחם.

11–18 שמו"ר כ"ה, י'. 23 בראשית ג', י"ט.

---

8 ויעשו] במקרא שלפנינו ויעשו כן. 11 אליהם משה] ד. > במקרא, משה אליהם. 13 טובים א. ט. מ"ח. >. 14 אנשים שאינן טובים] א. ט. מ"ח. ושאינן אנשים. 16 מה שמרחיש הוא מבאיש] ד. מרחיש ואחר כך מבאיש מ"ח. מאחר שמרחיש מבאיש. 22 במן] מ. כמו.

And as the Sun Waxed Hot. After four hours[2] of the day. You interpret it to mean after four hours of the day. Perhaps it is not so, but means after six hours? When it says: "In the heat of the day" (Gen. 18.1), behold, this means after six hours of the day. Hence how must I interpret the expression: "As the sun waxed hot?" After four hours of the day.

It Melted. As soon as the sun shone upon it it began to melt and formed rivulets which flowed into the great sea. Harts, gazelles and roebuck, and all kinds of animals would come and drink from them. The nations of the world then would hunt these animals and eat them and taste in them the taste of the manna that came down for Israel.

And It Came to Pass that on the Sixth Day They Gathered Twice as Much Bread. R. Joshua says: Behold, this means a double portion of bread, two omers for one person.

And All the Rulers of the Congregation Came, etc. They said to him: Moses, our teacher! Why is this day different from all other days? "And

[2] See above *Pisḥa*, V, note 15.

וחם השמש בארבע שעות אתה אומר בארבע שעות או אינו אלא בשש שעות כשהוא אומר כחם היום הרי שש שעות אמורות הא מה אני מקיים וחם השמש בארבע שעות.

ונמס כיון שהחמה זורחת עליו היה פושר והולך ונחלים מושכין ממנו והולכין לים הגדול ובאין אילים וצבאים ויחמורים וכל בהמה ושותין מהם ואחר כך באין אומות העולם וצדין מהם ואוכלין אותן וטועמין בהם טעם המן שהיה יורד להם לישראל.

ויהי ביום הששי לקטו לחם משנה רבי יהושע אומר הרי זה לחם כפול שני העומר לאחד.

ויבאו כל נשיאי העדה וגו' אמרו לו רבינו משה מה נשתנה היום הזה מכל הימים ויאמר

24–27 ברכות כ"ז, א'; י' שם ד', א' (7b). ב"ר מ"ח, ח'. 25–26 בראשית י"ח, א'. 34–36 לעיל ב'.

24–25 אתה אומר בארבע שעות] מ"ח. < ק. אתה אומר בארבעה ושלשה א. וגו'. 25–27 או אינו–וחם השמש בארבע שעות] א. ק. מ"ח. < מ. וגו' / כחם היום–בארבע שעות]=גנ. ש: נ. ל. וחם השמש משמע בשעה שהשמש חם והצל צונן זו היא שעה רביעית ביום. 29 מושכין] ד. היו מושכין / והולכין] מ. ד. ומוליכין. 37 נשיאי העדה] מ. מ"ח. נשיאי ישראל.

he said unto them: 'This is that which the Lord hath spoken: . . . A solemn rest.' " Said they to him: "When?" Said he to them: "to-morrow."

Bake that Which Ye Will Bake. R. Joshua says: If one liked it baked, it would become baked for him; if one liked it cooked, it would become cooked for him. R. Eleazar of Modi'im says: If one liked to eat something baked, he could taste in the manna the taste of any kind of baked things in the world; if one liked to eat something cooked, he could taste in it the taste of any dish in the world. R. Eliezer says: Adding to what is already baked, you may bake; adding to what is already cooked, you may cook. How so? In the case of a holiday falling on the day preceding the Sabbath. Whence can you prove that one is not permitted to bake or to cook on it for the Sabbath unless one has previously performed the ceremony of '*Erub?*[3] It is said: "Bake that which ye will bake"—Only when adding to what has previously been baked, you may bake, and only when adding to what has previously been cooked, you may cook.

And All that Remaineth Over . . . and They Laid It Up Till the Morning. This bears upon what we have already said above.[4]

---

[3] I. e., *'Erub Tabshilim* (see *JE*, V, 204 and cf. ibid. III, 134, s. v. *Bezah*).

[4] See Commentaries.

אליהם הוא אשר דבר יי שבתון וגו׳ אמרו לו אימתי אמר להם מחר.

את אשר תאפו אפו רבי יהושע אומר מי שהוא רוצה אפוי היה מתאפה לו והרוצה מבושל היה מתבשל לו רבי אלעזר המודעי אומר הרוצה לאכל דבר אפוי היה טועם בו טעם כל אפויים שבעולם והרוצה לאכל דבר מבושל היה טועם בו טעם כל התבשילין שבעולם רבי אליעזר אומר על אפוי אפו ועל מבושל בשלו הא כיצד יום טוב שחל להיות ערב שבת מנין אתה אומר שאינן רשאין לא לאפות ולא לבשל אלא אם כן עירבו שנאמר את אשר תאפו אפו על אפוי ובשלו על מבושל.

ואת כל העודף וגו׳ ויניחו אותו עד הבקר לענין שאמרנו.

41–46 ספרי במדבר פ״ט. יומא ע״ה, א׳. 46–50 ביצה ט״ו, ב׳; י׳ שם ב׳, א, (61a).

---

47 אפו] ד. אפוי / מבושל] גנ. בשלו / בשלו] ד. מבושל. 50 מבושל] מ. המבושל גנ. בשולו. 52 לענין] מ. כענין / שאמרנו] ד. שאמר.

And Moses Said: 'Eat that Today: For Today Is a Sabbath unto the Lord: Today Ye Shall Not Find It in the Field. R. Zerikah says: From this we learn that one should have three meals on the Sabbath. Because the Israelites were accustomed to go out for the manna in the morning, they said to Moses:[5] "Moses, our teacher! Shall we go out in the morning?" He said to them: "There is no manna today." Then they said to him: "Since we did not go out in the morning shall we go out at twilight?" He said to them: "For today is a sabbath unto the Lord." But why does Scripture say: "Today ye shall not find it in the field?" The sages said: The heart of our forefathers was broken at that moment, for they thought: Since we could not find it today, perhaps we shall not find it tomorrow either. Therefore, he said to them: This day you will not find it, but you will find it tomorrow. R. Eleazar Ḥisma says: You will not find it in this world but you will find it in the world to come.

And Moses Said: 'Eat that Today.' R. Joshua says: If you will succeed in keeping the Sabbath, the Holy One, blessed be He, will give you three festivals, Passover, Pentecost and Tabernacles.

---

[5] They said this to him on the Sabbath day (see Lauterbach, "Abbreviations and Their Solutions," in *Studies in Jewish Bibliography*, New York, 1929, p. 147).

ויאמר משה אכלוהו היום כי שבת היום ליי היום לא תמצאוהו בשדה רבי זריקה אומר מכאן שלש סעודות בשבת. לפי שהיו ישראל רגילין לצאת בשחרית אמרו לו רבינו משה נצא בשחרית אמר להם אינו היום אמרו לו הואיל ולא יצאנו שחרית נצא בין הערבים אמר להם כי שבת היום ליי ומה ת״ל היום לא תמצאוהו בשדה אמרו בקע לבן של אבותינו באותה שעה שהיו אומרים הואיל ולא מצאנוהו היום שמא לא נמצאנו למחר אמר להם היום הזה אין אתם מוצאים אותו אבל למחר אתם מוצאים אותו רבי אלעזר חסמא אומר בעולם הזה אין אתם מוצאים אותו אבל אתם מוצאים אותו לעולם הבא.

ויאמר משה אכלוהו היום רבי יהושע אומר אם תזכו לשמור את השבת עתיד הקב״ה ליתן לכם שלשה מועדות פסח ועצרת וסוכות לכך

53–55 שבת קי״ז, ב׳. 63–65 חגיגה י״ב, ב׳. 66–77 לקמן ו׳.

55 זריקה] א. חידקא מ. ל״ט. הנדקא גנ. הנתקה מ״ח. <. 56 ישראל ד. <. 57 אינו]=מ. מ״ח. ט״כ. ה. (בשלח י׳, א׳): ל״ט. ~ מצוי. א. ד. אכלוהו. 63 חסמא] גנ. חסמה ד. בן חסמא. 68–71 שלשה מועדות–ליתן לכם] מ. ט. <. 68 פסח ועצרת וסוכות] גנ. חג של פסח וחג של עצרת וחג של תשרי.

In this sense it is said: "And Moses said: 'Eat that today; for today is a sabbath unto the Lord; today ye shall not find it in the field.'" R. Eleazar of Modi'im says: If you will succeed in keeping the Sabbath, the Holy One, blessed be He, will give you six good portions: The Land of Israel, the future world, the new world, the Kingdom of the house of David, the priesthood, and the Levites' offices. In this sense it is said: "Eat that today," etc. R. Eliezer says: If you will succeed in keeping the Sabbath you will escape the three visitations: The day of Gog, the suffering preceding the advent of the Messiah, and the Great Judgment Day. In this sense it is said: "Eat that Today."

Six Days Ye Shall Gather It. R. Joshua says: We have learned that the manna did not come down on the Sabbath. How about the Holidays? Scripture says: "Sabbath, in it there shall be none." R. Eleazar of Modi'im says: We have learned that it did not come down on the Sabbath. How about the Holidays? Scripture says: "In it there shall be none." How about the Day of Atonement? Scripture says: "The sabbath, in it there shall be none."

And It Came to Pass on the Seventh Day that There Went Out Some of the People to Gather, etc. These were those of little faith among the Israelites.

נאמר ויאמר משה אכלוהו היום כי שבת היום ליי היום לא תמצאוהו בשדה רבי אלעזר המודעי אומר אם תזכו לשמור את השבת עתיד הקב״ה ליתן לכם שש מדות טובות ארץ ישראל ועולם הבא ועולם חדש ומלכות בית דוד וכהונה ולוייה לכך נאמר אכלוהו היום רבי אליעזר אומר אם תזכו לשמור את השבת תנצלו משלש פורעניות מיומו של גוג ומחבלו של משיח ומיום הדין הגדול לכך נאמר אכלוהו היום.

ששת ימים תלקטהו רבי יהושע אומר למדנו שאינו יורד בשבת ביום טוב מנין ת״ל שבת לא יהיה בו רבי אלעזר המודעי אומר למדנו שאינו יורד בשבת ביום טוב מנין ת״ל לא יהיה בו ביום הכפורים מנין ת״ל שבת לא יהיה בו.

ויהי ביום השביעי יצאו מן העם ללקוט וגו׳ אלו מחוסרי אמנה שבישראל.

71–74 לקמן עמלק ג׳. 74-77 שבת קי״ח. א׳.

69–70 כי שבת היום–בשדה]=גנ: א. ד. <. 70 המודעי] מ״ח. הדורש. 71 תזכו] גנ. תזכרו. 74 אליעזר] מ. ~ המודעי נ. ל. אלעזר. 75 גוג] ד. ~ ומגוג. 76 הדין] גנ. ש. בית דין. 79 שבת]=גנ. ט. מ״ח. ש. ויטרי 87. סר״ע 26: א. מ. ד. <. 80 המודעי] מ״ח. הדורש. 80–82 ר׳ אלעזר–שבת לא יהיה בו] א. מ. <. 81 לא יהיה בו]=גנ. ט. מ״ח. ויטרי. סר״ע: ד. שבת. 82 הכפורים] ד. ~ שהוא שבתון / שבת] ד. </ בו] א. מ. גנ. ט. ט״כ. ~ הא כיצד.

Chapter VI
(Ex. 16.28–36)

And the Lord Said unto Moses: 'How Long Refuse Ye.' R. Joshua says: The Holy One, blessed be He, said to Moses: Say to the Israelites: I have brought you out of Egypt, I have divided the Red Sea for you, I have sent down the manna for you, I caused the well to come up for you, I have driven up the quail for you, I have fought for you the fight with Amalek—how long will you refuse to observe My commandments and My laws? Perhaps you will say that I have imposed upon you too many laws. But this Sabbath which I have imposed upon you in Marah to keep it, you have not observed either. Lest you say: If one observes the Sabbath and yet dies, what reward does he get for it? Scripture says: "Happy is the man that doeth this, and the son of man that holdeth fast by it: That keepeth the sabbath from profaning it, and keepeth his hand from doing any evil" (Isa. 56.2). Thus we learn that he who observes the Sabbath is kept far from sin.

פרשה ו (שמות ט"ז, כ"ח,–ל"ו.)

ויאמר יי אל משה עד אנה מאנתם רבי יהושע אומר אמר לו הקדוש ברוך הוא למשה אמור להם לישראל הוצאתי אתכם ממצרים וקרעתי לכם את הים והורדתי לכם את המן והעליתי לכם את הבאר והגזתי לכם את השליו ונלחמתי לכם מלחמת עמלק עד מתי אתם ממאנין לשמור מצותי ותורותי שמא תאמרו מצות הרבה הטלתי לכם שבת זו הטלתי לכם ממרה לשומרה ולא שמרתם אותה שמא תאמרו שכל מי שמשמר את השבת ומת מה שכר נוטל עליו ת"ל אשרי אנוש יעשה זאת ובן אדם יחזיק בה שומר שבת מחללו ושומר ידו מעשות כל רע הא למדנו שכל מי שמשמר את השבת מרוחק מן העבירה.

1–118 ש. 79–80. 5–6 לעיל שירתא ט'. 10–12 ישעיה נ"ו, ב'. 12–13 שבת קי"ח, ב'.

---

5 לכם את הבאר והגזתי] א. <. 6–8 ונלחמתי–הטלתי לכם] א. <. 7–8 מצות הרבה הטלתי לכם] מ. <. 8 שבת זו הטלתי לכם] כ. (ישעיה נ"ו, ב') < / ממרה] כ. מסנה. 9 אותה] ק. אותם נ. ל. אתם מ. ואתם. 10 ומת]=א. מ. כ: ד. < / מה שכר נוטל עליו] ט"כ. ומשתכר ונוטל עליו / ת"ל] א. כ. שנאמר ט"כ. מה שכתב. 13 מרוחק] א. ט"כ. מדוחק ניצל.

See that the Lord Hath Given You the Sabbath. Moses said to the Israelites: Be careful, for the Lord gives it to you that you should observe it.

Therefore He Giveth to You on the Sixth Day the Bread of Two Days. It is this that R. Joshua interpreted: This means a double portion of bread, two omers for one person.

Abide Ye Every Man in His Place. That is, within four cubits.[1]

Let No Man Go Out of His Place. That is, beyond two thousand cubits. And as soon as they heard this, they accepted it and observed the Sabbath, as it is said: "So the people rested on the seventh day."

Another Interpretation: *So the People Rested,* etc. R. Joshua says: Moses said to Israel: If you will observe this Sabbath God will give you three good festivals, the festival in the month of Nisan, the festival in the month of Sivan, and the festival in the month of Tishri. And as soon as they heard this, they accepted it and observed the Sabbath, as it is said: "So the people rested." R. Eleazar of Modi'im says: He said to them: If you will observe this Sabbath God will give you six good portions: The land of Israel, etc. And as

---

[1] The distance which one is allowed to walk on a Sabbath day is 2000 cubits beyond the limits of the city or village in which one resides. If one finds himself beyond this limit, he must remain within four cubits and not move further (see M. 'Er. 4.1–5 and 11; cf. also *JE*, X, 592).

ראו כי יי נתן לכם השבת אמר להם משה לישראל הזהרו כי יי נותנה לכם שתשמרו אותה.

על כן הוא נותן לכם ביום הששי לחם יומים זהו שהיה רבי יהושע אומר זה הוא לחם כפול שני העומר לאחד.

שבו איש תחתיו אלו ארבע אמות אל יצא איש ממקומו אלו אלפים אמה וכיון ששמעו דבר זה קבלו עליהם ושבתו שנאמר וישבתו העם ביום השביעי. דבר אחר וישבתו העם וגו׳ רבי יהושע אומר אמר להם לישראל אם תשמרו שבת זו עתיד המקום ליתן לכם שלש מועדות טובות חג ניסן וחג סיון וחג תשרי וכיון ששמעו דבר זה קבלו עליהם ושבתו שנאמר וישבתו העם רבי אלעזר המודעי אומר אמר להם אם תשמרו שבת זו עתיד הקדוש ליתן לכם שש מדות טובות ארץ ישראל וגו׳ וכיון

20–21 עירובין נ׳א, א׳.

14 השבת] א. מ. את השבת. 15 יי נותנה] מ. לא נותנה ד. יי נתן. 18 זה הוא] ד. <. 21 וכיון] ד. ומנין. 22 קבלו] ד. וקבלו. 23–27 ר׳ יהושע אומר–וישבתו העם] א. מ״ח. <. 24 אמר להם לישראל] מ. <. 25 טובות] ד. <. 25–26 חג ניסן–תשרי] מ. פסח עצרת וסוכות. 27 אלעזר] מ. ד. אליעזר. 28 להם] ד, ~ המקום / הקדוש] ד. אני.

soon as they heard it, they observed the Sabbath, as it is said: "So the people rested." R. Eleazar says: The Holy One, blessed be He, said to them: If you will observe this Sabbath, you will escape the three visitations: The day of Gog, etc. And as soon as they heard it, they observed the Sabbath, as it is said: "So the people rested."

And the House of Israel Called the Name Thereof Manna. The Allegorists[2] said: The children of Israel called it manna.

It Was Like Seed of "Gad". Still I do not know what it was like. R. Joshua says: It was like the seed of flax. One might think that it was red, just as the flax seed is red, but Scripture says: "white." R. Eleazar of Modi'im says: It was like the word of *Haggadah*[3] which attracts[4] the heart of man. Others say: It testified for itself that it was manna, since it did not come down on the Sabbath, or on the Holidays, or on the Day of Atonement. R. Jose says: Just as the prophet would tell Israel of what was in their rooms and secret places, so also the manna would tell Israel

---

[2] See "Ancient Jewish Allegorists," etc., l. c., pp. 324–5.

[3] *Haggadah* הגדה, liter. "saying," also means, legend, tale, narrative. It is used in contradistinction to the term *Halakah* as a designation for all those sayings and teachings of the Rabbis which do not deal with questions of law. See Bacher, *Terminologie,* I, p. 33 ff. and *JE,* VI, 141.

[4] This is a play on the word גד, connecting it both with הגדה, "saying," and with the Aramaic נגד, "to draw," "to attract."

ששמעו שבתו שנאמר וישבתו העם רבי אלעזר אומר אמר להם הקב״ה אם תשמרו שבת זו תנצלו מן שלש פורעני ת מיומו שׁל גוג וגו׳ וכיון ששמעו שבתו שנאמר וישבתו העם.

ויקראו בית ישראל את שמו מן דורשי רשומות אמרו בני ישראל קראו את שמו מן.

והוא כזרע גד איני יודע של מי דומה רבי יהושע אומר דומה לזרע פשתן יכול כשם שזרעו של פשתן אדום כך זה אדום ת״ל לבן רבי אלעזר המודעי אומר דומה לדבר הגדה שהוא מושך לבו של אדם אחרים אומרים הוא מעיד על עצמו שהוא מן שאינו יורד לא בשבת ולא ביום טוב ולא ביום הכפורים רבי יוסי אומר כשם שהנביא מגיד חדרים וסתרים לישראל כך היה המן מגיד להם לישראל

36–46 יומא ע״ה, א׳. 39–40 חגיגה י״ד, א׳. שבת פ״ז, א׳.

30 אלעזר] מ״ח. אליעזר מ. אליעזר המודעי. 31 אמר להם הקב״ה] ד. <. 32 מיומו של גוג וגו׳] ד. מחבלו של משיח ומיומו של גוג ומיום דין הגדול / שבתו] ד. דבר זה קבלו ושבתו. 33 שנאמר וישבתו העם] א. ד. <. 35 בני] ד. בית / קראו] מ״ח. ~ לשבת. 36 גד] ד. ~ לבן / איני יודע] ט״כ. או איני יודע מ״ח. </ של מי דומה] מ. מ״ח. < ט. של מי ש. א״א. של מה. 37 יכול]–ט: א. מ. ד. <. 37–38 כשם שזרעו של] ד. מה זרע מ״ח. אי כשם שזרע ש. או מה זרע. 38 לבן] מ. גד ט״כ. חם. 38–39 אלעזר המודעי] ד. אליעזר. 42 מגיד] ד. מגלה.

of what was in their rooms and secret places. How so? If a man and his wife came before Moses, etc. Likewise, when two people came before Moses as litigants, the one saying to the other: "You have stolen my slave,"[5] etc.

And the Taste of It Was Like Wafers Made with Honey. R. Joshua says: Like a stew and a sort of dumpling. R. Eliezer says: Like very fine flour, which floats above the sieve, kneaded with honey and butter.

This Is the Thing which the Lord Hath Commanded, etc. For one might think that Aaron did not lay it away until the fortieth year, therefore, Scripture says: "So Aaron laid it up before the testimony" (v. 34). Now, when was the Ark made? In the second year. Hence Aaron could not have laid it up later than the second year.[6]

And this was one of the ten things that were created on the eve of the Sabbath at twilight: the rainbow; the manna; the rod; the writing; the *Shamir*[7] the tables of stone; the opening of the mouth of the earth that swallowed the wicked; the mouth of the ass of Balaam the wicked; the sepulcher of Moses; and the cave

---

[5] The rest of this Midrash may be found in Yoma 75a. Here it is omitted and referred to by the expression 'וכו, "etc."

[6] "Before the testimony" is understood to mean: "before putting the testimony in the ark," which took place in the second year (cf. Ex. 40.17–20).

חדרים וסתרים הא כיצד איש ואשה שבאו לפני משה וכו׳ וכן שנים שבאו לפני משה לדין זה אומר עבדי גנבת וכו׳.

וטעמו כצפיחית בדבש רבי יהושע אומר כלפס וכעין איסקריטי רבי אליעזר אומר כסולת זו שצפה על גבי נפה ולושה בדבש וחמאה.

זה הדבר אשר צוה יי וגו׳ שיכול לא הניחו אהרן אלא בשנת הארבעים ת״ל ויניחהו אהרן לפני העדות אימתי נעשה הארון בשנה השנייה כך לא הניחו אהרן אלא בשנה השנייה. וזה אחד מעשרה דברים שנבראו בערב שבת בין השמשות ואילו הן הקשת והמן והמטה והכתב והשמיר והלוחות ופתיחת פי הארץ שבלעה את הרשעים ופי האתון של בלעם הרשע וקבורתו של משה

47–49 ספרי במדבר פ״ט. 53–64 אבות ה׳, ו׳. ת. וירא כ״ג. פדר״א י״ט ול״א. פסחים נ״ד, א׳–ב׳.

45 לפני משה לדין] מ. לפני משה בדין ד. לפני בית דין. 50 זה הדבר] א. מ. אם אומר אני זה הדבר / שיכול] ד. ~ לומר ש. אם אומר אני יכול ט. יכול. 52 בשנה] א. ט״כ. לא בשנה מ. אלא בשנה. 53 בשנה] ק. נ. בשעה. 54 בערב שבת] א. מ. <. 55 ואילו הן] ד. < / והכתב] מ. ~ והמכתב. 55–60 והכתב–שקדיו ופרחיו] א. וגו׳. 57 ופי האתון של בלעם הרשע] ד. ופתיחת פי האתון.

in which Moses and later Elijah stood. And some say: Also the garments of the first man and the rod of Aaron with its ripe almonds and blossoms. There are seven things hidden from men, and they are these: The day of death; the day of comfort; the depths of judgment.[7] No man knows by what he can make profit. No man knows what is in the heart of his fellow man. No one knows when the Kingdom of David will be restored to its former position, nor when this wicked kingdom will be uprooted.

And Moses Said unto Aaron 'Take a Jar' (Zinzenet). I would not have known what this jar was made of, whether of silver or gold, whether of iron or of copper, whether of tin or of lead, therefore Scripture says *Zinzenet*, which I can only interpret to mean something which more than the others keeps things cool. And what is the thing that more than the others keeps things cool? You find that it is none but an earthen vessel.

And Put an Omerful of Manna Therein, and Lay It Up Before the Lord to be Kept for Your Generations. R. Joshua says: For the generation of the forefathers themselves. R. Eleazar of Modi'im says: For subsequent generations.

---

[7] See Commentaries.

ומערה שעמד בה משה ואליהו ויש אומרים אף בגדיו של אדם הראשון ומקלו של אהרן שקדיו ופרחיו. שבעה דברים מכוסין מבני אדם ואלו הן יום המיתה ויום הנחמה ועומק הדין ואין אדם יודע במה משתכר ואין אדם יודע מה בלבו של חבירו ומלכות בית דוד מתי תחזור למקומה ומלכות חייבת זו מתי תעקר.

ויאמר משה אל אהרן קח צנצנת אחת איני יודע של מה היא אם של כסף או של זהב או של ברזל או של נחושת או של בדיל או של עופרת ת״ל צנצנת לא אמרתי אלא דבר שהוא מצין מחבירו ואיזה הוא דבר שהוא מצין מחבירו אין אתה מוצא אלא כלי חרס.

ותן שמה מלא העומר מן והנח אותו לפני יי למשמרת לדורותיכם רבי יהושע אומר לאבות רבי אלעזר המודעי אומר לדורות

60–64 ב״ר ס״ה, י״ב. קה״ר י״א, ה׳. 73–81 סא״ר כ״ה.

---

60 ואלו הן] ד. <. 61–62 ואין אדם יודע במה משתכר] א. <. 64 זו] ד. <. 69 מצין]=מ״ח. ט״כ. ל״ט. בחיי על התורה: ש. מציין ד. מציץ א״צ. סוצץ / ואיזה הוא–מחבירו] א. ד. <. 70 חרס] א״צ. זכוכית. 73 אומר–המודעי] מ. <.

R. Eliezer says: For the time of the prophet Jeremiah. For when the prophet Jeremiah said to the Israelites: Why do you not busy yourselves with the Torah? they said to him: If we be kept busy with the words of the Torah, how will we get our sustenance? Then Jeremiah brought forth to them the bottle containing the manna, and said to them: "O generation, see ye the thing of the Lord" (Jer. 2.31). See with what your forefathers, who busied themselves with the words of the Torah, were provided. You, too, if you will busy yourselves with the words of the Torah, God will provide you with sustenance of this sort. And this is one of the three things which Elijah will, in the future, restore to Israel: The bottle of manna, the bottle of sprinkling water, and the bottle of anointing oil. And some say: Also the rod of Aaron with its ripe almonds and blossoms, for it is said: "Bring back the rod of Aaron," etc. (Num. 17.25).

And the Children of Israel Did Eat the Manna Forty Years. R. Joshua says: For forty days after the death of Moses the children of Israel continued to eat the manna. How so? On the seventh of Adar Moses died. Thus they ate it the remaining twenty-four days of Adar and

רבי אליעזר אומר לימות ירמיה הנביא שבשעה שאמר ירמיה לישראל מפני מה אין אתם עוסקין בתורה אמרו לו אם אנו מתעסקין בדברי תורה במה נתפרנס באותה שעה הוציא להם ירמיה צלוחית של מן ואמר להם הדור אתם ראו דבר יי וגו׳ אבותיכם שהיו עוסקין בדברי תורה ראו ממה נתפרנסו אף אתם אם אתם עוסקין בדברי תורה המקום יפרנס אתכם מזה. וזה אחד משלשה דברים שעתיד אליהו להעמיד לישראל צלוחית של מן וצלוחית של מים וצלוחית של שמן המשחה ויש אומרים אף מקלו של אהרן בשקדיו ופרחיו שנאמר השב את מטה אהרן וגו׳.

ובני ישראל אכלו את המן ארבעים שנה רבי יהושע אומר ארבעים יום אכלו ישראל את המן אחר מיתתו של משה כיצד בשבעה באדר מת משה ואכלו הימנו עשרים וארבעה של אדר

---

78 ירמיה ב׳, ל״א. 81–85 הוריות י״ב, א׳. כריתות ה׳, ב׳. אדר״נ מ״א. סא״ר שם. 85 במדבר י״ז, כ״ה. 87–101 סע״ר י׳. תוס׳ סוטה י״א, ו׳–ט׳. תענית ט׳, א׳. מגלה י״ג, ב׳. קידושין ל״ח, א׳. מ״ת 227.

---

74 לימות ירמיה] ד. לימות המשיח ולימות ירמיה. 76 אם אנו–תורה] ד. <. 77 באותה שעה] ד. <. 83 מים] ד. מי נדה. 89 אדר] ק. נ. ~ הראשון.

sixteen days of Nisan. For it is said: "And the manna ceased on the morrow, after they had eaten of the produce of the land" (Josh. 5.12). And it is said: "And they did eat of the produce of the land on the morrow after the passover, unleavened cakes and parched corn" (ibid. 5.11). R. Eleazar of Modi'im says: For seventy days after the death of Moses the children of Israel continued to eat the manna. How so? On the seventh day of Adar Moses died. Thus they ate it the remaining twenty-four days of the first Adar,[8] and thirty days of the second Adar—for that year happened to be a leap year—and sixteen days of Nisan, as it is said: "And the manna ceased on the morrow," etc. R. Eliezer says: For seventy days after the death of Moses the children of Israel continued to eat the manna. How so? Moses died on the seventh of Shebat. Thus they ate of it the remaining twenty-four days of Shebat and thirty days of Adar—that year was not a leap year—and sixteen days of Nisan, as it is said: "And the manna ceased," etc. R. Jose says: The Israelites ate the manna for fifty-four years, forty during the lifetime of

---

[8] Both Eleazar and Eliezer here presuppose a calendar system according to which there could have been two successive months Shebat and Adar, or first and second Adar, having thirty days each (see above, chap. II, note 2).

וששה עשר של ניסן שנאמר וישבת המן ממחרת באכלם מעבור הארץ ואומר ויאכלו מעבור הארץ ממחרת הפסח מצות וקלוי רבי אלעזר המודעי אומר שבעים יום אכלו ישראל את המן אחר מיתתו של משה כיצד משה מת בשבעה באדר ואכלו הימנו עשרים וארבעה ימים של אדר הראשון ושלשים של אדר השני ששנת עיבור היתה וששה עשר של ניסן שנאמר וישבת המן ממחרת וגו׳ רבי אליעזר אומר שבעים יום אכלו ישראל את המן אחר מיתתו של משה כיצד מת משה בשבעה בשבט ואכלו הימנו עשרים וארבעה של שבט ושלשים של אדר ואותה שנה לא היתה מעוברת וששה עשר של ניסן שנאמר וישבת המן וגו׳ רבי יוסי אומר חמשים וארבע שנה אכלו ישראל את המן ארבעים

90–91 יהושע ה׳. י״ב. 91–92 שם ה׳, י״א.

---

90 ניסן ד. ~ הרי ארבעים (ק. ~ ומנין). 92 אלעזר] מ. נ. ל. אליעזר. 97 ניסן] ד. ~ הרי שבעים. 97–101 ר׳ אליעזר–ושלשים של אדר] נ. ל. ובני ישראל אכלו את המן וגו׳ ר׳ יהושע אומר ארבעים יום אכלו ישראל את המן אחר מותו של משה כיצד משה מת בשמונה באדר ואכלו ממנו עשרים וארבעה ימים של אדר וששה עשר של ניסן שנאמר וישבות המן ממחרת ר׳ אליעזר המודעי אומר שבעים יום אכלו ישראל את המן אחר מות משה כיצד משה מת בששה באדר ואכלו את המן עשרים וארבעה באדר ושלשים של ואדר. 99 בשבעה] ק. בששה.

Moses and fourteen after his death. For it is said: "And the children of Israel did eat the manna forty years until they came to a land inhabited." There would be no purpose in Scripture's saying again: "They did eat the manna until they came," were it not that it meant the fourteen years which the Israelites ate the manna after the death of Moses, that is, the seven years in which they conquered the land and the seven years in which they apportioned it. When Miriam died, the well was taken away. When Aaron died, the cloud of glory was taken away. When Moses died, the manna was taken away. R. Joshua says: When Miriam died, the well was taken away, but it then came back because of the merits of Moses and Aaron. When Aaron died, the cloud of glory was taken away, but it then came back because of the merit of Moses. When Moses died, all three, the well, the cloud of glory, and the manna, were taken away and returned no more. And the hornet[9] did not cross the Jordan with them.

Now an Omer. It would not be known how much it is, therefore Scripture says: "The tenth part of an ephah." And how much is the tenth part of an ephah? A measure holding seven quarters of a *kab* and something more. How much is this "something more?"[10] One fifth of a quarter of a *kab*.

---

[9] Cf. Ex. 22.28 and Deut. 7.21.

[10] See Lauterbach, "Abbreviations and their Solutions," op. cit., pp. 147–48.

שנה בחייו של משה וארבע עשרה אחר מיתתו שנאמר ובני ישראל אכלו את המן ארבעים שנה עד באם שאין ת״ל את המן אכלו עד בואם אלא אלו ארבעה עשר שנה שאכלו ישראל את המן אחר מיתתו של משה ואלו הן שבע שכבשו ושבע שחלקו. מתה מרים נסתלקה הבאר מת אהרן נסתלק עמוד הענן מת משה נסתלק המן רבי יהושע אומר מתה מרים נסתלקה הבאר וחזרה בזכות משה ואהרן מת אהרן נסתלק עמוד הענן וחזרו שניהם בזכות משה מת משה נסתלקו שלשתן ולא חזרו והצרעה לא עברה עמהם את הירדן.

והעומר אינו ידוע כמה הוא ת״ל עשירית האיפה וכמה הוא עשירית האיפה אחד משבעה רבעים ועוד ועוד זה כמה הוא אחד מחמשה ברבע.

114–109 ספרי דברים ש״ה. סע״ר שם. תוס׳ סוטה שם. י׳ סוטה א׳, י׳ (17°). במ״ר א׳, ב׳. מ״ת שם. 114–113 סוטה ל״ו, א׳.
118–115 עירובין פ״ג, ב׳.

108–105 שנאמר ובני ישראל–אחר מיתתו של משה] א. <. 106–105 ארבעים שנה עד באם] ד. <. 106 אכלו עד באם] ד. ~ אל קצה ארץ כנען. 110–109 עמוד הענן] ד. ענני הכבוד. 116 אחד] מ״ח. <. 117–116 משבעה רבעים] מ״ח. שבעה רבעים קמח. 117 ועוד זה]=ז״י. מ״ח. ש. ש״י: א. זה מ. ד. עומר זה ט. ט״כ. ועומר זה / מחמשה] ט״כ. משבעה מ״ח. משה.

Chapter VII
(Ex. 17.1–7)

And All the Congregation of the Children of Israel Journeyed from the Wilderness of Sin . . . and Encamped in Rephidim. Because they separated themselves from the words of the Torah,[1] therefore the enemy came upon them. For the enemy comes only because of sin and transgression.

Wherefore the People Strove with Moses. They transgressed the line of justice. Usually when a man gets angry in his house, he fixes his eyes only upon the one of least importance. But these fixed their eyes upon the greatest one. In this sense it is said: "The people strove with Moses"—they transgressed the line of justice.[2]

And Moses Said unto Them: 'Why Strive Ye with Me?' etc. He said to them: When you strive with me, you really are trying God. For it is said: "Wherefore do ye try the Lord?" Another Interpretation: He said unto them: Whenever you argue with me, God performs for you miracles and mighty deeds and His name becomes great in the world.[3]

---

[1] See below, '*Amalek* I, note 1.

[2] This is a play on the word וירב, interpreting it as if it read וַיֶּרֶב, "they did too much."

[3] This is a play on the word תנסון, interpreting it as if it were derived from נס, "miracle."

פרשה ז (שמות י״ז, א׳–ז׳.)

ויסעו כל עדת בני ישראל ממדבר סין וגו׳ ויחנו ברפידים לפי שפרשו מדברי תורה לפיכך בא השונא עליהם שאין השונא בא אלא על החטא ועל העבירה.

וירב העם עם משה עברו על שורת הדין דרך ארץ אדם כועס בתוך ביתו אינו נותן עיניו אלא בקטן אבל אלו לא נתנו את עיניהם אלא בגדול לכך נאמר וירב העם עם משה עברו על שורת הדין.

ויאמר להם משה מה תריבון וגו׳ אמר להם כל זמן שאתם מריבים עמי אתם מנסין את המקום שנאמר מה תנסון את יי. דבר אחר אמר להם כל זמן שאתם מדיינין עמי המקום עושה לכם נסים וגבורות ושמו מתגדל בעולם.

1–4 לקמן עמלק א׳. 1–74 ש. 80–81. 5–9 מדרש אספה (בתי מדרשות ווערטהיימער, בית ג׳, י׳).

---

2 וגו׳ ויחנו ברפידים] הוספתי. 6–9 דרך ארץ–שורת הדין] א. <. 7 בקטן] ד. בבנו הקטן. 8–9 עברו על שורת הדין] ט.~ולא עם אהרן שהיה אהרן חביב עליהם שהיה אוהב שלום ורודף שלום. 10–12 אמר להם–דבר אחר] א. <.

And the People Thirsted There for Water. Here they were really afflicted with thirst. What does it say elsewhere? "And when they came to Marah, they could not drink of the waters of Marah" (Ex. 15.23). So far they had not been afflicted with thirst. But here thirst did afflict them.

And the People Murmured against Moses. In connection with this passage R. Joshua used to say: When the house falls, woe to the windows.[4] They made their cattle equal to themselves in importance. They said: A man's beast is as his life. If a man travels on the road and has not his beast with him he suffers.

And Moses Cried unto the Lord, etc. This declares the excellence of Moses. For he did not say: Since they are quarreling with me, I am not going to ask mercy for them, but, "and Moses cried unto the Lord," etc. Said Moses before God: Between you and them I am being killed. You tell me: Do not get angry with them, "for Thou sayest unto me: 'Carry them in thy

[4] See Commentaries.

ויצמא שם העם למים כאן נגע בהם צמאון במקום אחר מה הוא אומר ויבאו מרתה ולא יכלו לשתות מים ממרה עד כאן לא נגע בהם צמאון אבל כאן נגע בהם צמאון.

וילן העם על משה מכאן היה רבי יהושע אומר נפל ביתא חבל לכוותא השוו בהמתן לגופן אמרו בהמתו של אדם היא חייו אדם המהלך בדרך אם אין בהמתו עמו הוא מסתגף.

ויצעק משה אל יי וגו׳ להודיע שבחו של משה שלא אמר הואיל והם מדינין עמי איני מבקש עליהם רחמים אלא ויצעק משה אל יי וגו׳ אמר משה לפני המקום בינך ובינם אני הרוג אתה אומר לי אל תקפיד כנגדן כי תאמר אלי שאהו בחיקך

16–17 שמות ט״ו, כ״ג. 20 שמו״ר כ״ו, ב׳. 20–40 שמו״ר שם. 20–58 ת. בפרשה. 27 במדבר י״א, ב׳.

---

15 למים] מ. ש״י. <. 15–16 כאן–צמאון]=ט״כ: א. מ. ד. וגימר אבל כאן (כאן מ. <) נגע בהם צמאון (ד. ~ וגו׳) א״א. ש״י. א״צ. ז״י. וגו׳ ש. מלמד שנגע בהם צמאון. 16–17 ולא יכלו–לא נגע בהם צמאון] הגהתי=ט. א״א. ש״י. ז״י: א. וגו׳ מ. ד. ט״כ. <. 17 עד כאן] ט. על כן. 19 יהושע]=מ. ט.: א. ק. נ. הושעיא ל. הושעיה ש. ש״י. יאשיה ט״כ. העושע׳. 20 חבל] א. נ. ל. אבל ט. ווי לה. 21 אמרו] ד. אמרין / חייו] מ. חינו. 26 אתה] מ. ד. ואתה / אומר] ט. אמרת. 27 תקפיד] א. תפקיד.

bosom' " (Num. 11.12), while they would kill me. Here when Moses' anger rises God subdues it. But elsewhere when God's anger rises Moses seeks to subdue it, as when it is said: "Now therefore let Me alone," etc. (Ex. 32.10). And what does it then say? "And Moses besought," etc. (ibid. v. 11).

And the Lord Said unto Moses: 'Pass on Before the People.' Pass over their words. R. Joshua says: Pass on ahead of them, for you are to bring forth the water for them. R. Nehemiah says: Pass by their sin. Another Interpretation: Pass on before the people, and let him who feels hurt speak out.

And Take with Thee of the Elders of Israel. As witnesses. So that the people should not be able to say: Perhaps there were wells there.

And Thy Rod wherewith Thou Smotest the River. Because of the complaint. For this was one of the three things about which the Israelites used to complain and say that they were sorts of punishment. These three were: The incense, the ark, and the rod. They used to say: This incense is but a means of punishment. It was this that killed Nadab and Abihu. For it is said: "And

והם רוצין להרגני כאן המקום ממיך ומשה מגביה ובמקום אחר המקום מגביה ומשה ממיך כענין שנאמר ועתה הניחה לי וגו׳ ואחריו מה הוא אומר ויחל משה.

ויאמר יי אל משה עבור לפני העם עבור על דבריהם רבי יהודה אומר עבור מהם שאתה מוציא להם את המים רבי נחמיה אומר עבור על חטא שלהם דבר אחר עבור לפני העם ודרגשה ליה ימלל.

וקח אתך מזקני ישראל לעדות שלא יהיו אומרין שמא מעיינות היו שם.

ומטך אשר הכית בו את היאור מפני התרעומת. וזה אחד משלשה דברים שהיו ישראל מתרעמין עליהם והיו אומרים מיני פורענות הן ואלו הן הקטורת והארון והמטה אמרו הקטורת הזו של פורענות היא היא הרגה את נדב ואת אביהוא

28–31 ספרי במדבר צ׳. 30–31 שמות ל״ב, י׳–י״א. 39–51 במ״ר ד׳, כ׳.

---

28 רוצין] א. מ. ט. בקשו. 35 ודרגשה]=ק. ט. ש: א. מ. נ. ל. ודניישה ש״י. ודנייסא. 37 ישראל] ד. העם. 38 שמא] ד. < / היו] מ. <.

Nadab and Abihu the sons of Aaron took," etc. (Lev. 10.1). Therefore the people should know that it was really a means of atonement, as it is said. "And he put on the incense, and made atonement for the people" (Num. 17.12). They used to say: This ark is but a means of punishment. It was this that smote Uzzah and the men of Beth-Shemesh. For it is said: "And the anger of the Lord was kindled against Uzzah" (II Sam. 6.7). And about the men of Beth-Shemesh it says: "And He smote of the men of Beth-Shemesh" (I Sam. 6.19). Therefore the people should know that it was really a means of blessing, as it is said: "And the ark of the Lord remained in the house of Obed-edom the Gittite . . . and the Lord blessed Obed-edom . . . And it was told King David . . . And David went and brought up," etc. (II Sam. 6.11–12). They used to say: This rod, though it is of sapphire,[5] is but a means of punishment. It was this that brought down upon the Egyptians ten plagues in Egypt and ten plagues while they were at the sea. Therefore the people should know that it was really a means of performing miracles for them, as it is said: "And thy rod wherewith thou smotest the river"—because of the complaints.

[5] Among the ancients the sapphire was a symbol of "good luck" (see L. Eichler, *The Customs of Mankind*, New York, 1924, p. 655; cf. also *Encyclopedia Britannica*, s. v. Asteria). Others believe that "Sapphire brings misfortune to the wearer." See Biren Bonheryea, *A Dictionary of Superstitions and Mythology* (London), p. 221.

שנאמר ויקחו בני אהרן נדב ואביהוא וגו׳ לכך ידעו שהיא של כפרה שנאמר ויתן את הקטורת ויכפר על העם אמרו הארון הזה של פורענות הוא הוא הכה עזא ואנשי בית שמש שנאמר ויחר אף יי בעזא ובאנשי בית שמש אומר ויך באנשי בית שמש לפיכך ידעו שהוא של ברכה שנאמר וישב ארון יי בית עובד אדום וגו׳ ויברך יי את עובד אדום וגו׳ ויגד למלך דוד וגו׳ וילך דוד ויעל וגו׳ אמרו המטה הזה של סנפירינון הוא של פורענות הוא הוא הביא עשר מכות על המצריים במצרים ועשר על הים לפיכך ידעו שהוא של נסים שנאמר ומטך אשר הכית בו וגו׳ מפני התרעומות.

---

44 ויקרא י׳, א׳. 45–46 במדבר י״ז, י״ב. 47 שמואל ב. ו׳, ז׳. 48 שמואל א. ו׳, י״ט. 49–51 שמואל ב. ו׳, י״א–י״ב. 51–55 שמו״ר שם.

---

44 בני] ד. שני בני] / לכך] א. ~ נאמר. 46 של פורענות] מ. של סנפירינון הוא של פורענות. 49 ידעו] ק. נ. ~ ישראל ל. ~ כל ישראל / שהוא של ברכה] ד. של ברכה הוא עתה. 49–50 בית עובד] ד. בבית עובד. 50 את עובד] מ. את בית עובד. 51 וילך דוד ויעל] א. וילך ויעל ל. ויעל. 52 של סנפירינון הוא] א״א. א״צ. ז״י. ש״י. ש. < ט״כ. של סמפרינון הוא / של פורענות הוא] מ. ד. ט. < / הוא הביא]=ט״כ. ש: מ. היה מביא א. ד. הביא.

Behold, I Will Stand before Thee There, etc. God said to him: Wherever you find the mark of man's feet, there I am before thee.

And Thou Shalt Smite the Rock. On the basis of this passage R. Jose b. Zimra used to say: That rod was of sapphire. For it really does not say here: "And thou shalt smite the rock," but it actually says: "And thou shalt smite with the rock,"[6] etc.

And the Name of the Place Was Called Massah and Meribah. R. Joshua says: Moses called it Massah and Meribah, for it is said: "And he[7] called the name of the place," etc. R. Eleazar of Modi'im says: God called it Massah and Meribah, for it is said: "And He—the Omnipresent—called it Massah and Meribah." From this we can also learn that the great court is called "the place."[8]

---

[6] I. e., with the rod, which was like a rock of sapphire stone.

[7] Moses must be the subject in this sentence since he is expressly mentioned as the subject in the preceding sentence.

[8] See Lauterbach, "Abbreviations and their Solutions," op. cit., pp. 148–49.

הנני עומד לפניך שם וגו׳ אמר לו המקום כל מקום שאתה מוצא רושם רגלי אדם שם אני לפניך.

והכית בצור מכאן היה רבי יוסי בן זימרא אומר המטה הזה של סנפירינון הוא והכית על הצור אינו אומר כאן אלא והכית בצור וגו׳.

ויקרא שם המקום ההוא מסה ומריבה רבי יהושע אומר משה קראו מסה ומריבה שנאמר ויקרא שם המקום וגו׳ רבי אלעזר המודעי אומר המקום קראו מסה ומריבה שנאמר ויקרא שם המקום מסה ומריבה מכאן לבית דין הגדול שהוא קרוי מקום.

59–74 ת. שם.

---

57 כל מקום] ד. מכל מקום / אדם] ש. ~ כענין שנאמר דמות כמראה אדם (יחזקאל א׳, כ״ו). 60 סנפירינון] ש. סמפיר ט״כ. ת. סמפירינון / הוא] א. מ. ט. ~ שנאמר. 63 משה קראו] ד. <. 66–67 לבית דין הגדול] ש. ~ ב״ה א״צ. שהקב״ה. 67 מקום] ד. מסה.

Because of the Striving of the Children of Israel, etc. R. Joshua says: The Israelites said: If He is master over all works as He is master over us we will serve Him, but if He is not, we will not serve Him. R. Eliezer says: They said: If He supplies all our needs we will serve Him, but if He does not, we will not serve Him. In this sense it is said: "Because of the striving of the children of Israel and because they tried the Lord saying: 'Is the Lord among us or not.'"

על ריב בני ישראל וגו׳ רבי יהושע אומר אמרו ישראל אם יש הוא רבון כל המעשים כשם שהוא רבון עלינו נעבדנו ואם לאו לא נעבדנו רבי אליעזר אומר אמרו אם מספק לנו את צרכנו נעבדנו ואם לאו לא נעבדנו לכך נאמר על ריב בני ישראל ועל נסותם את יי לאמר היש יי בקרבנו אם אין.

חסלת מסכתא דויסע

ואית בה פרשייתא ז׳ וסימנהון ונטל ואתא מיטרא ושמע למיטר כנישתא.

68–74 שמו״ר שם.

68–74 על ריב–אם אין] א. <. 69 יש הוא] ש. ישנו ט. הוא. 70 נעבדנו] הגהתי–ט. א״א. ז״י. ש״י: מ. ד. נדע. 75 חסלת מסכתא דויסע] ק. < נ. ל. חסלת פרשתא דויסע. 76–77 ואית בה–כנישתא] מ. ד. < ועיין מאמרי The Arrangement and the Divisions of the Mekilta, in *Hebrew Union College Annual*, I (Cincinnati, 1924), pp. 453–4.

TRACTATE AMALEK

Chapter I
(Ex. 17.8–13)

Then Came Amalek. R. Joshua and R. Eleazar Ḥisma say: This verse is to be taken in an allegorical sense and explained in connection with the passage in Job where it is said: "Can the rush shoot up without mire? Can the reed-grass grow without water" (Job 8.11). Is it possible for the rush to grow without mire and without water, or is it possible for the reed-grass to exist without water? So also is it impossible for Israel to exist unless they busy themselves with the words of the Torah. And because they separated themselves from the Torah the enemy came upon them. For the enemy comes only because of sin and transgression. In this sense it is said: "Then came Amalek."[1] R. Eleazar of Modim says: *Then Came Amalek.* Because Amalek would come in under the very wings of the cloud and steal people of Israel and kill them, as it is said: "How he met

[1] The rest of the verse reads: "And fought Israel in Rephidim." The last word in Hebrew, רפידים, is interpreted allegorically to mean רפיון ידים, "feebleness of hands in upholding the Torah" (see Lauterbach, "The Ancient Jewish Allegorists in Talmud and Midrash," op. cit., pp. 313–15).

מסכת עמלק

פרשה א (שמות י"ז, ח'–י"ג.)

ויבא עמלק רבי יהושע ורבי אלעזר חסמא אומרים המקרא הזה רשום ומפורש על ידי איוב שנאמר היגאה גומא בלא בצה ישגא אחו בלא מים וכי איפשר לגומא זה להתגדל בלא ביצה ובלא מים וכי אפשר לאחו זה להיות בלא מים כך אי איפשר להן לישראל להיות אלא אם כן מתעסקין בדברי תורה ולפי שפרשו מדברי תורה לכך בא שונא עליהם שאין השונא בא אלא על החטא ועל העבירה לכך נאמר ויבא עמלק רבי אלעזר המודעי אומר ויבא עמלק לפי שהיה עמלק נכנס תחת כנפי ענן וגונב נפשות מישראל והורגן

1–33 ש. 81–82. 3 איוב ח', י"א. 7–9 לעיל ויסע ז'. 9–11 ספרי דברים רצ"ו. פדר"א מ"ד.

מסכת] הוספתי: / עמלק] א. ויבא עמלק. 1 יהושע] ש. יאשיה/ אלעזר חסמא] ט. חסמא. ט"כ. אליעזר א. ד. אלעזר בן חסמא 2 רשום] ט. סתום מ"ח ~ כאן. 4 ובלא מים] מ. ד. <. 5 אין] א. <. 6 להיות] מ"ח. לחיות ד.<. 6–7 להיות אלא–בדברי תורה] ד. בלא תורה. 11 כנפי] ק. ענפי כנפי / ענן] מ"ח. השכינה.

thee by the way . . . and he feared not God" (Deut. 25.18). Others say: "And he feared not God," refers to Israel who had no meritorious deeds.

R. Eliezer says: *Then Came Amalek.* He came with defiance. Because all other times that he came, he came secretly,[2] as it is said: "How he met thee by the way," etc. This coming, however, was not so, but was with defiance. In this sense it is said: "Then came Amalek"—he came with defiance.

R. Jose b. Ḥalafta says: *Then Came Amalek.* He came with a plan. Amalek had assembled all the nations and said to them: Come and help me against Israel. But they said to him: We will not be able to stand against them. Pharaoh could not stand against them, for God drowned him in the Red Sea, as it is said: "And He overthrew Pharaoh and his host in the Red Sea" (Ps. 136.15). How shall we be able to stand against them? Then he said to them: You come and act according to this plan which I give you: If they defeat me, you flee; if not, then you come and help me against Israel. In this sense it is said: "Then came Amalek"—he came with a plan. R. Judah the prince says: Amalek had to

---

[2] I. e., unannounced, unexpected

שנאמר אשר קרך בדרך וגו׳ ולא ירא אלהים אחרים אומרים ולא ירא אלהים אלו ישראל שלא היו בידם מצות רבי אליעזר אומר ויבא עמלק שבא בגלוי פנים לפי שכל הביאות שבא לא בא אלא במטמוניות שנאמר אשר קרך בדרך וגו׳ אבל ביאה זו לא בא אלא בגלוי פנים לכך נאמר ויבא עמלק שבא בגלוי פנים רבי יוסי בן חלפתא אומר ויבא עמלק שבא בעצה שכינס עמלק את כל האומות ואמר להם בואו וסייעוני על ישראל אמרו לו לא נוכל לעמוד כנגדן פרעה לא עמד כנגדן שטבעו הקב״ה בים סוף שנאמר וניער פרעה וחילו בים סוף אנו היאך נוכל לעמוד כנגדן אמר להם בואו ואתן לכם עצה מה תעשו אם ינצחוני ברחו לכם ואם לאו בואו וסייעוני על ישראל לכך נאמר ויבא עמלק שבא בעצה רבי יהודה הנשיא אומר חמשה

---

12 דברים כ״ה, י״ח. 18–20 לעיל שירתא ט׳. 22–23 תהלים קל״ו, ט״ו.

---

12 ולא ירא אלהים] הוספתי—א״צ. 18 בגילוי פנים] מ. בשלשה פנים / יוסי] מ״ח. יוחנן. 19 בעצה] ד. ~ מלמד / האומות] ד. ~ העולם א. ~ שבעולם. 21 לא עמד] א. מ״ח. שעמד/ שטבעו] א. טבעו מ. טובעו. 22 הקב״ה] א. ט. < / אנו] מ. ד. אבל אנו. 26 הנשיא] ד. <. 26–27 חמשה עמים] ק. חמשים פעמים.

make his way through five nations to come and wage war against Israel. For it is said: "Amalek dwelleth in the land of the South" (Num. 13.29) —he was in the interior beyond all of them. R. Nathan says: Amalek came only from the mountains of Seir. He crossed four hundred parasangs to come and wage war against Israel. Others say: Let Amalek the ungrateful come and punish the people who were ungrateful. Similar to this: "And these are they that conspired against him: Zabad the son of Shimeath the Ammonitess, and Jehozabad the son of Shimrith the Moabitess" (II Chron. 24.26).—Let these ungrateful ones come and punish Joash the ungrateful one. For it is said: "Thus Joash the king remembered not the kindness which Jehoiada his father had done to him, but slew his son. And when he died, he said: 'The Lord look upon it, and require it' " (ibid. v. 22). And what was his punishment? "And it came to pass, when the year was come about, that the army of the Arameans came up against him" (ibid. v. 23). It is written: "And the Lord delivered a very

עמים פסע עמלק ובא ועשה מלחמה עם ישראל שנאמר עמלק יושב בארץ הנגב שהיה לפנים מכולן רבי נתן אומר לא בא עמלק אלא מהררי שעיר ארבע מאות פרסה פסע עמלק ובא ועשה מלחמה עם ישראל אחרים אומרים יבא עמלק כפוי טובה ויפרע מן העם כפויי טובה כיוצא בו ואלה המתקשרים עליו זבד בן שמעת העמונית ויהוזבד בן שמרית המואבית יבאו אלו כפויי טובה ויפרעו מן יואש כפוי טובה שנאמר ולא זכר יואש המלך החסד אשר עשה יהוידע אביו עמו ויהרג את בנו וכמותו אמר יראה יי וידרש ומהו ענשו ויהי לתקופת השנה עלה עליו חיל ארם וגו׳ וכתיב ויי נתן בידם

---

28 במדבר י״ג, כ״ט. 32–34 דה״ב. כ״ד, כ״ו. 35–37 שם כ״ד, כ״ב. 37–38 שם כ״ד, כ״ג. 38–39 שם כ״ד, כ״ד.

---

28 הנגב] ק. נ. ~ החתי והחוי והיבוסי והאמורי יושב בהר ש. ל. ~ והחתי והיבוסי והאמורי יושב בהר (ש. ~ והכנעני יושב על הים ועל יד הירדן). / שהיה] ד. לפי שהיה. 32 כיוצא בו]–מ״ח: א. מ. ד. שנאמר ט. כתיב ת. וכן הוא אומר / ואלה] מ. אלה. 33 המתקשרים] א. המתקדשים / זבד בן שמעת העמונית] ד. וגו׳ / העמונית] א. העמונים. 33–34 ויהוזבד בן שמרית] א. מ. ויוזבד בן שמרת. 36 החסד] ק. והחסד. 37 וכמותו] ק. נ. ובמותו / יראה–וידרש] א. וגו׳ / יי] מ. ד. אלהים. 38 וגו׳] מ. ויבאו אל יהודה וירושלים וישחיתו כל שרי העם וכל שללם שלחו למלך דרמשק. 38–39 וכתיב–אלהים א. <.

great host into their hand"—because of what? —"because they had forsaken the Lord, the God of their fathers. So they executed judgment upon Joash" (ibid. v. 24). Read not: "judgments" (*Sheḟatim*) but "sports" (*shipputim*[3]). And what "sports" did they practice upon him? They say: They appointed over him cruel guards who had never in their life known a woman, and they tortured him with pederasty—just as when it is said: "And tortured the pride of Israel,"[4] etc. (Hos. 5.5)—and it is written: "And when they were departed from him—for they left him in great diseases—his own servants conspired against him for the blood of the sons of Jehoiada the priest, and slew him on his bed, and he died" (II Chron. 24.25).

And Fought with Israel in Rephidim. Said R. Ḥananiah: This thing I asked R. Eleazar when he was sitting in the great session: How is Rephidim to be understood? He said to me: "Literally." R. Ḥananiah also said: I asked R. Eleazar: Why is it that the Israelites redeem only the first-born of asses and not also the

---

[3] See R. Menahem de Lonzano in his *Ma'arik* (ed. Jellinek, Leipzig, 1853, p. 102) who, commenting on the word שפוטים, says: פירוש בעילות בלשון לעז; cf. also S. Krauss, *Lehnwörter*, II, pp. 582–83. Also J. Perles, "Miscellen Zur rabbinischen Sprach-u. Altertumskunde," in *Monatschrift*, 1872, p. 272, and Harkavy מאסף נדחים, No. 8 (Petersburg, 1879), p. 124 and No. 10, p. 161, note 5.

[4] See Friedmann.

חיל לרוב מאד מפני מה כי עזבו את יי אלהים ואת יואש עשו שפטים אל תקרי שפטים אלא שפוטים וכי מה שפוטים עשו בו אמרו העמידו עליו בריונות קשים אשר לא ידעו אשה מימיהם וענו אותו במשכב זכור כענין שנאמר וענה גאון ישראל וגו׳ וכתיב ובלכתם ממנו כי עזבו אותו במחלאים רבים התקשרו עליו עבדיו בדמי בני יהוידע הכהן ויהרגהו על מטתו וימת.

וילחם עם ישראל ברפידים אמר רבי חנניה הדבר הזה שאלתי את רבי אלעזר שהיה יושב במותבא רבא רפידים מהו אמר לי כמשמעו ועוד אמר רבי חנניה שאלתי את רבי אלעזר מה ראו ישראל לפדות פטרי חמורים ולא פטרי סוסים

43 הושע ה׳, ה׳. 44–46 דה״ב. שם, כ״ה. 47–57 בכורות ה׳, ב׳. 47–67 ש. 82.

39 אלהים] ט. אלהיהם, ובמקרא אלהי אבותיהם. 41 אמרו] א. <. 42 קשים] מ. קשות. 43 וכתיב] מ. ד. <. 44 כי] א. ט. ט״כ. < / במחלאים] ד. בחלאים ובמקרא במחליים / רבים] מ. רעים. 45 עבדיו ט. ט״כ. < א. ~ וימתהו / בני] ד. ט. ט״כ. <. 48 חנניה] א. חניניה מ. חננא. 48–50 שהיה יושב–אח רבי אלעזר] א. <. 50 חנניה] ד. חנינא.

first-born of horses and camels? He said to me: It is a decree of the king. Furthermore the Israelites at the time of the exodus had only asses. There was not a single Israelite who did not bring up with him from Egypt ninety asses laden with gold and silver. Others say: Rephidim means only "feebleness of hands." Because they relaxed their hold on the words of the Torah the enemy came upon them. For the enemy comes only because of feebleness of hands in upholding the Torah, as it is said: "And it came to pass when the kingdom of Rehoboam was established and he was strong that he forsook the law of the Lord and Israel with him" (II Chron. 12.1). And what was the punishment for this thing? "And it came to pass in the fifth year of King Rehoboam that Shishak king of Egypt came up against Jerusalem; and he took away the treasures of the house of the Lord," etc. (I Kings 14.25–26). This is one of the three things that returned to their original place: The exiled community of Judea really returned to its original place. For it is said: "Your fathers dwelt of old time beyond the River" (Josh. 24.2). And it is written: "Who destroyed this house, and carried the people away into Babylon" (Ezra 5.12). The

וגמלים אמר לי גזירת מלך היא ועוד שלא היה בידן של ישראל אלא חמורים בלבד באותה שעה שאין לך כל אחד ואחד מישראל שלא העלה עמו תשעים חמורים טעונים כסף וזהב אחרים אומרים אין רפידים אלא רפיון ידים לפי שרפו ישראל ידיהם מדברי תורה לכך בא שונא עליהם לפי שאין השונא בא אלא על רפיון ידים מן התורה שנאמר ויהי במלכות רחבעם ובחזקתו עזב את תורת יי וכל ישראל עמו ומה היה ענשו של דבר ויהי בשנה החמשית למלך רחבעם עלה שישק מלך מצרים על ירושלים ויקח את אוצרות בית יי וגו׳ וזה הוא אחד משלשה דברים שחזרו למקומן גלות יהודה חזרה למקומה שנאמר בעבר הנהר ישבו אבותיכם וגו׳ וכתיב וביתא דנא סתריה ועמה הגלי לבבל כתב

---

59 דהי״ב. י״ב, א׳. 60–62 מלכים א. י״ד, כ״ה–כ״ו. 62–67 פסחים פ״ז, ב׳. 64 יהושע כ״ד, ב׳. 65 עזרא ה׳, י״ב.

---

52 ועוד] הוספתי=א״א. 52–53 שלא היה בידן–באותה שעה] מ״ח. א״צ. ז״י. ועוד (ז״י ולא עוד אלא) שסייעו את ישראל בשעת יציאת (ז״י בשעה שיצאו, מ״ח. ביציאת) מצרים (ז״י. ממצרים). 54 העלה עמו] א. מ. עלו בידו. 59 ויהי במלכות] ל.=מקרא, ויהי כהכין מלכות / רחבעם] ד. ירבעם / ובחזקתו] ט. < במקרא וכחזקתו. 61 החמישית] מ. השישית / למלך] ט. ט״כ. למלכות 63 יהודה] א. מ. ט. ט״כ. < מ״ח. ישראל. 64 הנהר] א. הירדן. 65 וביתא] מ. ד. ביתא.

heavenly writing[5] returned to its original place, as it is said: "Wilt thou set thine eyes upon it? It is gone" (Prov. 23.5). The silver from Egypt returned to its original place, as it is said: "Shishak king of Egypt came up," etc. (I Kings 14.25–26).

And Moses Said unto Joshua: 'Choose Us out Men.' From this it is evident that Moses treated Joshua as his equal. Learn ye, all the world, proper conduct from Moses who did not say unto Joshua: "Choose me out men," but "Choose us out men"—he treated him as an equal. From this we learn that a teacher should hold his pupil as dear as he holds himself. And whence do we know that the respect for one's fellowman should be as dear to one as the reverence for one's teacher? It is said: "And Aaron said unto Moses: 'Oh my Lord' " (Num. 12.11). Was he not his older brother? What then does it mean by saying: "Oh my lord?" He treated him as though he were his master. And whence do we know that the respect for his teacher should be as dear to a man as the fear of heaven? It is said: "And Joshua the son of Nun, the minister of Moses from his youth up answered and said: 'My lord Moses, shut them in' " (ibid. 11.28). He said to him: My teacher Moses, just as God would shut them in, so you should shut them in. And you find it also in the

---

[5] I. e., the writing upon the tables which Moses broke (Ex. 32.19; cf. Pes. 87b).

שמים חזר למקומו שנאמר התעיף עיניך בו ואיננו כסף מצרים חזר למקומו שנאמר עלה שישק וגו'.

ויאמר משה אל יהושע בחר לנו אנשים מכאן שהיה משה עושה אותו כמותו למדו כל העולם דרך ארץ ממשה שלא אמר ליהושע בחר לי אנשים אלא בחר לנו אנשים עשאו כמותו מכאן שיהא תלמיד חביב לפני רבו כמותו ומנין שיהא כבוד חבירו של אדם חביב עליו כמורא רבו שנאמר ויאמר אהרן אל משה בי אדני והלא אחיו גדול היה ומה ת"ל בי אדני עשאו כרבו ומנין שיהא כבוד רבו של אדם חביב עליו כמורא שמים שנאמר ויען יהושע בן נון משרת משה מבחוריו ויאמר אדני משה כלאם אמר לו רבי משה כשם שהמקום כלאם כך אתה כלאם וכן אתה מוצא

---

66 משלי כ"ג, ה'. 70–72 ש. 82. 70–76 אבות ד', י"ב. 70–79 אדר"נ כ"ז. 74 במדבר י"ב, י"א. 77–78 שם י"א, כ"ח.

---

67 כסף מצריב–וגו'] הוספתי=ט. א"א. 69 למדו] ט. ילמדו. 70 כל העולם ד. כל אדם. 71 עשאו כמותו] ד. מכאן שהיה עושה אותו כמותו. 72 מכאן שיהא–רבו כמותו] א. מ. ט. מ"ח. <. 72–74 ומנין שיהא–כמורא רבו]=ט. מ"ח. א"א. ז"י. ש"י: ד. <. 73 חבירו] א. מ. תלמידו. 73–74 כמורא רבו] א. מ. כמותו. 75 אחיו גדול היה] ד. אהרן היה גדול ממנו ט. אחיו היה וגדול ממנו היה מ"ח. אחיו היה גדול ממנו. 76 שיהא כבוד–חביב עליו] ד. שמורא רבו. 78 אמר לו] ד. < / רבי משה] ד. < א. ט. רבינו משה.

case of Gehazi. At the time when Elisha said to Gehazi: "Gird up thy loins, and take my staff in thy hand," etc. (II Kings 4.29), Gehazi started to walk off, leaning on his staff. When people would say to him: "Whither are you going Gehazi?" he would answer them: "To revive a dead body." They would then say to him: "Are you able to revive a dead body, is it not God alone that can kill and bring back to life again, as it is said: 'The Lord killeth and maketh alive' " (I Sam. 2.6)? He then would say to them: "My master also can kill and bring back to life again."

Choose Us Out Men. R. Joshua says: "Choose us out," that is "heroes." "Men," that is "fearers of sin." R. Eleazar of Modi'im says: "Choose us out," that is "fearers of sin." "Men," that is "heroes."

And Go Out, Fight with Amalek. R. Joshua says: Moses said to him: Joshua, go out from under the protection of the cloud and fight with Amalek. R. Eleazar of Modi'im says: Moses said to him: Joshua, what do you wish to keep your head for? Is it not for a crown? Then go out from under the protection of the cloud and fight with Amalek.

בגחזי בשעה שאמר לו אלישע חגור מתניך וקח משענתי בידך וגו׳ התחיל מסתמך על מקלו והולך אמרו לו להיכן אתה הולך גחזי אמר להם להחיות את המת אמרו לו וכי אתה יכול להחיות את המת והלא הקב״ה ממית ומחיה שנאמר יי ממית ומחיה אמר להם אף רבי ממית ומחיה.

בחר לנו אנשים רבי יהושע אומר בחר לנו גבורים אנשים יראי חטא רבי אלעזר המודעי אומר בחר לנו יראי חטא אנשים גבורים.

וצא הלחם בעמלק רבי יהושע אומר אמר לו משה יהושע צא מתחת הענן והלחם בעמלק רבי אלעזר המודעי אומר אמר לו משה יהושע למה אתה משמר את ראשך לא לכתר צא מתחת הענן והלחם בעמלק.

80–81 מלכים ב. ד׳, כ״ט. 81–85 פדר״א ל״ג. 84 שמואל א. ב׳, ו׳. 86–90 שמו״ר כ״ו, ד׳.

84 שנאמר–ומחיה] א. ד. <. 87 גבורים אנשים יראי חטא] ד. אנשים גבורים. 88 אנשים גבורים]=א. ט. ט״כ: מ. ד. <. 91 אלעזר] ד. אליעזר. 91–93 רבי אלעזר–והלחם בעמלק] א. < 92 לא] מ. אלא.

Tomorrow I Will Stand. Tomorrow we shall be prepared to take our stand. *Upon the Top of the Hill,* to be taken literally—these are the words of R. Joshua. R. Eleazar of Modi'im says: Let us declare tomorrow a fast day and be ready, relying upon the deeds of the forefathers. For "the top" (*rosh*), refers to the deeds of the fathers; "the hill," refers to the deeds of the mothers.

With the Rod of God in My Hand. Said Moses before God: Lord of the universe, with this staff Thou didst bring Israel out of Egypt; with this staff Thou didst divide the sea for them; with this staff Thou didst perform for them miracles and mighty deeds. With this staff mayest Thou perform for them miracles and mighty deeds at this hour. Issi b. Judah says: These are the five expressions in the Torah whose syntactical construction is not certain: "Shall it not be lifted up," "cursed," "tomorrow," "made like almond blossoms," "and rise up." "Shall it not be lifted up," in the passage (Gen. 4.7), where it is said: "If thou doest well shall it not be lifted up," which, however, can also be construed to read: "Shall it not be lifted up, and even if thou doest not well." Likewise the passage where it is said: "Cursed be their anger for it was fierce" (ibid. 49.7), could also be construed to read: "For in their anger they slew men and in their self-will they houghed oxen cursed" (ibid. vv. 6–7). Likewise the passage where it is said: "Tomorrow I will stand upon the top of the hill," could also

מחר אנכי נצב מחר נהיה מעותדים ועומדים על ראש הגבעה כשמועו דברי רבי יהושע רבי אלעזר המודעי אומר מחר נגזור תענית ונהיה מעותדין על מעשה אבות ראש אלו מעשה אבות הגבעה אלו מעשה אמהות.

ומטה האלהים בידי אמר משה לפני המקום רבונו של עולם במטה הזה הוצאת את ישראל ממצרים במטה הזה קרעת להם את הים במטה הזה עשית להם נסים וגבורות במטה הזה תעשה להם נסים וגבורות בשעה הזאת. איסי בן יהודה אומר אלו חמשה דברים בתורה שאין להם הכרע שאת. ארור. מחר. משוקדים. וקם. שאת שנאמר הלא אם תיטיב שאת או שאת ואם לא תיטיב. ארור אפם כי עז או כי באפם הרגו איש וברצונם עקרו שור ארור. מחר אנכי נצב על ראש

86–103 ש. 82. 103–113 ב"ר פ', ו'. יומא נ"ב. י' ע"ז ב', ז' (41cd). 106 בראשית ד', ז'. 106–107 ב"ר כ"ב, ו'. ספרי דברים נ"ד. שהש"ר א', ב'. 107 שם מ"ט, ז'. 107–108 שם מ"ט, ו'.

---

94 מעותדים] ק. נ. עמכם מעתרים. 95 כשמועו] ד. <. 96 אלעזר] ד. אליעזר. 97 מעותדין] ד. מעתרים. 104 אלו] א. ד. < / בתורה שאין להם] ד. יש שאין להם בתורה. 106 :אם] א. מ. אם.

be construed to read: "Choose us out men and go out, fight with Amalek tomorrow." Likewise the passage where it is said: "Made like almond-blossoms the knops thereof and the flowers thereof" (Ex. 25.34), could also be construed to read: "And in the candlestick four cups made like almond-blossoms" (ibid.). Likewise the passage where it is said: "And this people will rise up and go astray" (Deut. 31.16), could also be construed to read: "Behold, thou art about to sleep with thy fathers and rise up." Thus, these five expressions in the Torah are in their syntactical construction uncertain.

So Joshua Did as Moses Had Said to Him. Just as he was commanded. He did not transgress the order of Moses.

And Moses, Aaron and Hur Went Up to the Top of the Hill. This bears upon what we have already said above—to make mention of the deeds of the fathers and of the deeds of the mothers, as it is said: "For from the top of the rocks I see him, and from the hills I behold him" (Num. 23.9).

And It Came to Pass, When Moses Held Up His Hand, etc. Now, could Moses' hands make Israel victorious or could his hands break Amalek? It merely means this: When Moses raised his hands towards heaven, the Israelites would look at him and believe in Him who commanded Moses to do so; then God would perform for them miracles and mighty deeds.

הגבעה או צא הלחם בעמלק מחר. משוקדים כפתוריה ופרחיה או ובמנורה ארבעה גביעים משוקדים. וקם העם הזה וזנה או הנך שוכב עם אבותיך וקם אלו חמשה דברים שבתורה שאין להם הכרע.

ויעש יהושע כאשר אמר לו משה מה שנתפקד לא עבר על גזירת משה.

ומשה ואהרן וחור עלו ראש הגבעה לענין שאמרנו להזכיר מעשה אבות ומעשה אמהות שנאמר כי מראש צורים אראנו ומגבעות אשורנו.

והיה כאשר ירים משה וגו' וכי ידיו של משה מגברות את ישראל או ידיו שוברות את עמלק אלא כל זמן שהיה משה מגביה את ידיו כלפי מעלה היו ישראל מסתכלין בו ומאמינין במי שפיקד את משה לעשות כן והמקום עושה להם נסים וגבורות.

109–110 שמות כ"ה, ל"ד. 111 דברים ל"א, ט"ז. סנהדרין צ', ב'. 114–115 ש. 82. 118 במדבר כ"ג, ט'. 119–127 ר"ה כ"ט, א'. 119–140 ש. 82–83.

---

109 צא] במקרא וצא / הלחם] מ. א. והלחם. 110 ובמנורה] א. ק. נ. במנורה. 111 הנך] מ. והנך. 112 שבתורה] ד. יש בתורה. 113 הכרע] א. מכרע. 115 גזירת משה] ד. ~ ואהרן. 116 ואהרן] במקרא אהרן / עלו ראש הגבעה] הוספתי: א. וגו' מ. ד. <. 117 מעשה אבות ומעשה אמהות] ט"כ. זכות אבות ואמהות. 121 כלפי] מ. כלפני. 122 במי] א. במפי.

Similar to this: "And the Lord said unto Moses: 'Make thee a fiery serpent,'" etc. (Num. 21.8). Now, could that serpent kill or make alive? It merely means this: When Moses did so, the Israelites would look at him and believe in Him who commanded Moses to do so; then God would send them healing.

Similar to this: "And the blood shall be to you for a token," etc. (Ex. 12.13). Now, of what use could the blood be to the angel, or how could it help the Israelites? It merely means this: When the Israelites did so and put some of the blood upon their doors, the Holy One, blessed be He, had pity upon them, as it is said: "The Lord will pass over," etc. (ibid. v. 23).

R. Eleazar says: For what purpose does it say: "Israel prevailed," or what is the purpose of saying: "Amalek prevailed?" Merely to tell that when Moses raised his hands towards heaven, it meant that Israel would be strong in the words of the Torah, to be given through Moses' hands. And when he lowered his hands, it meant that Israel would lower their zeal for the words of the Torah to be given through his hands.

כיוצא בו ויאמר יי אל משה עשה לך שרף וגו׳ וכי הנחש ממית ומחיה אלא כל זמן שהיה משה עושה כן היו ישראל מסתכלין בו ומאמינין במי שפקד את משה לעשות כן והמקום שולח להם רפואות. כיוצא בו והיה הדם לכם לאות וגו׳ וכי מה הדם מהנה למלאך או מה מהנה להם לישראל אלא כל זמן שהיו ישראל עושין כן ונותנין מן הדם על פתחיהם הקב״ה חס עליהם שנאמר ופסח יי וגו׳ רבי אליעזר אומר מה ת״ל וגבר ישראל או מה ת״ל וגבר עמלק אלא כל זמן שהיה משה מגביה את ידיו כלפי מעלה עתידין ישראל להגביר בדברי תורה שהם עתידין להנתן על ידיו וכשהוא ממיך את ידיו עתידין ישראל להמיך בדברי תורה שהן עתידין להנתן על ידיו.

124 במדבר כ״א, ח׳. 127–131 לעיל פסחא ז׳. 128 שמות י״ב, י״ג. 131 שמות י״ב, כ״ג.

125 משה] ד. <. 126 בו] ד. <. 127 כן] ד. < / ש:לח] ד. עשה. 130 עושין כן ונותנים מן] א. מ. נותנים מן מ״ח. רואים. 131 הקב״ה חס] א. מ. המקום נגלה וחס מ״ח. מאמינים במי שפיקדם לעשות והמקום חס. 133 מגביה] א. ט. מגביר. 134 עתידין ישראל] ט. א״א. הקב״ה זוכר את ישראל שעתידין / שהם] מ. שאין. 136 להמיך] מ. לתמוך.

And Moses' Hands Were Heavy. From this we learn that one should not delay the carrying out of the commandments. Had he not said to Joshua: "Choose us out men," Moses would not have been troubled thus. They said: Moses' hands were heavy at that time, he felt like a man with two jugs full of water hanging on his hands.

And They Took a Stone, and Put It Under Him. And did they not have a bolster or a cushion or a pillow to put under Moses? But "Moses said,"[6] etc.

And Aaron and Hur Stayed Up His Hands. For else he would raise them and then have to lower them. "And his hands were steady until the going down of the sun." This tells that they were having a fast day[7]—these are the words of R. Joshua. R. Eleazar of Modi'im says: The sin weighed heavily upon the hands of Moses at that hour and he could not bear it. What did he do? He turned to the deeds of the forefathers. For it is said: "And they took a stone and put under him," which refers to the deeds of the fathers; "And he sat thereon," which refers to the deeds of the mothers. "And Aaron and Hur," etc.

---

[6] The rest of the Midrash may be found in Ta'an. 11a. It is omitted here and referred to by the expression 'וכו, "etc."

[7] A fast day extends until the setting of the sun (see also Pseudo-Jonathan to this passage, ed. M. Ginsburger, p. 130).

ויד י משה כבדים מכאן שלא ישהה אדם במצות אלולי שאמר משה ליהושע בחר לנו אנשים לא היה מצטער כן. אמרו יקרו ידיו של משה באותה שעה כאדם שתלויין בידיו שני כדים של מים.

ויקחו אבן וישימו תחתיו וכי לא היה להם כר אחד או כסת אחת או קלוקרון אחד שיניחו תחתיו של משה אלא אמר משה וכו'

ואהרן וחור תמכו בידיו שהיה מעלן ומורידן ויהי ידיו אמונה עד בא השמש מגיד שהיו בתענית דברי רבי יהושע רבי אלעזר המודעי אומר יקר חטא על ידיו של משה באותה שעה ולא היה יכול לעמוד בו מה עשה הפנה על מעשה אבות שנאמר ויקחו אבן וישימו תחתיו אלו מעשה אבות וישב עליה אלו מעשה אמהות ואהרן וחור וגו' ומה

140–142 פס"ר זכור (ג', ב'). 143–145 תענית י"א, א'. פס"ר שם. 143–177 ש. 83. 152–156 פס"ר שם. פדר"א מ"ד.

---

140 כן] ד. בו. 141 בידיו] מ. בו ד. לו / שני] ד. <. 141–142 כדים של מים] ל"ט. בדים שלמים. 144 להם] א. לו ד. לו למשה / קלוקרון] מ. קלוקלרון / אחד] מ. אחת ד. < / שיניחו] ד. שינוח. 145 של משה] ד. < / אלא אמר משה] א. <. 146 ואהרן] ק. נ. אהרן. 147 שהיו] ד. שהיה. 148 אלעזר] א. ד. אליעזר. 149 יקר] ק. יוקר / על] א. של / ולא] ד. לא. 150 בו] ד. ~ משה.

But why need Scripture say: "The one on the one side and the other on the other side?" Merely to tell that Aaron would make mention of the deeds of Judah, and Hur would make mention of the deeds of Levi.[8] On the basis of this the sages said: We should have no less than three people passing to the front of the ark to read the prayers on a fast day.[9]

And His Hands Were Faithful. With one hand he pointed out that he had not received anything from Israel. And with a gesture of the other hand Moses said before the Holy One, blessed be He: Lord of the Universe, through my hand Thou didst bring Israel out of Egypt; through my hand Thou didst divide the Sea for them; through my hand Thou didst perform miracles and mighty deeds for them. And so also mayest Thou at this hour perform for them miracles and mighty deeds.

Until the Going Down of the Sun. Because we have learned about all other kingdoms that they engage in battle only during the first six hours of the day. This wicked kingdom, however, engaged in battle from morning to evening.

And Joshua Discomfited Amalek and His People. R. Joshua says: He went down and cut off the heads of the mighty men that were with

---

[8] See Commentaries. But there is no need of changing the text. Aaron and Hur each mention the meritorious deeds of the tribe of the other. Hur came from the tribe of Judah.

[9] This is connected with the statement above, "that they were having a fast day" (see note 7).

ת״ל אחד אחד אלא שהיה אהרן מזכיר מעשה יהודה וחור מזכיר מעשה לוי מכאן אמרו אין פוחתין משלשה בני אדם עוברין לפני התיבה בתענית צבור ויהי ידיו אמונה בידו אחת שלא קבל בה מישראל כלום ובידו אחת אמר משה לפני הקדוש ברוך הוא רבונו של עולם על ידי הוצאת את ישראל ממצרים ועל ידי קרעת להם את הים ועל ידי עשית להם נסים וגבורות וכך על ידי תעשה להם נסים וגבורות בשעה הזאת עד בא השמש לפי שלמדנו על המלכיות כולן שאינן עושות מלחמה אלא עד שש שעות אבל מלכות חייבת זו עושה מלחמה משחרית לערבית.

ויחלוש יהושע את עמלק ואת עמו רבי יהושע אומר ירד וחתך ראשי גבורים שעמו

154 יהודה] ט. ש. א״צ. לוי / לוי] ט. ש. א״צ. יהודה.
156 צבור] מ. בצבור.

Amalek, those who were standing at the head of the battle lines. R. Eliezer says of this word (*vayaḥalosh*) that it is an abbreviation of: He made them sick, he made them tremble and he crushed them. *Amalek.* Meaning Amalek himself, literally. The particle *et* means to include his wife and children. "His people," means the armies that were with him. And when it says "and" (*veet*), it includes the armies that were with his sons.

With the Edge of the Sword. R. Joshua says: He did not disfigure them, but treated them with some degree of mercy. R. Eliezer says: "With the edge of the sword." Why is this said? We can learn from this that this war was only by the order of the Almighty.[10] Others say: The following verse was fulfilled with respect to them: "Therefore, as I live, saith the Lord God, I will prepare thee unto blood, and blood shall pursue thee; surely thou hast hated thine own blood, thereore blood shall pursue thee" (Ezek. 35.6).

---

[10] The phrase לפי חרב is interpreted to mean: "By the mouth of God was the sword of this war decreed."

העומדים בשורות המלחמה רבי אלעזר המודעי אומר בו לשון נוטריקון ויחל ויזע וישבר את עמלק כמשמעו את אלו אשתו ובניו עמו אלו חיילים שעמו וכשהוא אומר ואת אלו חיילים שעם בניו.

לפי חרב רבי יהושע אומר לא נוולם אלא דנם ברחמים רבי אליעזר אומר לפי חרב למה נאמר למדני שהמלחמה הזאת לא היתה אלא על פי הגבורה אחרים אומרים נתקיים עליהם המקרא הזה לכן חי אני נאם יי אלהים כי לדם אעשך ודם ירדפך אם לא דם שנאת ודם ירדפך.

176–177 יחזקאל ל״ה, ו׳.

---

167 המודעי] ד. <. 168 בו] ד. בא. 168–169 את עמלק] ט. ש. א״א. מא״ש. עמלק. 169 את] א. ט. ואת. 170 ואת] ק. נ. את. 170–171 וכשהוא אומר–שעם בניו] א. <. 172 נוולם] א. ניזלום מ. ניוולום. 173 דנם] מ. ט. דנום. 176 אלהים] א. מ. ט. צבאות. 177 ירדפך] מ. ארדפך ק. נ. יראת / אם לא–ירדפך] א. וגו׳.

Chapter II
(Ex. 17.14–16)

And the Lord Said Unto Moses: Write This for a Memorial in the Book. The former sages say: Such is the rule obtaining throughout all generations, the scourge with which Israel is smitten will in the end be smitten itself. Let all men learn proper conduct from the case of Amalek. He came to harm Israel but God made him lose the life of this world and the life of the world to come, as it is said: "For I will utterly blot out," etc. And so also was the case of Pharaoh. He came to harm Israel but God drowned him in the Red Sea, as it is said: "But overthrew Pharaoh and his host in the Red Sea" (Ps. 136.15). Likewise, every nation or kingdom that comes to harm Israel God always judges according to this rule. The sages said: With what measure a man metes it is meted unto him, as it is said: "Yea, for with the very thing with which they acted presumptuously against them" (Ex. 18.11).

פרשה ב (שמות י״ז, י״ד.–ט״ז.)

ויאמר יי אל משה כתוב זאת זכרון בספר זקנים הראשונים אומרים כך מדה מהלכת על פני כל הדורות שוט שישראל לוקין בו סופו ללקות ילמדו כל אדם דרך ארץ מעמלק שבא להזיק את ישראל ואבדו המקום מחיי עולם הזה ומחיי עולם הבא שנאמר כי מחה אמחה וגו׳ וכן פרעה שבא להזיק את ישראל טבעו הקב״ה בים סוף שנאמר ונער פרעה וחילו בים סוף וכן כל אומה ומלכות שבאת להזיק את ישראל בו בדין דנן לעולם אמרו במדה שאדם מודד בה מודדין לו שנאמר כי בדבר אשר זדו עליהם.

1–11 לעיל ויהי בשלח ו׳-ז׳. ש. 83. 8 תהלים קל״ו, ט״ו. 11 שמות י״ח, י״א.

---

2 בספר] א. וגו׳ ד. ~ ושים באזני יהושע מ. ~ בספר / זקנים] מ. הזקנים / אומרים] מ. אומר ל. היו אומרים. 4 ארץ] מ. ט״כ. < / מעמלק] מ. עמלק. 7 שבא להזיק] ד. הרשע ששעבד. 8 וכן כל] מ. <. 9 שבאת] ד. שבא. 11 עליהם] ד. ~ ונאמר.

Write This for a Memorial in the Book, etc. "This," refers to what is written in this book. "For a memorial," refers to what is written in prophets. "In the book," refers to what is written in the Scroll of Esther.[1]

And Rehearse It in the Ears of Joshua. This tells that on that very day Joshua was anointed[2] —these are the words of R. Joshua. R. Eleazar of Modi'im says: This is one of the four cases of righteous men to whom a hint was given. Two of them apprehended and two did not. Moses was given a hint but he did not apprehend it. Likewise, Jacob was given a hint and he did not apprehend. David and Mordecai, however, apprehended the hint that was given to them. Whence do we know about Moses? It is said: "And rehearse it in the ears of Joshua." God, thereby, as much as told him: Joshua will lead Israel to inherit the land. And yet in the end, Moses was still standing and beseeching, as it is said: "And I besought the Lord," etc. (Deut. 3.23). To give a parable, this may be compared to the case of a king who decreed against his son that he should not come unto him into his palace.

[1] Each word in this passage is interpreted as a reference to a record about Israel's fight with Amalek. Here in Exodus there is a record of the fight with Amalek. In the prophets, i. e., in I Samuel 15.8–32, there is a record of the fight with Agag the king of the Amalekites. And in the book of Esther there is a record of the fight against Haman who was an Agagite (Esth. 3.1), i. e., a descendant of Agag the king of the Amalekites (cf. Meg. 13a).

[2] I. e., appointed to be the successor of Moses.

כתוב זאת זכרון בספר וגו׳ זאת מה שכתוב בספר זה זכרון מה שכתוב בנביאים בספר מה שכתוב במגלה.

ושים באזני יהושע מגיד שבאותו היום נמשח יהושע דברי רבי יהושע רבי אלעזר המודעי אומר זה אחד מארבעה צדיקים שנתן להם רמז שנים חשו ושנים לא חשו משה נתן לו רמז ולא חש יעקב נתן לו רמז ולא חש דוד ומרדכי נתן להם רמז וחשו משה מנין שנאמר ושים באזני יהושע אמר לו יהושע מנחיל ישראל את הארץ ובסוף היה עומד ומתחנן שנאמר ואתחנן אל יי וגו׳ משל למלך שגזר על בנו שלא יכנס עמו לפלטין שלו נכנס פתח

12–14 מגלה ז׳, א׳; י׳ שם א׳, ז׳ (70d). 12–22 ט. 84. 17–22 ת. בשלח כ״ח; אסת״ר ו׳, ה׳. 20–28 מ״ת 15. 20–35 ספרי במדבר קל״ד, דברים כ״ט ושנ״ג. 22 דברים ג׳, כ״ג.

---

12 זאת זכרון בספר וגו׳] א. מ. <. 16 אלעזר] ד. ט״כ. אליעזר. 20 שנאמר] א. ד. < / אמר] א. אמרו. 21 לו] הוספתי=ט. / היה] ד. משה. 23 לפלטין] ד. לפלטרין.

The son entered the first gate and the guards kept their peace. He entered the second gate and again the guards kept their peace. But at the third gate they rebuked him and said to him: It is enough for you to have come so far. So also was it when Moses conquered the lands of the two nations, the land of Sihon and the land of Og, and gave it to the tribe of Reuben and the tribe of Gad and to the half tribe of Manasseh. The people, then, said to him: It seems as if the decree against you was not unconditional. Maybe we likewise have not been sentenced unconditionally. Moses then said before the Holy One, blessed be He: Lord of the world, are Thy ways perhaps like the ways of human beings? When an administrator[3] issues a decree, only a prefect can make him revoke it. When a prefect issues a decree, only a commander can make him revoke it. When a commander issues a decree, only a general can make him revoke it. When a general issues a decree, only a governor can make him revoke it. When a governor issues a decree, only the viceroy can make him revoke it. When the viceroy issues a decree, the great ruler can come and make him revoke it. For they are all but appointees, one superior to the other, as it is said: "For one higher than the high watcheth," etc. (Eccl. 5.7). Are Thy ways like their

[3] On the nomenclature of the various officers and their rank in the order mentioned here, see Frankel, *MGWJ*, 1854, pp. 192–193.

הראשון ושתקו לו בשני ושתקו לו בשלישי ונזפו בו אמרו לו דייך עד כאן כך כשכיבש משה ארץ שני עממים ארץ סיחון ועוג ונתנה לראובני ולגדי ולחצי שבט המנשי אמרו לו דומה שלא נגזרה גזרה אלא על תנאי אף אנו אין אנו נידונין אלא על תנאי אמר משה לפני הקב"ה רבונו של עולם שמא דרכיך כדרכי בשר ודם אפוטרופוס גוזר גזירה כלירכוס מבטל על ידו כלירכוס גוזר גזירה דיקוריון מבטל על ידו דיקוריון גוזר גזירה היגמון מבטל על ידו היגמון גוזר גזירה איפרכוס מבטל על ידו איפרכוס גוזר גזירה איפיטיקוס מבטל על ידו איפיטיקוס גוזר גזירה ובא המושל הגדול ומבטל על ידי כלם מפני שהן ממונין זה למעלה מזה וזה למעלה מזה שנאמר כי גבוה מעל גבוה שומר וגו' שמא דרכיך

---

37 קהלת ה', ז'.

---

27 לו] א. מ. < / דומה] מ. דונמה. 31 כלירכוס] ד. קלידיקוס. 33–34 איפרכוס מבטל על ידו איפרכוס גוזר גזירה] ד. <. 34 איפיטיקוס] א. איפטיקוס מ. אפיטיקוס.

ways? "For what God is there in heaven or on earth, that can do according to Thy works, and according to Thy mighty deeds?" (Deut. 3.24) —like Thy works in Egypt and like Thy mighty deeds at the sea, like Thy works at the sea and like Thy mighty deeds at the rivers of Arnon. *Let Me Go Over, I Pray Thee* (*na*). The word *na* is but an expression for prayer. *And See the Good Land* (ibid.), that is, the land of Israel. *That Goodly Hill*, that is the mountain of the King. *And Lebanon*, meaning the Temple, as in the passage: "Open thy doors, O Lebanon," etc. (Zech. 11.1). And it is also written: "And Lebanon shall fall by a mighty one[4]" (Isa. 10.34).

But the Lord Was Wroth with Me for Your Sakes. R. Eleazar the son of R. Simon says: With me He spoke harshly—this, however, a human being cannot say—you might say that it was because of myself, but—as it is said: "For your sakes"—it was because of you and not because of me. You caused it that I should not be permitted to enter the land of Israel.

And the Lord Said Unto Me: Let It Suffice Thee. He said to him: It is enough for you to have come so far. R. Joshua says: "Let it suffice thee," means it is enough for you to have the world to come. And still Moses was standing and making all these petitions. He said before Him: Lord of the world: Was there at all any

---

[4] Lebanon is one of the designations for the Temple. The Rabbis understood the passage in Zech. 11.1 (cf. Yoma 39b) and the passage in Isa. 10.34 (cf. Git. 56b) as referring to the Temple.

כדרכיהם אשר מי אל בשמים ובארץ אשר יעשה כמעשיך וכגבורותיך כמעשיך במצרים וכגבורותיך על הים כמעשיך על הים וכגבורותיך על נחלי ארנון אעברה נא אין נא אלא לשון בקשה ואראה את הארץ הטובה זו ארץ ישראל ההר הטוב הזה זה הר המלך והלבנון זה בית המקדש שנאמר פתח לבנון דלתיך וגו׳ וכתיב והלבנון באדיר יפול ויתעבר יי בי למענכם רבי אלעזר ב״ר שמעון אומר בי דבר קשה מה שאי איפשר לבשר ודם לומר כן שמא תאמרו בגיני ת״ל למענכם בגינכם ולא בגיני אתם גרמתם לי שלא אכנס לארץ ישראל ויאמר יי אלי רב לך אמר לו דייך עד כאן רבי יהושע אומר רב לך דייך העולם הבא עדיין היה עומד ומבקש כל אותן הבקשות אמר משה לפניו רבונו של עולם

38–39 דברים ג׳, כ״ד. 38–40 ספרי במדבר שם ודברים כ״ז. ברכות נ״ד, ב׳. 41–45 ספרי במדבר שם ודברים כ״ח. 44 זכריה י״א, א׳. 45 ישעיה י׳, ל״ד. 46–63 ספרי במדבר קל״ה ודברים כ״ט ושמ״א. 50–67 מ״ת 19.

39–40 כמעשיך במצרים וכגבורותיך על הים] ד. <. 40 כמעשיך על הים] א. <. 46 ב״ר שמעון] ד. בן שמוע/ קשה] ד. בקשה הוא. 50 אמר] א. אמרו. 52 לפניו רבונו של עולם] א. <.

decree made against my entering the land? "Therefore ye shall not bring this assembly," etc. (Num. 20.12), only means that in my position as a king I may not enter. Let me then enter as a private man. God said to him: A king cannot enter as a private man. Still Moses continued to pray and make all these petitions. He said before Him: "Lord of the world, since the decree has been issued that I should enter it neither as a king nor as a private man, let me then enter it by the cave of Caesarion which is below Paneas."[5] He said to him: "But thou shalt not go over thither" (Deut. 34.4). Then Moses said before Him: Lord of the world, since the decree against me is that I should enter it neither as king, nor as a private man, and not even by the cave of Caesarion which is below Paneas, then let my bones at least go over the Jordan. But He said to him: "For thou shalt not go over this Jordan" (ibid. 3.27). R. Simon b. Joḥai says: There is no need of this. For has it not already been said: "But I must die in this land, I must not go over the Jordan" (ibid. 4.22). Now, would it be possible for a dead person to go over? It must, therefore, be that Moses had been told: Not even your bones shall go over the Jordan. R. Ḥananiah b. Iddi says: Moses was

[5] Cf. Isaac Goldhaar, *Admat Kodesh*, Jerusalem, 1913, pp. 275–80.

כלום נגזרה גזירה שלא אכנס לה לכן לא תביאו את הקהל הזה וגו׳ במלכות לא אכנס אכנס כהדיוט אמר לו אין המלך נכנס כהדיוט עדיין היה עומד ומבקש כל אותן הבקשות אמר לפניו רבונו של עולם הואיל ונגזרה גזירה שלא אכנס לה לא כמלך ולא כהדיוט אכנס לה במחילה של קסריון שהיא מתחת לפנים אמר לו ושמה לא תעבור אמר לפניו רבונו של עולם הואיל ונגזרה גזירה שלא אכנס לה לא מלך ולא הדיוט ולא במחילה של קסריון שהיא מתחת לפנים מעתה עצמותי יעברו את הירדן אמר לו כי לא תעבור את הירדן הזה רבי שמעון בן יוחאי אומר אינו צריך והלא כבר נאמר כי אנכי מת בארץ הזאת אינני עובר את הירדן וכי איך איפשר למת לעבור אלא שאמרו לו למשה אף עצמותיך אינן עוברין את הירדן רבי חנניה בן אידי

53–54 במדבר כ׳, י״ב. 64–65 דברים ד׳, כ״ב.

54 וגו׳ במלכות לא אכנס] א. וגו׳ אמר לפניו רבש״ע הואיל ונגזרה גזירה שלא אכנס במלכות ד. במלכות / אכנס] ד. ~ לה. 55 אמר לו–כהדיוט] א. <. 59 לפנים] א. לפנים ד. לפני לפנים ט. (ואתחנן תתי״ז לפמים). 65 אינני] ק. ואיניני / איך] ק. אי נ. ל. <. 66 אף] ק. אך. 67 אינן עוברין] ד. לא יעברו / אידי] א. אדו.

but bewailing for himself, as it is said: "But I must die in this land," etc. And it also says: "For ye are to pass over the Jordan," etc. (ibid. 11.31)—you are to pass over but I am not to pass over. Others say: Moses, bending over the feet of Eleazar, said to him: "Eleazar, son of my brother, pray for mercy on my behalf, just as I prayed for thy father Aaron." For it is said: "Moreover, the Lord was very angry with Aaron to have destroyed him; and I prayed for Aaron also" (ibid. 9.20).

Then he said before Him: "Ruler of the world, if so, then let me at least get a view of it." And regarding this He said to him: "Get thee up into the top of Pisgah" (ibid. 3.27). R. Ḥananiah b. Akabyah says: The view granted to our father Abraham was more favored than that granted to Moses. For Abraham was not put to any trouble, while Moses was. What does it say in the case of Abraham? "Lift up now thine eyes, and look from the place where thou art, northward and southward and eastward and westward" (Gen. 13.14). And what does it say in the case of Moses? "Get thee up into the top of Pisgah,

אומר היה משה בוכה על עצמו שנאמר כי אנכי מת בארץ הזאת ואומר כי אתם עוברים את הירדן וגו' אתם עוברים ואין אני עובר אחרים אומרים היה משה מוטה על רגליו של אלעזר ואומר לו אלעזר בן אחי בקש עלי רחמים כשם שבקשתי על אהרן אביך שנאמר ובאהרן התאנף יי מאד להשמידו ואתפלל גם בעד אהרן אמר לפניו רבונו של עולם אם כן אראנה במראית העין ובדבר הזה אמר לו עלה ראש הפסגה רבי חנניה בן עקביא אומר חביבה היא ראייתו של אברהם אבינו יותר מראייתו של משה שבאברהם לא לבטוהו ובמשה לבטוהו באברהם מה הוא אומר שא נא עיניך וראה מן המקום אשר אתה שם צפונה ונגבה וקדמה וימה ובמשה מה הוא אומר עלה ראש הפסגה ושא עיניך

68–69 שם י"א, ל"א. 73–74 שם ט', כ'. 74–83 ספרי במדבר קל"ו.
76 דברים ג', כ"ז. 79 בראשית י"ג, י"ד. 81 דברים ג', כ"ז.

69–70 אתם עוברים את הירדן וגו'] ד. <. 72 אלעזר בן אחי] א. אליעזר אחי מ. אלעזר אחי / שבקשתי] מ. שבקשת. 73 מאד] ק. נ. <א. וגו'. 74 להשמידו–בעד אהרן] א. מ. <. 75 אם כן] מ. ~ הוא. 76 אמר לו] ד. נאמר / חנניה] ק. חנניא נ. ל. חנינא. 77 היא] ד. <. 78 לבטוהו] מ. ליבטוהו ק. בטוחו. 79 לבטוהו] מ. ליבטוהו ק. בטוחו.

and lift up thine eyes westward, and northward, and southward, and eastward, and behold with thine eyes" (Deut. 3.27)—get thee up, look around and then you will see.

And whence do we know that whatever Moses requested to see the Holy One, blessed be He, showed him? It is said: "And the Lord showed him all the land" (ibid. 34.1), that is, the land of Israel. He desired to see the Temple and He showed it to him, as it is said: "Even Gilead" (ibid.), and Gilead here only means the Temple as in the passage: "Gilead, thou art unto Me the head of Lebanon"[6] (Jer. 22.6). And whence do we know that He showed him Samson the son of Manoah? It is said: "As far as Dan" (ibid.), and there it says: "And there was a man of Zorah, of the family of the Danites, whose name was Manoah" (Judg. 13.2).

Another Interpretation: *As Far as Dan.* As yet the tribes had not come into the land and the land of Israel had not been apportioned among the Israelites. Why then does it say: "As far as Dan?" Simply because God had said to Abraham our father: Twelve tribes are destined to come out of thy loins, and this will be the portion of one of them. Similarly: "And pursued as far as Dan" (Gen. 14.14). As yet the tribes had not come into the land and the land of Israel had not been apportioned among the Israelites. Why then does it say: "As far as Dan?" Simply because God had said to Abraham our father: In

---

[6] And Lebanon is but a designation for the Temple (see above, note 3).

ימה וצפונה ותימנה ומזרחה וראה בעיניך עלה והביט וראה. ומנין לכל הבקשות שבקש משה לראות הראהו הקב"ה שנאמר ויראהו יי את כל הארץ זה ארץ ישראל בקש לראות בית המקדש והראהו שנאמר את הגלעד ואין גלעד אלא בית המקדש שנאמר גלעד אתה לי ראש הלבנון ומנין שהראהו שמשון בן מנוח שנאמר עד דן ולהלן הוא אומר ויהי איש אחד מצרעה ממשפחת הדני ושמו מנוח. דבר אחר עד דן עדין לא באו השבטים לארץ ולא נתחלקה ארץ ישראל לישראל ומה ת"ל עד דן אלא שאמר לו לאברהם שנים עשר שבטים עתידין לצאת מחלציך וזה חלקו של אחד מהם. כיוצא בו וירדף עד דן לא באו השבטים לארץ ולא נתחלקה ארץ ישראל לישראל ומה ת"ל עד דן אלא שאמר לו הקב"ה לאברהם אבינו במקום

---

84 שם ל"ד, א'. 85–125 ספרי דברים שנ"ז. 87 ירמיה כ"ב, ו'. 89 שופטים י"ג, ב'. 94 בראשית י"ד, י"ד. 94–98 סנהדרין צ"ו, א'. ב"ר מ"ג, ב'. ת. לך לך י"ג.

---

84 לראות] ד. <. 85 זה] א. וגו' זה ק. נ. מן הגלעד עד דן ל. את הגלעד עד דן. 86 את הגלעד] א. את כל הגלעד ק. נ. ואת כל הגלעד. 88 שמשון] ד. אף שמשון מ. אף לשמשון. 89 אחד] ק. נ. < / ממשפחת] א. משפחת. 92–96 לאברהם–שאמר לו הקב"ה] א. <. 96 שאמר לו הקב"ה] ד. שאמרו לו.

this place your children will in the future worship idols. Abraham's strength then failed him. And whence do we know that He showed him Barak the son of Abinoam? It is said: "And all Naphtali" (Deut. 34.2). And there it is said: "And she sent and called Barak the son of Abinoam out of Kedesh-naphtali" (Judg. 4.6). And whence do we know that He showed him Joshua in his kingship? It is said: "And the land of Ephraim" (Deut. 34.2). And there it is said: "Of the tribe of Ephraim, Hoshea the son of Nun" (Num. 13.8). And whence do we know that He showed him Gideon the son of Joash? It is said: "And Manasseh" (Deut. 34.2), and there it is said: "Behold, my family is the poorest in Manasseh" (Judg. 6.15). And whence do we know that He showed him David in his kingdom? It is said: "And all the land of Judah" (Deut. 34.2). And there it is said: "Howbeit the Lord, the God of Israel, chose me out of all the house of my father to be king over Israel for ever; for He hath chosen Judah to be prince, and in the house of Judah, the house of my father, and among the sons of my father He took pleasure in me to make me king over all Israel" (I Chron. 28.4). And whence do we know that He showed him the entire West? It is said: "As far as the hinder sea" (Deut. 34.2). And whence do we know that He showed him the graves of the Patriarchs? It

הזה עתידין בניך לעבוד עבודה זרה ותשש כחו מעליו. ומנין שהראהו ברק בן אבינועם שנאמר ואת כל נפתלי ולהלן הוא אומר ותשלח ותקרא לברק בן אבינועם מקדש נפתלי ומנין שהראהו יהושע במלכותו שנאמר ואת ארץ אפרים ולהלן הוא אומר למטה אפרים הושע בן נון ומנין שהראהו גדעון בן יואש שנאמר ומנשה ולהלן הוא אומר הנה אלפי הדל במנשה ומנין שהראהו דוד במלכותו שנאמר ואת כל ארץ יהודה ולהלן הוא אומר ויבחר יי אלהי ישראל בי מכל בית אבי להיות למלך על ישראל לעולם כי ביהודה בחר לנגיד ובבית יהודה בית אבי ובבני אבי בי רצה להמליך על כל ישראל ומנין שהראהו את המערב כלו שנאמר עד הים האחרון ומנין שהראהו קברי אבות שנאמר

99–100 שופטים ד׳, ו׳. 102 במדבר י״ג, ח׳. 103–104 שופטים ו׳, ט״ו. 105–109 דהי״א כ״ח, ד׳.

101 במלכותו] מ. < / ואת] א. את. 102 הושע] א. יהושע. 106 אלהי ישראל] מ. ד. <. 106–109 להיות למלך על ישראל–להמליך על כל ישראל] א. וגו׳. ועפי״ז הוספתי. 107 ישראל] ק. נ. עמי ל. עמו. / לעולם] מ. ד. < / ובבית יהודה] מ. ובבני יהודה. 107–109 ובבית יהודה–להמליך על כל ישראל] ד. <. 109 כלו] מ. <. 110 הים] מ. היום. / שנאמר] ד. ת״ל.

is said: "And the South" (ibid.). And whence do we learn that the graves of the Patriarchs are in the South? It is said: "And they went up into the South, and came unto Hebron" (Num. 13.22). And whence do we know that He showed him the ruins of Sodom and Gomorrah? It is said: "And the plain" (Deut. 34.2). And there it is said: "And He overthrew those cities, and all the plain" (Gen. 19.25). And whence do we know that He showed him Gog and all his multitude? It is said: "The valley of Jericho" (Deut. 34.2). And we have learned that Gog and his multitude are destined to come up and fall in the valley of Jericho.

Another Interpretation: *The Valley of Jericho.* But cannot any ordinary person see the valley of Jericho? It simply means this: Just as a valley is cultivated, a little plot covered with wheat, a little plot covered with barley, so He showed him the entire land of Israel cultivated, like the valley of Jericho. And whence do we know that He showed him Deborah? It is said: "The city of palm-trees" (Deut. 34.2). And there it is said: "And she sat under the palm-tree of Deborah" (Judg. 4.5). And whence do we know that He showed him Lot's wife? It is said: "As far as Zoar" (Deut. 34.2). And there it says: "The sun was risen upon the earth when Lot came unto Zoar" (Gen. 19.23).

Jacob was given a hint but he did not apprehend. For it is said: "And, behold, I am with thee, and will keep thee," etc. (Gen. 28.15). And in the end he was afraid, as it is said: "Then

ואת הנגב ומנין למדנו על קברי אבות שהם בנגב שנאמר ויעלו בנגב ויבא עד חברון. ומנין שהראהו מהפכת סדום ועמורה שנאמר ואת הככר ולהלן הוא אומר ויהפך את הערים האל ואת כל הככר. ומנין שהראהו גוג וכל המונו שנאמר בקעת יריחו ולמדנו שעתידין גוג וכל המונו לעלות ולנפול בבקעת יריחו. דבר אחר בקעת יריחו והלא ההדיוט רואה את בקעת יריחו אלא מה בקעה זו מיושבת שדה מלאה חטים כל שהוא שדה מלאה שעורים כל שהוא כך הראהו את כל ארץ ישראל כבקעת יריחו. ומנין שהראהו דבורה שנאמר עיר התמרים ולהלן הוא אומר והיא יושבת תחת תומר דבורה. ומנין שהראהו אשתו של לוט שנאמר עד צער ולהלן אומר השמש יצא על הארץ ולוט בא צוערה. יעקב נתן לו רמז ולא חש שנאמר והנה אנכי עמך ושמרתיך וגו׳ ובסוף היה ירא שנאמר

---

112 במדבר י״ג, כ״ב. 114 בראשית י״ט, כ״ה. 122–123 שופטים ד׳, ה׳. 124–125 בראשית י״ט, כ״ג. 125–126 שם כ״ח, ט״ו. 125–129 ברכות ד׳, א׳. ב״ר ע״ו, א׳. 125–137 אסת״ר שם. ת. בשלח שם.

---

111 ומנין] ד. <. 113 ואת הככר] ק. נ. ואת כל הככר. 114 הערים] ק. נ. כל הערים. 126 ובסוף היה] ד. והוא היה / ירא] מ. ~ ופחד ד. מפחד ויירא.

Jacob was greatly afraid and was distressed" (ibid. 32.8). What! A man whom God had given assurance was still afraid and anxious? It is simply because Jacob thought, woe is me, perhaps sin will be the cause.[7] David was given a hint and he apprehended. For it is said: "Thy servant smote both the lion and the bear," etc. (I Sam. 17.36), which simply means that David said: Why was I so distinguished as to be able to kill these wild beasts? It must be that something is going to befall Israel and they will be saved through me. Mordecai was given a hint and he apprehended. For it is said: "And Mordecai walked every day," etc. (Esth. 2.11), which simply means that Mordecai said: Is it possible that this pious woman should be permitted to be married to this wicked one who is uncircumcised and unclean? It must be that something is going to befall Israel and they will be saved through her.

For Blot Out, Blot Out Will I. "Blot out," that is, in this world. "Blot out will I," that is, in the world to come; "the remembrance," that, is Haman; "Amalek," that is, himself, taken literally.

Another Interpretation: "For blot out," that is him and all his descendants; "Blot out will I," that is him and all his family—these are the words of R. Joshua. R. Eleazar of Modi'im says:

---

[7] I. e., of God's withdrawing from him the promised protection.

ויירא יעקב מאד וייצר לו אדם שהבטיחו הקב"ה היה ירא ומפחד אלא שאמר יעקב אבינו אוי לי שמא יגרום החטא. דוד נתן לו רמז וחש שנאמר גם את הארי גם הדוב הכה עבדך וגו' אלא אמר דוד וכי מה אני ספון שהכתי חיות רעות הללו אלא שמא דבר עתיד לארע את ישראל והם עתידין להינצל על ידי. מרדכי נתן לו רמז וחש שנאמר ובכל יום ויום מרדכי מתהלך וגו' אלא אמר מרדכי איפשר חסידה זו תנשא לרשע הזה ערל וטמא אלא שמא דבר עתיד לארע לישראל והם עתידין להנצל על ידיה.

כי מחה אמחה מחה בעולם הזה אמחה לעולם הבא את זכר זה המן עמלק כמשמעו דבר אחר כי מחה לו ולכל תולדותיו אמחה לו ולכל משפחתו דברי רבי יהושע רבי אלעזר המודעי

---

127 בראשית ל"ב, ח'. 130 שמואל א. י"ז, ל"ו. 134 אסתר ב', י"א.

---

128 אוי לי] מ. אומר ט. <. 130 גם הדוב] מ. וגם הדוב א. ד. גם את הדוב. 130–131 אלא אמר דוד] ד. <. 131 ספון] ק. ספוק. 135 איפשר–תנשא] א. מ. ט. וכי איפשר לחסידה זו תנשא (ט. שתנשא). 141 ולכל משפחתו] מ. ולכל משפחותיו ד. ולמשפחותיו.

"The remembrance," that is, Agag; "Amalek," that is, himself, taken literally; "Blot out," that is, him and all his descendants; "Blot out will I," that is, him and all that generation.

From Under Heaven. That there shall be no offspring nor posterity of Amalek under the expanse of the entire heaven. Rabbi Joshua says: When Amalek came to harm Israel, removing them from under the wings of their kind Father in heaven, Moses said before the Holy One, blessed be He: Ruler of the world, this wicked one is coming to destroy Thy children from under Thy wings. Who then will read that book of the law which Thou hast given to them? R. Eleazar of Modi'im says: When Amalek came to harm Israel, removing them from under the wings of their Father in heaven, Moses said before the Holy One, blessed be He: Ruler of the world, Thy children whom Thou wilt in the future scatter to the four winds of the heaven —as it is said: "For I have spread you abroad to the four winds of the heaven," etc. (Zech. 2.10) —this wicked one is coming to destroy them from under Thy wings. Who then will read that book of the law which Thou hast given to them? R. Eleazar says: When will the name of these

אומר זכר זה אגג עמלק כשמועו מחה לו ולכל דורותיו אמחה לו ולכל הדור ההוא.

מתחת השמים שלא יהא נין ונכד לעמלק תחת מפרס כל השמים. רבי יהושע אומר כשבא עמלק להזיק את ישראל מתחת כנפי אביהם שבשמים אמר משה לפני הקב"ה רבונו של עולם רשע זה בא לאבד את בניך מתחת כנפיך ספר תורה שנתת להם מי יקרא בו רבי אלעזר המודעי אומר כשבא עמלק להזיק לישראל מתחת כנפי אביהם שבשמים אמר משה לפני הקב"ה רבונו של עולם בניך שאתה עתיד לפזרן לארבע רוחות השמים שנאמר כי בארבע רוחות השמים וגו' רשע זה בא לאבד אותם מתחת כנפיך ספר תורה שנתת להם מי יקרא בו רבי אלעזר אומר אימתי יאבד

153 זכריה ב', י'.

143 דורותיו] ד. תולדותיו. 145 מפרס כל] ד. < ט. מפרש כל / השמים] נ"ק. ~ שלא יהו אומרים גמל זה של עמלק דקל זה של עמלק רחל זו של עמלק ת"ל מתחת השמים שלא יהיה נין ונכד לעמלק תחת מפרס כל השמים. 147 רבונו של עולם] נ"ק. רבוני. 149 שנתת] א"א. א"צ. שתתן. ועיין מ"ע. 151 אביהם] מ. אבינו. 152 לארבע] ד. תחת נ"ק. בארבע. 153 בארבע] במקרא כתוב כארבע. 154 לאבד אותם] מ. ד. לכלן נ"ק. לכלם. 155 אלעזר] ד. נ"ק. ~ המודעי.

people be blotted out? At the time when idolatry will be eradicated together with its worshipers, and God will be recognized throughout the world as the One, and His kingdom will be established for all eternity. For at that time, "shall the Lord go forth and fight," etc. (Zech. 14.3); "And the Lord shall be King," etc. (ibid. v. 9). And it also says: "Thou wilt pursue them in anger and destroy them," etc. (Lam. 3.66). R. Nathan says: Haman came but to serve as a reminder for all generations, as it is said: "And that these days of Purim should not fail from among the Jews, nor the memorial of them perish from their seed" (Esth. 9.28).

And Moses Built an Altar and Called the Name of It Adonai-nissi. R. Joshua says: Moses called its name Nissi—R. Eleazar of Modi'im says: God called its name Nissi, for it is said: "And He, Adonai, called its name Nissi."—Said Moses: This miracle which God has performed, He performed for His own sake. And so you find that whenever Israel benefits by a miracle the

שמן של אלו בשעה שתעקר עבודה זרה היא ועובדיה ויהיה המקום יחידי בעולם ותהי מלכותו לעולם ולעולמי עולמים באותה שעה ויצא יי ונלחם וגו׳ והיה יי למלך וגו׳ ואומר תרדף באף ותשמידם וגו׳ רבי נתן אומר לא בא המן אלא זכר לדורות שנאמר וימי הפורים האלה לא יעברו מתוך היהודים וזכרם לא יסוף מזרעם.

ויבן משה מזבח ויקרא שמו יי נסי רבי יהושע אומר משה קראו נסי רבי אלעזר המודעי אומר המקום קראו נסי שנאמר ויקרא שמו יי נסי אמר משה הנס הזה שעשה המקום בגינו עשאו וכן אתה מוצא שכל זמן שישראל בנס כביכול הנס

158 שם י״ד, ג׳. 159 שם י״ד, ט׳. | איכה ג׳, ס״ו. 161–162 אסתר ט׳, כ״ח. 163–180 ש. 84–85. 166–170 לעיל פסחא י״ד. י׳ סוכה ד׳, ג׳ (54c). וי״ר ט׳, ג׳. מדרש תהלים צ״א, ח׳. מדרש שמואל ד׳. ת. בשלח שם.

156 בשעה] מ. אמר לו בשעה / שתעקר] א. שיאבד ד. שנעקר. 159 ואומר] ד. <. 160 נתן] ד. יהושע. 161 וימי הפורים האלה לא יעברו] מ. והימים האלה נזכרים ונעשים/ האלה] ק. נ. <. 161–162 מתוך היהודים–מזרעם] הוספתי: א. ד. וגו׳. 164 רבי יהושע אומר משה קראו נסי] א. ד. < ג״ק. ~ שנאמר ויבן משה מזבח. 164–165 רבי אלעזר–יי נסי] ד. <. 164 המודעי] Pugio fidei צד 657 <. 165 ויקרא שמו] הוספתי–Pugio fidei שם. 166 בגינו] הגהתי–א״א. ט״כ. ג״ק: א. ד. ט. בגיני מ. בשבילי בגיני.

miracle is as it were, before[8] Him also, as it is said: "The Lord, my miracle." When Israel has trouble, it is as if the trouble were before Him also, as it is said: "In all their affliction He was afflicted" (Isa. 63.9). When joy comes to Israel, it is as if the joy were before Him also, as it is said: "Because I rejoice in Thy[9] salvation" (I Sam. 2.1).

And He Said: 'The Hand Upon the Throne of the Lord, the Lord Will Have War,' etc. R. Joshua says: When the Holy One, blessed be He, will sit upon the throne of His kingdom and His reign will prevail, at that time, "the Lord will have war with Amalek." R. Eleazar of Modi'im says: The Holy One, blessed be He, swore by the throne of His glory: I will not leave any offspring or progeny of Amalek under the entire heaven, so that people will not be able to say: This camel belongs to Amalek, this ewe lamb belongs to Amalek. R. Eliezer says: God swore by the throne of His Glory that if a person of any of the

---

[8] "Before Him" is a euphemism for: "for Him" (cf. above *Pisḥa,* XIV, notes 4 and 8).

[9] Probably the verse is interpreted as if God said this to Israel.

לפניו שנאמר יי נסי צרה לישראל כאלו צרה לפניו שנאמר בכל צרתם לו צר שמחה לישראל כאלו שמחה לפניו שנאמר כי שמחתי בישועתך.

ויאמר כי יד על כס יה מלחמה ליי וגו׳ רבי יהושע אומר לכשישב הקב״ה על כסא מלכותו ותהי הממשלה שלו באותה שעה מלחמה ליי בעמלק רבי אלעזר המודעי אומר נשבע הקב״ה בכסא הכבוד שלו אם אניח נין ונכד של עמלק תחת כל השמים שלא יהו אומרים גמל זה של עמלק רחילה זו של עמלק רבי אליעזר אומר נשבע המקום בכסא הכבוד שלו אם יבא אחד מכל אומות

---

169 ישעיה ס״ג, ט׳. 170 שמואל א. ב׳, א׳. 171–180 פסדר״כ זכור כ״ח, ב׳.

---

168 כאלו] א. מ. < / צרה לישראל כאלו] ג״ק. <. 168–169 צרה לפניו–לישראל כאלו] מ. <. 169 בכל צרתם לו] ג״ק. לא / שמחה לישראל כאלו] ג״ק <. 172–173 הקב״ה–הממשלה שלו] ג״ק. המלך על כסא של יה. 173 הממשלה שלו] ד. ממלכתו. 175 הכבוד שלו] ג״ק. <. 175–178 הכבוד שלו–בכסא הכבוד שלו] א. <. 176 כל השמים] מ. כנפי השמים ט. ט״כ. ג״ק. מפרס כל השמים / עמלק] ג״ק. ~ דקל זה של עמלק. 177 רחילה זו של עמלק]–ט. א״א: מ. ~ אם מניח אני נין ונכד תחת כנפי השמים ג״ק. ~ ת״ל מתחת השמים שלא יהיה נין ונכד לעמלק תחת מפרס כל השמים ד. אם אניח נין ונכד לעמלק/ אליעזר מ. אלעזר המודעי. 178 הכבוד שלו] ג״ק. <. 178–179 אם יבא–ישראל] ד. אם יבא מכל האומות שיקבלוהו.

nations should come desiring to be converted to Judaism, Israel shall receive him, but a person from the house of Amalek they shall not receive. For it is said: "And David said unto the young man that told him: 'Whence art thou?' And he answered: 'I am the son of an Amalekite stranger' " (II Sam. 1.13). At that moment David recalled what had been told to Moses our teacher—that if a person of any of the nations should come desiring to be converted to Judaism, Israel should receive him, but a person from the house of Amalek they should not receive. Immediately: "And David said unto him: 'Thy blood be upon thy head; for thy mouth hath testified against thee" (ibid. v. 16). In this sense it is said, "From generation to generation."

Another Interpretation: *From Generation to Generation*. R. Joshua says: "From generation," that is, from the life of this world; "to generation," that is, from the life of the world to come. R. Eleazar of Modi'im says: From the generation of Moses and from the generation of Samuel. R. Eliezer says: From the generation of the Messiah which really consists of three generations. And whence do we know that the generation of the Messiah consists of three generations? It is said: "They shall fear Thee while the sun endureth and so long as the moon, a generation and two generations"[10] (Ps. 72.5).

---

[10] This rendering of the verse is required by the Midrash, which interprets it as referring to the generation of the Messiah.

העולם להתגייר שיקבלו אותו ישראל ומביתו של עמלק לא יקבלו אותו שנאמר ויאמר דוד אל הנער המגיד לו אי מזה אתה ויאמר בן איש גר עמלקי אנכי נזכר דוד באותה שעה מה שנאמר למשה רבינו אם יבא אחד מכל אומות העולם להתגייר שיקבלו אותו ומביתו של עמלק אל יקבלו אותו מיד ויאמר אליו דוד דמך על ראשך כי פיך ענה בך לכך נאמר מדר דר. דבר אחר מדר דר רבי יהושע אומר מדר אלו חיי העולם הזה דור אלו חיי העולם הבא רבי אלעזר המודעי אומר מדורו של משה ומדורו של שמואל רבי אליעזר אומר מדורו של משיח שהם שלשה דורות ומנין לדורו של משיח שהם שלשה דורות שנאמר ייראוך עם שמש ולפני ירח דור דורים.

180–182 שמואל ב. א׳, י״ג. 184–185 שם א׳, ט״ז. 186–192 פסדר״כ שם, אי״ר ג׳. ת. (בובער ג׳, ס״ו). 188–192 ספרי דברים ש״י. סנהדרין צ״ט, א׳. ש. שם. 191–192 תהלים ע״ב, ה׳.

179–180 ומביתו של עמלק] ד. ולעמלק ולביתו. 183 אחד] ד. <. 184 של עמלק] ד. < / מיד] ג״ק. שנאמר. 185 דוד] א. </ בך] מ. ~ לאמור אנכי מותתי את משיח יי. 186–192 דבר אחר–דור דורים מ. <. 188 אלעזר] מ. ד. אליעזר.] 189 ומדורו] ט. לדורו. 190 משיח שהם] ג״ק. משה שהן/ שהם] ט. <. 190–191 ומנין–שלשה דורות] ט. <.

Chapter III
(Ex. 18.1–12)

Now Jethro the Priest of Midian, Moses' Father-in-Law Heard. What tidings did he hear that he came? He heard of the war of Amalek, reported in the preceding passage, and came—these are the words of R. Joshua. R. Eleazar of Modi'im says: He heard of the giving of the Torah and came. For, at the time that the Torah was given to Israel all the kings of the world trembled in their palaces, as it is said: "And in his palace everyone says: 'Glory' "(Ps. 29.9). At that time all the kings of the nations of the world assembled and they came to Balaam the wicked. They said to him: "Balaam! Perhaps God is about to do unto us as He did to the generation of the Flood." For it is said: "The Lord sat enthroned at the flood" (ibid. v. 10).[1] He said to them: "Fools that ye are! Long ago the Holy One, blessed be He, swore that He would not bring a flood upon the world," as it is said: "For this is as the waters of Noah unto Me; for as I have sworn that the waters of Noah should no more go over the earth" (Isa. 54.9). They, then, said to him: "Perhaps He will not

[1] VV. 9–11 of this Psalm are interpreted as being a dialogue between the kings of the world and Balaam. The kings tremble before God, and while saying: "Glory to Him," they are in fear lest He sit in judgment upon them and bring another flood.

פרשה ג (שמות י"ח, א'–י"ב.)

וישמע יתרו כהן מדין מה שמועה שמע ובא מלחמת עמלק שמע ובא שהיא כתובה בצדו דברי רבי יהושע רבי אלעזר המודעי אומר מתן תורה שמע ובא שבשעה שנתנה תורה לישראל זעו כל מלכי תבל בהיכליהם שנאמר ובהיכלו כלו אומר כבוד באותה שעה נתכנסו כל מלכי אומות העולם ובאו אצל בלעם הרשע אמרו לו בלעם שמא המקום עושה לנו כמו שעשה לדור המבול שנאמר יי למבול ישב אמר להם שוטים שבעולם כבר נשבע הקב"ה לנח שאינו מביא מבול לעולם שנאמר כי מי נח זאת לי אשר נשבעתי מעבור מי נח עוד על הארץ אמרו לו שמא מבול

1–2 י' מגלה א', י"ג (72b). 1–30 זבחים קט"ז, א'. 3–4 שהש"ר ד', ט"ז. 4–16 לקמן בחודש ה'. ספרי דברים שמ"ג. פס"ר צ"ה, א'. 5–6 תהלים כ"ט, ט'. 9 שם כ"ט, י'. 9–11 סוטה י"א, א'. 11–12 ישעיה נ"ד, ט'.

2–4 מלחמת עמלק–שמע ובא] א. מ. <. 3 המודעי]–ט. ג"ק. ג. א"א: ד. <. 4 שבשעה] א. מ. רבי יהושע אומר שבשעה (מ. בשעה). 6 מלכי] א. ט. <. 7 הרשע] א. ט. <. 8 המקום] ד. המעשה זה מ"ח. הוא. 12 שמא] א. <.

bring a flood of water, but He may bring a flood of fire."[2] But he said to them: "He is not going to bring a flood of water or a flood of fire. He is just going to give the Torah to His people." For it is said: "The Lord will give strength unto His people" (Ps. 29.11). As soon as they heard this from him, they all turned back and went each to his place. R. Eliezer says: He heard of the dividing of the Red Sea and came. For, when the Red Sea was divided for Israel, it was heard about from one end of the world to the other, as it is said: "And it came to pass, when all the kings of the Amorites . . . heard"[3] (Josh. 5.1). Likewise Rahab the harlot said to the messengers of Joshua: "For we have heard how the Lord dried up the water of the Red Sea before you, when ye came out of Egypt . . . And as soon as we had heard it, our hearts did melt, neither did there remain any more spirit in any man, because of you" (ibid. 2.10–11).

They say: Rahab was ten years old when Israel went out from Egypt. And during all the forty years that Israel was in the wilderness, she

---

[2] On the idea of a "flood of fire" cf. L. Ginzberg in Horodetzky's *Hagoren*, VIII.

[3] This verse actually refers to the dividing of the Jordan. It is probably assumed that just as they heard of the dividing of the Jordan they also heard of the dividing of the Red Sea.

של מים אינו מביא אבל מבול של אש הוא מביא אמר להם אינו מביא לא מבול של מים ולא מבול של אש אלא תורה נותן לעמו שנאמר יי עוז לעמו יתן כיון ששמעו מפיו הדבר הזה פנו כולם והלכו להם איש איש למקומו רבי אליעזר אומר קריעת ים סוף שמע ובא שבשעה שנקרע ים סוף לישראל נשמע מסוף העולם ועד סופו שנאמר ויהי כשמוע כל מלכי האמורי וכן אמרה רחב הזונה לשלוחי יהושע כי שמענו את אשר הוביש יי את מי ים סוף מפניכם בצאתכם ממצרים וגו׳ ונשמע וימס לבבנו ולא קמה עוד רוח באיש מפניכם. אמרו בת עשר שנים הייתה רחב בשעה שיצאו ישראל ממצרים וכל אותן ארבעים שנה שהיו ישראל במדבר זנתה

15 תהלים כ״ט, י״א. 17–19 י׳ מגלה שם. 19–20 יהושע ה׳, א׳. 21–22 שם ב׳, י׳–י״א. 24–98 ש. 85–86.

15 לעמו] ד. ~ ולידידיו. ג״ק. לבניו. 16 יתן] ג״ק. ~ שבח נותן לבניו שכר טוב משלם ליריאיו / הזה פנו] ד. הזה ענו כולם ואמרו אחר כך יי יברך את עמו בשלום ופנו. 17 אליעזר] א. מ. אלעזר המודעי. 19–23 ויהי כשמוע–מפניכם] א. ויהי כשמוע את אשר הוביש וגו׳ נשמע וימס וגו׳.

practiced harlotry. At the end of her fiftieth year, she became a proselyte, saying before the Holy One, blessed be He: "I have sinned in three things, forgive me because of three things, because of the cord, the window and the wall,"[4] as it is said: "Then she let them down by a cord through the window; for her house was upon the side of the wall, and she dwelt upon the wall" (ibid. v. 15).

Now Jethro . . . Heard. He was called by seven names: Jether, Jethro, Heber, Hobab, Ben Reuel, Putiel, Keni. Jether, because he caused an additional chapter to be put into the Torah. Jethro, because he abounded in good deeds. Heber, because he associated himself with God. Hobab, because he was beloved of God. Ben, because he was like a son unto God, and Reuel, because he was like a friend to God. Putiel, because he freed himself from idolatry. Keni, because he was zealous for God and also because he acquired the Torah for himself.[5]

Another Interpretation: *Now Jethro . . . Heard.* Originally they called him merely Jether, as it is said: "And Moses went and returned to Jether his father-in-law (Ex. 4.18). After he had performed good deeds, they added one more

---

[4] I. e., by means of which she saved the spies (cf. also Commentaries).

[5] Each one of these names is interpreted as descriptive of a virtue in which Jethro excelled, or of a characteristic by which he was distinguished. Ben Reuel is counted as one name, describing him to be like a son and a friend to God.

לסוף חמשים שנה נתגיירה והיא אומרת לפני הקב"ה רבונו של עולם בשלשה דברים חטאתי בשלשה דברים מחול לי בחבל בחלון ובחומה שנאמר ותורידם בחבל בעד החלון כי ביתה בקיר החומה ובחומה היא יושבת.

וישמע יתרו שבע שמות נקראו לו יתר יתרו חבר חובב בן רעואל פוטיאל קיני יתר שהותיר פרשה אחת בתורה יתרו שהותיר במעשים טובים חבר שנתחבר למקום חובב שהיה חביב למקום בן שהוא כבן למקום רעואל שהיה כריע למקום פוטיאל שנפטר מעבודה זרה קיני שקנא לשמים וקנה לו את התורה. דבר אחר וישמע יתרו מתחלה לא היו קוראין אותו אלא יתר שנאמר וילך משה וישב אל יתר חותנו וכשעשה מעשים טובים

29–30 יהושע ב׳, ט״ו. 31–40 ספרי במדבר ע״ח. שמו״ר כ״ז, ח׳. ת. יתרו י״ג. 34–37 ב״ב ק״ט, ב׳. 38–39 שמות ד׳, י״ח.

27 חטאתי] ד. ~ נדה חלה הדלקה מ. אלו שחטאתי. 27–28 בשלשה דברים מחול לי] מ. ובשלשה ימחול לי מ״ח. באלו ימחול לי. 28 בחבל בחלון ובחומה] רש״י זבחים קט״ז, ב׳ בחבל ופשתים וחלון. 31 יתרו 2] מ״ח. <. 32 חבר] ק. ש. מ״ח. < / בן] נ. ל. ט. <. 34 חבר שנתחבר למקום] מ. ק. ש. מ״ח. < נ. ל. חבר שנעשה כחבר למקום. 35 בן שהוא כבן למקום] ד. <. 36 שנפטר מעבודה זרה] ש. שפט כל ע״ז שבעולם. 36–37 קיני–התורה] ש. קני שקנה העולם הבא.

letter to his name so that he was called Jethro. You find this also in the case of Abraham, whom they originally called merely Abram. And when he performed good deeds, they added one letter more, and he was called Abraham. You find this also in the case of Sarah. Originally they called her merely Sarai. But when she performed good deeds they added to her name by putting in a larger letter[6] so that she was called Sarah. And so you find it also in the case of Joshua, whom they originally called merely Hoshea. And when he performed good deeds, they added one more letter to his name so that he was called Joshua, as it is said: "And Moses called Hoshea the son of Nun Joshua" (Num. 13.16). And there are others from whose names they took off one letter. You can learn this from the case of Ephron, whom they originally called Ephrown. After he had taken the money from our father Abraham, they took off one letter from his name and he was called merely Ephron, as it is said: "And Abraham hearkened unto Ephrown and Abraham weighed to Ephron" (Gen. 23.16). And you see it also in the case of Jonadab whom they originally called Jehonadab.[7] But after he

[6] The letter *He* is larger than the letter *Yod*.

[7] This may refer to Jonadab the son of Shimah (II Sam. 13.3) or to Jehonadab the son of Rechab (II Kings 10.15) (see Introduction and cf. Commentaries).

הוסיפו לו אות אחת ונקרא יתרו וכן אתה מוצא באברהם שמתחלה לא היו קוראין אותו אלא אברם וכשעשה מעשים טובים הוסיפו לו אות אחת ונקרא אברהם וכן אתה מוצא בשרה שמתחלתה היו קוראין אותה שרי וכשעשתה מעשים טובים הוסיפו לה אות אחת גדולה ונקראת שרה וכן אתה מוצא ביהושע שמתחלה היו קוראין אותו הושע וכשעשה מעשים טובים הוסיפו לו אות אחת ונקרא יהושע שנאמר ויקרא משה להושע בן נון יהושע ויש אחרים שפחתו מהן אות יש לך ללמד מעפרון שמתחלה היו קוראין אותו עפרוֹן וכששקל הכסף מיד אברהם אבינו פחתו אות אחת משמו ונקרא עפרן שנאמר וישמע אברהם אל עפרון וישקל אברהם לעפרן. וכן אתה מוצא ביונדב שמתחלה היו קוראין אותו יהונדב וכשבא לאותו

48–49 במדבר י"ג, ט"ז. 49–53 ב"ר נ"ח, ז'. 52–53 בראשית כ"ג, ט"ז. 53–57 אדר"נ ט'.

40 ונקרא יתרו] ד. <. 44–45 וכשעשתה–גדולה] א. ט. < / גדולה מ. <. 46–48 שמתחלה–ונקרא יהושע] א. שמתחלה וגו' ד. <. 49 אחרים] א. מ. < / שפחתו] א. מ. שמנעו / אות] א. ט. ד. < / ללמד] א. < מ. לומר. 50–51 וכששקל–מיד] א. מ. ומשנשקל דמה של ארץ ישראל מן. 51 משמו] א. מ. <. 52 ונקרא עפרן] ד. <. 54–55 וכשבא לאותו מעשה] ש. וכיון שנתחבר לרשע שהוא יהוא מ"ח. וכשנתחבר ליהוא.

had come to act as he did, they took off one letter from his name so that he was called merely Jonadab. In this connection the sages said: Let a man never associate with a wicked person, not even for the purpose of bringing him near to the Torah.

The Priest of Midian. R. Joshua says: He was a priest of idolatry, just as when it is said: "And Jonathan, the son of Gershom, the son of Manasseh, he and his sons were priests" (*Kohanim*) (Jud. 18.30). R. Eleazar of Modi'im says: He was a chief, just as when it is said: "And David's sons were chiefs"[8] (*Kohanim*) (II Sam. 8.18).

Moses' Father-in-Law. Formerly Moses would give the honor to his father-in-law, as it is said: "And Moses went and returned to Jethro his father-in-law" (Ex. 4.18). Now, however, his father-in-law would give the honor to him. If they asked him: "What is your distinction?" He would say to them: "I am the father-in-law of Moses."

Of All that God Had Done for Moses and for Israel His People. Moses was equal to all Israel, and Israel was equal to Moses. The master was equal to the pupil, and the pupil was equal to the master.

---

[8] See Introduction.

מעשה פחתו לו אות אחת ונקרא יונדב מכאן אמרו חכמים אל יתחבר אדם לרשע אפילו לקרבו לתורה.

כהן מדין רבי יהושע אומר כומר היה כענין שנאמר ויהונתן בן גרשם בן מנשה הוא ובניו היו כהנים רבי אלעזר המודעי אומר שר היה כענין שנאמר ובני דוד כהנים היו.

חותן משה מתחלה היה משה מכבד לחמיו שנאמר וילך משה וישב אל יתר חתנו ועכשיו חמיו מכבדו אמרו לו מה טיבך אמר להם אנכי חותן משה.

את כל אשר עשה אלהים למשה ולישראל עמו שקול משה כישראל וישראל כמשה שקול הרב כתלמיד ושקול התלמיד כרב.

58–59 שמו"ר א׳, ל"ב. 59–60 שופטים י"ח, ל׳. 61 שמואל ב. ח׳, י"ח. 62–65 ספרי במדבר ע"ח. 63 שמות ד׳, י"ח.

---

55 פחתו לו] א. מנעו ממנו מ. חסרו ממנו / יונדב] ד. ~ שנאמר בהתחברך לרשע. 56 אפילו] מ. <. 59 בן מנשה הוא ובניו היו כהנים] א. וגו׳ ועפי"ז הוספתי כמו במקרא: ד. בן מנשה ובניו היו כהנים מ. בן מנשה היו כהנים. 62 מכבד לחמיו] נ. ל. מתכבד בחמיו. 64 אמרו] ד. אומר / להם] ד. <. 68 כרב] מ. ש. כנגיד.

How that the Lord Had Brought Israel Out of Egypt. This tells that the exodus from Egypt was equal to all the other miracles and mighty deeds which the Holy One, blessed be He, did for Israel.

And Jethro, Moses' Father-in-Law, Took Zipporah, Moses' Wife, after He Had Sent Her Away. R. Joshua says: After she had been dismissed from him by a bill of divorce. Here the term "send" (*Shiluaḥ*) is used and there (Deut. 24.1) the term "send" (*Shiluaḥ*) is used. Just as the term "send" used there implies a bill of divorce, so also the term "send" used here implies a bill of divorce. R. Eleazar of Modi'im says: After she had been dismissed from him by a mere speech. For at the time when God said to Moses: "Go and bring out My people, the children of Israel, from Egypt," as it is said: "Come now therefore, and I will send thee unto Pharaoh," etc. (Ex. 3.10), Moses immediately took his wife and his two sons and led them to Egypt, as it is said: "And Moses took his wife and his sons, and set them upon an ass, and he returned to the land of Egypt" (ibid. 4.20). At the same time Aaron was told: "Go into the wilderness to meet Moses" (ibid. 4.27). Aaron then went to meet him. He threw his arms around him, embraced him and kissed him, and said to him: "Moses, my brother, where have you been all these years?" Moses said to him: "In Midian." Then Aaron said to him: "What about the children

כי הוציא יי את ישראל ממצרים מגיד ששקולה יציאת מצרים כנגד כל הנסים וגבורות שעשה הקב״ה לישראל.

ויקח יתרו חותן משה את צפורה אשת משה אחר שלוחיה רבי יהושע אומר מאחר שנפטרה ממנו בגט נאמר כאן שלוח ונאמר להלן שלוח מה שלוח האמור להלן גט אף שלוח האמור כאן גט רבי אלעזר המודעי אומר מאחר שנפטרה ממנו במאמר שבשעה שאמר לו המקום למשה לך והוצא את עמי בני ישראל ממצרים שנאמר ועתה לכה ואשלחך אל פרעה וגו׳ באותה שעה נטל אשתו ושני בניו והיה מוליכם למצרים שנאמר ויקח משה את אשתו ואת בניו וירכיבם על החמור וישב ארצה מצרים באותה שעה נאמר לאהרן לך לקראת משה המדברה וגו׳ יצא לקראתו והיה מגפפו ומחבקו ומנשקו אמר לו משה אחי היכן היית כל השנים הללו אמר לו במדין אמר לו מה

---

79 שמות ג׳, י׳. 81–82 שם ד׳, כ׳. 83 שם ד׳, כ״ז.

---

71 לישראל] מ. למשה. 75–76 שילוח האמור] ד. < / אלעזר] מ. אליעזר. 79 ועתה לכה] א. מ. ג. ועתה לך ק. נ. לכה נא. 79–80 באותה שעה נטל] א. בא ונטל. 84 מגפפו] ד. < / אחי] ד. <.

and women, that are with you?" Moses said to him: "My wife and my sons." "And whither are you taking them?" asked Aaron. "To Egypt," answered Moses. Then Aaron said to him: "We are worrying about those already there and now you bring upon us these newcomers." At that moment Moses said to Zipporah: "Go to your father's house." She then took her two sons and went. Referring to this it is said: "After he had sent her away."

And Her Two Sons . . . in a Strange Land. R. Joshua says: It certainly was a land strange to him. R. Eleazar of Modi'im says: "In a strange land"—where God was like a stranger.[9] Moses said: Since the whole world is worshiping idols, whom shall I worship? Him by whose word the world came into being. For at the time when Moses said to Jethro: "Give me your daughter Zipporah to wife," Jethro said to him: "Accept one condition which I will state to you and I will give her to you for a wife." "What is it?" asked Moses. He then said to him: "The first son that you will have shall belong to the idol and the following may belong to God." Moses accepted. Jethro then said: "Swear unto me," and Moses

---

[9] See Introduction.

טף ונשים אלו עמך אמר לו אשתי ובניי אמר לו ולהיכן אתה מוליכם אמר לו למצרים אמר לו על הראשונים אנו מצטערים ועכשיו הבאת עלינו את האחרונים באותה שעה אמר לה משה לצפורה לכי לבית אביך נטלה שני בניה והלכה לה לכך נאמר אחר שלוחיה.

ואת שני בניה וגו׳ נכריה רבי יהושע אומר ארץ נכריה היתה לו ודאי רבי אלעזר המודעי אומר בארץ נכריה נכר יה אמר משה הואיל וכל העולם כולו עובדי עבודה זרה למי אני אעבוד למי שאמר והיה העולם שבשעה שאמר משה ליתרו תנה לי את צפורה בתך לאשה אמר לו יתרו קבל עליך דבר אחד שאני אומר לך ואני נותנה לך לאשה אמר לו מהו אמר לו בן שיהיה לך תחלה יהיה לעבודה זרה ומכאן ואילך לשם שמים וקבל עליו אמר לו השבע לי וישבע

86–87 אמר לו ולהיכן] ד. ולאן. 87 אמר לו] ד. <.
88–89 הבאת עלינו את האחרונים] ד. נצטער גם באלו. 89 לה משה]
ד. < / לצפורה] א. מ. <. 90 נטלה שני בניה] ד. באותה שעה
הלכה לבית אביה ונטלה שני בניה / והלכה לה] ד. <. 93 ארץ]
ד. <. / אלעזר] מ. אליעזר. 94 נכר יה] א. ד. <. 95 למי]
ד. <. 96 למי שאמר] ד. לפני מי שאמר 98 אחד] ד. זה.

swore, as it is said: "And he adjured (*vayoel*) Moses" (Ex. 2.21). For *Alah* is but an expression for swearing, as it is said: "But Saul adjured (*vayoel*) the people" (I Sam. 14.24). So also: "Be adjured[10] (*Hoel*) to take two talents" (II Kings 5.23). It was for this that the angel at first wished to kill Moses. Immediately: "Zipporah took a flint and cut off the foreskin of her son . . . So he let him alone" (Ex. 4.25–26). R. Eleazar b. Azariah says: Uncircumcision is detestable, for the wicked are reproached with it, as it is said: "For all the nations are uncircumcised" (Jer. 9.25). R. Ishmael says: Great is circumcision, for thirteen covenants[11] were made over it. R. Jose the Galilean says: Great is circumcision, for it sets aside the Sabbath, which is very important and the profanation of which is punishable by extinction. R. Joshua b. Karḥa says: Great is circumcision, for no merit of Moses could suspend the punishment for its neglect even for one hour. R. Nehemiah says: Great is circumcision, for it sets aside the laws

---

[10] The *Mekilta*, according to the reading accepted in our text, thus interprets the word הואל. See Arakin 16a and comp. שאלתות (Wilna, 1864) section מצורע, p. 38b (cf., however, the variant reading of this *Mekilta* passage as given in *Pugio Fidei*, and see Introduction).

[11] I. e., the word ברית, "covenant," is used in the Torah thirteen times in connection with the rite of circumcision (cf. also commentary *Mirkebet ha-Mishneh*, ad loc.).

שנאמר ויואל משה ואין אלה אלא לשון שבועה שנאמר ויואל שאול את העם וגו׳ וכן הואל וקח ככרים וגו׳ לפיכך הקדים המלאך להרוג את משה מיד ותקח צפורה צר ותכרות את ערלת בנה וגו׳ וירף ממנו. רבי אלעזר בן עזריה אומר מאוסה ערלה שנתגנו בה רשעים שנאמר כי כל הגוים ערלים רבי ישמעאל אומר גדולה מילה ששלש עשרה בריתות נכרתו עליה רבי יוסי הגלילי אומר גדולה מילה שדוחה את השבת חמורה שחייבין עליה כרת רבי יהושע בן קרחה אומר גדולה מילה שלא נתלה זכות למשה עליה מלא שעה רבי נחמיה אומר גדולה מילה שדוחה את

102 שם ב׳, כ״א. 103 שמואל א. י״ד, כ״ד. 103–104 מלכים ב. ה׳, כ״ג. ערכין ט״ז, א׳ ובגליון שם. נדרים ס״ה, א׳. שמו״ר א׳, ל״ג. 105–106 שמות ד׳, כ״ה–כ״ו. 106–126 נדרים ל״א, ב, ל״ב, א׳. י׳ שם ג׳, י״ג–י״ד (38b). 107–108 ירמיה ט׳, כ״ה. 113–126 שמו״ר ה׳, ח׳.

103–104 וכן הואל וקח ככרים] מ. וכת׳ וקח נכרים ט. ד. וכתיב ויאמר נעמן הואל וקח ככרים מ״ח. וכתיב הואל וקח ככרים. במקרא שלפנינו, הואל קח ככרים. Pugio fidei צד 597 וכן הוא לוקח בכורים. 108 ערלים] א. ~ וגו׳ ד. ~ וכל בית ישראל ערלי לב. 109 בריתות] מ. ק. כריתות. 110 חמורה] ד. החמורה. 112–114 שלא נתלה–גדולה מילה] מ. <.

concerning plagues. Rabbi says: Great is circumcision, for all the merits of Moses availed him not in the time of his trouble about it. He was going to bring out Israel from Egypt and yet because for one hour he was negligent about the performance of circumcision, the angel sought to kill him, as it is said: "And it came to pass on the way at the lodging place," etc. (Ex. 4.24). R. Jose says: God forbid! to think that this righteous man neglected the duty of circumcision even for one hour! But, should he perform the circumcision and immediately go on his journey —there is risk of life. Should he perform the circumcision and tarry a while—God had told him: "Go and bring out Israel from Egypt."[12] It was merely because he relaxed and thought of lodging before performing the circumcision, that the angel sought to kill him. For it is said: "And it came to pass on the way, at the lodging place," etc. R. Simon b. Gamaliel says: The angel sought to kill not Moses but the child. For it is said: "Surely a bridegroom of blood art thou to me" (ibid. v. 25). You must reason: Go and see who could have been designated bridegroom? Moses or the child? You must say: the child.[13]

---

[12] See Introduction and cf. *Shebut Yehudah*, ad loc.

[13] Cf. Jastrow, *Dictionary*, p. 514, s. v. חתן.

הנגעים רבי אומר גדולה מילה שכל זכיותיו של משה לא עמדו לו בשעת דחקו הלך להוציא את ישראל ממצרים ועל שנתעצל במילה שעה אחת בקש המלאך להרגו שנאמר ויהי בדרך במלון וגו׳ רבי יוסי אומר חס ושלום לאותו צדיק שנתעצל במילה שעה אחת אלא ימול ויצא הרי סכנת נפשות ישהה וימול המקום אמר לו לך והוציא את ישראל ממצרים אלא על שנתרשל בלינה קודם למילה לכך בקש המלאך להרגו שנאמר ויהי בדרך במלון וגו׳ רבן שמעון בן גמליאל אומר לא ביקש המלאך להרוג למשה אלא לתינוק שנאמר כי חתן דמים אתה לי אמרת צא וראה מי קרוי חתן משה או התינוק הוי אומר התינוק.

---

117 שמות ד׳, כ״ד.

---

114 גדולה מילה] א״צ. מא״ש. ~ שכל המצות שעשה אברהם אבינו לא נקרא שלם עד שמל שנאמר התהלך לפני והיה תמים (בראשית י״ז, א) אמר ר׳ יהושע בן קרחא בא וראה כמה גדולה מילה. 115–116 הלך להוציא את ישראל ממצרים] ד. כשאמר לו המקום לך הוצא את עמי בני ישראל ממצרים. 119 אלא] מ״ח. ~ אמר ד. ~ דרש משה קל וחומר. 121 שנתרשל] ל. מ״ח. שנתעסק. 122 המלאך] ד. המקום מ״ח. <. 125 קרוי חתן] מ. ~ דמים.

And the Name of the Other Was Eliezer: 'For the God of My Father Was My Help, and Delivered Me from the Sword of Pharaoh.' R. Joshua says: When did God deliver him? At the time when Dathan[14] said to him: "Who made thee a ruler and a judge . . . Now when Pharaoh heard this thing" (Ex. 2.14–15). They[15] say: They seized Moses, brought him to the platform, bound him and put the sword to his throat. But then an angel came down and appeared to them in the likeness of Moses, so that they got hold of the angel and let Moses escape. R. Eliezer says: God turned the people who set out to capture Moses into different groups. Some of them He made dumb, some He made deaf, and some He made blind. They asked the dumb ones: Where is Moses? And they could not answer. They asked the deaf ones, and they could not hear; the blind ones and they could not see, just as it is said: "And the Lord said unto him: 'Who hath made a man's mouth? or who maketh a man dumb,' " etc. (Ex. 4.11). Referring to this, it is said: "For the God of my father was my help."

---

[14] According to the Rabbis, the "two men of the Hebrews striving together" (Ex. 2.13) were Dathan and Abiram (see *Midrash Abkir* quoted in *Yalkut* ad loc. (167); cf. also Ned. 64b).

[15] See Introduction.

ושם האחד אליעזר כי אלהי אבי בעזרי ויצילני מחרב פרעה רבי יהושע אומר אימתי הצילו המקום בשעה שאמר לו דתן מי שמך לאיש שר ושופט וגו׳ וישמע פרעה את הדבר הזה אמרו תפסו את משה והעלוהו לבימה וכפתוהו והניחו את הסייף על צוארו באותה שעה ירד מלאך ונדמה להם כדמותו של משה תפסו את המלאך והניחו את משה רבי אליעזר אומר בני אדם שתפסו את משה עשאן המקום כתים כתים עשאן אלמים עשאן חרשים עשאן סומים והיו אומרים לאלמים היכן משה ולא היו מדברים ולחרשים ולא היו שומעים ולסומים ולא היו רואים כענין שנאמר ויאמר יי אליו מי שם פה לאדם או מי ישום אלם וגו׳ לכך נאמר כי אלהי אבי בעזרי.׳

127–134 שמו״ר א׳, ל״א. ד״ר ב׳, כ״ח. ש. 86–87. 130–131 שמות ב׳, י״ד–ט״ו. 135–140 שמו״ר שם. ד״ר שם. 136–246 ש. 87–88. 139–140 שמות ד׳, י״א.

129 בשעה] ד. באותה שעה. 131 אמרו] ד. אמר. 132 באותה שעה] א. מ. <. 134–135 רבי אליעזר אומר בני אדם שתפסו את משה] ד. ט. <. 135 כתים כתים] א. <. 136 עשאן] ד. < ג. מהם. 136–140 והיו אומרים–אלם וגו׳] א. <.

And Jethro, Moses' Father-in-Law, Came with His Sons and His Wife. But has it not already been said: "And thy wife, and her two sons with her" (v. 6)? From this I might have understood that they were her sons from another marriage. Scripture, therefore, says here: "With his sons and his wife unto Moses"—they were also the sons of Moses and not Zipporah's sons from another marriage.

Into the Wilderness. Behold, Scripture expresses surprise at him. He was dwelling in the midst of the splendor of the world and yet was willing to go out to the desert, a place of desolation where nothing is to be had. In this sense it is said: "Into the wilderness."

And He Said unto Moses, etc. R. Joshua says: He wrote it to him in a letter. R. Eleazar of Modi'im says: Through a messenger he sent him the message, saying to him: Do[16] it for my sake. If you do not care to do it for my sake, do it for the sake of your wife. And if you do not care to do it for your wife's sake, then do it for the sake of your children. Therefore it is said: "And he said unto Moses." R. Eliezer says: This was said to Moses by God: "I, I who said the word

[16] I. e., come out to meet us.

ויבא יתרו חתן משה ובניו ואשתו והלא כבר נאמר ואשתך ושני בניה עמה שומע אני שהיו בניה ממקום אחר ת״ל ובניו ואשתו אל משה בניו של משה היו ולא היו בניה ממקום אחר.

אל המדבר הרי הכתוב מתמיה עליו שהיה שרוי בתוך כבודו של עולם ובקש לצאת אל המדבר תוהו שאין בו כלום לכך נאמר אל המדבר.

ויאמר אל משה וגו׳ רבי יהושע אומר כתב לו באגרת רבי אלעזר המודעי אומר שלח לו ביד שליח ואמר לו עשה בגיני ואם אין אתה עושה בגיני עשה בגין אשתך ואם אין אתה עושה בגין אשתך עשה בגין בניך לכך נאמר ויאמר אל משה וגו׳ רבי אליעזר אומר נאמר למשה אני אני

149–164 שמו״ר כ״ז, ב׳. ת. יתרו ו׳.

---

142 ואשתך ושני בניה עמה] ק. נ. ושני בניו עמו. 143–144 אל משה–ממקום אחר] א. <. 148 אל המדבר] מ״ח. ~ מקום ד. למדבר ציה / אל] ק. נ. <. 152 עשה] ד. צא. 152–153 ואם אין–בגין אשתך] ד. ואם לאו. 153 בניך ד. בניה. 154 אליעזר] א. אלעזר / נאמר למשה] א״א. ז״י. א״צ. ש״י. (א״א. ויאמר אל משה ~) הקב״ה אמר למשה. 154–155 אני אני הוא] ק. אני אני נ. ל. אני הוא.

by which the world came into being, I am One who welcomes, not One who repels." As it is said: "Behold, I am a God that brings near, saith the Lord, and not a God that repels"[17] (Jer. 23.23). "I am He that brought Jethro near, not keeping him at a distance. So also thou, when a man comes to you wishing to become a convert to Judaism, as long as he comes in the name of God for the sake of heaven, do thou, likewise, befriend him and do not repel him." From this you can learn that one should always be ready to bring near with the right hand even while repelling with the left—not as Elisha did unto Gehazi whom he pushed away forever.[18]

And Moses Went to Meet His Father-in-Law. They say: Moses went out and with him Aaron, Nadab and Abihu and seventy of the elders of Israel. Some say: The Shekinah also went with them.

And He Bowed Down and Kissed Him. From this I could not know who bowed down to whom and who kissed whom. It continues, however, to say: "And they inquired, each man of the other, about their welfare"—now, who is designated "man"[19] (*Ish*) is it not Moses, as it is said: "Now

---

[17] The words מקרב and מרחק written defectively are interpreted as if they read מְקָרֵב and מְרַחֵק respectively.

[18] See Sanh. 107b.

[19] Cf. Friedmann and *Shebut Yehudah* ad loc.

הוא שאמרתי והיה העולם אני הוא המקרב ולא המרחק שנאמר האלהי מקרב אני נאם יי ולא אלהי מרחק אני הוא שקירבתי את יתרו ולא ריחקתיו ואף אתה כשיבא אדם אצלך להתגייר ואינו בא אלא לשם שמים אף אתה קרבהו ולא תרחיקהו מכאן אתה למד שיהא אדם דוחה בשמאל ומקרב בימין ולא כשם שעשה אלישע לגחזי שדחפו לעולם.

ויצא משה לקראת חתנו אמרו יצא משה ואהרן נדב ואביהוא ושבעים מזקני ישראל ויש אומרים אף שכינה יצאת עמהם.

וישתחו וישק לו איני יודע מי השתחוה למי או מי נשק למי כשהוא אומר וישאלו איש לרעהו לשלום מי קרוי איש הלא משה שנאמר והאיש משה

156–157 ירמיה כ״ג, כ״ג. 160–161 סוטה מ״ז, א׳. סנהדרין ק״ז, ב׳. 167–168 במדבר י״ב, ג׳.

---

156 האלהי מקרב אני] ק. האלי מקרוב באו אני נ. האלי מקרוב אני/ אלהי] ק. נ. אלי. 158 אצלך] א. </ להתגייר] מ. </ ואינו] הגהתי עפ״י ט. וש״י: א. מ. ד. אינו. 158–159 ואינו בא–שמים] מ״ח. לשמים. 161 שדחפו]–א. ט: מ. ד. ודחפו/ לעולם] מ. מן העולם. 162–163 משה ואהרן] ד. אהרן. 163 ויש] מ. וישראל.

the *man* Moses was very meek" (Num. 12.3)? You must, therefore, say: It was Moses who bowed down and kissed his father-in-law. Hence we learn that a man should show respect to his father-in-law.

And They Came into the Tent. Meaning the house of study.

And Moses Told His Father-in-Law. In order to attract him and bring him near to the Torah.

All that the Lord Had Done, etc. That He had given the Torah to His people Israel.

All the Travail, while in Egypt; *that Had Come upon Them*, at the Red Sea; *by the Way*, that is, the war with Amalek; *and How the Lord Delivered Them*, from all these, God had delivered them.

And Jethro Rejoiced, etc. R. Joshua says: It is of the goodness of the manna that Scripture speaks. Moses said to Jethro: "In this manna which God has given to us, we can taste the taste of bread, the taste of meat, the taste of fish, the taste of locust, and the taste of all the delicacies in the world." For, instead of saying merely "goodness," or "the goodness," or "all the goodness," it says: "Over all the goodness." R. Eleazar of Modi'im says: It is of the goodness of the well that Scripture speaks. Moses said to Jethro: "In the waters of this well which God has given us we can taste the taste of old wine, the taste of new wine, the taste of milk, the taste of honey, and the taste of all the sweet

ענו מאד הוי אומר לא השתחוה ולא נשק אלא משה לחמיו מכאן למדנו שיהא אדם נוהג בכבוד חמיו. ויבאו האהלה זה בית המדרש.

ויספר משה לחותנו למשכו ולקרבו לתורה.

את כל אשר עשה יי וגו׳ שנתן תורה לעמו ישראל. את כל התלאה במצרים אשר מצאתם על הים בדרך זו מלחמת עמלק ויצילם יי הצילם המקום מכולם.

ויחד יתרו וגו׳ רבי יהושע אומר בטובת המן הכתוב מדבר אמר לו המן הזה שנתן לנו המקום אנו טועמין בו טעם פת טעם בשר טעם דגים טעם חגבים טעם כל המטעמים שבעולם שנאמר טובה הטובה כל הטובה על כל הטובה רבי אלעזר המודעי אומר בטובת הבאר הכתוב מדבר אמר לו הבאר הזו שנתן לנו המקום אנו טועמין בו טעם יין ישן טעם יין חדש טעם חלב טעם דבש טעם

168 הוי אומר] א. הרי מ. הוי. 169 למדנו] ד. אמרו / נוהג] ד. מוכן / בכבוד] ד. לכבוד. 173–174 את כל אשר עשה–ישראל] ט"כ. מ"ח. </ שנתן תורה לעמו ישראל] מ. שתורה בעמך ישראל. 174 במצרים] ד. אשר מצאתם בדרך. 178 אמר לו] ד. אמרו לו. 182–183 אמר לו] ד. אמרו לו. 183 הזו] ד. <.

drinks in the world." For instead of saying merely "goodness," or "the goodness," or "all the goodness," it says: "Over all the goodness,"[20] R. Eliezer says: It is of the goodness of the land of Israel that Scripture speaks. Moses said to Jethro: "God is going to give us six good portions: the land of Israel, the future world, the new world, the kingdom of David, and the institutions of the priests and the Levites." Therefore, instead of merely "goodness," or "the goodness," or "all the goodness," it says: "Over all the goodness." Immediately Jethro began and said: "Blessed be the Lord."

And Jethro Said: 'Blessed Be the Lord.' Said R. Pappias: This passage expresses a reproach of the Israelites. For, behold there were six hundred thousand people and not one of them rose to bless God until Jethro came and blessed God, as it is said: "And Jethro said. 'Blessed be the Lord.' "

Who Hath Delivered You Out of the Hand of the Egyptians, and Out of the Hand of Pharaoh. From the hand of that great dragon, of whom it is said: "The great dragon that lieth in the midst of his rivers, that hath said: My river is mine own, and I have made it for myself" (Ezek. 29.3).

---

[20] See Commentaries.

כל המתוקים שבעולם שנאמר טובה הטובה כל הטובה על כל הטובה רבי אליעזר|אומר בטובת ארץ ישראל הכתוב מדבר אמר לו עתיד המקום ליתן לנו שש מדות טובות ארץ ישראל והעולם הבא ועולם חדש ומלכות בית דוד וכהונה ולויה לכך נאמר טובה הטובה כל הטובה על כל הטובה מיד פתח ואמר ברוך יי.

ויאמר יתרו ברוך יי אמר רבי פפייס בגנות ישראל הכתוב מדבר שהרי יש שם ששים רבוא בני אדם ולא עמד אחד מהם ובירך למקום עד שבא יתרו ובירך למקום שנאמר ויאמר יתרו ברוך יי.

אשר הציל אתכם מיד מצרים ומיד פרעה מיד התנין הגדול ההוא שנאמר בו התנין הגדול הרובץ בתוך יאוריו אשר אמר לי יאורי ואני עשיתיני.

186–191 לע״ל ויסע ד׳. 192–194 סנהדרין צ״ד, א׳. 198–200 יחזקאל כ״ט, ג׳.

---

185 המתוקים א. המתקים מ. נ. ט. הממתקים. 187 אמר] ד. אמרו. 191 מיד פתח ואמר] ד. ואומר / ברוך יי]=מ. ט: א. ד. <. 197 אשר הציל אתכם מיד מצרים] א. מ. < / ומיד] א. מ. מיד. 198 פרעה] מ. ~ אלא ט. ~ לא מיד פרעה אלא/ ההוא שנאמר בו] א. ק. נ. < ל. שנאמר. 198–200 התנין–עשיתיני] א. <.

From under the Hand of the Egyptians. From the oppression by the Egyptians.

Now I Know. Up to now he had not admitted it.

That the Lord Is Great. They say: No slave had ever been able to run away from Egypt. And at this time the Holy One, blessed be He, brought out six hundred thousand people from Egypt. Referring to this it is said: "That the Lord is great."

Than All Gods. They say: There was not an idol in the world which Jethro failed to seek out and worship. For it is said: "Than all gods." Naaman, however, knew better than Jethro.[21] For it is said: "Behold now, I know that there is no God in all the earth, but in Israel" (II Kings 5.15). Likewise, Rahab the harlot says: "For the Lord your God, He is God in heaven above, and on earth beneath" (Josh. 2.11).

Yea, for with the Very Thing with Which They Acted Presumptuously Against Them. I have acknowledged Him in the past, and now even more, for His name has become great in the world. For with the very thing with which the Egyptians planned to destroy Israel, God pun-

---

[21] Naaman knew that there was no other god. Jethro, however, implied that there were other gods, but that the Lord is greater than all of them.

מתחת יד מצרים מתחת שעבוד ההוא של מצרים.

עתה ידעתי עד עכשיו לא הודה בדבר.

כי גדול יי אמרו מתחלה לא היה עבד יכול לברוח ממצרים ועכשיו הוציא הקב"ה ששים ריבוא בני אדם ממצרים לכך נאמר כי גדול יי.

מכל אלהים אמרו לא הניח יתרו עבודה זרה בעולם שלא חזר עליה ועבדה שנאמר מכל אלהים ונעמן יודע בדבר יותר ממנו שנאמר הנה נא ידעתי כי אין אלהים בכל הארץ כי אם בישראל וכן רחב הזונה אומרת כי יי אלהיכם הוא אלהים בשמים ממעל ועל הארץ מתחת.

כי בדבר אשר זדו עליהם מכירו הייתי לשעבר ועכשיו ביותר שנתגדל שמו בעולם שבמחשבה שחשבו מצרים לאבד את ישראל בו

207–209 ת. יתרו ז׳. 207–212 ד״ר ב׳, כ״ז. 209–210 מלכים ב. ה׳, ט״ו. 211–212 יהושע ב׳, י״א.

---

203 הודה] ד. ~ לו. 205 ממצרים] ד. ~ שהיתה סוגרת ומסוגרת. 207 מכל] א. ומה ת״ל מכל. 208 חזר] ד. עבר. 209 יודע] א. מ. נודע ש. ל״ט. מ״ח. א״צ. הודה / בדבר יותר ממנו] א״צ. לו ביותר. 211 הוא אלהים] א. וגו׳ מ. הוא יי האלהים ק. נ. הוא האלהים. 213 מכירו] מ״ח. אטר מכירו / הייתי ד. היה.

ished them, as it is said: "Yea, for with the very thing with which they acted presumptuously against them."

And Jethro, Moses' Father-in-Law, Took a Burnt-Offering and Sacrifices for God. Scripture expresses surprise at him. A man who has been a worshiper of idols; who would sacrifice, offer incense and libations and bow down to his idols, now brings a burnt-offering and sacrifices to God.

And Aaron Came, and All the Elders of Israel. and where did Moses go? Was it not he who first went out to meet him, as it is said: "And Moses went out to meet his father-in-law" (v. 7)? Where then was he now? Scripture thus teaches that Moses was standing and serving them. Whence did he learn this? From our father Abraham. They say: R. Isaac once mentioned this in a discourse. He said: When R. Gamaliel gave a banquet to the wise men, all of them sat reclining, while R. Gamaliel stood up and served them. They then said: "We are not right in letting R. Gamaliel wait upon us." But R.

בדבר נפרע מהם המקום שנאמר כי בדבר אשר זדו עליהם.

ויקח יתרו חותן משה עולה וזבחים לאלהים הרי הכתוב מתמיה עליו אדם שהיה עובד עבודה זרה ומזבח ומקטר ומנסך ומשתחוה לעבודה זרה שלו עכשיו הוא מביא עולה וזבחים ליי.

ויבא אהרן וכל זקני ישראל ומשה להיכן הלך והלא מתחלה יצא לקראתו שנאמר ויצא משה לקראת חותנו ועכשיו להיכן הלך מלמד שהיה עומד ומשמש עליהם מהיכן למד מאברהם אבינו. אמרו הדבר הזה דרש רבי יצחק ואמר כשעשה רבן גמליאל סעודה לחכמים היו כל החכמים יושבין מסובים אצלו עמד רבן גמליאל ושמשן אמרו אין אנו בדין שישמשנו רבן גמליאל

227–243 ספרי דברים ל"ח. קידושין ל"ב, ב'.

218 עולה] א. עולת. 219 הרי] ד. < / שהיה א. שהוא. 220 עובד ע"ז] מ. עומד מ"ח. עובד. 221 שלו] מ. מ"ח. <. 225 הלך] ד. ~ אלא. 226 עליהם] א. מ. < / מהיכן] א. ומי מ. ממי אתה מ"ח. ממי ה. וממי. 227 יצחק] ג. א"צ. ש. צדוק / ואמר] א. מ. <. 229 החכמים] ד. חכמי ישראל. 230 אין אנו בדין] ק. נ. אין אנו כדין ל. אין אנו כדאין ה. אינו בדין / רבן גמליאל] ד. <.

Joshua said to them: "Leave him alone, let him do the serving. We find that one greater than R. Gamaliel waited upon people." Said they to him: "Who was it?" Said he to them: "It was our father Abraham who waited upon the angels. And he believed them to be human beings, Arabs, worshipers of idols. All the more is it proper that R. Gamaliel should wait upon wise men, sons of the Torah." R. Zadok said to them: "Leave him alone, let him do the serving. We can find one greater than R. Gamaliel and even greater than our father Abraham who has waited upon people." Said they to him: "Who is it?" Said he to them: "It is the Holy One, blessed be He, who gives to every one his wants and to everybody according to his needs. And not to good people alone, but also to wicked people and even to people who are worshiping idols. All the more is it proper that R. Gamaliel should wait upon wise men, sons of the Torah."

And Aaron Came and All the Elders of Israel, etc. Why does it say: "Before God?" It is to teach that when one welcomes his fellow man, it is considered as if he had welcomed the Divine Presence.

אמר להן רבי יהושע הניחו לו וישמש מצינו גדול מרבן גמליאל ששימש את הבריות אמרו לו איזה הוא אמר להם זה אברהם אבינו ששימש את מלאכי השרת והיה סבור שהם בני אדם ערביים עובדי עבודה זרה על אחת כמה וכמה רבן גמליאל שישמש חכמים בני תורה אמר להן רבי צדוק הניחו לו שישמש מצינו גדול מרבן גמליאל ומאברהם אבינו ששימש את הבריות אמרו לו אי זה הוא אמר להם הקב"ה שהוא נותן לכל אחד ואחד צורכו ולכל גויה וגויה כדי מחסורה ולא לבני אדם כשרים בלבד אלא אף לבני אדם רשעים ולבני אדם עובדי עבודה זרה על אחת כמה וכמה רבן גמליאל שישמש חכמים בני תורה.

ויבא אהרן וכל זקני ישראל וגו' ומה ת"ל לפני האלהים אלא מלמד שכל המקבל פני חבירו כאלו מקבל פני שכינה.

---

234 והיה] ד. שהיה / סבור] א. ~ בהן. 236 בני] ד. לומדי / צדוק] ד. יצחק. 236–237 הניחו לו שישמש] ד. <. 239 הקב"ה] מ. המקום שבשמים ד. שכינה. 239–240 שהוא נותן–כדי מחסורה] ד. שבכל שעה מספיק מזון לכל באי העולם כדי צרכן ומשביע לכל חי רצון. 240 כשרים] ד. הכשרים והצדיקים. 243 בני] ד. ובני. 246 חבירו] ד. חכמים.

Chapter IV
(Ex. 18.13–27)

And It Came to Pass on the Morrow. That is, on the morrow after the day of Atonement.

That Moses Sat to Judge the People from the Morning unto the Evening. And was Moses really sitting and judging Israel from morning to evening? Is it not the rule that judges hold court only until meal time? But this merely teaches that whosoever renders a true judgment is accounted as if he had been a co-worker of the Holy One, blessed be He, in the work of creation. Here it is written: "From the morning unto the evening," and there it says: "And there was evening and there was morning" (Gen. 1.5).

And When Moses' Father-in-Law Saw, etc. What did he see? He saw him behaving like a king who sits on his throne while all the people around him stand. He, therefore, said to him: "What is this thing that thou doest to the people? Why sittest thou thyself alone" (Ex. 18.14).

פרשה ד (שמות י"ח, י"ג–כ"ז.)

ויהי ממחרת ממחרת יום הכפורים.

וישב משה לשפוט את העם מן הבוקר עד הערב וכי מן הבקר עד הערב היה משה יושב ודן את ישראל והלא הדיינין אינן דנין אלא עד זמן סעודה ומה ת"ל מן הבקר עד הערב אלא מלמד שכל מי שמוציא את הדין לאמתו מעלין עליו כאלו היה שותף עם הקב"ה במעשה בראשית כתיב כאן מן הבקר עד הערב ולהלן הוא אומר ויהי ערב ויהי בקר וגו'.

ויר א חתן משה וגו' מה ראה ראהו שהיה כמלך יושב על כסאו והכל עומדין עליו אמר לו מה הדבר הזה אשר אתה עושה לעם מדוע אתה יושב לבדך.

1–182 ש. 88–93. 2–9 שבת י', א'. 9 בראשית א', ה'.

5 עד 2] מ. ועד. 6 את הדין] ד. דין אמת. 7 מעלין עליו] ד. מעלה עליו הכתוב / עם הקב"ה] א. מ. <. 8–9 ולהלן הוא אומר] ד. ובמעשה בראשית כתיב. 10 מה ראה ראהו שהיה] א. מ. < ש. אמר לו. 11–12 אמר לו–עושה לעם] א. מ. ט. ש. כך אתה עושה להן לישראל.

And Moses Said unto His Father-in-Law: 'Because the People Come unto Me to Inquire of God.' They say: The following question Judah of Kefar Akko asked R. Gamaliel: "Why did Moses see fit to say: 'Because the people come unto me'?" R. Gamaliel said to him: "If not thus, how should he have said?" Said Judah: "He should have said merely: 'Because the people come to inquire of God.'" Then R. Gamaliel said: "Inasmuch as he does say: 'To inquire of God,' he has spoken properly."

When They Have a Matter It Cometh to Me. That is, a matter in regard to uncleanness and cleanness. *And I Judge Between a Man*, that is, giving a decision of the law without compromise. *And His Neighbour*, that is, giving a decision based upon a compromise, for it speaks of the litigants parting from one another as friends. *And I Make Them Know the Statutes of God*, that is, the interpretations; *And His Laws*, that is, the decisions—these are the words of R. Joshua. R. Eleazar of Modi'im says: "Statutes" (*Ḥukkim*), means the laws against incestuous practices, as in the passage: "That ye do not any of these abominable customs (*meḥukkot*)" (Lev. 18.30). *And Laws*, means decisions.

ויאמר משה לחתנו כי יבא אלי העם לדרוש אלהים אמרו הדבר הזה שאל יהודה איש כפר עכו את רבן גמליאל מה ראה משה לומר כי יבא אלי העם אמר לו אם לאו מה יאמר אמר לו יאמר כי יבא העם לדרוש אלהים אמר לו כשהוא אומר לדרוש אלהים יפה אמר.

כי יהיה להם דבר בא אלי בין טומאה לטהרה ושפטתי בין איש זה הדין שאין בו פשרה ובין רעהו זה הדין שיש בו פשרה מגיד ששניהם נפטרין זה מזה כרעים והודעתי את חוקי אלהים אלו המדרשות ותורותיו אלו ההוריות דברי רבי יהושע רבי אלעזר המודעי אומר חקים אלו עריות שנאמר לבלתי עשות מחקות התועבות והתורות אלו ההוריות.

20–27 ספרי דברים נ״ח–נ״ט וקנ״ב. ת״כ אחרי מות י״ג (86c). בחקותי ט׳ (112d). 25–27 לעיל ויסע א׳. 26 ויקרא י״ח, ל׳.

15–17 אמרו–אלי העם] מ. <. 17–18 אמר לו יאמר–לדרוש אלהים]=מ. ט״כ. ג: א. ד. <. 18–19 אמר לו כשהוא] ד. כשהוא. 22 ובין] ק. נ. בין. 24 ותורותיו] מ. והתורות. במקרא, ואת תורותיו. 24–27 דברי רבי יהושע–אלו ההוריות] א. <. 26 והתורות] ק. נ. והתורה.

And Moses' Father-in-Law Said unto Him . . . Thou Wilt Surely Wear Away. R. Joshua says: They will tire you out and cause you to drop down. R. Eleazar of Modi'im says: They will make you fade with their chiding—like a fig-tree whose leaves fade, as it is said: "As the leaf falleth off from the vine, and as a falling fig from the fig-tree" (Isa. 34.4).

Also[1] *Thou.* "Thou," that is Moses: "also," refers to Aaron; *And This People that is with Thee*, refers to the seventy elders—these are the words of R. Joshua. R. Eleazar of Modi'im says: "Thou," that is Moses; "also," refers to Aaron; and again "also," refers to Nadab and Abihu; *And this People that Is with Thee*, refers to the seventy elders.

For the Thing Is Too Heavy for Thee, etc. He said to him: Observe, a beam when it is still fresh and moist, two or three people get under it and cannot support it. But four or five people get under it and they can support it, "for the thing is too heavy for thee; thou art not able to perform it thyself alone."

---

[1] The particle גם, "also," is regarded as having inclusive force (see Bacher, *Terminologie*, I, pp. 110 and 180).

ויאמר חותן משה אליו וגו׳ נבל תבל רבי יהושע אומר ילאו אותך וינשרו אותך רבי אלעזר המודעי אומר ינבלו אותך ויקנתרו אותך כתאנה זו שעליה נובלות שנאמר כנבל עלה מגפן וכנבלת מתאנה.

גם אתה אתה זה משה גם זה אהרן העם הזה אשר עמך אלו שבעים זקנים דברי רבי יהושע רבי אלעזר המודעי אומר אתה זה משה גם זה אהרן וגם זה נדב ואביהוא העם הזה אשר עמך אלו שבעים זקנים.

כי כבד ממך הדבר וגו׳ אמר לו הסתכל בקורה זו כשהיא לחה שנים או שלשה נכנסין תחתיה אינן יכולין לעמוד בה ארבעה חמשה נכנסין תחתיה יכולין לעמוד בה כי כבד ממך הדבר לא תוכל עשוהו לבדך.

31–32 ישעיה ל״ד, ד׳.

29–31 רבי יהושע–שעליה] מ. <. 29 יהושע] ט. יהודה / ילאו] הגהתי=ט. מ״ח. א״א. ש״י: א. יקללו ד. ט״כ. יחללו / וינשרו] מ״ח. וינשאו. 30 אלעזר] ד. אליעזר / המודעי] ט. < / ויקנתרו] מ״ח. וינתרו. 31–32 כנבל עלה מגפן וכנבלת מתאנה] ד. כאלה נובלת עליה (ישעיה א׳, ל׳). 34 אלו] א. ד. זה. 36 וגם זה] הגהתי=ט״כ. וא״צ: מ. גם זה א. ד. < / הזה] מ. < / אשר עמך] א. ד. <. 38 וגו׳] ד. < מ. לעשותו. 39 או] מ. ד. <.

Hearken Now Unto My Voice. If you will listen to me, it will be well with you.

I Will Give Thee Counsel, and God Be with Thee. Go and consult with the Almighty.

Be Thou for the People, etc. Be for them like a vessel filled with divine revelations. *And Bring Thou the Causes.* The words which you hear, bring up and report about them.[2]

And Thou Shalt Teach Them the Statutes, that is the interpretations; *And the Laws,* that is the decisions—these are the words of R. Joshua. R. Eleazar of Modi'im says: "Statutes" (*Ḥukkim*) means the laws against incestuous practices, as in the passage: "That ye do not any of these abominable customs (*meḥukkot*)" (Lev. 18.30). *And Laws,* means decisions.

And Shalt Show Them the Way, etc., meaning the study of the Torah; *And the Work that They Must Do,* meaning good deeds—these are the words of R. Joshua. R. Eleazar of Modi'im says: *And Shalt Show Them,* means show them how to live; *The Way,* refers to visiting the sick; *They Must Walk,* refers to burying the dead; *In,* refers to bestowal of kindnesses; *And the Work,* meaning along the line of strict justice; *That They Must Do,* beyond the line of strict justice.

---

[2] See Commentaries.

ועתה שמע בקולי אם תשמעני ייטב לך. איעצך ויהי אלהים עמך צא והמלך בגבורה. היה אתה לעם וגו' היה להם ככלי מלא דברות והבאת אתה את הדברים דברים שאתה שומע תביא ותרצה בהם.

והזהרת אתהם את החוקים אלו מדרשות והתורות אלו הוראות דברי רבי יהושע רבי אלעזר המודעי אומר חוקים אלו עריות שנאמר לבלתי עשות מחוקות התועבות והתורות אלו ההוראות.

והודעת להם את הדרך וגו' זה תלמוד תורה ואת המעשה אשר יעשון זה מעשה הטוב דברי רבי יהושע רבי אלעזר המודעי אומר והודעת להם הודע להם חייהם את הדרך זה בקור חולים אשר ילכו זו קבורת מתים בה זו גמילות חסדים ואת המעשה זו שורת הדין אשר יעשון זה לפנים משורת הדין.

50–51 ויקרא י"ח, ל'. 52–58 ב"ק צ"ט א'; ק', א'. ב"מ ל', ב'.

---

43 בקולי] ד. ~ איעצך / ייטב לך] ק. <. 47 תביא] ל"ט. < / ותרצה בהם] ט. תרצה ותבין להם ש. תרצה להם מ"ח. ותרצה אותן לפניו א"צ. ותרצה אותם. 50 המודעי] ד. <. 55 חייהם] ד. בית חייהם.

Moreover, Thou Shalt Provide Out of All the People. You shall look for them with your prophetic power. *Able Men*, that is, wealthy people, people of means. *Such as Fear God*, who, when sitting in judgment, fear only God. *Men of Truth*, that is, people of trust. *Hating Unjust Gain*, those who when sitting in judgment hate to accept money—these are the words of R. Joshua. R. Eleazar of Modi'im says: *Moreover, Thou Shalt Provide Out of All the People.* You shall look for them with the *specularia*,[3] with the glass through which kings try to see. *Able Men*, people of trust. *Such as Fear God*, who seek to arbitrate litigations. *Men of Truth*, like R. Ḥanina b. Dosa and his companions. *Hating Unjust Gain*, those who disdain their own money. For if they disdain their own money, how much more will they disdain the money of others.

And Place Such over Them to Be Rulers of Thousands, Rulers of Hundreds, Rulers of Fifties, and Rulers of Tens. Rulers of thousands were six hundred; rulers of hundreds were six thousand; rulers of fifty were twelve thousand; rulers of ten were sixty thousand. Thus all the rulers in Israel were seventy-eight thousand and six hundred.

---

[3] See Commentaries.

ואתה תחזה מכל העם תחזה להם בנבואה אנשי חיל אלו עשירים ובעלי ממון יראי אלהים אלו שהם יריאים מן המקום בדין אנשי אמת אלו בעלי הבטחה שונאי בצע אלו שהם שונאים לקבל ממון בדין דברי רבי יהושע רבי אלעזר המודעי אומר ואתה תחזה מכל העם אתה תחזה להם באספקלריא במחזית זו שחוזין בה המלכים אנשי חיל אלו בעלי הבטחה יראי אלהים אלו שהן עושין פשרה בדין אנשי אמת כגון רבי חנינא בן דוסא וחביריו שונאי בצע אלו שהן שונאין ממון עצמם ואם ממון עצמם שונאין קל וחומר ממון אחרים.

ושמת עליהם שרי אלפים שרי מאות שרי חמשים שרי עשרות שרי אלפים שש מאות שרי מאות ששת אלפים שרי חמשים שנים עשר אלף שרי עשרות ששים אלף נמצאו כל שרי ישראל שבע רבוא ושמונת אלפים ושש מאות.

59–70 ת. יתרו ב׳. ספרי דברים ט״ו. 71–75 ספרי דברים שם. סנהדרין י״ח, א׳.

---

63 לקבל] א. < / ממון] א. ~ עצמן. 64–65 אתה תחזה להם] ד. <. 70 אחרים] א. מ. מ״ח. ט. חביריהם. 74 כל שרי] א. כל דייני.

And Let Them Judge the People at All Seasons. R. Joshua says: People who are free from work shall judge the people at all times. R. Eleazar of Modi'im says: People who are free from work and busy themselves with the Torah,—they shall judge the people at all times.

And It Shall Be, that Every Great Matter They Shall Bring unto Thee. Matters that are important they shall bring unto thee. You interpret it so. Perhaps it is not so, but it means only matters of important people they shall bring unto thee, while matters of less important people they shall judge themselves? It says, however: "The hard causes they brought unto Moses" (v. 26)—hence, it is not of persons that the Scripture speaks but of matters.

So Shall They Make It Easier for Thee and Bear the Burden with Thee. If thou shalt do this thing. *And God Command Thee So.*[4] Go and consult with the Almighty.

[4] The *Mekilta* takes v. 23 to be a condition for the result promised in v. 22.

ושפטו את העם בכל עת רבי יהושע אומר בני העם בטלין ממלאכתן יהיו דנין את העם בכל עת רבי אלעזר המודעי אומר בני אדם שהן בטילין ממלאכתן ועוסקין בדברי תורה יהיו דנין את העם בכל עת.

והיה כל הדבר הגדול יביאו אליך דברים גדולים יביאו אליך אתה אומר כן או אינו אלא דברים של בני אדם גדולים יביאו אליך ודברים של בני אדם קטנים ישפטו הם כשהוא אומר את הדבר הקשה יביאון אל משה הא אינו מדבר בבני אדם אלא בדברים הכתוב מדבר.

והקל מעליך ונשאו אתך אם את הדבר הזה תעשה.

81–86 סנהדרין ט"ז, א'. י"ח, ב'. 85 שמות י"ח, כ"ו.

---

77 העם] א. ד. אדם / בטלין] ד. שהם בדלים / ממלאכתן] ד. ~ ועוסקים בתורה / יהיו] ק. נ. והיו. 78–80 רבי אלעזר–בכל עת] ד. <. 85 את הדבר] ק. נ. והדבר. 86 בדברים] ד. ~ גדולים. 87–88 אם את הדבר הזה תעשה] א. וגו'.

And God Command Thee So, Then Thou Shalt Be Able to Endure. If He gives you His consent you will be able to endure, but if not, you will not be able to endure.

And All This People Also. That is, Aaron, Nadab and Abihu, and the seventy elders "shall go to their place in peace."

So Moses Hearkened to the Voice of His Father-in-Law—to be taken literally[5]—*And Did All that He Had Said.* That is, all that his father-in-law told him—these are the words of R. Joshua. R. Eleazar of Modi'im says: *So Moses Hearkened to the Voice of His Father-in-Law*—to be taken literally—*And Did All that He Had Said.* That is, what God had said.

And Moses Let His Father-in-Law Depart. R. Joshua says: He sent him off with all the honors in the world. R. Eleazar of Modi'im says: He gave him along many gifts. From the answer which he gave Moses you can learn all this.[6] It is said: "And he said: 'Leave us not, I pray thee' " (Num. 10.31). Moses said to him: You have given us good advice, fair advice. And God agreed with your words. "Leave us not, I pray thee." But Jethro said to him: Is a lamp of any

[5] See Bacher, *Terminologie*, I, p. 48, s. v. ודאי.

[6] See Introduction.

וצוך אלהים צא המלך בגבורה. וצוך אלהים ויכלת עמד אם מודה לך את יכול לעמוד ואם לאו אין אתה יכול לעמוד. וגם כל העם הזה אהרן נדב ואביהוא ושבעים איש מזקני ישראל על מקומו יבא בשלום.

וישמע משה לקול חותנו ודאי ויעש כל אשר אמר כל אשר אמר לו חותנו דברי רבי יהושע רבי אלעזר המודעי אומר וישמע משה לקול חותנו ודאי ויעש ככל אשר אמר לו אלהים.

וישלח משה את חותנו רבי יהושע אומר שילחו בכבודו של עולם רבי אלעזר המודעי אומר נתן לו מתנות רבות שמתוך תשובה שנתן לו אתה למד שנאמר ויאמר אל נא תעזוב אתנו אמר לו משה אתה נתת לנו עצה טובה ועצה יפה והמקום הודה לדבריך אל נא תעזוב אותנו אמר לו כלום הנר

---

101 במדבר י׳, ל״א.

---

89 וצוך אלהים] א. < ד. וגו׳. 90–91 את יכול–וגם] א. </ את יכול לעמוד] ד. ויכלת עמוד. 91–92 כל העם] א. את כל העם. 93 בשלום] ד. לשלום. 95–97 אשר אמר כל–ויעש ככל] א. מ. <. 97 ודאי] הוספתי–ט. ש: ק. ויראה. 99 בכבודו] ט. מכבודו ק. כבודו ל״ט. לכבודו. 101–103 אמר לו משה–תעזוב אותנו] מ. <. 101 משה] ד. <.

use except in a dark place? Of what use could a lamp be with the sun and the moon? You are the sun and Aaron is the moon. What should a lamp be doing where there are the sun and the moon? No! I shall go to my land and tell everybody and convert all the people of my country, leading them to the study of the Torah and bringing them nigh under the wings of the Shekinah. One might think that he merely went back and did nothing, but Scripture says: "And the children of the Kenite, Moses' father-in-law, went up out of the city of palm-trees with the children of Judah into the wilderness of Judah, which is in the south of Arad; and they went and dwelt with the people" (Judg. 1.16). The term "people" here is but a designation for "wisdom," as in the passage: "No doubt but ye are the people and with you is the perfection of wisdom" (Job 12.2)—do not read *Tamut* "perfection," but *Tumat* "cessation." As long as the wise man is alive, his wisdom is kept alive with him. As soon as the wise man dies, his wisdom is lost with him. Thus we find that when R. Nathan died, his wisdom was lost with him[7]—They went and sat with those sitting before Jabez[8]—for were there inhabitants of Jabez? There were

---

[7] The passage marked off by dashes is a sort of parenthetical remark, and not of the original Midrash about the Kenites (see Introduction).

[8] I. e., Jabez is not the name of a place but of a person (cf. S. Klein, "Die Schreiberfamilien: I Chronik. 2.55," in *MGWJ*, 1926, pp. 410–416; also in ציון, II, Jerusalem, 1927, pp. 8–9).

מהנה אלא במקום חושך וכי מה הנר מהנה בין חמה ללבנה אתה חמה ואהרן לבנה מה יעשה הנר בין חמה ללבנה אלא הרי אני הולך לארצי ומגיד לכל ומגייר כל בני מדינתי ואביאם לתלמוד תורה ואקרבם תחת כנפי השכינה יכול שהלך ולא עשה ת״ל ובני קני חותן משה עלו מעיר התמרים וגו׳ וילך וישב את העם ואין עם אלא חכמה שנאמר אמנם כי אתם עם ועמכם תמות חכמה אל תקרי תמות אלא תומת חכמה כל זמן שהחכם קיים חכמתו מתקיימת עמו מת החכם אבדה חכמתו עמו וכן מצינו משמת רבי נתן אבדה חכמתו עמו הלכו וישבו להם אצל יושבי יעבץ וכי יושבי יעבץ

---

109 שופטים א׳, ט״ז. 111 איוב י״ב, ב׳. 114–121 ספרי במדבר ע״ח. ת. יתרו ד׳.

---

104 מה הנר מהנה בין] ד. מהנר נהנין. 104–105 בין חמה ללבנה] ד. ביניכם. 106–107 ומגיד לכל] א. ד. <. 108 תחת] מ. לתחת / השכינה] א. השמים. 112 שהחכם קיים] ד. שהחכם מתקיים. 113 מתקיימת] א. קיימת / עמו] א. ד. <.

only disciples of Jabez—as it is said: "And the families of scribes who sat before Jabez; the Tirathites, the Shimeathites, the Sucathites. These are the Kenites that came of Hammath, the father of the house of Rechab" (I Chr. 2.55). They were called Tirathites (*Tir'atim*) because when they sounded the horn in supplication they were answered; Simeathites (*Shim'atim*) because they heard the sound of the trumpet-blast at Sinai; Sucathites (*Sukatim*) because they dwelt in tents, as it is said: "But we have dwelt in tents, and have hearkened, and done according to all that Jonadab our father commanded us" (Jer. 35.10).

It happened once that one said [mockingly]:[9] "Today there is a sacrifice of the sons of the water-drinkers!" And a heavenly voice came forth from the Holy of Holies and called out: "He who received their offerings in the desert, He will also receive their offerings now."

R. Nathan says: The covenant with Jonadab the son of Rechab was greater than the one made with David. For the covenant made with David was only conditional, as it is said: "If thy children keep My covenant," etc. (Ps.

---

[9] See Introduction, and comp. also Geiger, *Urschrift*, p. 152.

היו אלא תלמידי יעבץ היו שנאמר ומשפחות סופרים יושבי יעבץ תרעתים שמעתים סוכתים המה הקנים הבאים מחמת אבי בית רכב תרעתים שהיו מתריעים ונענים שמעתים ששמעו קול תרועה בסיני סוכתים על שם שהיו יושבין בסוכות שנאמר ונשב באהלים ונשמע ונעש ככל אשר צונו יונדב אבינו. מעשה באחד שאמר קרבן מבני שותי מים היום ויצאה בת קול מבית קדשי הקדשים ואמרה מי שקיבל את קרבנותיהם במדבר הוא יקבל את קרבנותיהם בשעה הזאת. רבי נתן אומר גדול הברית שנכרת עם יונדב בן רכב מהברית שנכרת עם דוד שהברית שנכרת עם דוד לא נכרת עמו אלא על תנאי שנאמר אם ישמרו בניך בריתי וגו'

116–118 דהי"א. ב', נ"ה. 120–121 ירמיה ל"ה, י'. 128 תהלים קל"ב, י"ב.

116 אלא] א. ד. והלא / ומשפחות] ק. נ. ומשפחת מ. ממשפחות. 119 מתריעים] ש. ~ בבקשתן / קול] מ. כל / תרועה בסיני] ד. תרועת תורה ג. תורה תמימה ש. דברי תורה. 121 ונעש] ק. נ. ונעשה. 122 שאמר]–ט. (ירמיה שכ"ג) ג. ש: א. ד. שהקריב / קרבן] מ"ח. ~ עלי/ מבני] ש. בית ג. שאני/ שותי]=ט"כ. מ"ח. ש. ש"י: א. ד. שותה מ. נשתה / היום] ד. מ"ח. < ג. שלי היום. 125 קרבנותיהם]=א. ד: מ. קרבנותיכם ג. קרבנותיו מ"ח. קרבנכם / בשעה הזאת] ג. של זה / נתן] מ. ט. יונתן. 128 אם ישמרו בניך בריתי וגו'] מ. אם ישמרו בניך את דרכם.

132.12), and if not: "Then will I visit their transgression with the rod" (Ps. 89.33). But the covenant with Jonadab the son of Rechab was made without any condition. For it is said: "Therefore thus saith the Lord of hosts, the God of Israel: There shall not be cut off unto Jonadab the son of Rechab a man to stand before Me for ever" (Jer. 35.19).

Three things were given conditionally: the land of Israel, the Temple, and the kingdom of David —thus excepting the book of the Torah and the covenant with Aaron, which were unconditional. How do we know about the Land of Israel? It is said: "Take heed of yourselves, lest your heart be deceived . . . and the anger of the Lord be kindled against you"[10] (Deut. 11.16–17). How do we know about the Temple? It is said: "As for this house which thou art building, if thou wilt walk in My statutes, and execute Mine ordinances, and keep all My commandments to walk in them; then will I establish My word with thee, which I spoke unto David thy father" (I Kings 6.12); and if not: "And this house which is so high [shall become desolate], and every man that passeth by it shall be astonished," etc. (ib. 9.8). How do we know about the kingdom of David? It is said: "If thy children keep My covenant," etc. (Ps. 132.12); and if not: "Then will I visit their transgression with the rod" (Ps. 89.33). And how do we know about the book of the Torah that it was given without any condi-

[10] And it goes on to say: "And ye perish quickly from off the good land which the Lord giveth you" (v. 17).

ואם לאו ופקדתי בשבט פשעם אבל הברית שנכרת עם יונדב בן רכב לא נכרת עמו על תנאי שנאמר לכן כה אמר יי צבאות אלהי ישראל לא יכרת איש ליונדב בן רכב עומד לפני כל הימים. שלשה דברים נתנו על תנאי ארץ ישראל ובית המקדש ומלכות בית דוד חוץ מספר תורה ובריתו של אהרן שלא נתנו על תנאי ארץ ישראל מנין שנאמר השמרו לכם פן יפתה לבבכם וגו׳ וחרה אף יי בכם בית המקדש מנין שנאמר והבית הזה אשר אתה בונה אם תלך בחקותי ואת משפטי תעשה ושמרת את כל מצותי ללכת בהם והקמתי את דברי אתך אשר דברתי אל דוד אביך ואם לאו והבית הזה יהיה עליון כל עבר עליו ישום וגו׳ מלכות בית דוד מנין שנאמר אם ישמרו בניך בריתי וגו׳ ואם לאו ופקדתי בשבט פשעם ומנין לספר תורה שלא ניתן על תנאי

---

129 שם פ״ט, ל״ג. 131–132 ירמיה ל״ה, י״ט. 135–136 דברים י״א, ט״ז–י״ז. 137–140 מלכים א. ו׳, י״ב. 140–141 מלכים א. ט׳, ח׳. 142 תהלים קל״ב, י״ב. 142–143 שם פ״ט, ל״ג.

---

131 אלהי ישראל] ד. <. 134 חוץ מספר תורה] א״צ. אבל ספר תורה. 135 שלא] א״צ. לא / שנאמר] מ. ת״ל. 137 והבית הזה] במקרא הבית הזה ד. והבית. 137–141 והבית הזה-ישום וגו׳] ד. והיתה הארץ לשמה על יושביה (מיכה ז׳, י״ג).

tion? It is said: "The Torah which Moses commanded us is an inheritance" (Deut. 33.4). And how do we know of the covenant with Aaron that it was made without any condition? It is said: "It is an everlasting covenant of salt," etc. (Num. 18.19). And it also says: "And it shall be unto him, and to his seed after him, the covenant of an everlasting priesthood" (ib. 25.13). And how do we know that the sons of Jonadab the son of Rechab were descendants of Jethro? It is said: "These are the Kenites that came of Hammath, the father of the house of Rechab" (I Chr. 2.55). They sought a teacher. And Jabez was seeking pupils, as it is said: "And Jabez called on the God of Israel, saying: 'Oh that Thou wouldest bless me indeed, and enlarge my border, and that Thy hand might be with me, and that Thou wouldest work deliverance from evil, that it may not pain me!' And God granted him that which he requested" (ib. 4.10). "Oh, that Thou wouldest bless me indeed," with the study of the Law; "and enlarge my border," with disciples; "and that Thy hand might be with me," so that the evil inclination should not cause me trouble to hinder me in the study of Thy Torah; "And God granted him that which he requested," this teaches that He gave to him what he asked for and to them He gave what

שנאמר תורה צוה לנו משה מורשה ומנין לבריתו של אהרן שלא נתנה על תנאי שנאמר ברית מלח עולם וגו׳ ואומר והיתה לו ולזרעו אחריו ברית כהונת עולם. ומנין לבני יונדב בן רכב שהם מבני בניו של יתרו שנאמר המה הקינים הבאים מחמת אבי בית רכב הם בקשו את הרב ויעבץ בקש תלמידים שנאמר ויקרא יעבץ לאלהי ישראל לאמר אם ברך תברכני והרבית את גבולי והיתה ידך עמי ועשית מרעה לבלתי עצבי ויבא אלהים את אשר שאל אם ברך תברכני בתלמוד תורה והרבית את גבולי בתלמידים והיתה ידך עמי שלא אשכח את משנתי ועשית מרעה שתעשה לי ריעים כמותי לבלתי עצבי שלא יעציבני יצר הרע מלעסוק בתורתך ויבא אלהים את אשר שאל מלמד שנתן לו מה ששאל ולהם

---

144 דברים ל״ג, ד׳. 145–146 במדבר י״ח, י״ט. 146–147 שם כ״ה, י״ג. 147–149 ספרי במדבר ע״ח. 150–152 דה״א. ד׳, י׳. 150–177 תמורה ט״ז, א׳.

---

147 שהם] מ. שהוא. 149 בית רכב] ד. רכב / הרב] מ. הדבר. 149 תלמידים]=א״צ: מ״ח. לתלמידו ג. לתלמידים (בשם ספרים אחרים, לחכמים) ק. ותלמידים חכמה א. מ.נ. ל. חכמה. 150 לאלהי ישראל] מ״ח. אל יי. 151 ועשית] מ. ~ לי. 154 והיתה ידך] מ״ח. והיתה חנך. 155 ועשית מרעה] מ. ק. נ. ועשית לי מרעה. 156 יעצביני יצה״ר מלעסוק] מ״ח. ישנבני יצר הרע מלשנות. 156–157 ויבא אלהים את אשר] מ. ויאמר אלהים אשר. 157 מלמד] א. <. 157–158 ולהם נתן מה ששאלו] ד. ולמה נתן לו מה ששאל.

they asked for. It is said: "The poor man and the man of means[11] meet together; the Lord giveth light to the eyes of both" (Prov. 29.13). And it also says: "The rich and the poor meet together —the Lord is the maker of them all" (ib. 22.2). How is this? If the disciple attends the master and the master is willing to let him learn, then "the Lord giveth light to the eyes of both"—the one acquires life eternal and so does the other. If the disciple attends the master and the master is unwilling to let him learn, then "the Lord is the maker of them all." He who had made the one wise will in the end make him ignorant, and He who had made the other ignorant will in the end make him wise. Something similar you find in the matter of giving charity. How so? If the poor man stretches out his hand towards the householder, and the householder gives willingly, then "the Lord giveth light to the eyes of both." If, however, the poor man stretches out his hand towards the householder, and the latter is unwilling to give, then "the Lord is the maker of them all"—He who had made the one poor will in the end make him rich, and He who had made the other rich will in the end make him poor. R. Judah ha-Nasi says: Behold, it says: "And Jabez

[11] So the *Mekilta* understands the expression איש תככים (cf. Rashi to Proverbs ad loc.).

נתן מה ששאלו שנאמר רש ואיש תככים נפגשו מאיר עיני שניהם יי ואומר עשיר ורש נפגשו עושה כלם יי הא כיצד תלמיד ששימש את הרב והרב רוצה להשנותו מאיר עיני שניהם יי זה קונה חיי עולם וזה קונה חיי עולם אבל תלמיד ששימש את הרב והרב אינו רוצה להשנותו עושה כולם יי מי שעשה לזה חכם סופו לעשותו טיפש ומי שעשה לזה טיפש סופו לעשותו חכם. כיוצא בדבר אתה מוצא בנותני צדקה הא כיצד עני שפשט ידו לבעל הבית ובעל הבית רוצה ליתן לו מאיר עיני שניהם יי אבל עני שפשט ידו לבעל הבית ובעל הבית אינו רוצה ליתן לו עושה כולם יי מי שעשה לזה עני סופו לעשותו עשיר ומי שעשה לזה עשיר סופו לעשותו עני רבי יהודה הנשיא אומר הרי הוא אומר

158–159 משלי כ״ט, י״ג. 159–160 שם כ״ב, ב׳.

---

163 עושה כולם] ק. נ. עושה שניהם. 164–165 לזה טיפש] ד. תלמיד טיפש. 165–166 אתה מוצא] א. < מ. אתה אומר. 166 הא] ד. <. 166–167 לבעל הבית] ד. ~ לקבל צדקה. 167–168 ובעל הבית רוצה–ידו לבעל הבית] ד. <. 169 ליתן לו] ד. ~ כלום. 169–170 שעשה לזה–לעשותו עשיר] ד. שהעני זה סוף שיעשרנו. 170–171 שעשה לזה–לעשותו עני] ד. שהעשיר זה סוף שיעני אותו.

called," etc. "Oh that Thou wouldest bless me indeed," with offspring; "and enlarge my border," with sons and daughters; "and that Thy hand might be with me," in business; "and that Thou wouldest work deliverance from evil," the life which Thou hast given me shall be free from any sickness of the stomach or of the eyes or of the head; "that it may not pain me," but if Thou wilt not do so for me, I shall go down with my grief to the grave; "And God granted him that which he requested"—He gave him what he asked for.

R. Ḥananiah the son of Gamaliel says: Why are all these figures stated?[12] They were stated only in the second year when Moses was about to appoint magistrates' assistants over Israel, as it is said: "By their fathers' houses, every man with his own standard, according to the ensigns" (Num. 2.2).

---

[12] See Introduction and cf. Commentaries.

ויקרא יעבץ וגו׳ אם ברך תברכני בפריה ורביה והרבית את גבולי בבנים ובבנות והיתה ידך עמי במשא ומתן ועשית מרעה חיים שנתת לי לא יהיה בהם לא חולי מיעים ולא מיחוש עינים ולא מיחוש הראש לבלתי עצבי הא אם אין אתה עושה לי כן הרי אני יורד בנסיסי לשאול ויבא אלהים את אשר שאל נתן לו מה ששאל. רבי חנניה בן גמליאל אומר למה נאמרו כל השעורים הללו לא נאמרו אלא בשנה השנייה בשעה שביקש משה להעמיד מכסיוטינוס על ישראל שנאמר איש על דגלו באותות לבית אבותם.

חסלת מסכתא דעמלק

181–182 במדבר ב׳, ב׳.

173 ידך] מ״ח. חנך. 174 ועשית] מ. ~ לי / לי לא] מ. לי שלא. 177 בנסיסי]=א״א. א״צ. ז״י. ש״י: א. נ. ל. כבן סיסי מ״ח. ברסיסי ש. בנסיסות / אלהים] א. מ. יי / את] ק. נ. <. 178 חנניה] ד. חנינא. 179 למה] ד. לא / לא נאמרו] ד. <. 181 מכסיוטינוס] צ״ל טכסיוטינוס: מ. < א. מכסיוטנות א״א. טכסיטונית מ״ח. מטכסונות ש. אכסלטיינית. 183 דעמלק] הוספתי=מא״ש ואה״ו: ק. דפרשת וישמע נ. ל. דוישמע.

TRACTATE BAḤODESH

Chapter I
(Ex. 19.1–2)

In the Third Month after the Children of Israel Were Gone Forth Out of the Land of Egypt. This tells that months are counted from the one in which the exodus from Egypt took place. I know only about months. How about years? It says: "In the second year after they were come out of the land of Egypt" (Num. 1.1). Thus far I know only about that period. How about other periods? It says: "In the fortieth year after the children of Israel were come out of the land of Egypt" (ib. 33.38). All this was before the Israelites entered the land. How about the time after the Israelites entered the land? It says: "And it came to pass in the four hundred and eightieth year after the children of Israel were come out of the land of Egypt" (I Kings 6.1). All this was before the Temple was built. After the Temple was built they began counting from the time of its building, as it is said: "And it

מסכתא בחודש

פרשה א (שמות י"ט, א'–ב'.)

בחדש השלישי לצאת בני ישראל מארץ מצרים מגיד שמונים חדשים ליציאת מצרים אין לי אלא חדשים שנים מנין ת"ל בשנה השנית לצאתם מארץ מצרים אין לי אלא באותו הפרק בפרק אחר מנין ת"ל בשנת הארבעים לצאת בני ישראל מארץ מצרים כל אלו עד שלא נכנסו ישראל לארץ משנכנסו ישראל לארץ מנין ת"ל ויהי|בשמונים שנה וארבע מאות שנה לצאת בני בני ישראל מארץ מצרים כל אלו עד שלא נבנה הבית משנבנה הבית|התחילו מונין לבנינו שנאמר

1–15 ספרי במדבר ס"ד. י' ר"ה א', א' (56ab). ש. 93. 3–4 במדבר א', א'. 5–6 שם ל"ג, ל"ח.

מסכתא בחודש] הוספתי: ל. מא"ש. פרשת בחודש השלישי מ. דבירי. עיין מאמרי The Arrangement and the Divisions of the Mekilta, *Hebrew Union College Annual*, I, p. 442 ff. 4 לצאתם מארץ מצרים] הוספתי: ד. < א. מ. לצאת מארץ מצרים. 10 התחילו–שנאמר] הנהתי=א"צ. ז"י. וש: א. מ. ד. מנין ת"ל מ"ח. מנין שמונין לבנינו ת"ל.

came to pass at the end of twenty years, wherein Solomon had built the two houses, the house of the Lord and the king's house" (ibid. 9.10).

They were not satisfied[1] to count from its building, so they had to count from its destruction, as it is said: "In the fourteenth year after the city was smitten" (Ezek. 40.1). They were not satisfied to count according to their own era —so they had to count according to the era of others, as it is said: "In the sixth month, in the second year of Darius the king" (Hag. 1.15). And thus it says: "If thou know not, O thou fairest among women,"[2] (Cant. 1.8), and it also says: "Because thou didst not serve . . . therefore shalt thou serve thine enemy" (Deut. 28.47–48). Once R. Joḥanan b. Zakkai was going up to Emmaus[3] in Judea and he saw a girl who was picking barleycorn out of the excrements of a horse. Said R. Joḥanan b. Zakkai to his disciples: "What is this girl?" They said to him: "She is a Jewish girl." "And to whom does this horse belong?" "To an Arabian horseman," the disciples answered him.

---

[1] I. e., they did not choose to conduct themselves so as to prevent the punishment of the destruction of the Temple.

[2] This verse has been understood as addressed to Israel (see interpretation of R. Joḥanan b. Zakkai immediately following; and cf. Rashi to Ket. 67a, s. v. אם לא תדעי לך).

[3] Emmaus מאום or אמאום is the name of a place in Judea (see Rapoport, *'Erek Milin*, s. v., Warsaw, 1914, pp. 196–201; I. S. Horowitz, *Palestine*, Vienna, 1923, p. 51; and Isaac Goldhaar, *Admat Kodesh* (Jerusalem, 1913) p. 141 ff.

ויהי מקץ עשרים שנה אשר בנה שלמה את שני הבתים את בית יי ואת בית המלך לא רצו למנות לבנינו ימנו לחורבנו שנאמר בארבע עשרה שנה אחר אשר הוכתה העיר לא רצו למנות לעצמם ימנו לאחרים שנאמר בששי בשנת שתים לדריוש וכן הוא אומר אם לא תדעי לך היפה בנשים וגו' ואומר תחת אשר לא עבדת את יי אלהיך וגו' ועבדת את אויביך. כבר היה רבי יוחנן בן זכאי עולה למאוס דיהודה וראה ריבה אחת שהיא מלקטת שעורים מתחת גללי הסוס אמר להם רבן יוחנן בן זכאי לתלמידיו ריבה זו מה היא אמרו לו עברית היא סוס זה של מי הוא אמרו לו של

11–12 מלכים א. ט', י'. 13–14 יחזקאל מ', א'. 15 חגי א', ט"ו. 16 שה"ש א', ח'. 17–18 דברים כ"ח, מ"ז–מ"ח. 18–27 ספרי דברים ש"ח. כתובות ס"ו, ב'–ס"ז. א'. תוס' שם ה'. י'. י' שם ה', י"ג (30°). אדר"נ י"ז. אי"ר א', מ"ה (בובער מ"ד). פס"ר ק"מ, א'.

---

11 מקץ] במקרא כתוב מקצה / עשרים] ד. ארבעים. 11–12 את שני הבתים--בית המלך] מ. את הבית וגו' מ"ח. את הבית ד. בית יי. 14 אהר] ק. נ. אחרי. 15 שנאמר] ד. שנאמר בשנת שתים למלכות נבוכדנצר חלם נבוכדנצר חלומות (דניאל ב', א' ובמקרא כתוב ובשנת) ואומר. 16 וכן הוא אומר] ד. ואומר / אם] ק. נ. ואם. 17 וגו'] הוספתי=ט. 19 למאוס] מ. למעוס (או למעום?) ד. למעון. 20 הסוס] א. מ. ג. הצאן. 21 ריבה] מ. תינוקת ד. ראיתם ריבה / מה] מ. מי. 22–23 של פרש ערבי הוא] ד. פרש ערבי אחד.

Then said R. Joḥanan b. Zakkai to his disciples: All my life I have been reading this verse and I have not realized its full meaning: "If thou know not, O thou fairest among women," etc.—you were unwilling to be subject to God, behold now you are subjected to the most inferior of the nations, the Arabs. You were unwilling to pay the head-tax to God, "a beka a head" (Ex. 38.26); now you are paying a head-tax of fifteen shekels under a government of your enemies. You were unwilling to repair the roads and streets leading up to the Temple; now you have to keep in repair the posts and stations on the road to the royal cities. And thus it says: "Because thou didst not serve . . . therefore thou shalt serve thine enemy." Because thou didst not serve the Lord thy God with love, therefore shalt thou serve thine enemy with hatred; because thou didst not serve the Lord thy God when thou hadst plenty, therefore thou shalt serve thine enemy in hunger and thirst; because thou didst not serve the

פרש ערבי הוא אמר להם רבן יוחנן בן זכאי לתלמידיו כל ימי הייתי קורא זה הפסוק ולא הייתי יודע מה הוא אם לא תדעי לך היפה בנשים וגו׳ לא רציתם להשתעבד לשמים הרי אתם משועבדים לפגומי גוים ערביים לא רציתם לשקול שקלי שמים בקע לגולגלת הרי אתם שוקלים חמשה עשר שקלים במלכות אויביכם לא רציתם לתקן את הדרכים ואת הרחובות העולים לבית הבחירה הרי אתם מתקנין את הבורגסין ואת הבורגנין העולים לכרכי המלכים וכן הוא אומר תחת אשר לא עבדת וגו׳ ועבדת את אויביך תחת אשר לא עבדת את יי אלהיך באהבה ועבדת את אויביך בשנאה תחת אשר לא עבדת את יי אלהיך בשובע ועבדת את אויביך ברעב ובצמא תחת אשר לא

24 הייתי קורא זה הפסוק] א. ד. הייתי מצטער על הפסוק הזה (ד. ~ והייתי קורא אותו). 27 לפגומי גוים ערביים] ד. לפני גוים / שקלי שמים] ד. לשמים. 30 העולים] א. לעולים ד. לעולי רגלים / לבית הבחירה] ד. <. 31 הבורגנין] ד. הבורגמין. 32 העולים לכרכי המלכים] ד. לעולי לכרמי (ל. כרמי) מלכים ט. העולים לשולחן מלכים ט. (מלכים קפ״א) העולים לצרכי מלכים. 34 באהבה] מ. בשמחה. 35–36 תחת–ובצמא] א. <. 36–39 תחת אשר לא עבדת–בחוסר כל] ד. בעירום ובחוסר כל.

Lord thy God when thou wast well clothed, therefore thou shalt serve thine enemy in nakedness; because thou didst not serve the Lord thy God "by reason of the abundance of all things, therefore shalt thou serve thine enemy in want of all things." What is the meaning of: "In want of all things?" They were out of their senses.[4] Another Interpretation: *In Want of All Things.* They were deficient in the study of the Torah.

The Same Day Came They into the Wilderness of Sinai. It was the day of the New Moon. In this sense it is said: "In the third moon after the children of Israel were gone forth out of the land of Egypt, the same day."[5]

And When They Were Departed from Rephidim, and Were Come to the Wilderness of Sinai. But has it not been specified in the section treating of the journeys: "And they journeyed from Rephidim, and pitched in the wilderness of Sinai" (Num. 33.15)? What need then is there of saying here: "And when they were departed from Rephidim, and were come to the wilderness of Sinai"?[6] It is to declare that their departing from Rephidim was like their coming into the wilderness of Sinai. Just as their coming into the wilderness of Sinai was with repentance, so also was their departing from Rephidim with repentance.

---

[4] Cf. Lev. Rab., 1.6.

[5] The Hebrew word חדש means "new moon" as well as "month."

[6] See Introduction.

עבדת את יי אלהיך בלבוש ועבדת את אויביך בעירום תחת אשר לא עבדת את יי אלהיך מרוב כל ועבדת את אויביך בחוסר כל מאי בחוסר כל שניטלה הדעת מהן דבר אחר בחוסר כל שהן חסרים בתלמוד תורה.

ביום הזה באו מדבר סיני ראש חדש היה לכך נאמר בחדש השלישי לצאת בני ישראל מארץ מצרים ביום הזה.

ויסעו מרפידים ויבאו מדבר סיני והלא כבר מפורש בפרשת מסעות ויסעו מרפידים ויחנו במדבר סיני ומה ת"ל ויסעו מרפידים ויבאו מדבר סיני הקיש נסיעתם מרפידים לביאתם למדבר סיני מה ביאתם למדבר סיני בתשובה אף נסיעתם מרפידים בתשובה. דבר אחר הקיש ביאתם מדבר

42–44 שבת פ"ו, ב'. 42–52 ט. 93. 46–47 במדבר ל"ג, ט"ו.

37 בלבוש] א. מלובש. 38–39 מרוב כל] מ. <. 40 בחוסר] ד. מאי / שהן] מ. שהיו ד. שיהיו. 41 בתלמוד] ד. מתלמוד. 42 ראש חדש] מ"ח. ~ השלישי. 44 ביום הזה]=ג: א. וגו' ד. <. 46 מפורש] ד. נאמר. 46–48 בפרשת מסעות–ויבאו מדבר סיני] ט. ביום הזה באו מדבר סיני. 47 ויחנו] א. ויבאו. 47–48 ומה ת"ל ויסעו–סיני] א. < ד. ומה ת"ל באו מדבר סיני. 48 הקיש] ט. אלא הקיש.

Another Interpretation: It declares that their coming into the wilderness of Sinai was like their departing from Rephidim. Just as when they departed from Rephidim they provoked God, and yet when after a little while they repented they were again favorably received by Him, so also after they had come to the wilderness of Sinai they provoked God, and yet when after a little while they repented they were again favorably received by Him. R. Eliezer the son of R. Jose the Galilean says: Behold it says: "I answered thee in the secret place of thunder; I proved thee at the waters of Meribah" (Ps. 81.8)—from the time when I was answering you and protecting you and thundering at the whole world for your sake; even at that very time it was known to Me how you were going to act at the waters of Meribah. Abba Saul says: Behold it says: "I answered thee in the secret place of thunder," etc. You call in secret and I answer you and thunder at the whole world for your sake. R. Judah b. Lakish says: Behold it says: "And God saw the children of Israel" (Ex. 2.25)—God saw in them that they were repenting though they themselves did not see it in one another. "And God took cognizance of them" (ibid.)—God knew of them that they had repented, but they themselves did not know it of one another. R. Eleazar the son of R. Jose says in the name of Abba Jose

סיני לנסיעתם מרפידים מה נסיעתם מרפידים מכעיסין למקום ולשעה קלה עשו תשובה ונתקבלו אף ביאתם מדבר סיני מכעיסין למקום ולשעה קלה עשו תשובה ונתקבלו רבי אליעזר ב״ר יוסי הגלילי אומר הרי הוא אומר אענך בסתר רעם אבחנך על מי מריבה משעה שהייתי עונך ומגין עליך ומרעים עליך את כל העולם מאותה שעה היה גלוי לפני מה שאתה עתיד לעשות על מי מריבה אבא שאול אומר הרי הוא אומר אענך בסתר רעם וגו׳ אתה קורא בסתר ואני אענך בגלוי ומרעים עליך את כל העולם רבי יהודה בן לקיש אומר הרי הוא אומר וירא אלהים את בני ישראל אלהים ראה בהם שעשו תשובה והם לא ראו זה את זה וידע אלהים אלהים ידע בהם שעשו תשובה והם לא ידעו זה בזה רבי אלעזר בר׳ יוסי אומר משום אבא יוסי

55–56 תהלים פ״א, ח׳. 61–64 שמו״ר א׳, ל״ו. 62 שמות ב׳, כ״ה. 63–64 שם.

52 ולשעה] ד. לשעה. 53 מדבר] מ. מ״ח. למדבר. / מכעיסין] ד. היו מכעיסין. 54 רבי אליעזר ב״ר יוסי הגלילי אומר] ד. אמר ר״א בר׳ יוסי הגלילי. 56 ומרעים] ד. ומרפס / היה] ד. >. 60 ומרעים] כ. (תהלים פ״א) ומרעיש. 61 בן לקיש] ד. >. 62 אלהים ראה] ד. ראה מ. אלהים נראה. 63 ראו] מ. ג. ידעו. 65 בר׳ יוסי] ד. < מ. ~ הגלילי.

the son of the Damascene: Behold it says: "And God saw the children of Israel, that they would provoke Him in the future; "and God took cognizance of them," that they would in the future blaspheme. And with all that why?[7] Because of the power of repentance which is mighty. Similarly, R. Eleazar the son of Jose interpreted: Behold it says: "In all their afflictions He was afflicted," etc. (Isa. 63.9). And it also says: "For he said: 'Surely, they are My people, children that will not deal falsely' " (ibid. v. 8). And was it not revealed before Him that they would in the future deal falsely? Scripture says: "Surely!"[8] It was revealed before Him that they were going to deal falsely. Why then does it say: "So He was their Savior"[9] (ibid. v. 8)? It simply means that He helped them not as people who were going to provoke Him in the future, but as people who would never become faithless. And thus it says: "But they beguiled Him with their mouth, and lied unto Him with their tongues. For their heart was not steadfast with Him, neither were they faithful in His covenant" (Ps. 78.36–37). And yet: "He, being full of compassion, forgiveth iniquity" (ibid. v. 38).

---

[7] I. e., why was so much leniency shown them?

[8] The word אך here rendered by "surely" was regarded as having the force of a restriction or qualification (see Bacher, *Terminologie*, I, p. 110).

[9] See *Shebut Yehudah* ad loc.

בן דורמסקית הרי הוא אומר וירא אלהים את בני ישראל שהם עתידין להכעיס וידע אלהים שהם עתידים לנאץ וכל כך למה מכח התשובה הקשה. כיוצא בו דרש רבי אלעזר בן יוסי הרי הוא אומר בכל צרתם לו צר וגו' ואומר ויאמר אך עמי המה בנים לא ישקרו וכי לא היה גלוי לפניו שהן עתידין לשקר ת"ל אך גלוי היה לפניו שהן עתידין לשקר ומה ת"ל ויהי להם למושיע אלא לא הושיען כבני אדם שהם עתידין להכעיס אלא כבני אדם שאינם עתידין לבגוד בו עולמית וכן הוא אומר ויפתוהו בפיהם ובלשונם יכזבו לו ולבם לא נכון עמו ולא נאמנו בבריתו ואף על פי כן והוא רחום יכפר עון

---

70 ישעיה ס"ג, ט'. 70–71 שם ס"ג, ח'. 75–77 תהלים ע"ח, ל"ו–ל"ח.

66–69 הרי הוא אומר–דרש ר' אלעזר בן יוסי] מ. <. 67 וידע אלהים] ד. < מ"ח. ואעפ"י כן וידע אלהים. 67–68 שהם עתידים לנאץ] מ"ח. < ג. ~ ואעפ"י כן וידע אלהים. 68 מכח התשובה] א"צ. מכח השבועה / הקשה]=א"א. ז"י: א. נ. ל. בה הקשה ק. בא הקשה מ"ח. ש"י. <. 70 ואומר] א. ד. <. 72 לפניו שהן עתידין לשקר] ד. <. 73 ומה ת"ל] א"צ. ואעפ"י כן / ויהי] ק. נ. ואהי / אלא] א"צ. <. 75 לבגוד בו] כ. (תהלים ע"ח) לבער. 76 יכזבו] מ. כזבו / ולבם] מ. ואומר לבם.

And it also says: "Make the heart of these people fat," etc. (Isa. 6.10) "lest they . . . return and" —repentance perforce achieving its task—"be healed" (ibid.).

They Encamped in the Wilderness. The Torah was given in public, openly in a free place. For had the Torah been given in the land of Israel, the Israelites could have said to the nations of the world: You have no share in it. But now that it was given in the wilderness publicly and openly in a place that is free for all, everyone wishing to accept it could come and accept it. One might suppose that it was given at night, but Scripture says: "And it came to pass on the third day when it was morning" (v. 16). One might suppose that it was given in silence, but Scripture says: "When there were thunders and lightning" (ibid.). One might suppose that they could not hear the voice,[10] but Scripture says: "The voice of the Lord is powerful, the voice of the Lord is full of majesty," etc. (Ps. 29.4). "The Lord sat enthroned at the flood," etc.[11] (ibid. v. 10). . . . Balaam said to all the people who stood around him: "The Lord is giving strength unto His people" (ibid. v. 11). And they all opened their mouths and said: "The Lord will bless His people with peace" (ibid.). R. Jose says: Behold it says:

---

[10] I. e., of God.

[11] The 'וגו, "etc.," refers to the rest of the midrashic comment which is omitted here (see above *Amalek*, III, note 1 and below V, note 7).

ואומר השמן לב העם הזה וגו׳ ושב אננקי לתשובה לעשות שלה ורפא לו.

ויחנו במדבר נתנה תורה דימוס בפרהסיא במקום הפקר שאלו נתנה תורה בארץ ישראל היו אומרים להם לאומות העולם אין לכם חלק בה אלא נתנה במדבר דימוס בפרהסיא במקום הפקר כל הרוצה לקבל יבא ויקבל יכול נתנה בלילה ת״ל ויהי ביום השלישי בהיות הבקר יכול נתנה בשתיקה ת״ל ויהי קולות וברקים יכול לא היו שומעין את הקול ת״ל קול יי בכח קול יי בהדר וגו׳ יי למבול ישב וגו׳ אמר בלעם לכל העומדים עליו יי עוז לעמו יתן ופתחו כלם ואמרו יי יברך את עמו בשלום רבי יוסי אומר

---

78 ישעיה ו׳, י׳. 80–83 ש. 93. 85 שמות י״ט, ט״ז. 87–88 תהלים כ״ט, ד׳. 88 שם כ״ט, י׳. 89–90 שם כ״ט, י״א. 90–94 מ״ת. 209. ש. 93.

78–79 אננקי לתשובה לעשות שלה] מ. אונקי (אינקי?) לתשובה לעשות שלה ט. אני לתשובה לעשות ד. לתשובה לעשות ושב א״צ. ג. <. 80 דימוס] א. ג. <. 82 להם לאומות העולם] א״צ. אומות העולם / לכם] ד. להם. 83 אלא] ד. לפיכך. 84 כל] ד. וכל. 87 הקול] ד. הקולות. 87–88 ת״ל קול–ישב וגו׳] ד. ת״ל וכל העם רואים את הקולות ואומר קול יי בהדר וכו׳. 88–90 אמר בלעם–בשלום] Pugio fidei, 429 <. 89 בלעם] ד. ~ הרשע. 89–90 ופתחו כולם] מ. שבחו / ופתחו–בשלום] א. <.

"I have not spoken in secret," etc. (Isa. 45.19). When I gave the Torah from the very start, I gave it not in the place of a land of darkness, not in a secret place, not in an obscure place. "I said not: 'It is unto the seed of Jacob' " (ibid.), that is, to these only will I give it. "They sought Me in the desert" (ibid.). Did I not give it in broad daylight?[12] And thus it says: "I the Lord speak righteousness, I declare things that are right" (ibid.). Already before I gave them the commandments I advanced them the rewards for them, as it is said: "And it shall come to pass on the sixth day that they shall prepare that which they bring in, and it shall be twice as much" (Ex. 16.5). And it also says: "Then will I command My blessing upon you in the sixth year," etc. (Lev. 25.21). One might think that it was only in the case of these two commandments, but Scripture says: "And He gave them the lands of the nations," etc. (Ps. 105.44). What for? "That they might keep His statutes and observe His laws" (ibid. v. 45). R. Eliezer the son of R. Jose the Galilean used to say: Behold it says: "He declareth His word unto Jacob . . . He hath not dealt so with any nation" (Ps. 147.19–20). But what had those wretched nations done that He would not give them the Torah? "His ordinances

[12] See Introduction.

הרי הוא אומר לא בסתר דברתי וגו׳ כשנתתיה מתחילה לא נתתיה לא במקום ארץ חשך ולא במקום הסתר ולא במקום אפלה לא אמרתי לזרע יעקב לאלו אני נותנה תוהו בקשוני לא נתתיה פנגס וכן הוא אומר אני יי דובר צדק מגיד מישרים כבר עד שלא נתתי להם את המצות הקדמתי להם מתן שכרן שנאמר והיה ביום הששי והכינו את אשר יביאו והיה משנה וכתיב וצויתי את ברכתי לכם בשנה הששית וגו׳ יכול אלו בלבד תלמוד לומר ויתן להם ארצות גוים וגו׳ מפני מה בעבור ישמרו חקיו ותורותיו ינצורו היה רבי אליעזר בנו של רבי יוסי הגלילי אומר הרי הוא אומר מגיד דבריו ליעקב וגו׳ לא עשה כן לכל גוי וכי מה עשו הגוים דווים האלו שלא רצה ליתן להם את התורה

---

91 ישעיה מ״ה, י״ט. 97–98 שמות ט״ז, ה׳. 98–99 ויקרא כ״ה, כ״א. 100–101 תהלים ק״ה, מ״ד–מ״ה. 101–107 לקמן ה׳. 102–103 תהלים קמ״ז, י״ט–כ׳.

---

91 כשנתתיה] ד. ~ אני. 94 לאלו] כ. (ישעיה מ״ה, כ״ט) לא לו / אני נותנה] ט. (ישעיה תס״ג) ~ ולא לעו״א שנאמר יי מסיני בא וזרח משעיר וגו׳ לא אמרתי לזרע יעקב / תהו בקשוני] ד. אלא תהו בקשוני כ. (שם) אלא בקשוני / פנגס] ד. כ. (תהלים ק״ה) פנגוס כ. (ישעיה שם) פרגוס. 96 להם] ד. לכם/ להם] ד. לכם. 99 תלמוד לומר] א. מ. והלא כבר נאמר. 103–104 הגוים דווים האלו שלא] א. מ. אילו דוויים ולא.

they have not known them" (ibid.)—they were unwilling to accept them,[13] as it is said: "God cometh from Teman . . . and a brightness appeareth as the light . . . before Him goeth the pestilence . . . He standeth, and shaketh the earth, He beholdeth, and maketh the nations to tremble," etc. (Hab. 3.3–6).[14]

And There Israel Encamped. (*vayyiḥan*). Wherever it says: "And they journeyed," "and they encamped," it indicates that they were journeying with dissension and that they were encamping with dissension. But here it says: "And there Israel encamped"[15] (*vayyiḥan*), indicating that they all agreed and were of one mind.

There. Telling, that He said to them: Too much time are you spending there. And so we do find that they stayed there twelve months less ten days.

Before the Mount. On the east side of the mount. Wherever you find the expression "before" (*neged*) it means on the side that is towards the east.

---

[13] It was not a refusal on the part of God to give them the Torah, but a refusal on their part to accept it.

[14] The וגו', "etc.," refers to the midrashic interpretation of the verses in Habakkuk to the effect that God offered the Torah to the other nations, which interpretation is omitted here (see 'Ab. Zarah 2b).

[15] The singular form ויחן is contrasted with the plural form ויחנו used elsewhere.

ומשפטים בל ידעום שלא רצו לקבל שנאמר אלוה מתימן יבא וגו' ונגה כאור תהיה וגו' לפניו ילך דבר וגו' עמד וימודד ארץ ראה ויתר גוים וגו'.

ויחן שם ישראל כל מקום שהוא אומר ויסעו ויחנו נוסעים במחלוקת וחונים במחלוקת אבל כאן הוא אומר ויחן שם ישראל השוו כלם לב אחד.

שם מגיד שאמר להם זמן הרבה אתם עושים שם וכן מצינו שהיו שם שנים עשר חדש פחות עשרת ימים.

נגד ההר לצד מזרחו של הר כל מקום שאתה מוצא נגד פנים למזרח.

105–107 חבקוק ג', ג'–ו'. 108–111 וי"ר ט', ט'. פדר"א מ"א. ש. 94.

---

105 ומשפטים] א. ד. משפטים / שנאמר]=ט: א. ד. >. 110–111 הוא אומר–לב אחד] ד. השוו לב אחד לכך נאמר ויחן שם ישראל נגד ההר. 112 שם מגיד] ד. >. 113 שם] ד. > / פחות] א. מ. חסר. 115 של הר] מ. שלכל הר.

Chapter II
(Ex. 19.3–9)

And Moses Went Up unto God. That was on the second day.

And the Lord Called unto Him, etc. This tells that the call always preceded the address.

Thus. In the holy tongue. "Thus," in this order. "Thus," in this manner. "Thus," no more, no less.

Shalt Thou Say to the House of Jacob. That is, the women. *And Tell the Sons of Israel.* That is, the men. Another Interpretation: *Thus Shalt Thou Say to the House of Jacob*—because of the merit of Jacob. *And Tell the Sons of Israel*—because of the merit of Israel. Another Interpretation: *Thus Shalt Thou Say to the House of Jacob.* Tell the women the main things in a mild tone. *And Tell the Sons of Israel.* And be strict[1] with them.

Ye Have Seen. What I tell you is not received by tradition. I do not have to send documents to you.—I do not have to present witnesses to

[1] Cf. Shab. 87a.

פרשה ב (שמות י"ט, ג'–ט'.)

ומשה עלה אל האלהים זה יום שני.

ויקרא אליו יי וגו' מגיד שהקריאה קדמה לדיבור.

כה בלשון הקדש כה כסדר הזה כה כענין הזה כה שלא תפחות ושלא תוסיף.

תאמר לבית יעקב אלו הנשים ותגד לבני ישראל אלו האנשים. דבר אחר כה תאמר לבית יעקב בזכות יעקב ותגיד לבני ישראל בזכות ישראל. דבר אחר כה תאמר לבית יעקב אמור בלשון רכה ראשי הדברים לנשים ותגד לבני ישראל ותדקדק עמהם.

אתם ראיתם לא במסורת אני אומר לכם לא כתבים אני משגר לכם לא עדים אני מעמיד

---

1 שבת פ"ח, א'. 1–117 ש. 94–96. 2–3 ת"כ ויקרא א'. יומא ד', א'. 4–5 לקמן ט'. ספרי במדבר ל"ט. 6–7 פדר"א שם.

---

6 תאמר] ד. כה תאמר. 7–9 דבר אחר–בזכות ישראל]=ג. ט. מ"ח: א. ד. <. 12 אתם ראיתם] ד. ואמור להם אתם ראיתם. 13 לא כתבים] ד. לא כתובים הם לכם לא כתבים.

you, but you yourselves have seen what I have done to the Egyptians. Notice of how many offences—of idolatry, incestuous practices and murder—they had in the past been guilty before Me. Yet, I punished them only on your account.

And How I Bore You on Eagles' wings. R. Eliezer says: This refers to the day of Rameses. For they were all gathered and brought to Rameses within a little while. *And I Brought You unto Myself.* That is, before Mount Sinai. R. Akiba says: It refers to the day of the giving of the Law. For the Israelites were startled, and moved backward twelve miles and then again returning moved forward twelve miles—twenty-four miles at each commandment—. *And I Brought You unto Myself.* To the Temple. Another Interpretation: *And How I Bore You on Eagles' Wings.* How is the eagle distinguished from all other birds? All the other birds carry their young between their feet, being afraid of other birds flying higher above them. The eagle,

עליכם אלא אתם ראיתם אשר עשיתי למצרים ראו על כמה הם חייבין לי על עבודה זרה ועל גילוי עריות ועל שפיכות דמים לשעבר ולא נפרעתי מהם אלא על ידיכם.

ואשא אתכם על כנפי נשרים רבי אליעזר אומר זה יום רעמסס לפי שנתקבצו כלם ובאו לרעמסס לשעה קלה ואביא אתכם אלי לפני הר סיני רבי עקיבא אומר זה יום מתן תורה לפי שהיו ישראל נרתעין לאחוריהם שנים עשר מיל וחוזרין לפניהם שנים עשר מיל עשרים וארבעה מילין על כל דיבור ודיבור ואביא אתכם אלי לבית הבחירה. דבר אחר ואשא אתכם על כנפי נשרים מה נשתנה הנשר הזה מכל העופות כלם שכל העופות כלן נותנין את בניהם בין רגליהם מפני שהן מתייראין מעוף אחר שהוא פורח על

14–17 לעיל בשלח א׳. 18–20 לעיל פסחא י״ד. 22–24 לקמן ט׳. 25–31 ספרי דברים ש״ד.

---

14 עליכם] ד. <. 15 לי] ד. <. 16 ולא] ד. לא. 17 מהם] ק. מכם / על ידיכם] ק. ידכם. 19 יום רעמסס] א״צ. יום יציאת מצרים. 20 אלי לפני] מ. אלי זה מתן תורה לפני. 22 נרתעין] א. נתעין. 23 לפניהם] ד. < / עשרים] ד. הרי עשרים. 27 בין] ד. תחת.

however, is afraid only of men who might shoot at him. He, therefore, prefers that the arrows lodge in him rather than in his children. To give a parable: A man was going on the road with his son walking in front of him. If robbers, who might seek to capture the son, come from in front, he takes him from before himself and puts him behind himself. If a wolf comes from behind, he takes his son from behind and puts him in front. If robbers come from in front and wolves from behind, he takes the son and puts him upon his shoulders. As it is said: "And in the wilderness, where thou hast seen how that the Lord thy God bore thee, as a man doth bear his son" (Deut. 1.31).

Now Therefore If Ye Will Hearken. Take it upon yourselves now. For all beginnings are difficult.

If Ye Will Hearken. On the basis of this passage the sages said: If a man hearkens to one commandment, he is given the opportunity to hearken to many commandments. For, it really says: "If you begin to hearken you will continue to hearken."[2] If a man forgets but one commandment, he will be led to forget many commandments. For it says: "And it shall be, if you begin to forget that you will continue to forget" (Deut. 8.19).

---

[2] Cf. above *Vayassa'*, I, note 8.

גביהם אבל הנשר הזה אינו מתירא אלא מאדם בלבד שמא יזרוק בו חץ אומר מוטב שיכנס בו ולא בבניו משל לאחד שהיה מהלך בדרך והיה מנהג את בנו לפניו ובאו לסטים לשבותו נטלו מלפניו ונתנו לאחוריו בא זאב לטרפו נטלו מאחריו ונתנו לפניו ליסטים מלפניו וזאב מלאחריו נטלו ונתנו על כתיפיו שנאמר ובמדבר אשר ראית אשר נשאך יי אלהיך כאשר ישא איש את בנו.

ועתה אם שמוע תשמעו עכשיו קבלו עליכם שכל התחלות קשות.

אם שמוע תשמעו מכאן אמרו שמע אדם מצוה אחת משמיעין אותו מצות הרבה שנאמר אם שמוע תשמעו שכח אדם מצוה אחת משכחין אותו מצות הרבה שנאמר אם שכח תשכח.

31–36 לעיל בשלח ה׳. 35–36 דברים א׳, ל״א. 39–42 לעיל ויסע א׳. 42 דברים ח׳, י״ט.

---

30 שמא] ד. שלא / אומר] מ. ד. <. 30–31 בו ולא בבניו] א. בי ולא בבני. 32 לשבותו] ד. ~ מלפניו. 33 לטרפו] א. מ. מ״ח. ליטלו. 36 כאשר ישא איש את בנו] הוספתי: א. וגו׳. 37 תשמעו] ק. נ. תשמע / עכשיו] ד. ועתה. 41 משכחין] א. משכיחין.

And Keep My Covenant. R. Eliezer says: This refers to the covenant of the Sabbath. R. Akiba says: This refers to the covenant of circumcision and to the covenant against idolatry.

Then Ye Shall Be Mine. That is, you shall be turned to Me and be occupied with the words of the Torah and not with other matters.

Own Treasure. Just as a man's treasure is precious to him, so you will be precious to Me. R. Joshua the son of Karḥa says: This figure is used in order to penetrate the ear. One might suppose that, just as what a wife treasures is what her husband gives her, and what the son treasures is what his father gives him, and what the servant treasures is what his master gives him, and what the maid-servant treasures is what her mistress gives her, so you, treasured by Me, have been given to Me by others[3] But Scripture says: "For all the earth is Mine."

And Ye Shall Be unto Me. I shall not appoint nor delegate any one else, so to speak, to rule over you, but I Myself will rule over you. And thus it says: "Behold, He that keepeth Israel doth neither slumber nor sleep" (Ps. 121.4).

---

[3] See Introduction.

ושמרתם את בריתי רבי אליעזר אומר זה ברית שבת רבי עקיבא אומר זה ברית מילה ועבודה זרה.

והייתם לי שתהיו פנויין לי ועוסקין בדברי תורה ולא תהיו עוסקין בדברים אחרים.

סגלה מה סגולתו של אדם חביבה עליו כך תהיו חביבין עלי רבי יהושע בן קרחה אומר כדי שתבקע אוזן כשם שהאשה מסגלת מאחר בעלה והבן מאחר אביו והעבד מאחר רבו והשפחה מאחר גבירתה יכול אף אתם מסוגלין לי מאחרים ת״ל כי לי כל הארץ.

ואתם תהיו לי כביכול איני מעמיד ואיני משליט עליכם אחרים אלא אני וכן הוא אומר הנה לא ינום ולא יישן שומר ישראל.

55–56 תהלים קכ״א, ד׳.

---

44 שבת] א״צ. תורה / ברית מילה] ק. שבת מילה. 46 פנויין] ד. קנויין. 46–47 בדברי תורה] א. בדברי תורתי ד. בתורה. 49 כדין מ. הרי א״צ. <. 50 שתבקע] מ.ט. שתקבע / מאחר בעלה] מ. ד. אחר בעלה. 52 מסוגלין] ק. מסגלין] / לי מאחרים] הגהתי=ל״ט. ז״י: א. מ. לי מאחורי ד. לי מאחרי ט. <.

A Kingdom. I will allow only one of your own to be king over you, but not one from the nations of the world. And thus it says: "My dove, my undefiled, is but one"[4] (Cant. 6.9). R. Eliezer the son of R. Jose the Galilean says: How can you prove that every Israelite is destined to have as many children as there were persons who came out of Egypt? It says: "Instead of thy fathers shall be thy sons" (Ps. 45.17). But "sons" might mean wretched and afflicted ones? It says, however: "Whom thou shalt make princes in all the land" (ibid.). But "princes" might mean merchant-princes? It says, however: "A kingdom." But "king" might mean one who goes around making conquests? It says, however: "And priests." But "priests" might mean non-functioning priests, as when it says: "And David's sons were (*Kohanim*) priests" (2 Sam. 8.18)? Therefore Scripture says: "And a holy nation." Hence, the sages said: The Israelites before they made the Golden Calf were eligible to eat of the holy things. But after they made the Golden Calf these holy things were taken from them and given to the priests exclusively.

It is said:[5] "Israel is a scattered sheep" (Jer. 50.17). The people of Israel are compared to a lamb. What is the nature of the lamb? If it is

---

[4] I. e., homogeneous. Ruler and people are of one race and of one nationality.

[5] See Introduction.

ממלכת איני ממליך עליכם מאומות העולם אלא מכם וכן הוא אומר אחת היא יונתי תמתי וגו. רבי אליעזר בנו של רבי יוסי הגלילי אומר מנין אתה אומר שכל אחד ואחד מישראל עתיד להיות לו בנים כיוצאי מצרים שנאמר תחת אבותיך יהיו בניך אי בנים יכול דווים וסגופים ת"ל תשיתמו לשרים בכל הארץ אי שרים יכול פרגמטיוטין ת"ל ממלכת אי מלך יכול יהא חוזר ומכבש ת"ל כהנים יכול כהנים בטלנים כענין שנאמר ובני דוד כהנים היו ת"ל וגוי קדוש מכאן אמרו ראוין היו ישראל לאכול בקדשים עד שלא עשו את העגל משעשו את העגל ניטלו מהם וניתנו לכהנים שנאמר שה פזורה ישראל וגו' משולין בשה מה דרכו של

---

58 שה"ש ו', ט'. 59–62 מד' תהלים מ"ה, ז'. 61–62 תהלים מ"ה, י"ז. 65–66 שמואל ב. ח', י"ח. לעיל עמלק ג'. 66–67 לעיל פסחא א'. 69 ירמיה נ', י"ז. 69–73 וי"ר ד', ו'.

---

57 עליכם] ד. <. 60 להיות] א. מ. לראות. 63 לשרים] ק. נ. שרים / פרגמטיוטין] ט. פרגמטוטין מ"ח. פרקמטיוטין ד. פרגמיטיוטין מ. פרגמטיוסין. 64 ומכבש] ה. ומתכבש. 65 יכול כהנים] א. ט. ז"י. ש"י. < / בטלנים]=ט. א"א. ה. ל"ט. ש. מ"ח: א. ד. מבטלים מ. מבטלנין כ. (תהלים מ"ה, ל"ד) בטלים. 66 ת"ל וגוי קדוש] הגהתי=ה. ל"ט. ש. 67 ישראל] ד. כל ישראל. 68 שנאמר] א"א. <. 69 משולין] א. מושלין ד. המשילן. 69–70 דרכו של שה–וכולן מרגישין] ד. שה זו כשהיא לוקה מאחת מאיבריה כל איבריה מרגישין.

hurt in one limb, all its limbs feel the pain. So also are the people of Israel. One of them commits a sin and all of them suffer from the punishment. But the nations of the world are not so. One of them may be killed and yet all the others may rejoice at his downfall.

And a Nation. Scripture designates them as a nation,[6] as in the passage: "And who is like Thy people Israel, a nation one in the earth" (I Chron. 17.21).

Holy. Holy and sacred, separated from the nations of the world and from their abominations.

These Are the Words. No more no less. *Which Thou Shalt Speak unto the Children of Israel.* Exactly in this order.

And Moses Came and Called for the Elders of the People. This tells that Moses showed honor to the elders.

And Set Before Them. He enlightened their eyes. *All These Words.* The first first, and the last last.

Which the Lord Commanded Him. Also what was said for the women.

---

[6] I. e., even though they are a kingdom of priests.

שה לוקה על אחד מאיבריו וכולן מרגישין כך הן ישראל אחד מהן חוטא וכולן נענשין אבל אומות העולם אינן כן אלא אחד מהן נהרג וכולם שמחים במפלתו.

וגוי קראן גוי שנאמר ומי כעמך ישראל גוי אחד בארץ.

קדוש קדושים ומקודשים פרושים מאומות העולם ומשקוציהם.

אלה הדברים שלא תפחות ולא תוסיף אשר תדבר אל בני ישראל כסדר הזה.

ויבא משה ויקרא לזקני העם מגיד שמשה חלק כבוד לזקנים.

וישם לפניהם האיר את עיניהם. את כל הדברים ראשון ואחרון אחרון.

אשר צוהו יי אף לנשים אמור.

74–75 דהי"א. י"ז, כ"א. 76–77 ת"כ קדושים א' (86c). 80–81 לעיל פסחא י"א.

---

71 אחד מהן חוטא וכולן נענשין] ד. אם נהרג אחד מהן כלן מרגישין ומצטערין. 72 אחד מהן נהרג וכולם] ד. אם נהרג אחד מהם כולם. 74 קראן גוי] ד. ~ קדוש. 84 לנשים] מ"ח. לנערים לנשים.

And All the People Answered Together. They did not give this answer with hypocrisy, nor did they get it one from the other, but all of them made up their mind alike and said: "All that the Lord hath spoken we will do."

And Moses Reported the Words of the People unto the Lord. And was there any need for Moses to report? Scripture merely wishes you to learn proper manners from Moses. He did not say: Since He who sent me knows anyhow there is no need for me to report back. Another Interpretation: It was to give Moses a reward for every going up and for every coming down.

And the Lord Said unto Moses: Lo, I come unto Thee in the Thickness of the Cloud. With a cloud that is thick. And which is this? It is the thick darkness, as it is said: "But Moses drew near unto the thick darkness [where God was]" (Ex. 20.21).

That the People May Hear When I Speak with Thee. R. Judah says: Whence can you prove that the Holy One, blessed be He, said to Moses: Behold, I will be saying something to you and you shall answer Me, and I will then agree with

ויענו כל העם יחדו לא ענו בחנופה ולא קבלו זה מזה אלא השוו כלם לב אחד ואמרו כל אשר דבר יי נעשה.

וישב משה את דברי העם אל יי וכי היה צריך משה להשיב אלא בא הכתוב ללמדך דרך ארץ ממשה שלא אמר הואיל ויודע מי ששלחני איני צריך להשיב. דבר אחר ליתן שכר למשה על כל עלייה ועלייה ועל כל ירידה וירידה.

ויאמר יי אל משה הנה אנכי בא אליך בעב הענן בענן עבה ואיזה זה ערפל שנאמר ומשה נגש אל הערפל.

בעבור ישמע העם בדברי עמך רבי יהודה אומר מנין אתה אומר שאמר הקב"ה למשה הריני אומר לך דבר ואתה מחזירני ואני מודה

90–91 לעיל פסחא א׳. 93–95 לקמן ט׳. 95 שמות כ׳, כ״א. 96–100 לקמן ד׳.

---

89 בא הכתוב ללמדך] מ. נאמר הכתוב ללמדך ד. למדה תורה. 90–91 ממשה–צריך להשיב] ד. בא משה והשיב תשובה לשלחו שכן אמר משה אעפ״י שהוא יודע ועד אשיב תשובה לשולחני / אמר] א. נאמר / מי]=ש״ט. מ״ח: א. מ. מה. 93 הנה אנכי] ק. נ. הנני. 95 שנאמר] א. ת״ל. 97 מנין אתה אומר] מ״ח. <.

you, so that the Israelites should say: Great is Moses, for even God agreed with him? From the passage: "And may also believe thee for ever." Rabbi says: We need not make Moses great if it is to be done only by making God change His mind and go back on His word. The passage merely teaches that God said to Moses: Behold, I am going to call you from the top of the mountain and you will come up. As it is said: "And the Lord called Moses to the top of the mount; and Moses went up" (v. 20).

And May Also Believe Thee for Ever, in thee and also in the prophets that are to arise after thee.

And Moses Told. But what had God told Moses to tell Israel, or what had the Israelites told Moses to tell God? R. Jose the Galilean says: It is in reference to what was said: "And thou shalt set bounds unto the people round about, saying" (v. 12). R. Eleazar b. Perata says: But what had God told Moses to tell Israel, or what had the Israelites told Moses to tell God? It is merely in reference to what was said: "And

לך שיהיו ישראל אומרים גדול משה שהודה לו המקום שנאמר וגם בך יאמינו לעולם רבי אומר אין אנו צריכין לעשות למשה גדול אלא אם כן עשינו להקב"ה שחזר בו ובדברו אלא מלמד שאמר המקום למשה הריני קורא לך מראש ההר ואתה עולה שנאמר ויקרא יי למשה לראש ההר ויעל משה וגם בך יאמינו לעולם גם בך גם בנביאים העתידים לעמוד אחריך.

ויגד משה וגו׳ וכי מה אמר המקום למשה לאמר לישראל או מה אמרו לו ישראל לאמר למקום רבי יוסי הגלילי אומר מתוך שנאמר והגבלת את העם סביב לאמר רבי אלעזר בן פרטא אומר וכי מה אמר המקום למשה לאמר לישראל או מה אמרו ישראל למשה לאמר למקום אלא מתוך שנאמר

104–105 שמות י"ט, כ׳. 107–117 שבת פ"ז, א׳. 109–110 שמות י"ט, י"ב.

---

100 שנאמר וגם בך יאמינו לעולם] הגהתי=מ"ח. ז"י: א. שנאמר ט. א"א. וגם בך יאמינו לעולם מ. ד. <. 101–102 אא"כ עשינו] מ"ח. ונעשה. 102 שחזר] מ"ח. שחזר / בו ובדברו] ט. בו בדבורו מ"ח. בדברו. 104 לראש] במקרא שלפנינו אל ראש. 108 לאמר] ד. <. 109 מתוך] מ"ח. זו מצות הגבלה. 109–112 ר׳ יוסי–לאמר למקום א. < / מתוך שנאמר–למקום אלא] ט. <.

Moses came and told the people all the words of the Lord, and all the ordinances" (Ex. 24.3). He told them: If you will joyfully accept the stipulated penalties, you will receive a reward; but if not, you are going to get punishment. And they joyfully accepted the stipulated penalties. Rabbi says: But what had God told Moses to tell Israel, or what had the Israelites told Moses to tell God? It is simply this: They said: It is our wish to hear directly from the mouth of our King. To hear from the attendant is not like hearing from the mouth of the king. God then said: Give them what they ask for: "That the people may hear when I speak." Another Interpretation: They said: It is our wish to see our King. For hearing is not like seeing. God then said: Give them what they ask for: "For the third day the Lord will come down in the sight of all the people upon mount Sinai" (v. 11).

ויבא משה ויספר לעם את כל דברי יי ואת כל המשפטים אמר להם אם מקבלים אתם עליכם עונשים בשמחה הרי אתם מקבלים שכר ואם לאו הרי אתם מקבלים פורענות וקבלו עליהן עונשין בשמחה רבי אומר וכי מה אמר המקום למשה לאמר לישראל או מה אמרו ישראל למשה לאמר למקום אלא אמרו רצוננו לשמוע מפי מלכנו לא דומה שומע מפי פרגוד לשומע מפי המלך אמר המקום תן להם מה שבקשו בעבור ישמע העם. דבר אחר אמרו רצוננו לראות את מלכנו לא דומה שומע לרואה אמר המקום תן להם מה שבקשו כי ביום השלישי ירד יי לעיני כל העם על הר סיני.

113–114 שם כ״ד, ג׳. 121–124 שמו״ר כ״ט, ד׳. 123–124 שמות י״ט, י״א.

113 ויבא משה ויספר לעם] מ. ויבא משה אל העם. 113–114 את כל דברי-כל המשפטים] מ. ד. <. 114 המשפטים] הגהתי=ש: א. המעשה. 116 פורענות] ד. עליכם פורענות / עליהן] ד. <. 120 פרגוד] החכם י. ה. ש. בהחלוץ י״ב (1887 צד 80) הגיה פרגור והוא לשון יוני *προήγορος*, ה. פרג ש״ט. סרסור. 121–123 בעבור ישמע-שומע לרואה] א. <. 123 אמר המקום תן להם מה שבקשו] א. ד. <.

Chapter III
(Ex. 19.10–17)

And the Lord Said unto Moses: 'Go unto the People, and Sanctify Them To-day.' This was the fourth day of the week.

And Tomorrow. This was the fifth day of the week.

And Be Ready against the Third Day. This was the sixth day of the week on which day the Torah was given.

And what did Moses do on the fifth day? He got up early in the morning and built an altar at the foot of the mountain, as it is said: "And rose up early in the morning, and builded an altar under the mount" (Ex. 24.4). He put up twelve pillars corresponding to the twelve tribes of Israel—these are the words of R. Judah, but the other sages say twelve pillars for each tribe—. Having built the altar he offered up on it a burnt-offering and a peace-offering. Of the blood of the burnt-offering he took one portion for God and one portion for the congregation—in two separate cups. And of the blood of the peace-offering he also took—in two cups—one portion for God and one portion for the people, as it is said: "And Moses took half of the blood," etc. (ibid. 24.6), that is, the portion of God. "And half of the blood he dashed against the altar"

פרשה ג (שמות י״ט, י׳–י״ז)

ויאמר יי אל משה לך אל העם וקדשתם היום זה יום רביעי ומחר זה יום חמישי והיו נכונים ליום השלישי זה יום ששי שבו נתנה תורה ומה עשה משה בחמישי השכים בבקר ובנה מזבח תחת ההר שנאמר וישכם בבקר ויבן מזבח תחת ההר העמיד שתים עשרה מצבות לשנים עשר שבטי ישראל דברי רבי יהודה וחכמים אומרים שתים עשרה מצבה לכל שבט ושבט בנה מזבח והקריב עליו עולה ושלמים נטל מדם העולה בשני כוסות חלק למקום וחלק לציבור ומדם השלמים בשני כוסות חלק למקום וחלק לציבור שנאמר ויקח משה חצי הדם וגו׳ זה חלק למקום וחצי הדם זרק

1–3 שבת פ״ו, ב׳. 1–9 ש. 96. 5–6 שמות כ״ד, ד׳. 8–14 וי״ר ו׳, ה׳. 8–27 מ״ת. 56–57. 11–12 שמות שם ו׳.

---

8 לכלו א. ד. על כל. 10 חלק] מ. חצי / וחלק] מ. וחצי.

(ibid.), that is, the people's portion.[1] "And he took the book of the covenant and read in the hearing of the people" (ibid., v. 7). But we have not heard whence he read to them.[2] R. Jose the son of R. Judah says: From the beginning of Genesis up to here. Rabbi says: He read to them the laws commanded to Adam, the commandments given to the Israelites in Egypt and at Marah, and all other commandments which they had already been given.—R. Ishmael says: What does it say in the beginning of the section (Lev. 25.1ff.)? "Then shall the land keep a sabbath unto the Lord. Six years shalt thou sow thy field," etc. (Lev. 25.2–3). He read to them the laws about the sabbatical years and the jubilees (ch. 25), the blessings and the curses (ch. 26). What does it say at the closing of the section? "These are the statutes and ordinances and laws," etc. (Lev. 26.46)—they said: We accept all these. When he saw that they accepted them, he took the blood and sprinkled it upon the people, as it is said: "And Moses took the blood, and sprinkled it on the people," etc. (Ex. 24.8). He said to them: Now you are bound, held and tied; tomorrow, come and receive all the commandments. R. Jose the son of R. Judah says: All these acts were performed on one and the same day.

---

[1] The portion of God was sprinkled upon the people (v. 8) and the portion of the people was offered to God by being dashed against the altar (v. 6).

[2] See Introduction and cf. Commentaries.

על המזבח זה חלק לציבור ויקח ספר הברית ויקרא באזני העם אבל לא שמענו מהיכן קרא באזניהם רבי יוסי ב"ר יהודה אומר מתחלת בראשית ועד כאן רבי אומר מצוות שנצטווה אדם הראשון ומצוות שנצטוו בני נח ומצוות שנצטוו במצרים ובמרה ושאר כל המצוות כלן רבי ישמעאל אומר בתחלת הענין מה הוא אומר ושבתה הארץ שבת ליי שש שנים תזרע שדך וגו' שמטים ויובלות ברכות וקללות בסוף הענין מה הוא אומר אלה החוקים והמשפטים והתורות וגו' אמרו מקבלין אנו עלינו כיון שראה שקבלו עליהם נטל את הדם וזרק על העם שנאמר ויקח משה את הדם ויזרוק על העם וגו' אמר להם הרי אתם קשורין תפוסין וענובין מחר בואו וקבלו עליכם את כל המצוות רבי יוסי ברבי יהודה אומר בו ביום נעשו כל המעשים.

13–14 שם ז'. 19–20 ויקרא כ"ה, ב'-ג'. 21–22 שם כ"ו, מ"ו. 24 שמות כ"ד, ח'.

---

15 ר' יוסי ב"ר יהודה]=ג. מ"ח. ל"ט: מ. ר' יוסי ב"ר יוסי ד. ר' יוסי ברבי אסי ט. ר' ישמעאל בר' יוסי. 25 קשורין תפוסין וענובין] ק. תפוסין.

And Let Them Wash Their Garments. And how do we know that they also required immersion? Behold, I reason thus: If even in cases where washing of garments is not required immersion is required, does it not follow that in this case where washing of the garments was required immersion was required? There is no case in the Torah where washing of the garments is prescribed without at the same time there being also a requirement of immersion.

And Be Ready against the Third Day. That was the sixth day of the week on which the Torah was given.

For the Third Day the Lord Will Come Down, etc. This is one of the ten descents[3] mentioned in the Torah.

In the Sight of All the People. This tells that there were no blind ones among them. Another Interpretation: *In the Sight of All the People.* This teaches that at that moment the people saw what Isaiah and Ezekiel never saw. For it is said: "And by the ministry of the prophets have I used similitudes"[4] (Hos. 12.11).

Another Interpretation: *In the Sight of All the People.* This teaches that if even only one of them had been missing they would not have been worthy of receiving the Torah. R. Jose says:

---

[3] Cf. M. Friedmann, *Pseudo-Seder Elijahu Zuta*, Vienna, 1904, p. 50 ff.

[4] I. e., the prophets did not see clear visions, while the people at Sinai did (cf. above *Shirata*, III).

וכבסו שמלותם ומנין שיטענו טבילה הרי אני דן ומה אם במקום שאין טעונין כבוס בגדים טעונין טבילה וכאן שהן טעונין כבוס בגדים אינו דין שיטענו טבילה אין כבוס בגדים בתורה שאינו טעון טבילה.

והיו נכונים ליום השלישי זה יום ששי שבו נתנה תורה.

כי ביום השלישי ירד יי וגו׳ זה אחד מעשר ירידות שבתורה.

לעיני כל העם מגיד שלא היה בהם סומים. דבר אחר לעיני כל העם מלמד שראו באותה שעה מה שלא ראה ישעיה ויחזקאל שנאמר וביד הנביאים אדמה. דבר אחר לעיני כל העם מלמד שאם היו חסרים עד אחד אינן כדאי לקבל רבי יוסי אומר

28–32 יבמות מ״ו, ב׳. ש. 97. 35–36 ספרי במדבר צ״ג. אדר״נ ל״ד. ב״ר ל״ח, ט׳. פדר״א י״ד ומ״א. 37 לקמן ט׳. 38–40 לעיל שירתא ג׳. 39–40 הושע י״ב, י״ג. 41–43 ספרי במדבר פ״ד. ב״ק פ״ג, א׳. יבמות ס״ד, א׳.

---

31 בתורה] מ. מן התורה רמב״ן במה. 34 תורה] ד. ט. ~ שנאמר. 36 שבתורה] ד. שכתובות בתורה. 41 עד אחד] ג. מ״ח. אפילו אחד / אינן כדאי]=ל. ט: מ. נ. אינו כדאי ק. אינו יכול מ״ח. אינן נראין.

Even if there had been only two and twenty thousand of them they would have been considered worthy of receiving the Torah. For it is said: "And when it rested, he said: 'Return, O Lord, unto the ten thousands[5] of the families of Israel' " (Num. 10.36).

And Thou Shalt Set Bounds unto the People. I might understand this to mean only on the east side, but it says: "Round about."

Saying. This teaches that they forewarned one another.[6]

Take Heed to Yourselves. Under the penalty of a prohibition.[7]

That Ye Go Not Up into the Mount. One might think that it was forbidden to go up but permitted to touch it. Therefore, it says: "Or touch the border of it." One might still think that while it was forbidden to go up or to touch it, one might be brought up in a litter, but it says: "That ye go not up into the mount or touch the border of it."[8]

Whosoever Toucheth the Mount Shall Be Surely Put to Death. This states the penalty.

---

[5] The two words רבבות אלפי are taken as two separate numbers: רבבות as a plural form meaning at least two ten thousands, and אלפי as a plural form meaning at least two thousand, thus making a total of at least twenty-two thousand.

[6] The word לאמור, "to say," is interpreted as meaning, to say it to one another by way of warning.

[7] The expression השמר has the force of a prohibition לא תעשה (cf. 'Er. 96a).

[8] See Commentaries.

אפילו יש שם שני אלפים ושני רבבות הם כדי לקבל שנאמר ובנחה יאמר שובה יי רבבות אלפי ישראל.

והגבלת את העם שומע אני למזרחו ת״ל סביב.

לאמר מלמד שהתרו זה בזה. השמרו לכם בלא תעשה.

עלות בהר יכול לא יעלה אבל יגע ת״ל ונגוע בקצהו יכול לא יעלה ולא יגע אבל יכנס בלקטקא ת״ל עלות בהר ונגוע בקצהו.

כל הנוגע בהר מות יומת הרי זה עונש.

---

43 במדבר י׳, ל״ו. 44–106 ש. 97–99. 46–47 ספרי דברים קי״ז ורע״ד.

---

46 מלמד] א. מ. < / שהתרי] א. מ. מ״ח. שהותרו. 49 יכנס] ק. נ. יכניס. 50 בלקטקא] מ. בלקטנא בספר זכרון לר׳ אברהם בקראט (ליוורנו תר״ה) בלקטתא מ״ח. בקטלקא ג. בקלמארקא ט. א״א. בגלונקא ש. בגלונתקא ד. <. 51 כל הנוגע בהר מות יומת] מ. ד. <.

No Hand Shall Touch It. Nor the sanctuary in Shiloh, nor the tent of meeting, nor the Temple in Jerusalem.[9]

But He Shall Surely Be Stoned. And how do we know that he was to be pushed down? It says: "To throw down (*Yaroh*)." And how do we know that if he died as a result of being thrown down the duty is done? It says: "Let him be thrown down (*yiyareh*)." And how do we know that it is the same with all those who are to be stoned. It says: "For he shall surely be stoned or thrown down."

Whether It Be Beast. I know only about domestic animals. How about wild animals? It says: "Whether it be beast."

Or Man. I know only about men. How about women? It says: "Or man."

It Shall Not Live. R. Akiba says: Here it is said: "It shall not live," and there it is said: "Thou shalt not suffer a sorceress to live" (Ex. 22.17): just as here death by stoning is meant, so there also death by stoning is meant.

When the Ram's Horn Soundeth Long. After the ram's horn had given forth a prolonged sound everyone was permitted to go up to the mountain. R. Jose says: "That it is not the place

[9] See *Shebut Yehudah* ad loc.

לא תגע בו יד ולא בשילה ולא באהל מועד ולא בבית עולמים.

כי סקול יסקל ומנין שידחה ת״ל ירה ומנין שאם מת בדחייה יצא ת״ל יירה ומנין לכל הנסקלין כן ת״ל כי סקול יסקל או ירה יירה.

אם בהמה אין לי אלא בהמה חיה מנין ת״ל אם בהמה. אם איש אין לי אלא איש אשה מנין ת״ל אם איש.

לא יחיה רבי עקיבא אומר נאמר כאן לא יחיה ונאמר להלן מכשפה לא תחיה מה כאן בסקילה אף להלן בסקילה.

במשוך היובל כשימשוך היובל את קולו הכל רשאין לעלות בהר רבי יוסי אומר לא מקומו

57–58 ב״ק נ״ד,ב׳. 61 שמות כ״ב, י״ז. 63–67 תענית כ״א, ב׳.

55 בדחייה] מ. בדחיקה / ת״ל יירה] ד. וכו׳ הגירסא בסנהדרין בפרק נגמר הדין תנו רבנן מנין שבדחייה ת״ל ירה מנין שבסקילה ת״ל סקול ומנין שבסקילה ודחייה ת״ל או סקול יסקל או ירה יירה וגו׳. 56 כן] א. מ. נתלין. 57 אם בהמה] מ. מ״ח. בהמה / אם בהמה-ת״ל] א. <. 57–58 ת״ל אם בהמה] ד. ת״ל בהמה. 58 אם איש אין לי אלא איש] ד. איש מנין ת״ל אם איש. 63 כשימשוך]=ט. רש״י ל: א. כימשוך ק. במאי שימשוך נ. בשימשוך / קולו] ק. ~ מלהשמע. 64 הכל] ד. אתם ג. הם. 64–67 ר׳ יוסי אומר-רשאין לעלות בהר] א. <.

which honors the man but the man who honors the place," was said by the sages in this connection. As long as the *Shekinah* was on the mount, "whosoever toucheth the mount shall be surely put to death." After the *Shekinah* removed itself, all people were permitted to go up to the mount.

And Moses Went Down from the Mount unto the People. This teaches that Moses did not turn to his business nor go down to his house, but went directly "from the mount unto the people." One might think it was so only in the case of this message. How do we know that it was so in the case of all the messages? It says: "And the Lord came down upon mount Sinai," etc. (v. 20), "so Moses went down unto the people and told them." Now this had already been said before (v. 14). What need then was there of saying again: "So Moses went down unto the people" (v. 25)? To teach us that Moses did not turn to his business nor go down to his house, but went directly "from the mount unto the people." Thus far I know it only of the commandments received at mount Sinai. How about the commandments received in the tent of meeting? It says: "And he came out, and spoke unto the children of Israel that which he was commanded" (Ex. 34.34). And how do we know that he made all his ascents in the morning? It says: "And be ready by the morning and come up in the morn-

של אדם מכבדו אלא הוא מכבד את מקומו מכאן אמרו כל זמן שהשכינה בהר כל הנוגע בהר מות יומת נסתלקה שכינה הכל רשאין לעלות בהר.

וירד משה מן ההר אל העם מלמד שלא היה משה פונה לעסקיו ולא היה יורד לתוך ביתו אלא מן ההר אל העם יכול לדיבור זה בלבד ושאר כל הדברות מנין ת״ל וירד יי על הר סיני וגו׳ וירד משה אל העם ויאמר אליהם כבר זה אמור ומה ת״ל וירד משה אל העם מלמד שלא היה משה פונה לעסקיו ולא יורד לתוך ביתו אלא מן ההר אל העם אין לי אלא דברות הר סיני דברות אהל מועד מנין ת״ל ויצא ודבר אל בני ישראל את אשר יצוה ומנין לכל העליות שהיה עולה בבקר היה עולה שנאמר והיה נכון לבקר ועלית בבקר

---

71 שמות י״ט, כ׳–כ״ה. 75–76 לע׳יל פסחא א׳. 77–76 שמות ל״ד, ל״ה. 78–81 שם ל״ד, ב׳,–ד׳.

65–66 מכאן אמרו] א״צ. מ״ח. <. 66 מות] א. ד. <. 67 נסתלקה שכינה] מ. נסתלק כבוד השכינה. 68–72 מלמד שלא–אל העם] א. ט. <. 71 וירד יי על הר סיני] א״צ. וירד משה ויאמר אליהם ז״י. וירד משה אל העם וידבר אליהם ש״י. וירד משה אל העם. 72 וגו׳ וירד משה אל העם ויאמר אליהם] הוספתי–מ״ה. 72–73 כבר זה אמור] מ״ה. שאין ת״ל. 72–75 כבר זה אמור–אלא מן ההר אל העם] א״צ. ז״י. <. 73 וירד משה אל העם] הגהתי=ש״י: מ. ד. וירד משה מן ההר אל העם. 76 אל בני ישראל] ד. אל משה. 77 את אשר יצוה] ד. <. 78 שנאמר] ד. ת״ל.

ing . . . and no man shall come up with thee . . . and he hewed two tables of stone like unto the first; and Moses rose up early in the morning, and went up unto mount Sinai, as the Lord had commanded him" (Ex. 34.2–4). There would be no need of saying: "As the Lord had commanded him," except to declare that it was the rule that every time he went up he went up in the morning.

And Sanctified the People. He summoned them and they washed their garments and purified themselves.

And He Said unto the People: 'Be Ready,' etc. But we have not heard that God expressly told Moses that they should keep away from women! But "be ready" (v. 15) and "and be ready" (v. 11) are the basis of an analogy, *Gezerah Shavah:* Just as the expression "be ready" used there (v. 15) means to refrain from coming near a woman, so also the expression "and be ready" used here (v. 11) means to refrain from coming near a woman. Rabbi says: It can be proved from its own context. God said to him: "Go unto the people and sanctify them today and tomorrow" (v. 10). For, if it meant only the requirement of immersion, it would have been enough for them to bathe on the fifth day and then be

וגו׳ ואיש לא יעלה עמך וגו׳ ויפסול שני לוחות אבנים כראשונים וישכם משה בבקר ויעל אל הר סיני כאשר צוה יי אותו שאין ת״ל כאשר צוה יי אותו אלא זה בנין אב כל זמן שהיה עולה בבקר היה עולה.

ויקדש את העם זימנן וכבסו בגדיהם והטהרו.

ויאמר אל העם היו נכונים וגו׳ אבל לא שמענו שאמר המקום למשה לפרוש מן האשה אלא היו נכונים והיו נכונים לגזירה שוה מה היו נכונים האמור כאן לפרוש מן האשה אף והיו נכונים האמור להלן לפרוש מן האשה רבי אומר ממקומו הוא מוכרע לך אל העם וקדשתם היום ומחר אם לענין טבילה יטבול בחמישי ויהי טהור

86–94 פדר״א מ״א. 86–99 שבת פ״ו, א׳. י׳ שם ט׳, ג׳ (12a).

79 וגו׳] הוספתי. 80–81 אבנים כראשונים–הר סיני כאשר צוה יי אותו] הוספתי: א. ט. וגו׳ ד. אבנים. 82 זה] ד. <· / עולה] ד. משה. 84 וכבסו] א. ויכבסו מ״ח. א״צ. ויכבסו שמלותם. 84–85 בגדיהם והטהרו] ק. ט. ~ והחליפו שמלותיכם מ״ח. א״צ. <· 87 למשה] ד. < / לפרוש] מ״ח. להפרישם. 89 כאן] מ״ח. להלן. 90 להלן] מ״ח. כאן. / רבי אומר] ט. דבר אחר. 91 מוכרע] ד. מכריע. 92 לענין] ד. על ענין / ויהי] ק. והכי / טהור] מ. ט. מ״ח. < ק. אמ׳.

clean at about the time of the setting of the sun.[10] Why then does it say: "Go unto the people," etc.? Merely to indicate that God told Moses that they should keep away from women.

Come Not Near a Woman. Hence, the sages said: "That a woman discharging the virile semen on the third day does not thereby become unclean, can be proven from the precautions taken at Sinai." This is according to the opinion of R. Eleazar b. Azariah. R. Ishmael, however, says: Sometimes this period[11] begins after four *onahs*,[12] some times after five, and sometimes after six. R. Akiba says: It always begins after five *onahs*.

And It Came to Pass on the Third Day, When It Was Morning. This teaches that God had come there before Moses. Thus is confirmed what has been said: "While the king sat at his table, my spikenard sent forth its fragrance"[13] (Cant. 1.12).

---

[10] Sexual intercourse was regarded as defiling a person. After having sexual intercourse, one was therefore required to take a ritual bath in order to become clean again (Lev. 15.16–18). If the "sanctifying" commanded by God meant merely that they should purify themselves by immersion, i. e., by taking a ritual bath, then the words: "today and tomorrow," would not quite fit in. For the people could have had intercourse up to the fifth day and taken their ritual bath on the fifth day, i. e., on the day preceding the day of the giving of the Law and, with sunset, become clean and fit to receive the Torah the next morning. Evidently, then, "sanctify them today and tomorrow," must have meant that they should keep them-

כמו הערב שמש ומה ת״ל לך אל העם וגו׳ אלא שאמר המקום למשה לפרוש מן האשה.

אל תגשו אל אשה מכאן אמרו הפולטת שכבת זרע ביום השלישי שהיא טהורה ראיה לדבר מסיני דברי רבי אלעזר בן עזריה רבי ישמעאל אומר פעמים שהם ארבע עונות פעמים שהן חמש פעמים שהן שש רבי עקיבא אומר לעולם חמש.

ויהי ביום השלישי בהיות הבקר מלמד שהקדים המקום על ידיו לקיים מה שנאמר עד שהמלך במסבו נרדי נתן ריחו.

101–102 שהש״ר א׳, י״ב. 102 שה״ש א׳, י״ב.

---

93 כמו הערב] מ. כמו ערב מ״ח מוערב / ומה] ד. <. 94 לפרוש] מ״ח. להפרישם. 97 ישמעאל] ד. אליעזר. 98 פעמים] ד. אף פעמים. 101 שהקדים] ד. שהסכים א״צ. שהשכים.

---

selves away from any cause of defilement, i. e., not to have sexual intercourse.

[11] I. e., the period during which the discharge does not make her unclean.

[12] *'Onah* designates half of an astronomical day, either daytime or nighttime (cf. Jastrow, *Dictionary*, s. v. p. 1054).

[13] See *Shebut Yehudah* ad loc.

That There Were Thunders. Thunders upon thunders, all sorts of thunder.

And Lightnings. Lightnings upon lightnings, all sorts of lightning.

And a Thick Cloud upon the Mount. That is, the thick darkness, as it is said: "But Moses drew near unto the thick darkness" (Ex. 20.18).

And the Voice of a Ḥorn Exceeding Loud. Ordinarily the more the sound of a voice is prolonged the weaker it becomes. But here the longer the voice lasted the stronger it became. And why was it softer at first? That the ear might get it in accordance with its capacity of hearing.

And All the People that Were in the Camp Trembled. This teaches that they were frightened.

And Moses Brought Forth the People Out of the Camp to Meet God. Said R. Jose: Judah used to expound: "The Lord came from Sinai" (Deut.

ויהי קולות קולי קולות ומיני קולות משונים זה מזה.

וברקים ברקי ברקים ומיני ברקים משונים זה מזה.

וענן כבד על ההר זה ערפל שנאמר ומשה נגש אל הערפל.

וקול שופר חזק מאד מנהג הדיוט כל שהוא הולך קולו עמה אבל כאן כל שהוא הולך קולו מגביר ולמה רך מבתחילה לשבר את האוזן מה שהיא יכולה לשמוע.

ויחרד כל העם אשר במחנה מלמד שנזדעזעו.

ויוצא משה את העם לקראת האלהים אמר רבי יוסי יהודה היה דורש יי מסיני בא אל

107–108 לעיל ב׳. 109–112 לקמן ד׳. 115–136 ש. 99–100.
116 דברים ל״ג, ב׳.

---

103 קולי קולות] א. מ. ט. קול קולות מ״ח. < / ומיני] ט. מ״ח. מיני ק. ומנין. 105 ברקי] א. ט. ברק / ומיני] מ״ח. ט. א״א. ז״י. מיני. 109–110 כל שהוא] ד. כל זמן שהוא. 110 עמה] ד. נמוך מ״ח. עמום. 111 רך] ד. ט. כך ג. לא היה כך/ לשבר] ד. לשכך. 116 א״ר יוסי יהודה] ט. א״ר יוסי ר׳ יוסי מ״ח. א״ר ר׳ אסי ש. ר׳ יוסי בר יודן.

33.2). Do not read it thus, but read: "The Lord came to Sinai," to give the Torah to Israel. I, however, do not interpret it thus, but: "The Lord came from Sinai," to receive Israel as a bridegroom comes forth to meet the bride.

And They Stood. They were huddled together. This teaches that they were afraid of the winds, of the earthquakes, of the thunders and lightnings that came on.

Below the Mount. Scripture indicates that the mount was pulled up from its place and the people came near and stood under it, as it is said: "And ye came near and stood under the mountain" (Deut. 4.11). Of them it is declared in the traditional sacred writings: "Oh my dove that art in the clefts of the rock," etc. (Cant. 2.14). "Let me see thy countenance," that is, the twelve pillars erected for the twelve tribes of Israel; "let me hear thy voice" (ibid.), that is, when responding to the Ten Commandments; "for sweet is thy voice" (ibid.), after having received the Ten Commandments; "and thy countenance is comely" (ibid.), when: "All the congregation drew near and stood before the

תקרא כן אלא יי לסיני בא ליתן תורה לישראל ואני איני אומר כן אלא יי מסיני בא לקבל את ישראל כחתן זה שהוא יוצא לקראת כלה.

ויתיצבו ניצפפו מלמד שהיו מתיראין מפני הזיקין ומפני הזוועות מפני הרעמים ומפני הברקים הבאים.

בתחתית ההר מלמד שנתלש ההר ממקומו וקרבו ועמדו תחתיו שנאמר ותקרבון ותעמדון תחת ההר עליהם מפורש בקבלה יונתי בחגוי הסלע וגו' הראיני את מראיך אלו שתים עשרה מצבה לשנים עשר שבטי ישראל השמיעיני את קולך אלו עשרת הדברות כי קולך ערב לאחר עשרת הדברות ומראך נאוה ויקרבו כל העדה ויעמדו

---

119 פדר"א מ"א. 124–125 דברים ד', י"א. שבת פ"ח, א'. שהש"ר ח', ב'. 125–126 שה"ש ב', י"ד. 125–136 שהש"ר ב', י"ד. 129–130 ויקרא ט', ה'.

---

117 אל תקרא כן אלא] מ"ח. <. 117–118 ואני איני אומר כן] הגהתי=א"צ: מ. ד. או אינו אומר (מ. אומר <) כן מ"ח. לא נאמר א. ט. <. 118 אלא יי מסיני בא לקבל את ישראל] א. <. 120 ניצפפו] ד. נכפפו. 120–123 מלמד שהיו מתיראין–בתחתית ההר] ד. <. 124 תחתיו] ד. תחת ההר. 126 וגו'] מ. < ק. נ. ל. בסתר המדרגה / הראיני את מראיך]=ט. מ"ח: א. ק. < נ. ל. ~ השמיעיני את קולך כי קולך ערב ומראך נאוה. 128 לאחר] א. אלו לאחר / עשרת] ד. <.

Lord" (Lev. 9.5). R. Eliezer says: This may be interpreted as referring to the occasion at the Red Sea: "Let me see thy countenance," when told: "Stand still and see the salvation of the Lord" (Ex. 14.13); "let me hear thy voice," when: "They were sore afraid and the children of Israel cried out unto the Lord" (ibid., v. 10). "For sweet is thy voice," refers to: "And they cried and their cry came up" (Ex. 2.23); "and thy countenance is comely," refers to: "And did the signs in the sight of the people, and the people believed" (ibid. 4.30–31). Another Interpretation: "For sweet is thy voice," when saying at the Red Sea: "I will sing unto the Lord, for He is highly exalted" (ibid. 15.1); "and thy sight is comely," when: "Out of the mouth of babes and sucklings hast Thou founded strength"[14] (Ps. 8.3).

Chapter IV
(Ex. 19.18–20.1)

Now Mount Sinai Was Altogether on Smoke. One might think only that part of it where the Glory rested, but it says: "All of it."

Because the Lord Descended Upon It in Fire. This tells that the Torah is fire, was given from the midst of fire, and is comparable to fire. What

[14] See above *Shirata*, II and Midrash to Ps. 8.5; and cf. *Shebut Yehudah* ad loc.

לפני יי רבי אליעזר אומר על ים סוף הדבר אמור הראיני את מראיך התיצבו וראו את ישועת יי השמיעיני את קולך וייראו מאד ויצעקו בני ישראל אל יי כי קולך ערב ויזעקו ותעל שועתם ומראך נאוה ויעש האותות לעיני העם ויאמן העם. דבר אחר כי קולך ערב על הים אשירה ליי כי גאה גאה ומראך נאוה מפי עוללים ויונקים יסדת עוז.

פרשה ד (שמות י"ט, י"ח–כ', א'.)

והר סיני עשן כלו יכול מקום הכבוד ת"ל כולו.

מפני אשר ירד עליו יי באש מגיד שהתורה אש ומאש נתנה ובאש נמשלה מה דרכה

131–132 שמות י"ד, י"ג. 132–133 שם י"ד, י'. 133 שם ב', כ"ג. 134 שם ד', ל'–ל"א. 135 שם ט"ו, א'. 136 תהלים ח', ג'.
1–16 ת. יתרו י"ב, י"ג.

---

130 אליעזר] א. מ. אלעזר. 133 ויזעקו] ד. <. 136 מפי] א. אילו מפי.
1 יכול מקום הכבוד] מ"ח. ~ בלבד ט. יכול במקום אחד.
2 כולו] א. מ. ~ מפני מה ק. <.

is the nature of fire? If one comes too near to it, one gets burnt. If one keeps too far from it, one is cold. The only thing for man to do is to seek to warm himself against its flame.[1]

And the Smoke Thereof Ascended as the Smoke of a Furnace. One might think that it was like an ordinary smoke. Therefore it says: "Of a furnace." But if: "Of a furnace," one might still think it was just like that of a furnace. It says, however: "And the mountain burned with fire unto the heart of heaven" (Deut. 4.11). Why then does it say: "Of a furnace"? That the ear might get it in accordance with its capacity of hearing. Similarly: "The lion hath roared, who will not fear," etc." (Amos 3.8). And who gave strength and force to the lion? Was it not He? But it is merely that we describe Him by figures known to us from His creations so that the ear may get it, etc. Similarly: "And, behold, the glory of the God of Israel came from the way of the east; and His voice was like the sound of many waters" (Ezek. 43.2). And who gave strength and force to the waters? Was it not He? But it is merely that we describe Him by figures known to us from His creations, so that the ear may get it, etc.

And the Whole Mount Quaked. And was not Sinai in one class with all other mountains? For it is said: "The mountains quaked at the presence of the Lord, even yon Sinai" (Judg. 5.5). And it also says: "Why look ye askance, ye

---

[1] Cf. *Sifre*, Deut. 343 and Ḥag. 13a and 14b.

של אש אם קרב אדם אצלה נכוה רחק ממנה צנן אין לו לאדם אלא להתחמם כנגד אורה.

ויעל עשנו כעשן הכבשן יכול כעשן זה בלבד ת״ל כבשן אי כבשן יכול ככבשן זה בלבד ת״ל וההר בוער באש עד לב השמים ומה ת״ל כבשן לשבר את האוזן מה שהיא יכולה לשמוע. כיוצא בו אריה שאג מי לא יירא וגו׳ וכי מי נתן כח וגבורה בארי לא הוא אלא הרי אנו מכנין אותו מבריותיו לשבר את האוזן וגו׳ כיוצא בו והנה כבוד אלהי ישראל בא מדרך הקדים וקולו כקול מים רבים וכי מי נתן כח וגבורה במים לא הוא אלא הרי אנו מכנין אותו מבריותיו לשבר את האוזן וכו׳.

ויחרד כל ההר והלא בכלל כל ההרים היה שנאמר הרים נזלו מפני יי זה סיני ואומר למה

7–115 ש. 100–105. 9 דברים ד׳, י״א. 11 עמוס ג׳, ח׳.
13–14 יחזקאל מ״ג, ב׳. 17–20 מגלה כ״ט, א׳. סוטה ה׳, א׳.
17–25 ב״ר צ״ט, א׳. 18 שופטים ה׳, ה׳. 18–19 תהלים ס״ח, י״ז.

---

7 יכול] ד. < כעשן] ק. <. 10 לשבר] ד. לשכך. 11 וגו׳ וכי] ד. <. 12 מבריותיו] ד. <. 13 לשבר] ד. לשכך. 15 וכי] ד. <. 16 לשבר] ד. לשכך. 17 ויחרד] ק. נ. כיוצא בו ויחרד.

mountains of peaks" (Ps. 68.17), meaning: He said to them: All of you are but crook-backed (*Gibnim*), as when it says: "Or crook-backed (*Giben*) or a dwarf"[2] (Lev. 21.20).—And why did the *Shekinah* rest in the portion of Benjamin? Because the heads of all the other tribes[3] were partners in the selling of Joseph, but Benjamin was not a partner with them. And furthermore, the heads of all the other tribes were born outside of the land, and only Benjamin was born in the land of Israel.—But even though this be so, it (Sinai) was: "The mountain which God hath desired for His abode" (Ps. 68.17).

And There Was the Voice of the Horn. Behold, this was a good omen. In the sacred writings wherever the horn is mentioned it augurs well for Israel, as when it says: "God is gone up amidst shouting, the Lord amidst the sound of the horn" (Ps. 47.6). And it also says: "And it shall come to pass in that day, that a great horn shall be blown" (Isa. 27.13). And it also says: "And the Lord God will blow the horn, and will go with whirlwinds of the south" (Zech. 9.14).

---

[2] See Introduction.

[3] Here it is assumed that Reuben participated in the selling of Joseph, though from Gen. 37.29 one would conclude that Reuben was not present when Joseph was sold by his brethren (cf. also Gen. Rab. 84.18).

תרצדון הרים גבנונים אמר להם כלכם גבנים אתם כמה דאת אמר או גבן או דק ומפני מה שרתה שכינה בחלקו של בנימין שכל השבטים היו שותפים במכירתו של יוסף ובנימין לא היה שותף עמהם וכל השבטים נולדו בחוץ לארץ ובנימין נולד בארץ ישראל ואף על פי כן ההר חמד אלהים לשבתו וגו׳.

ויהי קול השופר הרי זה סימן יפה בכתובים כל מקום שנאמר שופר זה סימן יפה לישראל שנאמר עלה אלהים בתרועה יי בקול שופר ואומר והיה ביום ההוא יתקע בשופר גדול ואומר ויי אלהים בשופר יתקע והלך בסערות תימן.

---

20 ויקרא כ״א, כ׳. 20–25 ספרי דברים שנ״ב. 28 תהלים מ״ז, ו׳.
29 ישעיה כ״ז, י״ג. 30–31 זכריה ט׳, י״ד.

---

19 גבנים]=ט״כ. א״א: מ. ד. גבנונים. 20 ומפני] א. מ. מפני. 21 שותפים] ד. <. 21–23 היו שותפים–וכל השבטים] ק. < 22 שותף] ד. <. 25 לשבתו] מ. לשבטו. 26–27 סימן יפה- שנאמר שופר] מ. <.

Waxing Louder and Louder. Ordinarily the more the sound of a voice is prolonged the weaker it becomes. But here the longer the voice lasted the stronger it became. And why was it softer at first? That the ear might get it in accordance with its capacity of hearing.

Moses Spoke and God Answered Him by a Voice. R. Eliezer says: How can you prove that God spoke only after Moses had told Him: Speak, for Thy children have already accepted? It is in this sense that it is said: "Moses spoke." Said to him R. Akiba: It surely was so. Why then does it say: "Moses spoke and God answered him by a voice?" It merely teaches that Moses was endowed with strength and force, and that God was helping him with His voice so that Moses could let Israel hear the same tone which he himself heard. In this sense it is said: "Moses spoke and God answered him by a voice."

הולך וחזק מאד מנהג הדיוט כל שהוא הולך קולו עמה אבל כאן כל שהוא הולך קולו מגביר ולמה רך מתחלה לשבר את האוזן מה שהיא יכולה לשמוע.

משה ידבר והאלהים יעננו בקול רבי אליעזר אומר מנין אתה אומר שאין המקום מדבר עד שמשה אמר לו דבר שכבר קבלו עליהם בניך לכך נאמר משה ידבר אמר לו רבי עקיבא בודאי כן הוא הדבר ומה ת"ל משה ידבר והאלהים יעננו בקול אלא מלמד שניתן כח וגבורה במשה והיה הקב"ה מסייעו בקולו ובנעימה שהיה משה שומע בו היה משמיע את ישראל לכך נאמר משה ידבר והאלהים יעננו בקול.

32–35 לעיל ג'. ת. שם. 39–44 לעיל פסחא א'; ספרי במדבר קט"ז. ערכין י"א, א'. ברכות מ"ה, א'.

---

32 כל שהוא] ד. כל זמן שהוא. 33 קולו עמה] ד. מחליש ומעכה ג. מחליש ומנמיך א"צ. מחליש וממיך. 34 רך] מ. ד. כך ג. לא היה כך. 39 משה ידבר] א. מ. מ"ח. ~ והאלהים יעננו בקול. 40 כן] ד. כי. 40–41 והאלהים יעננו בקול] הוספתי: ש"י. מ"ע. ונו'. 41 שניתן] ד. שנתן הקב"ה.

And the Lord Came Down upon Mount Sinai. I might understand this to mean upon the entire mountain, but it says: "To the top of the mount." One might think that the Glory actually descended from heaven and was transferred to mount Sinai, but Scripture says: "That I have talked with you from heaven" (Ex. 20.19). Scripture thus teaches that the Holy One, blessed be He, bent down the lower heavens and the upper heavens of heaven, lowering them to the top of the mountain, and thus the Glory descended. He spread them upon mount Sinai as a man who spreads the mattress upon the bed and speaks from the mattress. For it is said: "As when fire kindleth the brushwood, and the fire causeth the waters to boil," etc. (Isa. 64.1). Likewise it says: "When Thou didst tremendous things" (ibid., v. 2). R. Jose says: Behold, it says: "The heavens are the heavens of the Lord, but the earth hath He given to the children of men" (Ps. 115.16). Neither Moses nor Elijah ever went up to heaven, nor did the Glory ever come down to earth. Scripture merely teaches that God said to Moses: Behold, I am going to call you through[4] the top of the mount and you will come up, as it is said: "And the Lord called Moses to the top of the mount" (v. 20).

[4] I. e., you will hear the call as if it came from the top of the mountain.

וירד יי על הר סיני שומע אני על כלו ת"ל אל ראש ההר יכול ממש שירד הכבוד והוצען על הר סיני ת"ל כי מן השמים דברתי עמכם מלמד שהרכין הקב"ה שמים התחתונים ושמי שמים העליונים על ראש ההר וירד הכבוד והציען על גבי הר סיני כאדם שהוא מציע את הכר על גבי המטה וכאדם שהוא מדבר מעל גבי הכר שנאמר כקדוח אש המסים מים תבעה אש וגו' וכן הוא אומר בעשותך נוראות וגו' רבי יוסי אומר הרי הוא אומר השמים שמים ליי והארץ נתן לבני אדם לא עלה משה ואליהו למעלה ולא ירד הכבוד למטה אלא מלמד שאמר לו המקום למשה הריני קורא לך מראש ההר ואתה עולה שנאמר ויקרא יי למשה וגו'.

45–53 פדר"א מ"א. 47 שמות כ', כ"ב. 51–52 ב"ר ד', ב'. 52–53 ישעיה ס"ד, א'–ב'. 53–58 סוכה ה', א'. 54 תהלים קט"ו, ט"ז.

46 אל ראש] ק. נ. על ראש / והוצען] ד. והציעו מ"ח. והוצע. 46–47 ת"ל אל ראש ההר–על הר סיני] א. <. 49 והציען] מ. ט"כ. והוצען מ"ח. והוצע. 53 הרי הוא אומר] ד. <. 55 משה ואליהו] א. ד. אליהו מ"ח. משה.

And the Lord Said unto Moses: 'Go Down, Charge the People.' Give them warning.

Lest They Break Through unto the Lord. Lest they force themselves through to gaze. *And Many of Them Perish.* This teaches that permission was given the agents to destroy.[5] Another Interpretation: If only one of them should fall it would be to Me as though all of them fell. This teaches that even one individual can impair the whole group. Another Interpretation: Every one of them that might be taken away is to Me as valuable as the whole work of creation, as it is said: "For the Lord's is the eye of man and all the tribes of Israel"[6] (Zech. 9.1).

And Let the Priests Also, that Come Near to the Lord, Sanctify Themselves. One would think that the priests are in the same class as the people, but Scripture has already said: "Go unto the people and sanctify them"[7] (v. 10). Hence, the priests are not in the same class as the people. Just as when it is said: "And he shall make atonement for the priests and for all the people of the assembly" (Lev. 16.33), the priests are not in the same class as the people. And also

---

[5] Cf. above *Pisḥa*, XI.

[6] To God one Israelite is as valuable as all the tribes of Israel. The work of creation was for the sake of Israel (Lev. Rab. 36.4). One Israelite, being equal to all the tribes of Israel, is, therefore, also as valuable as the whole work of creation.

[7] If the priests were in the same class as the people, Scripture would not need to specify here that the priests also should sanctify themselves.

ויאמר יי אל משה רד העד בעם הסהד בהם. פן יהרסו אל יי שמא ידחקו לראות ונפל ממנו רב מלמד שנתנה רשות לשלוחים לחבל דבר אחר יחידי שיפול מהם הרי הוא עלי ככלם מלמד שאף אחד ממעט על ידי כלן. דבר אחר יחידי שיוטל מהם הרי הוא עלי כנגד כל מעשה בראשית שנאמר כי ליי עין אדם וכל שבטי ישראל.

וגם הכהנים הנגשים אל יי יתקדשו יכול הכהנים בכלל העם ת״ל לך אל העם וקדשתם אין הכהנים בכלל העם שנאמר ועל הכהנים ועל כל עם הקהל יכפר אין הכהנים בכלל העם ואומר

---

65 זכריה ט׳, א׳. 67 שמות י״ט, י׳. 68–69 ויקרא ט״ז, ל״ג.

59–60 הסהד בהם] ד. <. 60 פן יהרסו אל יי] ד. <. 60–61 שמא ידחקו–ממנו רב] א. <. 61 לשלוחים] מ״ח. למחבלין. 61–62 דבר אחר] הגהתי=א״א. ט. ט״כ: א״צ. מ״ח. רב. 62 יחידי] ט. אפילו רב אחד ט״כ. אפילו אחד / עלי] ק. <. 63 ממעט] ט. מ״ח. א״א. מעכב/ דבר אחר] ד. <. 65 עין אדם] א. עין האדם ק. אדם. 67 יכול] א״צ. מלמד שאין. 67–68 ת״ל לך אל העם–בכלל העם] א. ד. <. 68 שנאמר] ז״י. ש״י. ת״ל א״צ. וכן הייתי אומר. 68–69 שנאמר ועל הכהנים–אין הכהנים בכלל העם] א. <. 69 הקהל] מ. הקב״ה. 69–71 ואומר וזה יהיה–בכלל העם]=ט. מ״ח: א. ד. <.

when it says: "And this shall be the priests' due from the people" (Deut. 18.3), the priests are not in the same class as the people.—And who were these priests? R. Joshua the son of Karḥa says: They were Nadab and Abihu. For it does not say here just "the priests," but "the priests that come near to the Lord."[8] And when it says: "And . . . also," it includes the elders with them.

And Moses Said unto the Lord, etc. I have already warned them and I have fixed the boundary lines for them.

And the Lord Said unto Him: 'Go, Get Thee Down.' You have spoken well. In connection with this it was that R. Judah said: Whence can you prove that the Holy One, blessed be He, said to Moses: Behold, I will be saying something to you and you shall answer Me, and I will then agree with you, so that the Israelites should say: Great is Moses, for even God agreed with him? From the passage: "And may also believe thee for ever." Rabbi says: We need not make Moses great if it is to be done only by making God change His mind and go back on His word. But one should warn a man when giving him instructions and again warn him when he is about to execute the instructions.

[8] Cf. the comment of R. Jose the Galilean on Lev. 16.1 in *Sifra*, *Aḥare*, I, Weiss, 79c.

וזה יהיה משפט הכהנים מאת העם אין הכהנים בכלל העם ואיזה הם הכהנים רבי יהושע בן קרחה אומר זה נדב ואביהוא אינו אומר הכהנים אלא הכהנים הנגשים אל יי וכשהוא אומר וגם אף הזקנים עמהם.

ויאמר משה אל יי וגו׳ כבר העידותי בהם וקבעתי להם תחומין.

ויאמר אליו יי לך רד יפה אמרת זהו שהיה רבי יהודה אומר מנין אתה אומר שאמר המקום למשה הריני אומר לך דבר ואתה מחזירני ואני מודה לך שיהו ישראל אומרים גדול משה שהודה לו המקום רבי אומר אין אנו צריכין לעשות למשה גדול אלא אם כן עשיט להקב״ה שחזר בו ובדברו אבל מזרזין את האדם בשעת תלמוד ומזרזין אותו בשעת מעשה.

---

70 דברים י״ח, ג׳. 70–74 זבחים קט״ו, ב׳.

---

70 משפט] מ. מעשה. 71 ואיזה הם] הגהתי=ט. ג. א״א: א. מ. ד. ואילו הן. 72–73 אלא הכהנים הנגשים אל יי] ק. הכהנים א. והכהנים הנגשים אל יי. 73 וכשהוא אומר] נ. ל. < ק. כשהוא אומר / וגם] ק. ואף / אף] ד. <. 81 רבי אומר] א. דבר אחר.

And Thou Shalt Come Up, Thou, and Aaron with Thee, and the Priests and the People. One might think then that all were to come up. But it says: "And the people shall not break through to come up." Then one might interpret it to mean: The priests shall also come up with thee. But it says: "And thou shalt come up, thou." Now you must interpret it to mean: Just as you are to be in a separate division by yourself, so also are they, the priests, to be in a separate division by themselves. The people, however, are not at all to "break through to come up unto the Lord, lest He break forth upon them"—lest they have to sound the alarm.[9]

So Moses Went Down unto the People, and Told Them. He told them immediately and without delay. Another Interpretation: *And Told Them.* He said to them: Be ready to accept the reign of heaven joyfully. Another Interpretation: *And Told Them.* He said to them: Respond "yes" to a positive commandment and "no" to a negative commandment.

And God Spoke. God (*Elohim*) designates the judge[10] who is just in exacting punishment and faithful in giving reward. Since there are many sections in the Law for the carrying out of which a man receives reward but for the neglect of

---

[9] The passage may possibly mean: "Lest they be shattered" (cf. Commentaries and Jastrow, *Dictionary*, p. 1700).

[10] Cf. above *Pisḥa* I, note 2.

ועלית אתה ואהרן עמך והכהנים והעם יכול הכל יעלו ת"ל והעם אל יהרסו לעלות יכול אף הכהנים יעלו עמך ת"ל ועלית אתה אמור מעתה מה אתה מחיצה לעצמך אף הן מחיצה לעצמן והעם כל עיקר אל יהרסו לעלות אל יי פן יפרץ בם שמא יתריעו.

וירד משה אל העם ויאמר אליהם אמר להם מיד ולא עיכב. דבר אחר ויאמר אליהם אמר להם היו עתידין לקבל מלכות שמים בשמחה. דבר אחר ויאמר אליהם אמר להם היו אומרין על הן הן ועל לאו לאו.

וידבר אלהים אין אלהים אלא דיין דיין להפרע ונאמן לשלם שכר לפי שיש פרשיות בתורה שאם עשאן אדם מקבל שכר ואם לאו אין מקבל

92–93 לקמן ו'.

---

88 מה] ד. < / אתה] ד. ~ עושה. 88–89 אף הן מחיצה לעצמן] הגהתי=ט. א"א. ש"י: ג. אף הכהנים מחיצה לעצמן. 89 לעלות] ד. לראות. 90 אל יי פן יפרץ בם] ד. <. 91 ויאמר אליהם] ד. ~ וידבר אלהים ויאמר אליהם. 92–93 דבר אחר–בשמחה] ד. <. 92 דבר אחר ויאמר אליהם] מ. <. 93 מלכות שמים] מ. מלכות אלהים מ"ח. מלכות. 96 דיין דיין] א. דיין להם ד. דיין. 97 לשלם] ד. לקבל. 97–101 לפי שיש–לשלם שכר] ד. <. 98 אין] מ. <.

which he does not receive punishment, I might think that the Ten Commandments are also such. Therefore, it says: "And God (*Elohim*) spoke." *Elohim* designates the judge who is just in exacting punishment and faithful in giving reward.

All These Words. Scripture hereby teaches that God spoke the Ten Commandments with one utterance—something impossible for creatures of flesh and blood—for it says: "And God spoke all these words, saying,"[11] If so, why then is it said: "I am the Lord thy God, thou shalt have no other gods before Me?"[12] It simply teaches that the Holy One, blessed be He, after having said all the Ten Commandments at one utterance, repeated them, saying each commandment separately. I might understand then that the other commandments of the Torah were likewise spoken all with one utterance. But it says: "All these words." These words only were spoken in one utterance, but all the rest of the

---

[11] I. e., in one saying, with one utterance.

[12] I. e., why are the first two commandments spoken in the first person, while in the remaining commandments God is referred to in the third person? This change in person would suggest that God spoke the Ten Commandments in ten utterances, one after the other. The first two the people heard directly from God (cf. Mak. 24a). Then they got frightened "and they said unto Moses: 'Speak thou with us, and we will hear; but let not God speak with us, lest we die' " (Ex. 20.16). Moses then repeated to them the other eight commandments and the people did not hear them directly from God. And Moses,

עליהן פורענות שומע אני אף עשרת הדברות כן ת"ל וידבר אלהים אין אלהים אלא דיין להפרע ונאמן לשלם שכר.

את כל הדברים האלה מלמד שאמר המקום עשרת הדברות בדיבור אחד מה שאי איפשר לבשר ודם לומר כן שנאמר וידבר אלהים את כל הדברים האלה לאמר אם כן מה ת"ל אנכי יי אלהיך לא יהיה לך אלא מלמד שאמר הקב"ה עשרת הדברות בדיבור אחד וחזר ופרטן דיבור דיבור בפני עצמו שומע אני אף שאר כל הדברות שבתורה נאמרו כולם בדיבור אחד ת"ל את כל הדברים האלה הדברים האלה נאמרו בדיבור אחד

102–108 לעיל שירתא ח'. לקמן ז'. שבועות כ', ב'. ספרי דברים רל"ג. ת. שם י"א.

99 אף] א. אך. 102–103 הדברים האלה מלמד שאמר המקום עשרת הדברות] ד. <. 106 אלא] ד. <. 107 ופרטן] ד. ופירשן. 109–111 נאמרו כולם-שבתורה נאמרו] א. <. 110 הדברים האלה נאמרו] ד. נאמרו.

in repeating these commandments, referred to God in the third person (see Introduction and cf. Commentaries, esp. *Shebut Yehudah*).

commandments of the Torah were spoken separately, each one by itself.

Saying. This teaches that they answered 'yes' to a positive commandment and 'no' to a negative commandment—these are the words of R. Ishmael. R. Akiba says: They answered 'yes' to a positive commandment and also 'yes'[13] to a negative commandment. Another Interpretation: *Saying*. Go and tell them and bring back to Me their words. And how do we know that Moses did report back the words of the people before the Almighty? It is said: "And Moses reported the words of the people unto the Lord" (Ex. 19.8). And what were the words of the people? "All that the Lord hath spoken will we do and obey" (Ex. 24.7). And how do we know that God approved of their words? It is said: "And the Lord said unto me . . . they have well said all that they have spoken" (Deut. 5.25).

Chapter V

(Ex. 20.2)

I Am the Lord Thy God. Why were the Ten Commandments not said at the beginning of the Torah? They give a parable. To what may this be compared? To the following: A king who entered a province said to the people: May I be your king? But the people said to him: Have you done anything good for us that you should rule

[13] Their answer was: "Yes, we agree not to do it."

ושאר כל הדברות שבתורה נאמרו דיבור דיבור בפני עצמו.

לאמר מלמד שהיו אומרים על הן הן ועל לאו לאו דברי רבי ישמעאל רבי עקיבא אומר על הן הן ועל לאו הן. דבר אחר לאמר צא ואמור להם והשיבני את דבריהם ומנין שהיה משה משיב דברים לפני הגבורה שנאמר וישב משה את דברי העם אל יי ומה היו דברי העם כל אשר דבר יי נעשה ונשמע ומנין שהמקום הודה לדבריהם שנאמר ויאמר יי אלי וגו׳ היטיבו כל אשר דברו.

פרשה ה (שמות כ׳, ב׳.)

אנכי יי אלהיך מפני מה לא נאמרו עשרת הדברות מתחלת התורה משלו משל למה הדבר דומה למלך שנכנס למדינה אמר להם אמלוך עליכם אמרו לו כלום עשית לנו טובה שתמלוך

115–120 לעיל פסחא א׳. 118–119 שמות כ״ד, ז׳. 119–120 דברים ה׳, כ״ח.

---

113 מלמד] ד. <. 116 את דבריהם] א. מ׳ <. 120 וגו׳] הוספתי=מא״ש. / כל אשר] א. ק. נ. את אשר ט. מ״ח. אשר. 4 טובה] הוספתי=ט. ש״י.

over us? What did he do then? He built the city wall for them, he brought in the water supply for them, and he fought their battles. Then when he said to them: May I be your king? They said to him: Yes, yes. Likewise, God. He brought the Israelites out of Egypt, divided the sea for them, sent down the manna for them, brought up the well for them, brought the quails for them. He fought for them the battle with Amalek. Then He said to them: I am to be your king. And they said to Him: Yes, yes. Rabbi says: This proclaims the excellence of Israel. For when they all stood before mount Sinai to receive the Torah they all made up their mind alike[1] to accept the reign of God joyfully. Furthermore, they pledged themselves for one another. And it was not only concerning overt acts that God, revealing Himself to them, wished to make His covenant with them but also concerning secret acts, as it is said: "The secret things belong to the Lord our God[2] and the things that are revealed," etc. (Deut. 29.28). But they said to Him: Concerning overt acts we are ready to make a covenant with Thee, but we will not make a covenant with Thee in regard to secret acts lest

[1] The use of the singular form אלהיך instead of אלהיכם suggests that they were all of one mind.

[2] This is interpreted to refer to what God had wished to include in the covenant.

עלינו מה עשה בנה להם את החומה הכניס להם את המים ועשה להם מלחמות אמר להם אמלוך עליכם אמרו לו הן והן כך המקום הוציא את ישראל ממצרים קרע להם את הים הוריד להם את המן העלה להם את הבאר הגיז להם את השליו עשה להם מלחמת עמלק אמר להם אמלוך עליכם אמרו לו הן והן רבי אומר להודיע שבחן של ישראל שכשעמדו כולן לפני הר סיני לקבל את התורה השוו כלם לב אחד לקבל מלכות אלהים בשמחה ולא עוד אלא שהיו ממשכנין זה על זה ולא על הנגלות בלבד נגלה הקב״ה עליהם לכרות עמהם ברית אלא אף על הסתרים שנאמר הנסתרות ליי אלהינו והנגלות וגו׳ אמרו לו על הגלויים אנו כורתין עמך ברית ואין אנו כורתין עמך ברית על הסתרים

11–20 ת. יתרו י״ג. 14–20 סנהדרין מ״ג, ב׳. 16–17 דברים כ״ט, כ״ח.

12 לפני] ד. על. 12–13 לקבל–לב אחד] א. <. 13 אלהים] ד. שמים. 14 ממשכנין] ט. משתעשעין ת. מ״ח. ~ עצמן / על זה] א. מ. על ידי זה. 14–15 ולא על הגלות בלבד נגלה] א. ולא של כך אלא שנגלה מ. ולא עוד אלא שנגלה מ״ח. ולא על כך אלא שנגלה ט. כשנגלה. 16 אלא] מ״ח. א. מ. ט. < / אף] א. מ. ט. <. 17 והנגלות וגו׳] מ. ט. מ״ח. <.

one of us commit a sin secretly and the entire community be held responsible for it.

I Am the Lord Thy God. Why is this said? For this reason. At the sea He appeared to them as a mighty hero doing battle, as it is said: "The Lord is a man of war" (Ex. 15.3). At Sinai He appeared to them as an old man full of mercy. It is said: "And they saw the God of Israel," etc. (Ex. 24.10). And of the time after they had been redeemed what does it say? "And the like of the very heaven for clearness."[3] (ibid.) Again it says: "I beheld till thrones were placed" (Dan. 7.9). And it also says: "A fiery stream issued and came forth from before him," etc. (ibid., v. 10). Scripture, therefore, would not let the nations of the world have an excuse for saying that there are two Powers, but declares: "I am the Lord thy God." I am He who was in Egypt and I am He who was at the sea. I am He who was at Sinai. I am He who was in the past and I am He who will be in the future. I am He who is in this world and I am He who will be in the world to come, as it is said: "See now that I, even I, am He," etc. (Deut. 32.39). And it says "Even to old age I am the same" (Isa. 46.4). And it says: "Thus saith the Lord, the King of Israel, and his Redeemer the Lord of Hosts: I am the

[3] See above, *Shirata*, IV, note 1 and Introduction.

שלא יהא אחד ממנו חוטא בסתר ויהא הצבור מתמשכן. אנכי יי אלהיך למה נאמר לפי שנגלה על הים כגבור עושה מלחמות שנאמר יי איש מלחמה ונגלה על הר סיני כזקן מלא רחמים שנאמר ויראו את אלהי ישראל וגו׳ וכשנגאלו מה הוא אומר וכעצם השמים לטהר ואומר חזה הוית עד די כרסוון רמיו ואומר נהר די נור נגד ונפק מן קדמוהי וגו׳ שלא ליתן פתחון פה לאומות העולם לומר שתי רשויות הן אלא אנכי יי אלהיך אני במצרים אני על הים אני בסיני אני לשעבר אני לעתיד לבא אני בעולם הזה אני לעולם הבא שנאמר ראו עתה כי אני אני הוא ואומר עד זקנה אני הוא ואומר כה אמר יי מלך ישראל וגואלו יי צבאות אני ראשון

20–33 לעיל שירתא ד׳. 21–22 שמות ט״ו, ג׳. 23 שם כ״ד, י׳. 24–25 דניאל ז׳, ט׳–י׳. 29–30 דברים ל״ב, ל״ט. 30 ישעיה מ״ו, ד׳. 30–31 שם מ״ד, ו׳.

---

19 ממנו מ. מ״ח. <. 20 מתמשכן] א. נתפס מ. מתמסכין ט. מסתכן בו מ״ח. א״צ. מא״ש. ~ שנאמר הנסתרות ליי אלהינו והנגלות לנו ולבנינו / אנכי] מ. דבר אחר אנכי. 21 על הים] מ. עליהן. 23–24 וגו׳ וכשנגאלו–ואומר] מ״ח. וכעצם השמים לטוהר וכשנגאלים מהו אומר. 25–26 ואומר נהר די נור–קדמוהי וגו׳] מ״ח. <. 27 אני במצרים ד. ט״כ. < ט. אני הוא במרה. 28 אני בסיני] ד. אני על היבשה. 30 ואומר] ד. < / ואומר] ד. <.

first, and I am the last" (ibid. 44.6). And it says: "Who hath wrought and done it? He that called the generations from the beginning. I, the Lord, who am the first," etc. (ibid. 41.4). Rabbi Nathan says: From this one can cite a refutation of the heretics who say: There are two Powers. For when the Holy One, blessed be He, stood up and exclaimed: "I am the Lord thy God," was there any one who stood up to protest against Him? If you should say that it was done in secret—but has it not been said: "I have not spoken in secret," etc. (Isa. 45.19)? "I said not unto the seed of Jacob" (ibid.), that is, to these only will I give it. "They sought me in the desert" (ibid.). Did I not give it in broad daylight? And thus it says: "I the Lord speak righteousness, I declare things that are right" (ibid.).

Another Interpretation: *I Am the Lord Thy God*. When the Holy One, blessed be He, stood up and said: "I am the Lord thy God," the mountains trembled and the hills wavered, Tabor was coming from Beth Elim and Carmel from Aspamea,[4] as it is said: "As I live, saith the king whose name is the Lord of hosts, surely as Tabor among the mountains and Carmel by the sea would come"[5] (Jer. 46.18). This one was saying:

---

[4] On *Aspamea* and *Bet Elim* cf. I. S. Horowitz, *Palestine*, Vienna, 1923, p. 67, note 1 and p. 124.

[5] This rendering of the passage in Jeremiah is required by the *Mekilta*.

ואני אחרון ואומר מי פעל ועשה קורא הדורות מראש אני יי׳ אני ראשון וגו׳ רבי נתן אומר מכאן תשובה למינין שהיו אומרים שתי רשויות הן שכשעמד הקב״ה ואמר אנכי יי׳ אלהיך מי עמד ומיחה כנגדו אם תאמר במטמניות היה הדבר והלא כבר נאמר לא בסתר דברתי וגו׳ לא אמרתי לזרע יעקב לאלו אני נותנה אלא תוהו בקשוני לא נתתיה פנגס וכן הוא אומר יי׳ דובר צדק מגיד מישרים. דבר אחר אנכי יי׳ אלהיך כשעמד הקב״ה ואמר אנכי יי׳ אלהיך היו ההרים מתרעשים והגבעות מתמוטטות ובא תבור מבית אילים וכרמל מאספמיא שנאמר חי אני נאם המלך יי׳ צבאות שמו כי כתבור בהרים וככרמל בים יבא זה אומר אני

32–33 שם מ״א, ד׳. 37–39 לעיל א׳. 40–48 ב״ר צ״ט, א׳. מגלה כ״ט, א׳. 43–44 ירמיה מ״ו, י״ח.

32–33 ואני אחרון-אני ראשון וגו׳] א. וגו׳ ואומר אני אחרון ואת אחרונים אני הוא מ. ואני אחרון אני הוא אני ראשון אני יי׳ ואת אחרונים אני הוא. 34 שהיו אומרים] ד. שאומרים. 35 שכשעמד הקב״ה ואמר] א. <. 37 וגו׳] מ. <. 37–38 לא אמרתי לזרע יעקב] מ. ד. <. 38 לאלו] מ. לא לו מ״ח. לא לאלו / אלא] מ״ח. ולא ד. ~ לא אמרתי להם / לא] מ. ד. ולא. 39 פנגס] מ. פאגס מ״ח. פניים (פניים?). 40 הקב״ה] מ. ~ על הר סיני. 42 מבית אילים] מ. מ״ח. מבית אלים ג. מבאר אלים ד. מבית אלהים.

I have been called. And that one was saying: I have been called. But when they heard from His mouth: "Who brought thee out of the land of Egypt," each one of them remained standing in its place, and they said: He is dealing only with those whom He brought out from Egypt."

Another Interpretation: *I Am the Lord Thy God*. When the Holy One, blessed be He, stood up and said: "I am the Lord thy God," the earth trembled, as it is said: "Lord, when Thou didst go forth out of Seir, when Thou didst march out of the field of Edom, the earth trembled"[6] (Judg. 5.4). And it goes on to say: "The mountains quaked at the presence of the Lord," (ibid., v. 5). And it also says: "The voice of the Lord is powerful; the voice of the Lord is full of majesty," etc. (Ps. 29.4) up to: "And in his palace every one says: 'Glory!' "[7] (ibid., v. 9). And their houses even were filled with the splendor of the *Shekinah*. At that time all the kings of the nations of the world assembled and came to Balaam the son of Beor. They said to him: Perhaps God is about to destroy His world by a flood. He said to them: Fools that ye are! Long ago God swore to Noah that He would not bring a flood upon the world, as it is said: "For this is as the waters of Noah unto Me; for as I have sworn that the waters of Noah should no more go over the earth" (Isa. 54.9). They then said

[6] This verse is interpreted as referring to the giving of the Law on Sinai (see below, chap. IX; and cf. 'Ab. Zarah 2b).

[7] See above, *Amalek*, III, note 1.

נקראתי וזה אומר אני נקראתי וכיון ששמעו מפיו אשר הוצאתיך מארץ מצרים עמד כל אחד ואחד במקומו ואמרו לא עסק אלא עם מי שהוציא ממצרים. דבר אחר אנכי יי אלהיך כשעמד הקב"ה ואמר אנכי יי אלהיך היתה הארץ חלה שנאמר יי בצאתך משעיר בצעדך משדה אדום ארץ רעשה ואומר הרים נזלו מפני יי ואומר קול יי בכח קול יי בהדר עד ובהיכלו כולו אומר כבוד עד שנתמלאו בתיהם מזיו השכינה באותה שעה נתכנסו כל מלכי אומות העולם ובאו אצל בלעם בן בעור אמרו לו שמא המקום מחריב עולמו במבול אמר להם שוטים שבעולם כבר נשבע המקום לנח שאינו מביא מבול לעולם שנאמר כי מי נח זאת לי אשר נשבעתי מעבר מי נח עוד על הארץ אמרו

48–63 לעיל עמלק ג'. זבחים קט"ז, א'. 48–83 ספרי דברים שמ"ג.
50–51 שופטים ה', ד'–ה'. 51–52 תהלים כ"ט, ד'–ט'.

---

51 נזלו] א. נזולו. 54 מלכי] א. מ. < / בן בעור] ד. הרשע.
55–62 אמרו לו שמא–עוז לעמו יתן וגו'] מ. ד. וכו' ג. וכו' עד.

to him: Perhaps He will not bring a flood of water, but He may bring a flood of fire. But he said to them: He is not going to bring a flood of water or a flood of fire. It is simply that the Holy One, blessed be He, is going to give the Torah to His people. For it is said: "The Lord will give strength unto His people," etc. (Ps. 29.11). As soon as they heard this from him, they all turned back and went each to his place.

And it was for the following reason that the nations of the world were asked to accept the Torah: In order that they should have no excuse for saying: Had we been asked we would have accepted it. For, behold, they were asked and they refused to accept it, for it is said: "And he said: 'The Lord came from Sinai,' " etc. (Deut. 33.2). He appeared to the children of Esau the wicked and said to them: Will you accept the Torah? They said to Him: What is written in it? He said to them: "Thou shalt not murder" (ibid. 5.17). They then said to Him: The very heritage which our father left us was: "And by thy sword shalt thou live" (Gen. 27.40). He then appeared to the children of Amon and Moab. He said to them: Will you accept the Torah? They said to Him: What is written in it? He said to them: "Thou shalt not commit adultery" (Deut. 5.17). They, however, said to Him that they were all

לו מבול של מים אינו מביא אבל מביא הוא מבול של אש אמר להם אינו מביא לא מבול של מים ולא מבול של אש אלא הקב"ה נותן תורה לעמו ישראל שנאמר יי עוז לעמו יתן וגו' כיון ששמעו מפיו הדבר הזה פנו כלם והלכו להם איש למקומו ולפיכך נתבעו אומות העולם כדי שלא יהא להם פתחון פה לומר אלו נתבענו כבר קיבלנו עלינו והרי שנתבעו ולא קבלו עליהם שנאמר ויאמר יי מסיני בא וגו' נגלה על בני עשו הרשע ואמר להם מקבלים אתם עליכם את התורה אמרו לו מה כתיב בה אמר להם לא תרצח אמרו לו זו היא ירושה שהוריש לנו אבינו על חרבך תחיה נגלה על בני עמון ומואב אמר להם מקבלים אתם את התורה אמרו לו מה כתוב בה אמר להם לא תנאף אמרו לו כולם בני

62 שם כ"ט, י"א. 63–67 ע"ז ב', ב'. 66–67 דברים ל"ג, ב'.
67–81 פדר"א מ"א. 70 בראשית כ"ז, מ'.

64 יהא] מ. ד. ליתן. 65 לומר] ד. כלפי שכינה לומר.
67–78 ואמר להם–מארץ העברים] מ. וכו'. 70 אבינו] ד. ~ שנאמר.
72–73 כולם–שנאמר] ד. כלנו מניאוף דכתיב.

of them children of adulterers,[8] as it is said: "Thus were both the daughters of Lot with child by their father" (Gen. 19.36). Then He appeared to the children of Ishmael. He said to them: Will you accept the Torah? They said to Him: What is written in it? He said to them: "Thou shalt not steal" (Deut. 5.17). They then said to Him: The very blessing that had been pronounced upon our father was: "And he shall be as a wild ass of a man: his hand shall be upon everything" (Gen. 16.12). And it is written: "For, indeed, I was stolen away out of the land of the Hebrews"[9] (ibid. 40.15). But when He came to the Israelites and: "At His right hand was a fiery law unto them" (Deut. 33.2), they all opened their mouths and said: "All that the Lord hath spoken will we do and obey" (Ex. 24.7). And thus it says: "He stood and measured the earth; He beheld and drove asunder the nations"[10] (Hab. 3.6). R. Simon b. Eleazar says: If the sons of Noah could not endure the seven commandments enjoined upon them, how much

---

[8] Amon and Moab were born of incest but not in adultery, since Lot's daughters were not married. Perhaps the *Mekilta* here has in mind the midrashic legend (cf. Gen. Rab. 50) that Lot's daughters were betrothed.

[9] And the Ishmaelites were those who brought Joseph from Palestine to Egypt (Gen. 37.28).

[10] I. e., after they refused to accept the Torah. Perhaps the rendering: "Abandoned the nations," i. e., gave up hope of their accepting the Torah, would more adequately express the sense in which the *Mekilta* understood the phrase ויתר גוים (cf. above ch. I, note 14).

מנאפין הן שנאמר ותהרין שתי בנות לוט מאביהן נגלה על בני ישמעאל אמר להם מקבלין אתם עליכם את התורה אמרו לו מה כתוב בה אמר להם לא תגנוב אמרו לו זו היא ברכה שנאמרה לאבינו והוא יהיה פרא אדם ידו בכל וכתיב כי גנב גנבתי מארץ העברים וכשבא אצל ישראל מימינו אש דת למו פתחו כולם פיהם ואמרו כל אשר דבר יי נעשה ונשמע וכן הוא אומר עמד וימודד ארץ ראה ויתר גוים רבי שמעון בן אלעזר אומר אם בשבע מצוות שנצטוו עליהן בני נח לא יכלו לעמוד בהן

---

73 שם י״ט, ל״ו. 77 שם ט״ז, י״ב. 77–78 שם מ׳, ט״ו. ב״ר פ״ד, כ״ב. פ״ו, ג׳. פ״ח, ה׳. 78–79 דברים ל״ג, ב׳. 79–80 שמות כ״ד, ז׳. 80–81 חבקוק ג׳, ו׳.

---

73 מאביהן] ד. ~ והיאך נקבלה. 76 זו היא ברכה שנאמרה לאבינו] ד. בזו הברכה נתברך אבינו דכתיב ט. זו ברכה שנתן לנו אבינו שנאמר ט״כ. זו ברכה שנאמרה בהן מ״ח. זהו שנאמר בהם. 77–78 וכתיב כי גנב גנבתי מארץ העברים] ג. כ. (חבקוק ג׳, ו׳) <. 81 שמעון] א. ט. ישמעאל. 82 בני נח] ד. ~ שקבלו עליהן / לא יכלו] ד. אינן יכולין.

less could they have endured all the commandments of the Torah! To give a parable. A king had appointed two administrators. One was appointed over the store of straw and the other was appointed over the treasure of silver and gold. The one appointed over the store of straw was held in suspicion. But he used to complain about the fact that they had not appointed him over the treasure of silver and gold. The people then said to him: "*Reka*!"[11] If you were under suspicion in connection with the store of straw how could they trust you with the treasure of silver and gold! Behold, it is a matter of reasoning by the method of *kal vaḥomer:* If the sons of Noah could not endure the seven commandments enjoined upon them, how much less could they have endured all the commandments of the Torah!

Why was the Torah not given in the land of Israel? In order that the nations of the world should not have the excuse for saying: Because it was given in Israel's land, therefore we have not accepted it. Another Reason: To avoid causing dissension among the tribes. Else one might have said: In my territory the Torah was given. And the other might have said: In my territory the Torah was given. Therefore, the Torah was given in the desert, publicly and

---

[11] See Jastrow, *Dictionary*, p. 1476; and cf. Matth. 5.22, *Raca*.

על אחת כמה וכמה בכל המצות שבתורה משל למלך שמנה לו שני אפיטרופין אחד ממונה על אוצר של תבן ואחד ממונה על אוצר של כסף ושל זהב נחשד זה שהיה ממונה על אוצר של תבן והיה מתרעם על שלא מנו אותו על אוצר של כסף ושל זהב אמרו לו ריקה אם על אוצר של תבן נחשדת היאך יאמינו אותך על אוצר של כסף ושל זהב והרי דברים קל וחומר ומה אם בשבע מצוות שנצטוו בני נח לא יכלו לעמוד בהן על אחת כמה וכמה בכל המצות שבתורה. מפני מה לא ניתנה תורה בארץ ישראל שלא ליתן פתחון פה לאומות העולם לומר לפי שנתנה תורה בארצו לפיכך לא קבלנו עלינו. דבר אחר שלא להטיל מחלוקת בין השבטים שלא יהא זה אומר בארצי נתנה תורה וזה אומר בארצי נתנה תורה לפיכך ניתנה במדבר

---

83 על אחת–שבתורה] ד. קל וחימר למצ׳ת שבתורה. 84 אפיטרופין] ד. אפטרופסין. 88 אמרו לו] ד. כ. ג. וזה שהיה ממונה על הכסף ועל הזהב (ג. כ. ~ לא נחשד) אמר לו. 88–89 אם על אוצר–ושל זהב] ד. בתבן כפרת בכסף וזהב על אחת כמה וכמה. 90–92 ומה אם–המצות שבתורה] ד. ומה בני נח בשבע מצות בלבד לא יכלו לעמוד בהם בשש מאות ושלש עשרה מצות על אחת כמה וכמה. 95 עלינו] ד. <.

openly, in a place belonging to no one. To three things the Torah is likened: To the desert,[12] to fire, and to water. This is to tell you that just as these three things are free to all who come into the world, so also are the words of the Torah free to all who come into the world.

Who Brought Thee Out of the Land of Egypt, Out of the House of Bondage. They were slaves to kings. You interpret it to mean that they were servants of kings. Perhaps it is not so, but means that they were slaves of servants? When it says: "And redeemed you out of the house of bondage, from the hand of Pharaoh king of Egypt" (Deut. 7.8), it indicates that they were servants of kings and not servants of slaves. Another Interpretation: *Out of the House of Servants.* Out of the house of worshipers, for they worshiped idols.

Chapter VI
(Ex. 20.3–6)

Thou Shalt Not Have Other Gods Before Me. Why is this said? Because it says: "I am the Lord thy God." To give a parable: A king of flesh and blood entered a province. His attendants said to him: Issue some decrees upon the people. He, however, told them: No! When

[12] See Commentaries.

דימוס פרהסיא במקום הפקר. בשלשה דברים נמשלה תורה במדבר ובאש ובמים לומר לך מה אלו חנם לכל באי העולם אף דברי תורה חנם לכל באי העולם.

אשר הוצאתיך מארץ מצרים מבית עבדים עבדים למלכים היו אתה אומר עבדים למלכים היו או אינו אלא עבדים לעבדים היו כשהוא אומר ויפדך מבית עבדים מיד פרעה מלך מצרים עבדים למלכים היו ולא עבדים לעבדים. דבר אחר מבית עבדים מבית העובדים שהיו עובדים לעבודה זרה.

פרשה ו (שמות כ׳, ג׳–ו׳.)

לא יהיה לך אלהים אחרים על פני למה נאמר לפי שהוא אומר אנכי יי אלהיך משל למלך בשר ודם שנכנס למדינה אמרו לו עבדיו גזור עליהם גזירות אמר להם לאו כשיקבלו את

98–101 במ״ר א׳, ז׳. ת. במדבר ו׳. 105–106 דברים ז׳, ח׳.

99 משלה] ד. נתנה. 100 אף דברי תורה] ד. אף אלו. 105–106 מיד פרעה מלך מצרים ד. < א. ~ הוי. 107 העובדים] ד. ~ עבודה זרה. 107–108 שהיו–זרה] ד. <.
4 עליהם] מ. ט. ט״כ. עלינו / לאו] ד. <.

they will have accepted my reign I shall issue decrees upon them. For if they do not accept my reign how will they carry out my decrees? Likewise, God said to Israel: "I am the Lord thy God, thou shalt not have other gods—I am He whose reign you have taken upon yourselves in Egypt." And when they said to Him: 'Yes, yes," He continued: "Now, just as you accepted My reign, you must also accept My decrees: 'Thou shalt not have other gods before Me.' " R. Simon b. Joḥai says: What is said further on: "I am the Lord your God," (Lev. 18.2) means: "I am He whose reign you have taken upon yourselves at Sinai," and when they said: "Yes, yes," He continued: "Well, you have accepted My reign, now accept My decrees: 'After the doings of the land of Egypt,' etc." (ibid. v. 3). What is said here: "I am the Lord thy God who brought thee out from the land of Egypt," means: "I am He whose reign you have taken upon yourselves," and when they said to Him: "Yes, yes," He continued: "You have accepted My reign, now accept My decrees: 'Thou shalt not have other gods.' "

Thou Shalt Not Have. Why is this said? Because when it says: "Thou shalt not make unto thee a graven image," etc. (v. 4), I know only that it is forbidden to make any. But how

מלכותי אגזור עליהם גזירות שאם אינן מקבלים מלכותי היאך מקיימין גזירותי כך אמר המקום לישראל אנכי יי אלהיך לא יהיה לך אלהים אחרים אני הוא שקבלתם מלכותי עליכם במצרים אמרו לו הן והן וכשם שקבלתם מלכותי עליכם קבלו גזירותי לא יהיה לך אלהים אחרים על פני רבי שמעון בן יוחאי אומר הוא שנאמר להלן אני יי אלהיכם אני הוא שקבלתם מלכותי עליכם בסיני אמרו לו הן והן קבלתם מלכותי קבלו גזירותי כמעשה ארץ מצרים וגו׳ הוא שנאמר כאן אנכי יי אלהיך אשר הוצאתיך מארץ מצרים אני הוא שקבלתם עליכם מלכותי אמרו לו הן והן קבלתם מלכותי קבלו גזירותי לא יהיה לך אלהים אחרים.

לא יהיה לך למה נאמר לפי שהוא אומר לא תעשה לך פסל וגו׳ אין לי אלא שלא יעשה

10–21 ת״כ אחרי מות י״נ (85ᵒ). 11–12 ויקרא י״ח, ב׳. 14 שם י״ח, ג׳. 18–21 מ״ת 20.

---

5 עליהם] מ. ק. עליכם. 5–6 שאם–גזירותי] ד. שאם מלכותי לא יקבל: גזירותי לא יקבלו. 8–12 במצרים–מלכותי עליכם] מ. <. 8 במצרים] א״צ. < / הן והן] ד. כן. 12 אני הוא] ד. <. 16 מלכיתי] א. ~ במצרים מ. ~ בסיני / אמרו לו הן] ד. <. 17 מלכותי] ד. ~ באהבה / גזירותי] מ. ~ לכך נאמר. 18 לא יהיה לך] הגהתי=מא״ש: ט. ד״א לא יהיה לך.

do I know that it is forbidden to keep one that has already been made? Scripture says: "Thou shalt not have other gods," etc.

Other Gods. But are they gods? Has it not been said: "And have cast their gods into the fire; for they were no gods" (Isa. 37.19)? What then does Scripture mean when it says: "Other gods"? Merely those which others called gods.[1] Another interpretation is: Gods that are backward (*Aḥarim*). For they hold back the coming of goodness into the world. Another Interpretation: *Other Gods.* Who turn those who worship them into others. Another Interpretation: *Other Gods.* Who act like strangers towards those who worship them. And thus it says: "Yea, though one cry unto him, he cannot answer, nor save him out of his trouble" (Isa. 46.7). R. Jose says: *Other Gods.* Why is this said? In order not to give the nations of the world an excuse for saying: "If the idols had been called by His name, they would have been worth while." Behold, then, they have been called by His name and they are not worth while anyhow. And when were they called by His name? In the days of Enosh the

[1] I. e., the gods of others.

העשוי כבר מנין שלא יקיים ת״ל לא יהיה לך אלהים אחרים וגו׳.

אלהים אחרים וכי אלוהות המה והלא כבר נאמר ונתן את אלהיהם באש כי לא אלהים המה ומה ת״ל אלהים אחרים אלא שאחרים קוראין אותם אלוהות. דבר אחר אלהים אחרים שהם מאחרים את הטובה מלבוא לעולם. דבר אחר אלהים אחרים שהם עושין את עובדיהם אחרים. דבר אחר אלהים אחרים שהם אחרים לעובדיהם וכן הוא אומר יצעק אליו ולא יענה ומצרתו לא יושיענו רבי יוסי אומר אלהים אחרים למה נאמר שלא ליתן פתחון פה לאומות העולם לומר אלו נקראו בשמו כבר היה בהם צורך והרי נקראו בשמו ואין בהם צורך אימתי נקראו בשמו בימי אנוש בן

22–30 מ״ת 38. 22–51 ספרי דברים מ״ג. 23 24 ישעיה ל״ז, י״ט. 25–26 לעיל בשלח ב׳. 25–28 ש. 104. 29–30 ישעיה מ״ו, ז׳. 33–39 מ״ת 195.

21–22 וגו׳ אלהים אחרים] ד. <. 24 אלהים אחרים] א. מ. אחרים. 25–26 דבר אחר–מלבוא לעולם] א. <. 27 עובדיהם אחרים] הגהתי=ט. מ״ח. א״א. ז״י. א״צ: א. מ. ד. אלהיהם אחרונים. 28 אחרים לעובדיהם] א. מ. ק. אחרונים לעובדיהם. 29 יצעק] ד. והן יצעק מ. מ״ח. הן יצעק / ומצרתו] במקרא כתוב מצרתו. 32 כבר] א. <.

son of Seth. It is said: "Then began men to call upon the name of the Lord" (Gen. 4.26). At that time the ocean rose and flooded a third of the world. God said to them: "You have done something new by calling yourselves 'gods.' I also will do something new and will call Myself 'the Lord.'" And thus it says: "That calleth for the waters of the sea, and poureth them out upon the face of the earth; the Lord is His name"[3] (Amos 5.8). R. Eliezer says: *Other Gods*—For every day they make for themselves new gods. How so? If one has an idol of gold and then needs the gold, he makes the idol of silver. If he has one of silver and then needs the silver, he makes the idol of copper. If he has an idol of copper and needs the copper, he makes it of iron. And so also with one of tin and so also with one of lead, as it is said: "New gods that came newly up" (Deut. 32.17). R. Isaac says: If the name of every idol were to be specifically mentioned, all skins (parchments) in the world would not suffice. R. Ḥananiah b. Antigonos says: Come and consider the expression chosen by the Torah:

[3] See Introduction and cf. Commentaries.

שת שנאמר אז הוחל לקרוא בשם יי באותה שעה עלה אוקיאנוס והציף שלישו של עולם אמר להם המקום אתם עשיתם מעשה חדש וקראתם עצמכם אלוהות אף אני אעשה מעשה חדש ואקרא עצמי יי וכן הוא אומר הקורא למי הים וישפכם על פני הארץ יי שמו רבי אליעזר אומר אלהים אחרים שהם מחדשים להם אלוהות בכל יום הא כיצד היה לו של זהב וצריך לו עשאו של כסף היה לו של כסף וצריך לו עשאו של נחשת היה לו של נחשת ונצרך לו עשאו של ברזל וכן של בדיל וכן של עופרת שנאמר חדשים מקרוב באו רבי יצחק אומר אלו נפרט להם כל שם עבודה זרה לא היה מספיק להם כל העורות שבעולם רבי חנניה בן אנטיגנוס אומר בוא וראה לשון שתפסה תורה

10–11 ב"ר כ"ג. ת. נח, י"ח. 34 בראשית ד', כ"ו. 38–39 עמוס ה', ח'. 39–44 מ"ת 20. 44 דברים ל"ב, י"ז. 44–49 סנהדרין ס"ד, א'. י' שם ז', י"ג (25ס).

36 עשיתם] ד. עושים. 36–37 עצמכם אלוהות] הגהתי=ט. ג. מ"ח. א"א. ש"י: א. מ. ד. עצמכם מ"ח. שם לעצמכם ז"י עצמכם בשמי א"צ. לחמנים בשמי. 37–38 עצמי יי]–ט. א"א. ש"י: מ"ח. שם לעצמי ג. שם עצמי ז"י. עצמי בשמי א"צ. למי הים א. מ. ד. עצמי. 38 וכן הוא אומר] ד. שנאמר. 39 אליעזר] א. ט"כ. אלעזר ט. ~ המודעי. 40 להם אלוהות] מ"ח. אותם. 43–44 וכן של בדיל–שנאמר] ד. או מעופרת וכן הוא אומר. 45 נפרט] ד. נפרש. 46 העורות] ג. היריעות / חנניה] ד. חנינא.

"To Molek," "to a ruler" (Lev. 18.21)—that is, anything at all which you declare as ruling over you, even if it be a chip of wood or a piece of potsherd. Rabbi says: *Other Gods.*—Gods that are later than he who was last in the order of creation. And who is it that was the last of the things created? The one who calls them "gods."

Before Me. Why is this said? In order not to give Israel an excuse for saying: Only those who came out from Egypt were commanded not to worship idols. Therefore, it is said: "Before Me," as much as to say: Just as I am living and enduring for ever and for all eternity, so also you and your son and your son's son to the end of generations shall not worship idols.

Thou Shalt Not Make unto Thee a Graven Image. He shall not make one that is engraven. But perhaps he may make one that is solid? Scripture says: "Nor any manner of likeness." He shall not make a solid one. But perhaps he may plant a plant as an idol for himself? Scripture says: "Thou shalt not plant thee an Asherah" (Deut. 16.21). He shall not plant a plant for an idol to himself. But perhaps he may make an idol of a tree? Scripture says: "Of any kind of tree" (ibid.). He shall not make an idol of a tree. But perhaps he may make one of stone?

למולך כל שתמליכנו עליך אפילו קיסם אחד או חרס רבי אומר אלהים אחרים שהם אחרונים למי שהוא אחרון במעשים ומי הוא אחרון שבמעשים זה הקורא אותם אלוהות.

על פני למה נאמר שלא ליתן פתחון פה לישראל לומר לא נצטווה על עבודה זרה אלא מי שיצא ממצרים לכך נאמר על פני לומר מה אני חי וקיים לעולם ולעולמי עולמים אף אתה ובנך ובן בנך לא תעבוד עבודה זרה עד סוף כל הדורות.

לא תעשה לך פסל לא יעשה לו גלופה אבל יעשה לו אטומה ת״ל כל תמונה לא יעשה לו אטומה אבל יטע לו מטע ת״ל לא תטע לך אשרה לא יטע לו מטע אבל יעשה לו של עץ ת״ל כל עץ לא יעשה לו של עץ אבל יעשה לו של אבן

52–57 מ״ת שם. 58–59 ע״ז מ״ג, ב׳. 60–61 דברים ט״ז, כ״א. 62 שם.

48–49 או חרס] א. מ. < ג. ~ או צרור. 49–51 שהם אחרונים–אלוהות] מ״ח. מי שהוא אחרון במעשים קורא אותם אלוהות. 49 אחרונים] א. אחרות. 54 מי שיצא] ק. משיצאו / ממצרים] ק. נ. למצרים. 60 יטע] א. יעשה.

Scripture says: "Neither shall ye place any figured stone," etc. (Lev. 26.1). He shall not make an idol of stone. But perhaps he may make one of silver or of gold? Scripture says: "Gods of silver or gods of gold ye shall not make unto you" (Ex. 20.20). He shall not make an idol of silver or of gold. But perhaps he may make one of copper, iron, tin, or lead? Scripture says: "Nor make to yourselves molten gods" (Lev. 19.4). He shall not make for himself any of these images. But perhaps he may make an image of any figure? Scripture says: "Lest ye deal corruptly, and make you a graven image, even the form of any figure" (Deut. 4.16). He shall not make an image of any figure. But perhaps he may make an image of cattle, or fowl? Scripture says: "The likeness of any beast that is on the earth, the likeness of any winged fowl" (ibid. v. 17). He shall not make an image of any of these. But perhaps he may make an image of fish, locust, unclean animals, or reptiles? Scripture says: "The likeness of any thing that creepeth on the ground, the likeness of any fish that is in the water" (ibid., v. 18). He shall not make an image of any of these. But perhaps he may make an image of the sun, the moon, the stars, or the planets? Scripture says: "And lest thou lift up thine eyes unto heaven," etc. (ibid., v. 19). He shall not make an image of any of these. But perhaps he may make an image of the angels, the Cherubim or the *Ophannim?*

ת״ל ואבן משכית וגו׳ לא יעשה לו של אבן אבל יעשה לו של כסף ושל זהב ת״ל אלהי כסף ואלהי זהב לא תעשו לכם לא יעשה לו של כסף ושל זהב אבל יעשה לו של נחשת ושל ברזל ושל בדיל ושל עופרת ת״ל ואלהי מסכה לא תעשו לכם לא יעשה לו דמות כל אלה אבל יעשה לו דמות כל סמל ת״ל פן תשחיתון ועשיתם לכם פסל תמונת כל סמל לא יעשה לו דמות כל סמל אבל יעשה לו דמות בהמה חיה ועוף ת״ל תבנית כל בהמה אשר בארץ תבנית כל צפור כנף לא יעשה לו דמות כל אלה אבל יעשה לו דמות דגים וחגבים שקצים ורמשים ת״ל תבנית כל רומש באדמה תבנית כל דגה אשר במים לא יעשה לו דמות כל אלה אבל יעשה לו דמות חמה ולבנה כוכבים ומזלות ת״ל ופן תשא עיניך השמימה וגו׳ לא יעשה לו דמות כל אלה אבל יעשה לו דמות מלאכים וכרובים ואופנים

---

63 ויקרא כ״ו, א׳. 64–65 שמות כ׳, כ״ג. 67 ויקרא י״ט, ד׳. 69 דברים ד׳, ט״ז. 71–72 שם ד׳, י״ז. 76–77 שם ד׳, י״ט.

---

69 לכם] א. <. 77 השמימה] ק. נ. השמים. 78 ואופנים] ד. ~ וחשמלים.

Scripture says: "Of anything that is in heaven." As for "that is in heaven," one might think it refers only to sun, moon, stars, and planets? But it says: "Above," meaning, not the image of the angels, not the image of the Cherubim, and not the image of the *Ophannim*.[3] He shall not make an image of any of these. But perhaps he may make an image of the deeps and the darkness? Scripture says: "All that is in the water under the earth." This includes even the reflected image[4]—these are the words of R. Akiba. Some say: It includes the *Shabrire*.[5]—Scripture goes to such length in pursuit of the evil inclination to idolatry in order not to leave room for any pretext of permitting it.

Thou Shalt Not Bow Down unto Them nor Serve Them. Why is this said? Because it says: "And hath gone and served other gods" (Deut. 17.3), which means that one becomes guilty for the act of serving by itself and for the act of bowing down by itself. You interpret it thus. But may it not mean that one is guilty only if he

---

[3] *Ophannim* literally means, wheels, but with reference to Ezek. 1.5 ff. is used as a designation for heavenly beings or angels. See Jastrow, *Dictionary*, p. 31, s. v.

[4] The reflected image, בבואה, aram. בוביא, was believed by the ancient primitive people to be a counterpart of the real, and to have separate and independent existence (see Commentaries).

[5] See Commentaries and Jastrow, *Dictionary*, p. 1518, and cf. Alexander Kohut, *Studies in Yemen-Hebrew Literature*, II, New York, 1894, p. 125.

ת"ל אשר בשמים אי אשר בשמים יכול דמות חמה ולבנה כוכבים ומזלות ת"ל ממעל לא דמות מלאכים לא דמות כרובים ולא דמות אופנים לא יעשה לו דמות כל אלה אבל יעשה לו דמות תהום וחשך ת"ל ואשר במים מתחת לארץ להביא את הבוביא דברי רבי עקיבא ויש אומרים להביא את השברירים כל כך רדף הכתוב אחר יצר הרע שלא ליתן מקום למצא לו מתלת היתר.

לא תשתחוה להם ולא תעבדם למה נאמר לפי שהוא אומר וילך ויעבוד אלהים אחרים לחייב על העבודה בפני עצמה ועל ההשתחואה בפני עצמה אתה אומר כן או לא יהיה חייב עד

87–93 ספרי דברים קמ"ח. סנהדרין ס"ב, א'; ס"ג, א'. י' שם ז', י"א (25b). 87–103 מ"ת 20. 88 דברים י"ז, ג'.

---

80 ומזלות] ד. < / לא דמות מלאכים] ד. <. 82 וחשך] מ. ~ ואפלה א. ט"כ. ~ והברה. 83 הבוביא] מ"ח. הבבואה. ט. הבובאה. 84 השברירים] א. הסודוירוס (או הסורוירוס!) מ. הסורויריס ט"כ. הסורוירוס תוספות יומא נ"ד ב' ד"ה צורתא, סורזירים. נתנאל בן ישעיה (A. Kohut, Studies in Yemen Hebrew Literature (New York, 1894) II p. 125) סרסרוירין. 85 הכתוב] א. <. ד. הקדוש ברוך הוא / ליתן] ד. ~ פתחון פה. 86 מקום למצא לו] א. מ"ח. לו מקום למצא / מתלת] ד. מתלא מ. מתלה.

both serves and bows down? Scripture however says here: "Thou shalt not bow down unto them nor serve them," declaring that one becomes guilty for the act of serving by itself and for the act of bowing down by itself.

Another Interpretation: *Thou Shalt Not Bow Down to Them.* Why is this said? Because it says: "He that sacrificeth unto the gods save unto the Lord only shall be utterly destroyed" (Ex. 22.19), from which we have heard the penalty for it, but we have not heard the warning against it. Therefore it says here: "Thou shalt not bow down to them." And it also says: "Thou shalt bow down to no other god" (ibid. 34.14).

For I the Lord Thy God Am a Jealous God. Rabbi says: A God above jealousy. I rule over jealousy, but jealousy has no power over Me. I rule over slumber, but slumber has no power over Me. And thus it says: "Behold, He that keepeth Israel doth neither slumber nor sleep" (Ps. 121.4).

Another Interpretation: *For I the Lord Thy God Am a Jealous God.* Zealously do I exact punishment for idolatry, but in other matters I am merciful and gracious. A certain philosopher asked R. Gamaliel: It is written in your

שיעבוד וישתחוה ת״ל לא תשתחוה להם ולא תעבדם לחייב על העבודה בפני עצמה ועל ההשתחויה בפני עצמה. דבר אחר לא תשתחוה להם למה נאמר לפי שהוא אומר זובח לאלהים יחרם בלתי ליי לבדו עונש שמענו אזהרה מנין ת״ל לא תשתחוה להם וכן הוא אומר לא תשתחוה לאל אחר.

כי אנכי יי אלהיך אל קנא רבי אומר אלוה של קנאה אני שליט בקנאה ואין קנאה שולטת בי אני שליט בנומה ואין נומה שולטת בי וכן הוא אומר הנה לא ינום ולא יישן שומר ישראל. דבר אחר כי אנכי יי אלהיך אל קנא בקנאה אני נפרע מהם מעבודה זרה אבל רחום וחנון אני בדברים אחרים. שאל פלוסופוס אחד את רבן גמליאל

93–96 לקמן נזיקין י״ז. סנהדרין ס׳, ב׳. 94 שמות כ״ב, י״ט. 95–96 שם ל״ד, י״ד. 100 תהלים קכ״א, ד׳. 103–124 ע״ז נ״ד, ב׳; נ״ה, א׳.

92–93 על העבודה–בפני עצמה] ד. כל אחד בפני עצמו. 95–96 לא תשתחוה להם] ד. להם. 97 רבי אומר] מ. וכי אומר ט. וכי אני ד. <. 98 אלוה של קנאה] ד. <. 98–99 קנאה שולטת בי] ד. ~ שנאמר הנה לא ינום ולא יישן שומר ישראל דבר אחר אני יי אלהיך אל קנא אני שליט בקנאה ואין קנאה שולטת בי. וחסר בילקוט ומחוק בא״א. וז״י. וש״י. ומא״ש. 99–100 וכן הוא אומר] ד. שנאמר. 101 כי אנכי] ד. אני. 102 מהם]=ט. מ״ח. נ: א. ד. <.

Torah: "For I the Lord thy God am a jealous God." But is there any power in the idol that it should arouse jealousy? A hero is jealous of another hero, a wise man is jealous of another wise man, a rich man is jealous of another rich man, but has the idol any power that one should be jealous of it? R. Gamaliel said to him: Suppose a man would call his dog by the name of his father, so that when taking a vow he would vow: "By the life of this dog." Against whom would the father be incensed? Against the son or the dog? Said the philosopher to him: Some idols are worth while. "What makes you think so?" asked R. Gamaliel. Said the philosopher: There raged a fire in a certain province but the temple of the idol in it was saved. Was it not because the idol could take care of itself? Said R. Gamaliel to him: I will give you a parable: To what is this comparable? To the conduct of a king of flesh and blood when he goes out to war. Against whom does he wage war, against the living or against the dead? The philosopher then said: "Indeed, only against the living." Then he said again: But if there is no usefulness in any of them, why does He not annihilate them? Said R. Gamaliel to him: But is it only one object that you worship? Behold, you worship the sun, the moon, the stars and the planets, the mountains and the hills, the springs and the glens, and even human beings. Shall he destroy

כתיב בתורתכם כי אנכי יי אלהיך אל קנא וכי יש כח בעבודה זרה להתקנות בה גבור מתקנא בגבור חכם מתקנא בחכם עשיר מתקנא בעשיר וכי יש כח בעבודה זרה להתקנות בה אמר לו אלו אדם קורא לכלבו בשם אביו וכשהוא נודר נודר בחיי כלב זה במי האב מתקנא בבן או בכלב אמר לו יש למקצתה צורך אמר לו מה ראית אמר לו הרי שנפלה דליקה במדינה פלונית והוצל בית עבודה זרה שלה לא שעמדה לעצמה אמר לו אמשול לך משל למה הדבר דומה למלך בשר ודם שיוצא למלחמה עם מי הוא נלחם עם החיים או עם המתים אמר לו עם החיים אמר לו הואיל ואין למקצתה צורך מפני מה אינו מבטלה אמר לו וכי לדבר אחד אתם עובדין והרי אתם עובדין לחמה וללבנה ולכוכבים ולמזלות להרים ולגבעות לאפיקים וגיאיות ואפילו לאדם יאבד עולמו מפני

104 אנכי] מ. ד. <. 105 גבור] מ. משל גבור. 105–107 גבור–להתקמות בה] א. <. 107 וכי יש] ד. אלא יש. 110 יש] א. מ. וכי יש. 111 והוצל בית] ד. חוץ לבית. 112 שלה] ד. שלהן. 115 אמר לו] ט. הוי אומר.

His world because of fools? "Shall I utterly consume all things from off the face of the earth? Saith the Lord" (Zeph. 1.2).—The philosopher[6] also said to him: Since it causes the wicked to stumble, why does God not remove it from the world?—But R. Gamaliel continued saying: Because of fools? If so, then since they also worship human beings: "Shall I cut off man from off the face of the earth?" (ibid., v. 3).

Visiting the Iniquity of the Fathers upon the Children. When there is no skip, but not when there is a skip. How is this? The wicked son of a wicked father, who in turn also was the son of a wicked father. R. Nathan says: A destroyer the son of a destroyer, who in turn was the son of a destroyer. When Moses heard this word:[7] "And Moses made haste, and bowed his head toward the earth, and worshipped" (Ex. 34.8). For he said: God forbid! In Israel there is no case of a wicked son of a wicked father who in turn was also the son of a wicked father. One might think that just as the measure of punishment extends over four generations, so also the measure of rewarding the good extends only over four gen-

---

[6] The philosopher interrupted Gamaliel's quotation from Zephaniah by alluding to the words of the prophet: "And the stumbling-blocks with the wicked" (ibid. v. 3) (see Introduction).

[7] This midrashic comment may have originally been made on Ex. 34.7, where it was followed by the comment on v. 8, also reproduced here.

השוטים אסף אסף כל מעל פני האדמה נאם יי׳. אמר לו הואיל ונכשלו בה הרשעים מפני מה אינו מעבירה מן העולם אמר לו מפני השוטין אם כן אף לאדם עובדין והכרתי את האדם מעל פני האדמה.

פוקד עון אבות על בנים בזמן שאינן מסורגין ולא בזמן שהן מסורגין הא כיצד רשע בן רשע בן רשע רבי נתן אומר קוצץ בן קוצץ בן קוצץ כיון ששמע משה את הדבר הזה וימהר משה ויקד ארצה וישתחו אמר חס ושלום אין בישראל רשע בן רשע בן רשע יכול כשם שמידת הפורעניות לארבעה דורות כך מדת הטוב לארבעה דורות

---

120 צפניה א׳, ב׳. 123–124 שם א׳, ג׳. 125–143 מ״ת 21. 128–129 שמות ל״ד, ח׳.

---

120 אסף אסף כל] מ. שנאמר אסף אאסף כל. 122 אם כן] מ. ד. אמר לו אם כן. 125–126 בזמן שאינן מסורגין] ד. בזמן שהם אינן מסרגין ט. ג. ש״י. ז״י. בזמן שהם מסורגין (ז״י. מסרגין). 126 ולא בזמן שהן מסורגין] הגהתי=ה. מא״ש: א. מ. ד. או בזמן שהן מסורגין ז״י. ולא בזמן שאינם מסרגין ט. ג. ש. א״צ. <. 127 נתן] מ. יהושע. 129 אמר ח״ו] א. אמר המקום מ. אמר הקב״ה ח״ו. 130 יכול] הגהתי=ג. א״א. ז״י: ט. א״צ. או א. מ. ד. <.

erations. But Scripture says: "Unto thousands." But: "Unto thousands" I might understand to mean the minimum of "thousands," that is, two thousand [people,][8] but it also says: "To a thousand generations" (Deut. 7.9)—generations unsearched and uncounted.

Of Them that Love Me and Keep My Commandments. "Of them that love Me," refers to our father Abraham and such as are like him. "And keep My commandments," refers to the prophets and the elders. R. Nathan says: "Of them that love Me and keep My commandments," refers to those who dwell in the land of Israel and risk their lives for the sake of the commandments. "Why are you being led out to be decapitated?" "Because I circumcised my son to be an Israelite." "Why are you being led out to be burned?" "Because I read the Torah." "Why are you being led out to be crucified?" "Because I ate the unleavened bread." "Why are you getting a hundred lashes?" "Because I performed the ceremony of the Lulab." And it says: "Those with which I was wounded in the house of my friends"[9] (Zech. 13.6). These wounds caused me to be beloved of My father in heaven.

---

[8] See Introduction.

[9] See Introduction.

ת"ל לאלפים אי לאלפים שומע אני מיעוט אלפים שנים ת"ל לאלף דור דורים לאין חקר ואין מספר.

לאוהבי ולשומרי מצותי לאוהבי זה אברהם אבינו וכיוצא בו ולשומרי מצותי אלו הנביאים והזקנים רבי נתן אומר לאוהבי ולשומרי מצותי אלו שהם יושבין בארץ ישראל ונותנין נפשם על המצות מה לך יוצא ליהרג על שמלתי את בני ישראל מה לך יוצא לישרף על שקראתי בתורה מה לך יוצא ליצלב על שאכלתי את המצה מה לך לוקה מאה פרגל על שנטלתי את הלולב ואומר אשר הכתי בית מאהבי מכות אלו גרמו לי ליאהב לאבי שבשמים.

---

133 דברים ז', ט'. 138–143 וי"ר ל"ב, א'. מדרש תהלים י"ב, ה'.
142 זכריה י"ג, ו'.

---

133 דורים] ד. <. 134 ולשומרי מצותי] מ. <. 137 אלו שהם יושבין] ד. אלו ישראל שהם יושבין ט. מ"ח. אלו שיושבין. 138 על המצות] א. על כל המצות מ. בכל המצות. 139 ישראל] א. <. 141 מאה פרגל] ד. מאפרגל מ"ח. מספרגל ה. מכף הרגל. 142 לי] א. < / ליאהב] ט. לאהוב מ"ח. לאהב 143 לאבי] א. לאביהם מ. לאבינו.

CHAPTER VII
(Ex. 20.7–11)

Thou Shalt Not Take the Name of the Lord Thy God in Vain. Swearing falsely was also included in the general statement which says: "Or if any one swear clearly with his lips" (Lev. 5.4). Behold, this passage here singles it out from the general statement, making the punishment for it severer but at the same time exempting it from carrying with it the obligation of bringing a sacrifice. One might think that just as it is exempt from the obligation of bringing a sacrifice it is also exempt from the punishment of stripes. But Scripture says: "Thou shalt not take the name of the Lord thy God," etc. It has been exempted only from carrying with it the obligation of bringing a sacrifice, but not from carrying with it the penalty of stripes.[1]

Thou Shalt Not Take. Why is this said? Because it says: "And ye shall not swear by My name falsely" (Lev. 19.12), from which I know only that one should not swear. But how would I know that one should not even take it upon himself to swear? Therefore Scripture says: "Thou shalt not take the name of the Lord thy God." . . . Before you obligated yourself to take an oath I am a God to you. But after you have obligated yourself to take an oath I am a Judge

---

[1] Cf. saying of R. Joḥanan in the name of R. Jose the Galilean in Mak. 16a and see Introduction.

פרשה ז (שמות כ׳, ז׳–י״א.)

לא תשא את שם יי אלהיך לשוא אף שבועת שוא היתה בכלל שנאמר או נפש כי תשבע לבטא בשפתים והרי הכתוב מוציאה מכללה ומחמיר עליה ופוטרה מן הקרבן יכול כשם שהיא פטורה מן הקרבן כך תהא פטורה מן המכות ת״ל לא תשא את שם יי וגו׳ מכלל קרבן יצאת מכלל מכות לא יצאת.

לא תשא למה נאמר לפי שהוא אומר לא תשבעו בשמי לשקר אין לי אלא שלא ישבע ושלא יקבל עליו לישבע מנין ת״ל לא תשא את שם יי אלהיך עד שלא קבלת עליך להשבע הרי אני לך לאלוה משקבלת עליך להשבע הרי אני לך לדיין

1–7 שבועות כ״א, א׳. 1–17 מ״ת 21. 2–3 ויקרא ה׳, ד׳. 8–9 שם י״ט, י״ב.

2 שנאמר] ד. <. 4 יכול] הגהתי=א״א. ג: א. מ. ד. < ט אני אומר ט״כ. או / כשם] מ״ח. וכשם. 6 לא תשא] ד. <. 7 לא יצאת] מ. יצאת. 8 לא תשא] מ. דבר אחר לא תשא. 8–9 לא תשבעו] במקרא כתוב ולא תשבעו. 12 לאלוה] ד. אלהים.

over you. And thus it says: "For the Lord will not hold him guiltless that taketh His name in vain." R. Eleazar says: It is impossible to say:[2] "He will not clear," since it is also said: "And that will clear (*ve-nakeh*)" (Ex. 34.7). But it is just as impossible to say: "He will clear," since it is also said: "He will not clear" (*lo yenakeh*) (ibid.). You must therefore say: He clears those who repent but does not clear those who do not repent.

For four things did R. Matia b. Ḥeresh go to R. Eleazar ha-Kappar to Laodicea. He said to him: Master! Have you heard the four distinctions in atonement which R. Ishmael used to explain? He said to him: Yes. One scriptural passage says: "Return, O backsliding children" (Jer. 3.14), from which we learn that repentance brings forgiveness. And another scriptural passage says: "For on this day shall atonement be made for you" (Lev. 16.30), from which we learn that the Day of Atonement brings forgiveness. Still another scriptural passage says: "Surely this iniquity shall not be expiated by you till ye die" (Isa. 22.14), from which we learn

---

[2] It is impossible to take the phrase לא ינקה, "He will not clear," strictly and absolutely, since the preceding infinitive absolute, ונקה, may be interpreted independently of the finite verb and connected with the preceding phrase, in which case it means that God will clear the guilty. But it is also impossible to take the latter interpretation of the word ונקה absolutely, since the phrase that follows it, לא ינקה, espressly says: "He will not clear."

וכן הוא אומר כי לא ינקה יי את אשר ישא את שמו לשוא ר' אלעזר אומר אי איפשר לומר לא ינקה שכבר נאמר ונקה ואי איפשר לומר ינקה שכבר נאמר לא ינקה אמור מעתה מנקה הוא לשבים ואינו מנקה לשאינן שבים. מפני ארבעה דברים הלך רבי מתיא בן חרש אצל רבי אלעזר הקפר ללדוקיא אמר לו רבי שמעת ארבעה חלוקי כפרה שהיה רבי ישמעאל דורש אמר לו כתוב אחד אומר שובו בנים שובבים וגו' הא למדנו שהתשובה מכפרת וכתוב אחד אומר כי ביום הזה יכפר עליכם הא למדנו שיום הכפורים מכפר וכתוב אחד אומר אם יכופר העון הזה לכם עד תמותון

14–17 שבועות ל"ט, א'. במ"ר י"א, ז'. 14–42 יומא פ"ו, א'. תוס' שם ה', ו'–ט'. מדרש משלי י'. 16 שמות ל"ד, ז'. 17–42 אדר"נ כ"ט. י' יומא ח', ח' (45bc). י' שבועות א', ט' (33b). י' סנהדרין י', א' (27c). 21 ירמיה ג', י"ד. 22–23 ויקרא ט"ז, ל'. 24 ישעיה כ"ב, י"ד.

---

13 וכן הוא אומר] ד. שנאמר א"צ. <. 13–14 וכן הוא אומר–שמו לשוא] ט. <. 14 ר' אלעזר אומר] הוספתי=מ"ח. 15 נאמר ונקה] ד. נאמר ינקה. 16 אמור מעתה] מ"ח. הא כיצד / הוא] א. היא / ואינו] א. ואינה. 17 דברים] ד. ~ אלו. 18 רבי] ד. < / אצל רבי אלעזר הקפר] א. מ. < מ"ח. אצל ר' אלעזר. 19 ללדוקיא] ד. ללודיא מ"ח. ללודיקיא ג. לרומי / ארבעה] ד. בארבע. 21 למדנו] ד. למדת.

that death brings forgiveness. And still another scriptural passage says: "Then will I visit their transgressions with the rod, and their iniquity with strokes" (Ps. 89.33), from which we learn that chastisements bring forgiveness. How are all these four passages to be maintained? If one has transgressed a positive commandment and repents of it, he is forgiven on the spot. Concerning this it is said: "Return, O backsliding children." If one has violated a negative commandment and repents, repentance alone has not the power of atonement. It merely leaves the matter pending and the Day of Atonement brings forgiveness. Concerning this it is said: "For on this day shall atonement be made for you." If one willfully commits transgressions punishable by extinction or by death at the hands of the court and repents, repentance cannot leave the matter pending nor can the Day of Atonement bring forgiveness. But both repentance and the Day of Atonement together bring him half a pardon. And chastisements secure him half a pardon. Concerning this it is said: "Then will I visit their transgressions with the rod, and their iniquity with strokes." However, if one has profaned the name of God and repents, his repentance cannot make the case pending, neither can the Day of Atonement bring him forgiveness, nor can sufferings cleanse him of his guilt. But repentance and the Day of Atonement both can merely make the matter

הא למדנו שהמיתה מכפרת וכתוב אחד אומר ופקדתי בשבט פשעם ובנגעים עונם הא למדנו שייסורין מכפרין כיצד יתקיימו ארבעה כתובים אלו העובר על מצות עשה ועשה תשובה אינו זז משם עד שמוחלין לו ועל זה נאמר שובו בנים שובבים והעובר על מצות לא תעשה ועשה תשובה אין כח בתשובה לכפר אלא התשובה תולה ויום הכפורים מכפר על זה נאמר כי ביום הזה יכפר עליכם והמזיד על כריתות ועל מיתות בית דין ועשה תשובה אין כח בתשובה לתלות ולא ביום הכפורים לכפר אלא התשובה ויום הכפורים מכפרין מחצה וייסורין מכפרין מחצה ועל זה נאמר ופקדתי בשבט פשעם ובנגעים עונם מי שמחלל שם שמים ועשה תשובה אין כח בתשובה לתלות ולא ביום הכפורים לכפר ולא בייסורין למרק אלא התשובה ויום הכפורים תולין ויום

26 תהלים פ״ט, ל״ג. 28–29 שבועות י״ב, ב׳. חגיגה ה׳, א׳.

25 למדנו] ד. למדת. 29 משם] א. מ״ח. ממקומו. 31 התשובה] א. על התשובה. 33 ועל] א. והעובר על. 36 וייסורין מכפרין] ד. וייסורין ממרקין ומכפרין. 39–40 בייסורין למרק] ד. ייסורין בלבד ממרקין.

pend. And the day of death with the suffering preceding it completes the atonement. To this applies: "Surely this iniquity shall not be expiated by you till ye die." And so also when it says: "That the iniquity of Eli's house shall not be expiated with sacrifice nor offering" (I Sam. 3.14) it means: With sacrifice and offering it cannot be expiated, but it will be expiated by the day of death. Rabbi says: I might have thought that the day of death does not bring forgiveness. But when it says: "When I have opened your graves," etc. (Ezek. 37.13), behold we learn that the day of death does bring atonement.

Rabbi says: For violations of laws, such as those preceding the commandment: "Thou shalt not take," repentance alone brings forgiveness. In cases of violations of laws, such as follow the commandment: "Thou shalt not take"—including the commandment: "Thou shalt not take" itself—repentance makes the matter pend and the Day of Atonement brings forgiveness.[3] What commandments are like those preceding the commandment: "Thou shalt not take"? Positive and negative commandments which carry no penalty with them—thus excepting the commandment: "Thou shalt not take" itself. And which are like those following the commandment: "Thou shalt not take"? Matters subject to the penalty of death at the hands of the human court, death at the hand of heaven, excision by the hand of heaven, forty stripes, sin-offerings, and trespass-offerings. And the commandment: "Thou shalt not take" is classed with them.

[3] See Introduction and cf. Commentaries.

המיתה ממרק עם הייסורין ועל זה נאמר אם יכופר העון הזה לכם עד תמותון וכן הוא אומר אם יתכפר עון בית עלי בזבח ובמנחה בזבח ובמנחה אינו מתכפר אבל ביום המיתה מתכפר רבי אומר שומע אני שלא יכפר יום המיתה כשהוא אומר בפתחי את קברותיכם וגו׳ הא למדנו שיום המיתה מכפר רבי אומר כל שהוא מלא תשא ולמעלה התשובה מכפרת מלא תשא ולמטה ולא תשא עמהם התשובה תולה ויום הכפורים מכפר ואיזה הוא מלא תשא ולמעלה עשה ולא תעשה חוץ מלא תשא מלא תשא ולמטה דברים שחייבין עליהם מיתות בית דין מיתה בידי שמים כרת בידי שמים ומלקות ארבעים חטאות ואשמות ולא תשא עמהם.

43 שמואל א. ג׳, י״ד. 46 יחזקאל ל״ז, י״ג. 47–54 יומא שם. תוספתא שם. 47–73 ש. 107.

42 וכן הוא אומר] ד. ואומר. 52 מיתה בידי שמים] א. מיתה בידי אדם.

Remember the Day of the Sabbath to Keep It Holy. "Remember" and "observe" (Deut. 5.12) were both spoken at one utterance. "Everyone that profaneth it shall surely be put to death" (Ex. 31.14) and: "And on the Sabbath day two he-lambs" (Num. 28.9) were both spoken at one utterance. "Thou shalt not uncover the nakedness of thy brother's wife" (Lev. 18.16) and: "Her husband's brother shall go in unto her" (Deut. 25.5) were both spoken at one utterance. "Thou shalt not wear a mingled stuff" (Deut. 22.11) and: "Thou shalt make thee twisted cords" (ibid., v. 12) were both spoken at one utterance.[4] This is a manner of speech impossible for creatures of flesh and blood. For it is said: "God has spoken one utterance which we have heard as two,"[5] etc. (Ps. 62.12). And it also says: "Is not My word like as fire? saith the Lord; and like a hammer that breaketh the rock in pieces?" (Jer. 23.29). *Remember* and *observe.* Remember it before it comes and observe it after it has gone.—Hence they said: We should always increase what is holy by adding to it some of the non-holy.—Thus it can be compared to a wolf moving backward and forward.[6] Eleazar b. Ḥananiah b. Hezekiah b. Garon says: "Remem-

[4] Each pair in the above group consists of two laws which contradict one another. Hence, it is explained that they were both given in the same utterance, the one being an exception to the general law contained in the other.

[5] This rendering of the word שתים is required by the *Mekilta.*

[6] See Commentaries.

זכור את יום השבת לקדשו זכור ושמור שניהם בדבור אחד נאמרו מחלליה מות יומת וביום השבת שני כבשים וגו׳ שניהם בדבור אחד נאמרו ערות אשת אחיך ויבמה יבא עליה שניהם בדבור אחד נאמרו לא תלבש שעטנז וגדילים תעשה לך שניהם בדבור אחד נאמרו מה שאי איפשר לבשר ודם לומר כן שנאמר אחת דבר אלהים שתים זו שמענו וגו׳ ואומר הלא כה דברי כאש נאם יי וכפטיש יפוצץ סלע זכור ושמור זכור מלפניו ושמור מלאחריו מכאן אמרו מוסיפין מחול על הקדש משל לזאב שהוא טורד מלפניו ומלאחריו. אלעזר בן חנניה בן חזקיה בן גרון אומר זכור את

55–62 ספרי דברים רל״ג. י׳ שבועות ג׳, י׳ (34d). 55–65 מ״ת 21. 56 שמות ל״א, י״ד. 56–57 במדבר כ״ח, ט׳. 58 ויקרא י״ח, ט״ז. / דברים כ״ה, ה׳. 59 שם כ״ב, י״א–י״ב. 61–62 תהלים ס״ב, י״ב; לעיל ד׳. 62–63 ירמיה כ״ג, כ״ט. 64–65 יומא פ״א, ב׳.

---

55 זכור את יום השבת לקדשו] מ. ד. <. 62 כה דברי כאש נאם יי] מ. כה דברים א. כה דברי נאם יי כאש. 63 וכפטיש יפוצץ סלע] הוספתי: א. מ. וגו׳. 65 לזאב] ה. לאב ש. 161 לארי / טורד] ט. טורף מ״ח. טוהר ש. שם עורר ה. טרוד. 66 חזקיה] ד. ~ בן חנניה.

ber the day of the Sabbath to keep it holy," keep it in mind from the first day of the week on, so that if something good happens to come your way fix it up for the Sabbath. R. Isaac says: You shall not count the days of the week in the manner in which others count them. But you should count them with reference to the Sabbath.[7]

To Keep It Holy. To consecrate it with a benediction. On the basis of this passage the sages said: At the entrance of the Sabbath we consecrate it by reciting the sanctification of the day over wine. From this I know only about the "sanctification" for the day. Whence do we know that the night also requires a "sanctification?" It is said: "Ye shall keep the Sabbath," etc. (Ex. 31.14). So far I know only about the Sabbath. How about the holidays? Scripture says: "These are the appointed seasons of the Lord," etc. (Lev. 23.4).

Six Days Shalt Thou Labour and Do All Thy Work. But is it possible for a human being to do all his work in six days? It simply means: Rest on the Sabbath as if all your work were done. Another Interpretation: Rest even from the thought of labor. And it says: "If thou turn away thy foot because of the Sabbath," etc. (Isa. 58.13) and then it says: "Then shalt thou delight thyself in the Lord," etc. (ibid. v. 14).

---

[7] The weekdays are not designated by names, but are merely counted as the first, the second, etc. day of the week, or the first, the second, etc. day after the Sabbath.

יום השבת לקדשו תהא זוכרו מאחד בשבת שאם נתמנה לך חפץ יפה תהא מתקנו לשם שבת רבי יצחק אומר לא תהא מונה כדרך שאחרים מונין אלא תהא מונה לשם שבת.

לקדשו לקדשו בברכה מכאן אמרו מקדשין על היין בכניסתו אין לי אלא קדושה ליום קדושה ללילה מנין ת״ל ושמרתם את השבת וגו׳ אין לי אלא שבת ימים טובים מנין ת״ל אלה מועדי יי וגו׳.

ששת ימים תעבוד ועשית כל מלאכתך וכי איפשר לבשר ודם לעשות כל מלאכתו בששת ימים אלא שבות כאלו כל מלאכתך עשויה. דבר אחר שבות ממחשבת עבודה ואומר אם תשיב משבת רגליך וגו׳ ואומר אז תתענג על יי וגו׳.

67–68 ביצה ט״ז, א׳. 71–73 פסחים ק״ו, א׳. 71–74 מ״ת 21–22. 73 שמות ל״א, י״ד. 74 ויקרא כ״ג, ד׳. 75–77 מ״ת 22. 75–99 ש. 108–109. 78–79 ישעיה נ״ח, י״ג–י״ד.

---

67 זוכרו] מ״ח. זוכה. 68 חפץ] ק. < נ. ל. מנה. 69 יצחק] מ. נתן. 70 לשם שבת] בפירוש הטור על התורה (הנובר תקצ״ט) דף מ׳. ליום שבת. 72–73 אין לי אלא–ללילה מנין] מנוה״מ פרק קנ״ה. מ״ח. א״צ. אין לי אלא בלילה ביום (א״צ. קדושה ללילה ליום) מנין. 73 ושמרתם את השבת] מ״ח. א״צ. זכור את יום. 76 כל מלאכתו] ד. מלאכתו. 77 כל] ד. <.

But the Seventh Day Is a Sabbath unto the Lord Thy God. Why is this said? Because it says: "Whosoever doeth any work in the sabbath day, he shall surely be put to death" (Ex. 31.15). We have thus heard the penalty. But we have not heard the warning. Therefore it says here: "But the seventh day is a sabbath unto the Lord thy God, in it thou shalt not do any manner of work." I thus know only the penalty for and the warning against work on Sabbath during the daytime. How do I know that there is also a penalty for and a warning against work during the night time of the Sabbath? It says: "Everyone that profaneth it shall surely be put to death" (Ex. 31.14). From this however we only learn about the penalty. But we have not heard any warning. Scripture says: "But the seventh day is a sabbath unto the Lord thy God." Now, there would be no purpose in saying "a sabbath"[8] except to include the nighttime in the warning. —These are the words of R. Aḥai the son of Josiah.

Thou nor Thy Son nor Thy Daughter. That is, the minors. Perhaps it is not so but means the grown ups? You must reason: Have they not already been forewarned themselves? Hence what must be the meaning of: "Thou nor thy son nor thy daughter"? The minors.

---

[8] Instead of "a Sabbath day."

ויום השביעי שבת ליי אלהיך למה נאמר לפי שהוא אומר כל העושה מלאכה ביום השבת מות יומת עונש שמענו אזהרה לא שמענו ת״ל ויום השביעי שבת ליי אלהיך לא תעשה כל מלאכה אין לי אלא עונש ואזהרה על מלאכת היום עונש ואזהרה על מלאכת הלילה מנין ת״ל מחלליה מות יומת עונש שמענו אזהרה לא שמענו ת״ל ויום השביעי שבת ליי אלהיך שאין ת״ל שבת אלא להביא את הלילה בכלל אזהרה דברי רבי אחאי בר יאשיהו.

אתה ובנך ובתך אלו הקטנים או אינו אלא הגדולים אמרת והלא כבר מוזהרים הם הא מה ת״ל אתה ובנך ובתך אלו הקטנים.

80–89 לקמן שבתא א׳. 81–82 שמות ל״א, ט״ו. 85–86 שמות ל״א, י״ד. 90–99 מ״ת 22–23.

---

82 לא שמענו] ד. מנין. 83 שבת ליי אלהיך] ד. <. 88–89 דברי ר׳ אחאי בר יאשיה]=ט. (כי תשא שצ״א) ג: מ. ד. מ״ח. ט. ה. ר׳ אחאי בר יאשיה אומר. 90 הקטנים] מ. ~ אתה אומר אלו הקטנים / אינו אלא ד. אלו.

Nor Thy Man-Servant nor Thy Maid-Servant. That is, children of the Covenant. You interpret it to mean children of the Covenant. Perhaps it is not so but refers to the uncircumcised slave? When it says: "And the son of thy handmaid and the stranger may be refreshed" (Ex. 23.12) behold, the uncircumcised slave is there spoken of. Hence whom does Scripture mean when it says here: "Nor thy man-servant nor thy maid-servant"? Those who are children of the Covenant.

Nor Thy Stranger. Meaning the righteous proselyte. Perhaps it is not so but means the resident alien?[9] When it says: "And the stranger" (Ex. 23.12), behold, it speaks there of the resident alien. Hence what does it mean by saying here: "Thy stranger?" The righteous proselyte.

For in Six Days the Lord Made Heaven and Earth, the Sea, and All that In Them Is. This tells that the sea[10] is equal to all the other works of creation.

And Rested on the Seventh Day. And is He subject to such a thing as weariness? Has it not been said: "The Creator of the ends of the earth fainteth not, neither is weary" (Isa. 40.28)? And it says: "He giveth power to the faint" (ibid. v. 29). And it also says: "By the word of the Lord were the heavens made," etc. (Ps. 33.6). How then can Scripture say: "And rested on the seventh day?" It is simply this: God allowed it

---

[9] See above, *Pisḥa*, XV, note 4.

[10] See Introduction.

עבדך ואמתך אלו בני ברית אתה אומר אלו בני ברית או אינו אלא עבד ערל כשהוא אומר וינפש בן אמתך והגר הרי עבד ערל אמור הא מה ת"ל עבדך ואמתך אלו בני ברית.

וגרך זה גר צדק או אינו אלא גר תושב כשהוא אומר והגר הרי גר תושב אמור הא מה ת"ל וגרך זה גר צדק.

כי ששת ימים עשה יי את השמים ואת הארץ את הים ואת כל אשר בם מגיד שהים שקול כנגד כל מעשה בראשית.

וינח ביום השביעי וכי יש לפניו יגיעה והלא כבר נאמר לא ייעף ולא ייגע ואומר נותן ליעף כח וגו' ואומר בדבר יי שמים נעשו וגו' ומה ת"ל וינח ביום השביעי אלא כביכול הכתיב על

93–96 לעיל פסחא ט"ו. 93–99 לקמן כספא ג'. 95 שמות כ"ג, י"ב. 104 ישעיה מ', כ"ח. 104–105 שם מ', כ"ט. 105 תהלים ל"ג, ו'.

---

98 והגר] ק. נ. הגר / תושב] א. ותושב. 100–101 עשה יי—אשר בם] הוספתי: מ. ד. וגו'. 102 שהים] א. ט. ט"כ. ה. שהיום ט. א"א. שהיה מ"ח. שהוא.

to be written about Him that He created His world in six days and rested, as it were, on the seventh. Now by the method of *kal vaḥomer* you must reason: If He, for whom there is no weariness, allowed it to be written that He created His world in six days and rested on the seventh, how much more should man, of whom it is written: "But man is born unto trouble" (Job 5.7), rest on the seventh day.

Wherefore the Lord Blessed the Sabbath Day and Hallowed It. He blessed it with the manna and hallowed it by the manna.—These are the words of R. Ishmael. R. Akiba says: He blessed it with the manna and hallowed it by prescribing a benediction for it. R. Isaac says: He blessed it with the manna and declared it holy by the verdict upon the wood-gatherer (Num. 15.35). R. Simon the son of Joḥai says: He blessed it with the manna and hallowed it by the lights. R. Simon the son of Judah of Kefar Akko says in the name of R. Simon: He blessed it with the manna and hallowed it by the shining countenance of man's face.[11] In this sense it is said: "Wherefore the Lord blessed the sabbath day and hallowed it.'

[11] See Commentaries and cf. Gen. Rab. 11.2.

עצמו שברא את עולמו בששה ימים ונח בשביעי והרי דברים קל וחומר ומה אם מי שאין לפניו יגיעה הכתיב על עצמו שברא עולמו לששה ימים ונח בשביעי על אחת כמה וכמה אדם שכתוב בו כי אדם לעמל יולד.

על כן ברך יי את יום השבת ויקדשהו ברכו במן וקדשו במן דברי רבי ישמעאל רבי עקיבא אומר ברכו במן וקדשו בברכה רבי יצחק אומר ברכו במן וקדשו במקושש רבי שמעון בן יוחאי אומר ברכו במן וקדשו במאורות רבי שמעון בן יהודה איש כפר עכו אומר משום רבי שמעון ברכו במן וקדשו במאור פניו של אדם לכך נאמר על כן ברך יי את יום השבת ויקדשהו.

109–119 ש. 109. 111 איוב ה׳, ז׳. 112–119 ב״ר י״א, ב׳.

---

108 ומה אם] א. ד. <. 113 ישמעאל] א. יהושע. 115 במקושש] א״צ. במלאכה ה. בקדושתו. 118 פניו] ה. עיניו / אדם] מ. ד. ~ הראשון / לכך נאמר] הוספתי=א״צ: ג. שנאמר ועיין מ״ע.

Chapter VIII
(Ex. 20.12–14)

Honour Thy Father and Thy Mother. I might understand it to mean only with words but Scripture says: "Honour the Lord with thy substance," etc. (Prov. 3.9). Hence it must mean, with food and drink and with clean garments.

Another Interpretation: *Honour Thy Father.* Why is this said? Since it says: "For whatsoever man there be that curseth his father or his mother," etc. (Lev. 20.9), I know it only in regard to a man, but how about a woman, a *tumtum* or an hermaphrodite? It says here: "Honour thy father," etc.—in any case. And just as in regard to the honor due to parents no distinction is made between man and woman, so also in regard to the fear of parents no distinction is to be made between man and woman.—These are the words of R. Ishmael. R. Judah b. Bathyra says: It is said: "Ye shall fear every man his mother and his father, and ye shall keep My sabbaths" (Lev. 19.3). Just as in regard to the Sabbath there is no distinction made between a man and a woman or a *tumtum* and a hermaphrodite so also in regard to the commandment to fear one's parents, no distinction is to be made between man and woman or a *tumtum* and a hermaphrodite. Rabbi says: The honoring of one's father and mother is very dear in the sight of Him by whose word the world came into being.

פרשה ח (שמות כ׳, י״ב,–י״ד.)

כבד את אביך ואת אמך שומע אני בדברים ת״ל כבד את יי מהונך וגו׳ במאכל ובמשתה ובכסות נקייה. דבר אחר כבד את אביך למה נאמר לפי שהוא אומר כי איש איש אשר יקלל את אביו ואת אמו אין לי אלא איש אשה וטומטום ואנדרוגינוס מנין ת״ל כבד את אביך וגו׳ מכל מקום מה כבוד לא חלק בו בין איש לאשה אף מורא לא תחלוק בו בין איש לאשה דברי רבי ישמעאל רבי יהודה בן בתירה אומר נאמר איש אמו ואביו תיראו ואת שבתותי תשמורו מה שבת לא חלק בו בין איש לאשה טומטום ואנדרוגינוס אף מורא לא תחלוק בו בין איש לאשה טומטום ואנדרוגינוס. רבי אומר חביב כבוד אב ואם לפני מי שאמר

1–3 לעיל פסחא ט׳. שבת קי״ט, א׳. קידושין ל״א, ב׳–ל״ב, א׳. ש. 110. 1–25 ת״כ ריש קדושים (86c–87a). י׳ פאה א׳ (15cd). 2 משלי ג׳, ט׳. 3–12 לקמן נזיקין ה׳. 4–5 ויקרא כ׳, ט׳. 9–10 ויקרא י״ט, ג׳. 13–21 ש. שם. 13–36 קידושין ל׳, ב׳–ל״א, א׳.

---

4 למה נאמר] ד. <. 4–5 כי איש איש אשר יקלל את אביו ואת אמו] ק. נ. איש איש כי יקלל אביו ואמו מ. ל. איש איש כי יקלל את אביו ואת אמו. 7 בו] ד. <. 8 תחלוק בו] ד. חלקו.

For He declared honoring them to be equal to honoring Him, fearing them equal to fearing Him, and cursing them equal to cursing Him. It is written: "Honour thy father and thy mother," and correspondingly it is written: "Honour the Lord with thy substance" (Prov. 3.9). Scripture thus puts the honoring of one's parents on an equality with honoring God. It is written: "Ye shall fear every man his mother and his father" (Lev. 19.3), and correspondingly it is written: "Thou shalt fear the Lord thy God" (Deut. 6.13). Scripture thus puts the fear of one's father and mother on an equality with the fear of God. It is written: "And he that curseth his father or his mother shall surely be put to death" (Ex. 21.17), and correspondingly it is written: "Whosoever curseth his God," etc. (Lev. 24.15). Scripture thus puts the cursing of one's father and mother on an equality with the cursing of God. Come and see the rewards for obeying these two commandments. It is said: "Honour the Lord with thy substance . . . so shall thy barns be filled with plenty," etc. (Prov. 3.9–10). And it says: "Honour thy father and thy mother that thy days may be long." "Thou shalt fear the Lord thy God" (Deut. 6.13). And it promises in reward: "But unto you that fear My name shall the sun of righteousness arise with healing in its wings" (Mal. 3.20). It also says: "Ye shall fear every man his mother and his father, and ye shall keep My sabbaths" (Lev.

והיה העולם ששקל כבודן ככבודו ומוראן כמוראו וקללתן כקללתו כתיב כבד את אביך ואת אמך וכנגדו כתיב כבד את יי מהונך הקיש כבוד אב ואם לכבוד המקום כתיב איש אמו ואביו תיראו וכנגדו כתיב את יי אלהיך תירא הקיש מורא אב ואם למורא המקום כתיב ומקלל אביו ואמו וגו' וכנגדו כתיב איש איש כי יקלל אלהיו וגו' הקיש קללת אב ואם לקללת המקום בוא וראה מתן שכרן נאמר כבד את יי מהונך וגו' וימלאו אסמך שבע וגו' ואומר כבד את אביך ואת אמך למען יאריכון ימיך את יי אלהיך תירא ואומר וזרחה לכם יראי שמי שמש צדקה ומרפא בכנפיה ואומר איש אמו ואביו תיראו ואת שבתותי תשמורו מה

---

16 משלי שם. 17 ויקרא שם. 18 דברים י', כ'. 19 שמות כ"א, י"ז. 20 ויקרא כ"ד, ט"ו. 22 משלי שם. 22–23 שם ג', י'. 23–24 דברים שם. 24–25 מלאכי ג', כ'. 26 ויקרא י"ט, ג'.

---

14 כבודן ככבודו ומוראן כמוראו] הגהתי עפ"י מ"ח. ה. ול"ט: א. מ. כבודן ומוראן כמוראו ד. כבודן ומוראן לכבודו ג. כבודן ומוראן ככבודו וכמוראו. 15 וקללתן כקללתו] א. וקלקלתן כקילקלתו. 18–19 מורא אב ואם] ד. מוראת אב. 22 נאמר] א. שנאמר מ. < / מהונך וגו'] ד. מהונך וכנגדו כתיב. 23 אמך] ד. ~ וכנגדו. 24 ואומר] ד. <. 25 ומרפא בכנפיה] הוספתי: א. מ. וגו' / ואומר] א. ד. <.

19.3). Now what is promised as a reward for keeping the Sabbath? "If thou turn away thy foot because of the sabbath . . . then shalt thou delight thyself in the Lord," etc. (Isa. 58.13–14).

Rabbi says: It is revealed and known before Him by whose word the world came into being that a man honors his mother more than his father because she sways him with persuasive words. Therefore in the commandment to honor He mentions the father before the mother. And it is revealed and known before Him by whose word the world came into being that a man is more afraid of his father than of his mother because he teaches him the Torah. Therefore in the commandment to fear He mentions the mother before the father. Where something is imperfect Scripture seeks to make it complete. Perhaps, however, it means that the one preceding in this text should actually have precedence over the other, but there is a teaching against this in the passage: "Ye shall fear every man his mother and his father" (Lev. 19.3), where the mother precedes. Scripture thus declares that both are equal, the one as important as the other.

Honour Thy Father and Thy Mother that Thy Days May Be Long. If you honor them the result will be that your days will be long, and if not, the result will be that your days will be short. For the words of the Torah are *notarikon* .

---

[1] See Jastrow, *Dictionary*, p. 886; and cf. Bacher, *Terminologie*, I, p. 126 and *JE*, IX, 340.

אמור בשבת אם תשיב משבת רגליך וגו' אז תתענג על יי וגו'. רבי אומר גלוי וידוע לפני מי שאמר והיה העולם שאדם מכבד את אמו יותר מאביו מפני שהיא משדלתו בדברים לפיכך הקדים את האב לאם בכיבוד וגלוי וידוע לפני מי שאמר והיה העולם שאדם מתיירא מאביו יותר מאמו מפני שהוא מלמדו תורה לפיכך הקדים את האם לאב במורא מקום שחסר השלים או כל הקודם במקרא קודם במעשה ת"ל איש אמו ואביו תיראו מגיד ששניהם שקולין זה כזה.

כבד את אביך ואת אמך למען יאריכון ימיך אם כבדתן למען יאריכון ימיך ואם לאו למען יקצרון ימיך שדברי תורה נוטריקון

---

27 ישעיה נ"ח, י"ג. 27–28 שם נ"ח, י"ד. 34–36 לעיל פסחא א'. ת"כ שם. 37–60 מ"ת 28. 39–41 ספרי דברים מ"ו.

---

27 משבת] מ. בשבת / וגו' אז] א. וגו' וכתיב בתריה אז. 28 רבי] ד. רבי אליעזר / וידוע] א. ~ היה מ. היה. 30 משדלתו] מ. ה. משתדלתו. 31 וידוע] א. מ. היה. 33 את האם לאב] ד. אב לאם. 38 כבדתן] למען Pugio fidei צד 396 כבדתן. 39 למען] א. Pugio fidei שם < / שדברי תורה נוטריקון] Pugio fidei שם ג. <. 39–40 נוטריקון שכן דברי תורה נדרשין] מ"ח. <.

The words of the Torah are to be interpreted so as to derive from the positive what applies to the negative and from the negative what applies to the positive.

Upon the Land which the Lord Thy God Giveth Thee. In connection with this passage the sages said: Every commandment the reward for which is mentioned along with it the courts here below are not under obligation to enforce.

Thou Shalt Not Murder. Why is this said? Because it says: "Whoso sheddeth man's blood," etc. (Gen. 9.6). We have thus heard the penalty for it but we have not heard the warning against it; therefore it says here: "Thou shalt not murder."

Thou Shalt Not Commit Adultery. Why is this said? Because it says: "Both the adulterer and the adulteress shall surely be put to death" (Lev. 20.10). We have thus heard the penalty for it but we have not heard the warning against it; therefore it says here: "Thou shalt not commit adultery."

Thou Shalt Not Steal. Why is this said? Because it says: "And he that stealeth a man and selleth him" (Ex. 21.16). We have thus heard the penalty for it but we have not heard the warning against it; therefore it says here: "Thou shalt not steal." Behold then this is a warning against stealing persons. You interpret this to be a warning against stealing persons. Perhaps it is not so but it is a warning against stealing money? When it says: "Ye shall not steal" (Lev. 19.11) behold there you have the warning against steal-

שכן דברי תורה נדרשין מכלל הן לאו ומכלל לאו הן.

על האדמה אשר יי אלהיך נותן לך מכאן אמרו כל מצוה שמתן שכרה בצדה אין בית דין שלמטה מוזהרין עליה.

לא תרצח למה נאמר לפי שהוא אומר שופך דם האדם וגו׳ עונש שמענו אזהרה לא שמענו ת״ל לא תרצח.

לא תנאף למה נאמר לפי שהוא אומר מות יומת הנואף והנואפת עונש שמענו אזהרה לא שמענו ת״ל לא תנאף.

לא תגנוב למה נאמר לפי שהוא אומר וגונב איש ומכרו עונש שמענו אזהרה לא שמענו ת״ל לא תגנוב והרי זה אזהרה לגונב נפש אתה אומר הרי זה אזהרה לגונב נפש או אינו אלא אזהרה לגונב ממון כשהוא אומר לא תגנובו הרי אזהרה לגונב

43–44 חולין ק״י, ב׳. 45–46 בראשית ט׳, ו׳. 48–49 ויקרא כ׳, י׳. 51–52 שמות כ״א, ט״ז. / ש. 112. 51–65 לקמן נזיקין ה׳. סנהדרין פ״ו, א׳. מ״ת 157. 55 ויקרא י״ט, י״א.

---

52 לא שמענו] ד. מנין. 53 והרי] א. מ. הרי. 53–54 אתה אומר הרי זה אזהרה לגונב] ד. אתה אומר לגונב. 54 אלא אזהרה] ד. אלא. 55 הרי אזהרה] א. הרי זה.

ing money. Hence what does the passage: "Thou shalt not steal" speak of? Of one who steals persons. But perhaps the passage here is a prohibition against stealing money and the passage there (Lev. 19.11) is a prohibition against stealing a person? You must reason: Go and learn it by one of the thirteen rules according to which the Torah is interpreted. What does scripture deal with here?[2] etc. And further you reason: There are three laws mentioned in this section. Two of them are explicit and one not explicit. Let us learn about the non-explicit from the explicit ones. Just as the explicit ones are laws for the violation of which one incurs the peanlty of death at the hands of the court, so also the non-explicit one must be a law for the violation of which one incurs the penalty of death at the hands of the court. Hence it is impossible for you to argue as in the latter version but you must argue as in the former version: This one is a prohibition against stealing a person, and that one (Lev. 19.11) is a prohibition against stealing money.

Thou Shalt Not Bear False Witness against Thy Neighbour. Why is this said? Because it says: "Then shall ye do unto him as he purposed to do unto his brother" (Deut. 19.19). We have thus heard the penalty for it but we have not heard the warning against it; therefore it says here: "Thou shalt not bear false witness," etc.

---

[2] The rest of the midrashic comment is to be found in Sanh. 86a. Here it is omitted and referred to by the expression 'וגו, "etc." The rule cited is the seventh in the

ממון הא מה ת"ל לא תגנוב בגונב נפשות הכתוב מדבר או הרי זה אזהרה לגונב ממון והלה אזהרה לגונב נפש אמרת צא ולמד משלש עשרה מדות שהתורה נדרשת בהן במה הכתוב מדבר וגו' ועוד אמרת שלש מצות נאמרו בענין זה שתים מפורשות ואחת סתומה נלמד סתומה ממפורשות מה מפורשות מצוות שחייבין עליהן מיתות בית דין אף סתומה מצוה שחייבין עליה מיתת בית דין הא אין עליך לומר כלשון אחרון אלא כלשון ראשון הרי זה אזהרה לגונב נפש והלה אזהרה לגונב ממון.

לא תענה ברעך וגו' למה נאמר לפי שהוא אומר ועשיתם לו כאשר זמם לעשות לאחיו עונש שמענו אזהרה לא שמענו ת"ל לא תענה ברעך וגו'.

66–124 ש. 112–113. 66–68 ספרי דברים ק"צ. מכות ד', ב'. מ"ת 24. 67 דברים י"ט, י"ט.

57 והלה]–מ"ח. ש"י. א"צ: מ. נ. ל. ולא ק. ה. והלא. 59 שהתורה נדרשת בהן במה הכתוב מדבר וגו'] מ. ד. < א"צ. דבר הלמד מענינו ג. במה הכתוב מדבר דבר הלמד מענינו. 59–60 ועוד אמרת] מ"ח. א"צ. ש"י. < ט. ועוד אמר רבי. 60 מצות] מ"ח. ~ עשה / זה] א. ט. ה. <. 65 והלה] מ. נ. ל. והלא.

hermeneutic system of Hillel and the twelfth in that of R. Ishmael (cf. *JE*, X, 511–12).

How were the Ten Commandments arranged? Five on the one tablet and five on the other. On the one tablet was written: "I am the Lord thy God." And opposite it on the other tablet was written: "Thou shalt not murder." This tells that if one sheds blood it is accounted to him as though he diminished the divine image. To give a parable: A king of flesh and blood entered a province and the people set up portraits of him, made images of him, and struck coins in his honor. Later on they upset his portraits, broke his images, and defaced his coins, thus diminishing the likenesses of the king. So also if one sheds blood it is accounted to him as though he had diminished the divine image. For it is said: "Whoso sheddeth man's blood . . . for in the image of God made He man" (Gen. 9.6). On the one tablet was written: "Thou shalt have no other god." And opposite it on the other tablet was written: "Thou shalt not commit adultery." This tells that if one worships idols it is accounted to him as though he committed

כיצד נתנו עשרת הדברות חמשה על לוח זה וחמשה על לוח זה כתיב אנכי יי אלהיך וכנגדו כתיב לא תרצח מגיד הכתוב שכל מי שהוא שופך דמים מעלין עליו כאלו ממעט בדמות משל למלך בשר ודם שנכנס למדינה והעמידו לו איקונות ועשו לו צלמים וטבעו לו מטבעות לאחר זמן כיפו איקונותיו ושברו צלמיו ופסלו מטבעותיו ומיעטו בדמותו של מלך כך כל מי שהוא שופך דמים מעלין עליו כאלו ממעט בדמות שנאמר שופך דם האדם וגו' כי בצלם אלהים עשה את האדם. כתיב לא יהיה לך וגו' וכנגדו כתיב לא תנאף מגיד הכתוב שכל מי שהוא עובד עבודה זרה מעלין עליו כאלו מנאף

69–102 י' שקלים ו', א' (49d). שהש"ר ה', י"ד. 76–77 סנהדרין נ"ח, ב'. 77–78 בראשית ט', ו'.

70 כתיב] א. מ. מגיד הכתוב. 72 מעלין עליו] ד. מעלה עליו הכתוב / בדמות] ד. ~ המלך. 73 והעמידו] הגהתי=כ. (הושע ג', א'): א. מ. ד. והעמיד / איקונות] א. כ. מ"ח. איקוניות / ועשו] ד. ועשה. 74 וטבעו] ל. וטבע / כיפו] ט"כ. כיסו ד. ~ לו. 75 ושברו] ד. ~ לו / צלמיו] א. מ. ט. צלמותיו / ופסלו] ד. ובטלו לו. 76 מעלין עליו] ד. מעלה עליו הכתוב. 77 בדמות] ד. ~ המלך. 77–78 וגו'–האדם] ד. <. 80 מעלין עליו] ד. מעלה עליו הכתוב.

adultery, breaking his covenant with God. For it is said: "Thou wife that committest adultery, that takest strangers instead of thy husband" (Ezek. 16.32). And it is also written: "And the Lord said unto me: 'Go yet, love a woman beloved of her friend and an adulteress,' " etc. (Hos. 3.1). On the one tablet was written: "Thou shalt not take." And opposite it on the other tablet was written: "Thou shalt not steal." This tells that he who steals will in the end also swear falsely. For it is said: "Will ye steal, murder and commit adultery and swear falsely" (Jer. 7.9). And it is also written: "Swearing and lying, and killing, and stealing, and committing adultery" (Hos. 4.2). On the one tablet was written: "Remember the sabbath day to keep it holy." And opposite it on the other tablet was written: "Thou shalt not bear false witness." This tells that if one profanes the Sabbath it is as though he testified in the presence of Him by whose word the world came into being that He did not create the world in six days and did not rest on the seventh day. But he who keeps the Sabbath does testify in the presence of Him by whose word the world came into being that He did create the world in six days and did rest on the seventh, as it is said: "Ye are my witnesses, saith the Lord" (Isa. 43.10). On the one tablet was written: "Honour thy father," etc. And opposite it on the other tablet was written: "Thou shalt not covet thy

מאחר המקום שנאמר האשה המנאפת תחת אישה תקח את זרים וכתיב ויאמר יי אלי עוד לך אהב אשה אהובת רע ומנאפת וגו׳. כתיב לא תשא וכנגדו כתיב לא תגנוב מגיד הכתוב שכל מי שהוא גונב סופו לבוא לידי שבועת שוא שנאמר הגנוב רצוח ונאוף והשבע לשקר וגו׳ וכתיב אלה וכחש ורצח וגנוב ונאוף. כתיב זכור את יום השבת לקדשו וכנגדו כתיב לא תענה מגיד הכתוב שכל מי שהוא מחלל את השבת כאלו מעיד לפני מי שאמר והיה העולם שלא ברא עולמו לששה ימים ולא נח בשביעי וכל מי שהוא משמר את השבת מעיד לפני מי שאמר והיה העולם שברא עולמו לששה ימים ונח בשביעי שנאמר ואתם עדי נאם יי וגו׳. כתיב כבד את אביך וגו׳ וכנגדו כתיב לא תחמוד

81–82 יחזקאל ט״ז, ל״ב. 82–83 הושע ג׳, א׳. 85–86 ירמיה ז׳, ט׳. 86–87 הושע ד׳, ב׳. 93 ישעיה מ״ג, י״ב.

81 מאחר] ד. אחר. 81–82 תחת אשה תקח את זרים] הוספתי: א. מ. וגו׳ ק. תקח את זרים נ. ל. תחת אשה תקח זרים. 82 אלי] ד. ט. אליו. 85 הגנוב] נ. ל. גנוב. 86–87 ורצח וגנב ונאף] מ. וגו׳ א. ד. רצוח וגנוב ונאוף. 89 כאלו] מ. ד. <. 90 שלא ברא] מ. שברא.

neighbour's wife." This tells that he who covets will in the end beget a son who may curse his real father while giving filial honor to one who is not his father. It was for this that the Ten Commandments were arranged five on one tablet and five on the other.—These are the words of R. Ḥananiah, the son of Gamaliel. But the other sages say: All the ten were written on each of the two tablets. For it is said: "These words . . . and He wrote them upon two tablets of stone," etc. (Deut. 5.19). And it also says: 'Thy two breasts are like two fawns that are twins of a gazelle" (Cant. 4.5). And it also says: "His hands are as rods of gold set with beryl" (ibid., 5.14).

Thou Shalt Not Covet. Rabbi says: One passage says: "Thou shalt not covet"[3] and one passage says: "Thou shalt not desire" (Deut. 5.18). How are both these passages to be maintained? Behold the latter one is a prohibition against seeking opportunity to benefit by encouraging the adulterer.[4]

Thou Shalt Not Covet Thy Neighbour's House. This is a general statement. *Nor His Man-Servant, nor His Maid-Servant, nor His Ox, nor His Ass*, are specific. Now a general statement followed by a specific statement cannot include

[3] "To covet" was understood by the Rabbis to mean, actually to seek to obtain (see comment at the end of this chapter), while "to desire" was understood by them to mean, merely to wish for without actually seeking to acquire.

[4] See Commentaries.

מגיד הכתוב שכל מי שהוא חומד סוף שהוא מוליד בן שהוא מקלל לאביו ומכבד למי שאינו אביו לכך נתנו עשרת הדברות חמשה על לוח זה וחמשה על לוח זה דברי רבי חנניה בן גמליאל וחכמים אומרים עשרה על לוח זה ועשרה על לוח זה שנאמר את הדברים האלה וגו' ויכתבם על שני לוחות אבנים וגו' ואומר שני שדיך כשני עפרים תאומי צביה ואומר ידיו גלילי זהב ממולאים בתרשיש.

לא תחמוד רבי אומר כתוב אחד אומר לא תחמוד וכתוב אחד אומר לא תתאוה כיצד יתקיימו שני כתובים הללו הרי זה אזהרה לעוקף מאחר המנאף.

לא תחמוד בית רעך כלל עבדו ואמתו שורו וחמורו פרט כלל ופרט אין בכלל אלא מה

99–100 דברים ה', י"ט. 101 שה"ש ד', ה'. 102 שם ה', י"ד.
104 דברים ה', י"ח. 105–106 שבועות מ"ז, ב'.

---

96 לאביו] ד. את אביו ואת אמו. 98 חנניה] ד. חנינא. 103–106 עיין ש"י. ומ"ע. 105 מאחר] ד. אחר. 107–108 עבדו ואמתו שורו] ד. ועבדו ואמתו ושורו.

more than the specific statement. When it says however: *Nor Anything that is Thy Neighbour's*, it again makes a general statement. But perhaps the second general statement is to be considered identical with the first general statement? You must say: It is not so. For when it makes the second general statement, we have a general statement followed by a specific statement and by another general statement, all of which must be interpreted as including only things similar to those mentioned in the specific statement.[5] Now in this case, the specific statement specifies things that one can buy and sell. Hence all things which one can buy and sell are to be included in the general statement. Perhaps however: Just as the specific statement specifies movable property not possessing the quality of serving as permanent surety, so also I can include in the general statement only movable property not possessing the quality of serving as permanent surety? But in Deuteronomy (5.21) it mentions in the specific statement: "His field."—Just as the specific statement specifies things which one can buy and sell, so also all things which one can buy and sell are included in the general statement. And just as the specific statement specifies things that can come into your possession only with the consent of the owner, so also in the general statement I can include only such things as can come into your possession only with the consent of the owner. Thus the case of your wishing his

---

[5] See "Talmud Hermeneutics," *JE*, XII, 33.

שבפרט וכשהוא אומר וכל אשר לרעך חזר וכלל אי כלל כלל הראשון אמרת לאו אלא חזר וכלל כלל ופרט וכלל אין אתה דן אלא כעין הפרט מה הפרט מפורש בדבר שהוא קונה ומקנה אף כל דבר שהוא קונה ומקנה אי מה הפרט מפורש בנכסים המטלטלין שאין להם אחריות אף אין לי אלא נכסים המטלטלין שאין להם אחריות וכשהוא אומר במשנה תורה שדהו מה הפרט מפורש בדבר שהוא קונה ומקנה אף כל דבר שהוא קונה ומקנה ומה הפרט מפורש בדבר שאי איפשר לבא ברשותך אלא לרצון הבעלים אף אין לי אלא דבר שאי איפשר לו לבא ברשותך אלא לרצון הבעלים

---

110 אי] ש"י. או / כלל כלל] א. ג. כלל ככלל / אמרת לאו]=ג. ש"י. ה: א. ק. הרי אמרת לאו נ. ל. הרי אמרת / חזר וכלל] ד. ~ כלל ופרט אין בכלל אלא מה שבפרט. 111 ופרט וכלל] מ. ופרט. 112–113 אף כל דבר] ד. אף כלל מפורש בדבר 115–116 וכשהוא אומר במשנה תורה] א. מ. וכשהוא אומר על כורחך כתוב במשנה תורה ה. וכשהוא אומר על כורחך אתה מת במשנה תורה. 116 שדהו] מ"ח. ~ על כרחך. 117 אף כל דבר]–ט. ג. א"צ: א. מ. ד. אף אין לי אלא בדבר שהוא. 118 ומה] הגהתי=א"צ. ז"י: א. ד. אי מ. או / ומה הפרט מפורש] ש"י. <. 120 שאי איפשר] א. שאיפשר.

daughter for your son, or his son for your daughter is excluded.[6] Perhaps even the mere expressing of one's desire for the neighbor's things in words is also meant? But it says: "Thou shalt not covet the silver or the gold that is on them so that thou take it unto thee" (Deut. 7.25). Just as there only the carrying out of one's desire into practice is forbidden, so also here it is forbidden only to carry out the desire into practice.

Chapter IX
(Ex. 20.15–19)

And All the People Saw the Thunderings. They saw what was visible and heard what was audible.—These are the words of R. Ishmael. R. Akiba says: They saw and heard that which was visible.[1] They saw the fiery word coming out from the mouth of the Almighty as it was struck upon the tablets, as it is said: "The voice of the Lord hewed out flames of fire" (Ps. 29.7).

And All the People Saw the Thunderings and the Lightnings, the thundering of thunders upon thunders and the lightning of lightnings upon

---

[6] The grown-up son or daughter can marry without the consent of the father.

[1] See Commentaries.

יצא שאתה חומד בתו לבנך או בנו לבתך או אפילו חומד בדבור ת"ל לא תחמוד כסף וזהב עליהם ולקחת לך מה להלן עד שיעשה מעשה אף כאן עד שיעשה מעשה.

פרשה ט (שמות כ׳, ט"ו,–י"ט.)

וכל העם רואים את הקולות רואין את הנראה ושומעין את הנשמע דברי רבי ישמעאל רבי עקיבא אומר רואין ושומעין את הנראה ראו דבר של אש יוצא מפי הגבורה ונחצב על הלוחות שנאמר קול יי חוצב להבות אש.

וכל העם רואים את הקולות ואת הלפידים קול קולי קולות ולפיד לפידי לפידים

---

122 דברים ז׳, כ"ה. מ"ת 24.
1–3 מדרש שמואל ט׳, ד׳ (74). פדר"א מ"א. 3–5 ספרי דברים שמ"ג. 5 תהלים כ"ט, ז׳. 6–7 לעיל ג׳.

---

121 יצא] א. יצאת מ. מצא. 122 בדבור] ק. בדבר מ. בדברים.
3 ראו] הגהתי=ט. א"א. נ: ל"ט רואין א. מ. ד. ואין. 4 של אש יוצא] נ. ל. שלא יצא. 6 וכל העם] כ. (תהלים כ"ט, כ"ז) דבר אחר וכל העם. 6–7 את הקולות ואת הלפידים] הוספתי: א. וגו׳. 7 קול] ד. < / ולפיד] ד. <.

lightnings. But how many thunderings were there and how many lightnings were there? It is simply this: They were heard by each man according to his capacity, as it is said: "The voice of the Lord was heard according to the strength" (Ps. 29.4). Rabbi says: This is to proclaim the excellence of the Israelites. For when they all stood before mount Sinai to receive the Torah they interpreted the divine word as soon as they heard it. For it is said: "He compassed it, he understood it,[2] and he kept it as the apple of his eye" (Deut. 32.10), meaning: As soon as the word came out they interpreted it. Another Interpretation: This is to proclaim the excellence of the Israelites, for when they all stood before mount Sinai to receive the Torah there were—so Scripture tells us—no blind ones among them. For it is said: "And all the people saw." It also tells that there were no dumb ones among them. For it is said: "And all the people answered together" (Ex. 19.8). And it also teaches that there were no deaf ones among them. For it is said: "All that the Lord hath spoken will we do and listen to" (ibid., 24.7). And it also teaches that there were no lame ones among them. For it is said: "And they stood at the nether part of the mount" (ibid., 19.17). And it also teaches that there were no fools among them. For it is said: "Thou hast been shown to

[2] This rendering is required by the *Mekilta* (cf. also *Shebut Yehudah*).

וכמה קולות היו וכמה לפידים היו אלא שהיו משמיעים את האדם לפי כחו שנאמר קול יי בכח. רבי אומר להודיע שבחן של ישראל שכשעמדו כולן לפני הר סיני לקבל את התורה היו שומעין את הדיבור והיו מפרשים אותו שנאמר יסובבנהו יבוננהו יצרנהו כאישון עינו שמכיון שהיה הדיבור יוצא היו מפרשין אותו דבר אחר להודיע שבחן של ישראל שכשעמדו כולן לפני הר סיני לקבל את התורה מגיד שלא היה בהם סומים שנאמר וכל העם רואים מגיד שלא היה בהם אילמים שנאמר ויענו כל העם יחדו ומלמד שלא היה בהם חרשין שנאמר כל אשר דבר יי נעשה ונשמע ומלמד שלא היה בהם חגרים שנאמר ויתיצבו בתחתית ההר ומלמד שלא היה בהם טיפשים שנאמר אתה הראת

8–9 שמו״ר ה׳, ט׳; כ״ט, א׳. 9 תהלים כ״ט, ד׳. 10–14 ספרי דברים ש״ג. 12–13 דברים ל״ב, י׳. 14–22 במ״ר ז׳, א׳. פס״ר ז׳ (כ״ח, א׳). 18 שמות י״ט, ח׳. 19 שם כ״ד, ז׳. 20 שם י״ט, י״ז. 21–22 דברים ד׳, ל״ה.

---

9 את האדם] כ. ~ אל כל אדם. 10 רבי אומר] ד. דבר אחר. 13 שמכיון שהיה הדיבור יוצא] ד. שכיון שהיו שומעין הדיבור. 14 דבר אחר] ט. < מ. מ״ח. ר׳ אומר ד. ר׳ אליעזר אומר / להודיע] ט. ולהודיע. 16 מגיד שלא] נ. ל. ט. לא. 17 רואים מגיד] א״צ. מ״ח. רואים ומנין. 18 ומלמד] א״צ. מ״ח. ומנין. 19 ומלמד] ד. ומנין. 21 ומלמד מ״ח. ומנין.

understand" (Deut. 4.35). R. Nathan says: Whence can you prove that God showed to our father Abraham Gehenna, the giving of the Law, and the division of the Red Sea? From the passage: "And it came to pass, that, when the sun went down, and there was thick darkness, behold a smoking furnace, and a flaming torch that passed between these pieces" (Gen. 15.17). "A smoking furnace" refers to Gehenna, as it is said: "And His furnace in Jerusalem"[3] (Isa. 31.9). "And a flaming torch," refers to the giving of the Law, as it is said: "And all the people saw the thunderings and the lightnings." "That passed between these pieces," refers to the division of the Red Sea, as it is said: "To Him who divided the Red Sea into parts" (Ps. 136.13). He also showed him the Temple with the order of the sacrifices. For it is said: "And He said unto him: 'Take Me a heifer of three years old,' " etc. (Gen. 15.9). He also showed him the four kingdoms that would in the future oppress his children. For it is said: "And it came to pass, that, when the sun was going down, a deep sleep fell upon Abram, and, lo, a dread, even a great darkness, was falling upon him" (Gen. 15.12). "A dread," refers to the Babylonian Empire. "Darkness," refers to the empire of Media. "Great," refers to the Greek Empire. "Was falling," refers to the fourth empire, wicked Rome. There are some who reverse the order by

[3] This passage was interpreted as referring to one of the three entrances to Gehenna (see 'Er. 19a).

לדעת רבי נתן אומר מנין אתה אומר שהראה המקום לאברהם אבינו גיהנם ומתן תורה וקריעת ים סוף שנאמר ויהי השמש באה ועלטה היה והנה תנור עשן ולפיד אש אשר עבר בין הגזרים האלה תנור עשן זה גיהנם שנאמר ותנור לו בירושלים ולפיד אש זה מתן תורה שנאמר וכל העם רואים את הקולות ואת הלפידים אשר עבר בין הגזרים האלה זה קריעת ים סוף שנאמר לגוזר ים סוף לגזרים הראהו בית המקדש וסדר קרבנות שנאמר ויאמר אליו קחה לי עגלה משולשת וגו׳ הראהו ארבע מלכיות שהן עתידין לשעבד את בניו שנאמר ויהי השמש לבוא ותרדמה נפלה על אברם והנה אימה חשכה גדולה נופלת עליו אימה זו מלכות בבל חשכה זו מלכות מדי גדולה זו מלכות יון נופלת זו מלכות רביעית רומי חייבתא. ויש מחליפין

22–36 שמו"ר נ"א, ז׳. 24–25 בראשית ט"ו, י"ז. 26 ישעיה ל"א, ט׳. 30–31 בראשית ט"ו, ט׳. 31–41 ב"ר מ"ד, י"ז. וי"ר י"ג, ה׳. 32–34 בראשית ט"ו, י"ב.

24–25 והנה תנור–הגזרים האלה] הוספתי: א. מ. וגו׳. 32 את בניו] מ. מ"ח. בבניו. 35–38 גדולה זו–נפלה בבל] א. <. 36 רומי חייבתא] מ. <.

saying: "Was falling," refers to the Babylonian Empire, as it is said: "Fallen, fallen is Babylon" (Isa. 21.9). "Great," refers to the empire of Media, as it is said: "King Ahasuerus made great" (Esth. 3.1). "Darkness," refers to the Greek Empire which caused the eyes of Israel to become dark from fasting.[4] "A dread," refers to the fourth kingdom, as it is said: "Dreadful and terrible and strong exceedingly" (Dan. 7.7).

And When the People Saw It They Trembled. "Trembling" everywhere means only reeling to and fro, as it is said: "The earth reeleth to and fro," etc. (Isa. 24.20).

And Stood Afar Off. Beyond twelve miles. This tells that the Israelites were startled and moved backward twelve miles and then again, returning, moved forward twelve miles—twenty-four miles at each commandment, thus covering two hundred and forty miles on that day—. Then God said to the ministering angels: Go down and assist your brothers, as it is said: "The angels of Zebaot lead,[5] they lead" (Ps. 68.13)—they lead them when going, they lead them when returning. And not only the ministering angels assisted Israel, but the Holy One, blessed

---

[4] See Introduction and cf. Commentaries.

[5] This rendering is required by the *Mekilta*, which interprets מלכי צבאות as if it read מלאכי צבאות.

בדבר נופלת זו מלכות בבל שנאמר נפלה נפלה בבל גדולה זו מלכות מדי שנאמר גדל המלך אחשורוש חשכה זו מלכות יון שהחשיכה את עיניהם של ישראל בתענית אימה זו מלכות רביעית שנאמר דחילא ואימתני ותקיפא יתירא.

וירא העם וינועו אין נוע בכל מקום אלא זיע שנאמר נוע תנוע הארץ וגו׳.

ויעמדו מרחוק חוץ לשנים עשר מיל מגיד שהיו ישראל נרתעים לאחוריהם שנים עשר מיל וחוזרין לפניהם שנים עשר מיל עשרים וארבעה מיל על כל דיבור ודיבור נמצאו מהלכים באותו היום מאתים וארבעים מיל באותה שעה אמר הקב״ה למלאכי השרת רדו וסייעו את אחיכם שנאמר מלכי צבאות ידודון ידודון בהליכה וידודון בחזרה ולא מלאכי השרת בלבד אלא

37–38 ישעיה כ״א, ט׳. 38–39 אסתר ג׳, א׳. 41 דניאל ז׳, ז׳. 42–48 ש. 113–114. 42–46 לעיל ב׳. ספרי דברים ש״ג. 43 ישעיה כ״ד, כ׳. 44–57 תוס׳ ערכין א׳, י׳. 48–51 שבת פ״ח, ב׳. 50 תהלים ס״ח, י״ג.

---

40 בתענית] מ״ח. < א״צ. בצרות. 42 בכל מקום] ד. <. 43 הארץ] במקרא כתוב ארץ. 46 עשרים] ד. הרי עשרים. 50 מלכי] מ. מלאכי.

be He, Himself also, as it is said: "His left hand is under my head and His right hand embraces me" (Cant. 2.6). R. Judah b. Il'ai says: As the Israelites were scorched by the heat of the fire from above, the Holy One, blessed be He, said to the clouds of glory: Drop the dew of life[6] upon My children, as it is said: "Lord, when Thou didst go forth out of Seir, when thou didst march out of the field of Edom, the earth trembled, the heavens also dropped" (Judg. 5.4), and it also says: "A bounteous rain didst Thou pour down, O God" (Ps. 68.10). When was all this honor done her? When she was the most beautiful among the nations and showed appreciation of the Torah, as it is said: "And she that tarrieth at home taketh as her share the spoil"[7] (ibid., v. 13). For the "spoil" is nothing else but the Torah, as when it is said: "I rejoice at Thy word as one that findeth great spoil" (Ps. 119.162).

And They Said unto Moses: 'Speak Thou with Us and We Will Hear.' This tells that they did not have the strength to receive more than the

---

[6] I. e., the life-giving dew, the dew which will also be used in the future to revive the dead at the time of the resurrection (Shab. 88b). This dew is stored up in one of the heavens, *Arabot* (see Ḥag. 12b).

[7] This rendering is required by the *Mekilta*. "She that tarrieth at home," is taken to refer to Israel. By a play on the word נות, deriving it from נאוה, the *Mekilta* finds Israel described in this verse as the most beautiful in the family of the nations. The other nations refused to accept the Torah but Israel did accept the Torah as her share.

אף הקב"ה שנאמר שמאלו תחת לראשי וימינו תחבקני רבי יהודה ברבי אלעאי אומר לפי שהיו ישראל משולהבין מחמת האש של מעלה אמר הקב"ה לענני הכבוד הזילו טל חיים על בני שנאמר יי בצאתך משעיר בצעדך משדה אדום ארץ רעשה גם שמים נטפו ואומר גשם נדבות תניף אלהים אימתי נעשה כל הכבוד הזה בשעה שהיתה נאה שבאומות ומכבדת את התורה שנאמר ונות בית תחלק שלל ואין שלל אלא תורה שנאמר שש אנכי על אמרתך כמוצא שלל רב.

ויאמרו אל משה דבר אתה עמנו ונשמעה מגיד שלא היה בהם כח לקבל יותר

52–53 שה"ש ב', ו'. 56–57 שופטים ה', ד'. 57 תהלים ס"ח, י'. 59 תהלים שם י"ג. 60–61 שם קי"ט, קס"ב. 62–64 לעיל ד'. שהש"ר א', ב'.

---

52 לראשי] א. לראשו מ. ראשי. 54 מחמת האש] ד. מחמה. 55–56 שנאמר–משעיר] ק. נ. שנאמר ארץ רעשה גם שמים נטפו מפני אלהים וגו' (תהלים ס"ח, ט'. במקרא שם כתוב אף שמים). 56–57 בצעדך–נטפו] הוספתי: א. מ. וגו'. 58 שבאומות] מ. > כ. (תהלים, ס"ח, י"ח) בין האומות. 59 ומכבדת] כ. (שם) וקבלה. 63–64 יותר מעשרת] ט. אלא עשרת ז"י. (בשם ט.) עשרת.

Ten Commandments, as it is said: "If we hear the voice of the Lord our God any more, then we shall die" (Deut. 5.22). But: "Go thou near and hear" (ibid., v. 24). From that time on the Israelites merited that prophets should be raised among them, as it is said: "I will raise thee up a prophet" (Deut. 18.18).—I was going to raise up a prophet from among them in the future but by their merits they brought it about sooner. For it is said: "And the Lord said unto me: 'They have well said that which they have spoken' " (ibid., v. 17). Happy the people whose words God has approved! Likewise it says: "The daughters of Zelophehad speak right" (Num. 27.7). "The tribe of the sons of Joseph speaketh right" (ibid., 36.5). Happy the people whose words God has approved! Likewise it says: "I have pardoned according to thy word" (ibid. 14.20).—It is as you say. The nations of the world are bound to talk thus.—Happy the man whose words God has approved! *Oh that They Had Such a Heart as This Alway, to Fear Me, and Keep All My Commandments, that It Might Be Well with Them, and with Their Children for Ever* (Deut. 5.26). If it were possible to do away with the Angel of Death I would. But the decree has

מעשרת הדברות שנאמר אם יוספים אנחנו לשמוע את יי אלהינו עוד ומתנו אלא קרב אתה ושמע וגו׳ מאותה שעה זכו ישראל להעמיד מהם נביאים שנאמר נביא אקים להם וגו׳ נביא עתיד אני להעמיד מהם אלא שקדמו הם בזכות שנאמר ויאמר יי אלי היטיבו אשר דברו אשרי בני אדם שהמקום הודה לדבריהם וכן הוא אומר כן בנות צלפחד דוברות כן מטה בני יוסף דוברים אשרי בני אדם שהמקום הודה לדבריהם וכן הוא אומר סלחתי כדבריך כדברך עתידין אומות העולם לומר אשרי אדם שהמקום הודה לדבריו. מי יתן והיה לבבם זה להם וגו׳ כל הימים וגו׳ אלו איפשר להעביר מלאך המות הייתי מעבירו אלא שכבר נגזרה גזירה

64–65 דברים ה׳, כ״ב. 65 שם ה׳, כ״ד. 66–74 מ״ת 111. 67 דברים י״ח, י״ח; ספרי דברים קע״ו. 67–74 ספרי במדבר קל״ד. 68–69 דברים י״ח, י״ז. 70 במדבר כ״ז, ז׳. 71 שם ל״ו, ה׳. 72 שם י״ד, כ׳. 74–75 דברים ה׳, כ״ו. 75–80 ע״ז ה׳, א׳.

64–65 לשמוע–ומתנו] א. מ. ט. וגו׳ לא אוסף לשמוע את קול יי וגו׳ (דברים י״ח, ט״ז). 66 להעמיד] מ״ח. שהעמיד א. ד. ~ המקום. 70–72 וכן הוא אומר–לדבריהם] מ. <. 73–74 כדברך–לדבריו] נ. ל. <. 73 כדברך] ק. מ״ח. < / עתידין] מ. ק. < / לומר] מ. ק. שואלים לומר. 75–76 אלו איפשר–הייתי מעבירו אלא] ק. אלו בני אדם שאי איפשר מלאך המות להיות מעבירו מ״ח. אלו איפשר להעביר מלאך המות שנאמר אני אמרתי אלקים אתם הייתי מעבירו אלא.

long ago been decreed. R. Jose says: It was upon this condition that the Israelites stood up before mount Sinai, on condition that the Angel of Death should have no power over them.[8] For it is said: "I said: Ye are godlike beings," etc. (Ps. 82.6). But you corrupted your conduct. "Surely ye shall die like men" (ibid., v. 7).

And Moses Said unto the People: 'Fear Not.' Behold! Moses is rallying them. This is to proclaim the wisdom of Moses, how he stood there pacifying all those thousands and myriads. Of him it is stated in the traditional sacred writing: "Wisdom is a stronghold to the wise man more than ten rulers," etc. (Eccl. 7.19).

For God Is Come to Prove You. God has come in order to make you great among the nations.

And that His Fear May Be Before You. "His fear," that is, bashfulness. It is a good sign in a man if he is bashful.

That Ye Sin Not. This tells that bashfulness leads one to the fear of sin, as it is said: "They shall be put to shame because they have committed abomination; yea, they are not at all ashamed" (Jer. 6.15).

---

[8] See Introduction.

רבי יוסי אומר על תנאי כך עמדו ישראל לפני הר סיני על תנאי שלא ישלוט בהם מלאך המות שנאמר אני אמרתי אלהים אתם וגו' חיבלתם מעשיכם אכן כאדם תמותון.

ויאמר משה אל העם אל תיראו הרי משה מזרזן להודיע חכמתו של משה היאך היה עומד ומפייס כל אותם האלפים וכל אותן הרבבות עליו מפורש בקבלה החכמה תעוז לחכם מעשרה שליטים.

כי לבעבור נסות אתכם בשביל לגדל אתכם בין האומות בא האלהים.

ובעבור תהיה יראתו על פניכם יראתו זו בושה סימן טוב באדם שהוא ביישן.

לבלתי תחטאו מגיד שהבושה מביאה לידי יראת חטא שנאמר הובישו כי תועבה עשו גם בוש לא יבושו.

79–80 תהלים פ״ב, ו׳–ז׳. 81–85 לעיל ויהי בשלח נ׳. 84–85 קהלת ז׳, י״ט. 88–92 נדרים כ׳, א׳. 91–92 ירמיה ו׳, ט״ו.

---

78 על תנאי שלא] נ. ל. על תנאי כך עמדו על הר סיני שלא מ״ח. ש״י. שלא. 79–80 חיבלתם מעשיכם] ד. <. 84 החכמה] א. ט. והחכמה. 87 בין האומות] ד. < מ. בין אומות העולם ט. ~ כנס הזה של ספינה. 89 בושה] ד. בשת פנים.

And the People Stood Afar Off. Those twelve miles.[9] This indicates that the camp of the Israelites extended over twelve miles. But how do we know that the camp of the Israelites extended over twelve miles? It says: "And they pitched by the Jordan, from Beth-jeshimoth even unto Abel-shittim" (Num. 33.49). And from Beth-jeshimoth to Abel-shittim is a distance of twelve miles.

But Moses Drew Near unto the Thick Darkness. What brought him this distinction? His meekness. For it is said: "Now the man Moses was very meek" (ibid., 12.3). Scripture tells that whosoever is meek will cause the Shekinah to dwell with man on earth, as it is said: "For thus saith the High and Lofty One that inhabiteth eternity, whose name is Holy: I dwell in the high and holy place, with him also that is of a contrite and humble spirit" (Isa. 57.15). And it also says: "The spirit of the Lord God is upon me; because the Lord hath anointed me to bring good tidings unto the humble" (ibid., 61.1). And it also says: "For all these things hath My hand made . . . but on this man will I look, even on

[9] This refers to the comment above on v. 15.

ויעמד העם מרחוק אלו שנים עשר מיל מגיד שהיה מחנה של ישראל שנים עשר מיל ומנין שהיה מחנה של ישראל שנים עשר מיל שנאמר ויחנו על הירדן מבית הישימות עד אבל השטים ומבית הישימות עד אבל השטים שנים עשר מיל.

ומשה נגש אל הערפל מי גרם לו ענותנותו שנאמר והאיש משה ענו מאד מגיד הכתוב שכל מי שהוא עניו סופו להשרות שכינה עם האדם בארץ שנאמר כי כה אמר רם ונשא שוכן עד וקדוש שמו מרום וקדוש אשכון ואת דכא ושפל רוח ואומר רוח יי אלהים עלי יען משח יי אותי לבשר ענוים ואומר ואת כל אלה ידי עשתה וגו' ואל זה אביט

---

96 במדבר ל"ג, מ"ט. 96–97 יומא ע"ה, ב'. 99 במדבר י"ב, ג'. 101–102 ישעיה נ"ז, ט"ו. 103 שם ס"א, א'. 104–105 שם ס"ו, ב'.

---

93 ויעמד] ק. נ. ויעמדו. 94 מגיד שהיה] מ"ח. ג. שהיה א"צ. כנגד. 94–95 ומנין–שנאמר] ט. וכן הוא אומר. 96 עד אבל השטים] א. וגו' ד. <. 97 ומבית הישימות–עד אבל השטים] הוספתי=א"א 98–99 ומשה–מגיד] א. <. 99 הכתוב] א. ~ מדבר. 100 מי] ד. < מ"ח. ומי / סופו] מ. עתיד / האדם] מ. בני אדם. 101 אמר] ד. ~ יי. 102 מרום–ושפל רוח] מ. ד. וגו' / ואת דכא] א. את מי את דכא. 103 אלהים] ק. נ. < / יי–ענוים] הוספתי: א. וגו'. 104 ואת] מ. את. 104–105 ואל זה–נכה רוח] הוספתי.

him that is poor and of a contrite spirit" (ibid., 66.2). And it also says: "The sacrifices of God are a broken spirit; a broken and contrite heart, O God, Thou wilt not despise" (Ps. 51.19). But whosoever is proud of heart causes the land to be defiled and the Shekinah to withdraw, as it is said: "Whoso is haughty of eye and proud of heart, him will I not suffer" (ibid., 101.5). Furthermore, one who is proud of heart is designated an abomination, as it is said: "Everyone that is proud in heart is an abomination of the Lord" (Prov. 16.5). Idols are also designated an abomination, as it is said: "And thou shalt not bring an abomination into thy house" (Deut. 7.26). Hence, just as idolatry defiles the land and causes the Shekinah to withdraw, so he who is proud of heart causes the earth to become defiled and the Shekinah to withdraw.

But Moses Drew Near unto the Thick Darkness. Past the three divisions: darkness, cloud and thick darkness. On the outside was darkness, inside of it cloud, and inside of the latter thick darkness. For it is said: "But Moses drew near unto the thick darkness," etc.

And the Lord Said unto Moses: Thus Thou Shalt Say unto the Children of Israel. In the language in which I speak to you you shall speak to My

אל עני ונכה רוח ואומר זבחי אלהים רוח נשברה לב נשבר ונדכה אלהים לא תבזה וכל מי שהוא גבה לב גורם לטמא את הארץ ולסלק את השכינה שנאמר גבה עינים ורחב לבב אותו לא אוכל וכל גבה לבב קרוי תועבה שנאמר תועבת יי כל גבה לב עבודה זרה קרויה תועבה שנאמר ולא תביא תועבה אל ביתך כשם שעבודה זרה מטמאה את הארץ ומסלקת את השכינה כך כל מי שהוא גבה לב גורם לטמא את הארץ ולסלק את השכינה.

ומשה נגש אל הערפל לפנים משלשה מחיצות חשך ענן וערפל חשך מבחוץ ענן מבפנים וערפל מלפני ולפנים שנאמר ומשה נגש אל הערפל וגו'.

ויאמר יי אל משה כה תאמר אל בני ישראל בלשון שאני אומר לך בו תדבר אל בניי

105–106 תהלים נ"א, י"ט. 106–113 סוטה ד', ב'–ה', א'. 108 תהלים ק"א, ה'. 109–110 משלי ט"ז, ה'. 110–111 דברים ז', כ"ו. 114–117 לעיל ב'. ש. 114. מ"ת 158. 118–124 לעיל ב'. 119–120 ש. שם.

---

108 לבב] ק. נ. לב. 110 עבודה זרה] ט. ט"כ. ועבודה זרה. 112–113 כך כל מי–ולסלק את השכינה] ד. <. 119 לך בו תדבר אל בניי] ד. כה תאמר אל בני ישראל.

children, in the holy tongue. Wherever the expression "thus" (*ko*) "so" (*kakah*) or "answer and say" (*'Aniyyah ve-amirah*) is used, it means in the holy tongue.

Ye Yourselves Have Seen. There is a difference between that which a man sees and that about which others tell him. For about that which others tell him he may have doubts in his mind. Here, however, "Ye yourselves have seen." R. Nathan says: *Ye Yourselves Have Seen.* Why is this said? Since it says: "All the kings of the earth shall give Thee thanks, O Lord, for they have heard the words of Thy mouth" (Ps. 138.4), one might think that just as they heard they also saw; therefore it says: "Ye have seen"—but the nations of the world have not seen.

That I Have Talked with You from Heaven. One passage says: "That I have talked with you from heaven," and another passage says: "And the Lord came down upon mount Sinai" (Ex. 19.20). How can both these passages be maintained? The matter is decided by the third passage: "Out of heaven He made thee to hear His voice, that He might instruct thee; and upon earth He made thee to see His great fire" (Deut. 4.36).—These are the words of R. Ishmael. R. Akiba says: Scripture teaches that the Holy One, blessed be He, lowered the upper heavens of

בלשון הקודש כל מקום שנאמר כה ככה ענייה ואמירה הרי זה בלשון הקודש.

אתם ראיתם יש הפרש בין מה שאדם רואה בין מה שאחרים משיחין לו שכשאחרים משיחין לו פעמים שלבו חלוק אבל כאן אתם ראיתם רבי נתן אומר אתם ראיתם למה נאמר לפי שהוא אומר יודוך יי כל מלכי ארץ כי שמעו אמרי פיך יכול כשם ששמעו כך ראו ת"ל אתם ראיתם אבל לא ראו אומות העולם.

כי מן השמים דברתי עמכם כתוב אחד אומר כי מן השמים וגו' וכתוב אחר אומר וירד יי על הר סיני וגו' כיצד יתקיימו שני מקראות הללו הכריע השלישי מן השמים השמיעך את קולו ליסרך ועל הארץ הראך את אשו הגדולה דברי רבי ישמעאל רבי עקיבא אומר מלמד שהרכין הקב"ה

125–127 ספרי דברים שמ"ג. 126 תהלים קל"ח, ד'. 129–137 לעיל ד'. ש. שם, ברייתא דר"י ת"כ (3a). 130–131 שמות י"ט, כ'. 132–133 דברים ד', ל"ו.

120–121 כל מקום–בלשון הקודש] א. <. 122 יש]=ג. כ. (תהלים קל"ח, ג'): א. ד. < / מה]=ג. כ. מ"ח. ל"ט: א. מ. ד. <. 132–133 ליסרך ועל הארץ הראך את אשו הגדולה] מ. ד. ליסרך א. וגו' ועפי"ז הוספתי.

heaven down to the top of the mountain and thus actually still spoke to them from the heavens. And thus it says: "He bowed the heavens also, and came down; and thick darkness was under His feet" (Ps. 18.10). Rabbi says: *And the Lord Came Down upon Mount Sinai*, etc. I might understand this literally, but you must reason: If the sun, one of the many servants of servants, remains in its place and yet is effective beyond its place, how much the more the glory of Him by whose word the world came into being.

Chapter X
(Ex. 20.20)

Ye Shall Not Make with Me. R. Ishmael says: Ye shall not make a likeness of My servants who serve before Me in heaven, not the likeness of angels, not the likeness of the cherubim, and not the likeness of the *ophannim*. R. Nathan says: *Ye Shall Not Make Me.* Lest you say: I am going to make some sort of a representation of God and thus worship Him, Scripture says: "Ye shall not make me."[1] And so it also says: "Take

[1] The word אתי is interpreted as if it read אוֹתִי, "Me."

שמי השמים העליונים על ראש ההר ודבר עמהן מן השמים וכן הוא אומר ויט שמים וירד וערפל תחת רגליו רבי אומר וירד יי על הר סיני וגו׳ שומע אני כשמועו אמרת ומה אם אחד משמשי שמשין הרי הוא במקומו ושלא במקומו קל וחומר לכבודו של מי שאמר והיה העולם.

פרשה י (שמות כ׳, כ׳.)

לא תעשון אתי רבי ישמעאל אומר לא תעשון דמות שמשיי המשמשין לפני במרום לא דמות מלאכים ולא דמות כרובים ולא דמות אופנים רבי נתן אומר לא תעשון אתי שלא תאמר הרי אני עושה כמין דמות ומשתחוה לו ת״ל לא תעשון אתי

136–137 תהלים י״ח, י׳.
1–3 לעיל ו׳. ע״ז מ״ג, א׳–ב׳. ש. 115. 4–5 ע״ז שם.

---

135 שמי] ד. <. 136 וכן הוא אומר] ד. שנאמר. 138 כשמועו] כתב תמים באוצר נחמד חוברת שלישית צד 61, התחתונים והיו העליונים ריקנים. 139 במקומו]–ג. כתב תמים שם. ל״ט: א. או במקומו ד. בא במקומו / ושלא במקומו] ל״ט. <.
5 עושה] מ״ח. ~ לו / לו] א. ט. לה. 5–7 לא תעשון–כל תמונה] ד. לא תעשו לכם ושמרתם מאד. 5 אתי] ט. ט״כ. ש״י. אותי.

ye therefore good heed unto yourselves—for ye saw no manner of form" (Deut. 4.15). R. Akiba says: *Ye Shall Not Do with Me.* Ye shall not behave towards Me in the manner in which others behave toward their deities. When good comes to them they honor their gods, as it is said: "Therefore they sacrifice unto their net," etc. (Hab. 1.16). But when evil comes to them they curse their gods, as it is said: "And it shall come to pass that when they shall be hungry they shall fret themselves and curse their king and their god" (Isa. 8.21). But ye, if I bring good upon you, give ye thanks, and when I bring suffering upon you, give ye thanks. And thus David says: "I will lift up the cup of salvation, and call upon the name of the Lord" (Ps. 116.13). "I found trouble and sorrow, but I called upon the name of the Lord" (ibid., vv. 3–4). And so also Job says: "The Lord gave and the Lord hath taken away, blessed be the name of the Lord" (Job 1.21)—for the measure of goodness and also for the measure of trouble. What does his

וכן הוא אומר ונשמרתם מאד לנפשותיכם כי לא ראיתם כל תמונה רבי עקיבא אומר לא תעשון אתי שלא תנהגו בי כדרך שאחרים נוהגין ביראותיהן כשהטובה באה עליהן הם מכבדין את אלהיהם שנאמר על כן יזבח לחרמו וגו׳ וכשהפורענות באה עליהן הם מקללין את אלהיהם שנאמר והיה כי ירעב והתקצף וקלל במלכו ובאלהיו אבל אתם אם הבאתי עליכם את הטובה תנו הודאה הבאתי עליכם את הייסורין תנו הודאה וכן דוד אומר כוס ישועות אשא ובשם יי אקרא צרה ויגון אמצא ובשם יי אקרא וכן איוב אומר יי נתן ויי לקח יהי שם יי מבורך על מדת הטוב ועל מדת הפורענות מה

6–7 דברים ד׳, ט״ו. 10 חבקוק א׳, ט״ז. 11–12 ישעיה ח׳, כ״א. 13–17 ברכות ס׳, ב׳; י׳ שם ט׳, ז׳ (14b). 13–86 ספרי דברים ל״ב. 14–15 תהלים קט״ז, י״ג. 15–16 שם קט״ז, ג׳–ד׳. 16–17 איוב א׳, כ״א.

---

8 שלא תנהגו בי] ד. < / נוהגין] מ. ד. מנהגין / ביראותיהן] ד. במדינות ט. באלהיהן ג. בו במדינות ראיתם. 9 כשהטובה] א. מ. שכשהטובה. 11–12 כי ירעב] א. מ. כאשר ירעב. 12 אתם] ד. <. 13–14 אם הבאתי–תנו הודאה] ד. אם אביא עליהם הטובה יתנו הודאה ואם אביא עליהם יסורין יתנו הודאה. 15–16 צרה ויגון–אקרא]–ט. מ״ח. ג: א. וגו׳ ד. <.

wife say to him? "Dost thou still hold fast thine integrity?" etc. (ibid., 2.9). And what does he say to her? "Thou speakest as one of the impious women speaketh" (ibid., v. 10). The people of the generation of the Flood acted unbecomingly when it was well with them. Yet when the punishment came upon them, they accepted it in spite of themselves. The people of Sodom acted unbecomingly when it was well with them. Yet when the punishment came upon them, they accepted it in spite of themselves. We who were decent when in prosperity, shall we not continue to be so even when we are in trouble? This is what he meant by saying to her: "Thou speakest as one of the impious women speaketh. What? shall we receive good at the hand of God, and shall we not receive evil?" (ibid.). Furthermore, a man should even rejoice when in adversity more than when in prosperity. For even if a man lives in prosperity all his life, it does not mean that his sins have been forgiven him. But what is it that does bring a man forgiveness? You must say, suffering. R. Eliezer the son of Jacob says: Behold it says: "My son, despise not the chastening of the Lord" (Prov. 3.11).—Why? "For whom the Lord loveth He correcteth," etc. (ibid., v. 12). You must reason: Go out and see what was it that made this son become a delight to his

אשתו אומרת לו עודך מחזיק בתומתך וגו' ומה הוא אומר לה כדבר אחת הנבלות תדברי אנשי דור המבול שהיו כעורין בטובה וכשבאה עליהם הפורענות קבלו עליהן על כרחן אנשי סדום שהיו כעורין בטובה וכשבאת עליהן הפורענות קבלו אותה על כרחן ואנו שהיינו נאים בטובה לא נהא נאים בפורענות זהו שאמר לה כדבר אחת הנבלות תדברי גם את הטוב נקבל מאת האלהים ואת הרע לא נקבל ועוד שיהא אדם שמח ביסורין יותר מן הטובה שאפילו אדם בטובה כל ימיו אינו נמחל לו מן העבירות שבידו ומי מוחל לו הוי אומר היסורין רבי אליעזר בן יעקב אומר הרי הוא אומר מוסר יי בני אל תמאס וגו' מפני מה כי את אשר יאהב יי יוכיח וגו' אמרת צא וראה מי גרם לבן

---

18 שם ב', ט'. 19 שם ב', י'. 19–25 ב"ר י"ט, י"ב. 30 משלי ג', י"א. 30–31 שם ג', י"ב.

18–19 ומה הוא אומר לה] ד. וכן הוא משיב. 19 אנשי] מ"ח. אמר אנשי ד. ואנשי. 20 כעורין] מ. כאורין נ. ל. כעוררין. 21–23 אנשי סדום–על כרחן] ד. <. 23–24 נהא נאים] ד. נהיה ט. נאה ט"כ. נהא. 24 זהו שאמר לה] ד. לפיכך אמר. 25–26 גם את הטוב–הרע לא נקבל] הוספתי: א. וגו'. 26 שיהא] ט. מ"ח. יהא. 27 שאפילו] מ"ח. שאם/ אדם] ד. ~ עומד. 28 מן] ד. <. 29 אליעזר] מ"ח. אלעזר / בן יעקב] ד. מ"ח. <.

father? You must say, suffering. R. Meir says: "And thou shalt consider in thy heart, that, as a man chasteneth his son," etc. (Deut. 8.5). You should consider in your mind the deeds you have done as well as the sufferings I caused to come upon you. For the sufferings I brought upon you are not at all commensurate with the deeds you have done. R. Jose the son of R. Judah says: Precious are chastisements, for the name of God rests upon him to whom chastisements come, as it is said: "The Lord thy God chasteneth thee"[2] (ibid.). R. Jonathan says: Precious are chastisements, for just as a covenant was established concerning the land so also a covenant is established by means of chastisements. For it is said: "The Lord thy God chasteneth thee" (ibid.). And it is also written: "For the Lord thy God bringeth thee into a good land" (ibid., v. 7). R. Simon b. Joḥai says: Precious are chastisements, for the three good gifts given to Israel which the nations of the world covet were all given only at the price of chastisements. And they are these: the Torah, the land of Israel, and the future world. How do we know it about the Torah? It is said: "To know wisdom and chastisement" (Prov. 1.2). And it says: "Happy is the man whom Thou chastenest, O Lord, and teachest out of Thy law" (Ps. 94.12). How do we know it about the land of Israel? It is said: "The Lord thy God

[2] This verse suggests that God is called the God of him who is being chastened.

זה לרצות את האב הוי אומר יסורין רבי מאיר אומר וידעת עם לבבך כי כאשר ייסר איש את בנו וגו' יהי לבך יודע מעשים שעשית ויסורין שהבאתי עליך שלא לפי מעשיך הבאתי עליך את היסורין רבי יוסי בן רבי יהודה אומר חביבין הן יסורין ששמו של מקום חל על מי שהיסורין באין עליו שנאמר יי אלהיך מיסרך רבי יונתן אומר חביבין הן יסורין שכשם שברית כרותה לארץ כך ברית כרותה ליסורין שנאמר יי אלהיך מיסרך וכתיב כי יי אלהיך מביאך אל ארץ טובה רבי שמעון בן יוחאי אומר חביבין הן יסורין ששלש מתנות טובות נתנו להן לישראל ואומות העולם מתאוין להן ולא נתנו להם אלא ביסורין ואלו הן תורה וארץ ישראל ועולם הבא תורה מנין שנאמר לדעת חכמה ומוסר וגו' ואומר אשרי הגבר אשר תיסרנו יה ומתורתך תלמדנו ארץ ישראל מנין שנאמר

33 דברים ח', ה'. 38 שם. 41 שם ח', ז'. 45–46 משלי א', ב'. 46–47 תהלים צ"ד, י"ב.

32 מאיר] ד. <. 33 כי כאשר ייסר איש את בנו] א. <. 34–38 יהי לבך–אלהיך מיסרך] ד. <. 34 שהבאתי] מ"ח. שהבאת. 37 חל על מי] מ. חלכו, אולי צ"ל חל בו. 38 יונתן] מ. ~ בן יוסף. 44 אלא] ק. <.

chasteneth thee" (Deut. 8.5). And following it it says: "For the Lord thy God bringeth thee into a land" (ibid., v. 7). How do we know it about the future world? It is said: "For the commandment is a lamp and the teaching is light and reproofs by chastisement are the way to life" (Prov. 6.23). You interpret it thus: Go out and see which is the way that brings man to the life of the future world? You must say: Chastisements. R. Nehemiah says: Precious are chastisements. For just as sacrifices are the means of atonement, so also are chastisements. What does it say about sacrifices? "And it shall be accepted for him to make atonement" (Lev. 1.4). And what does it say in connection with chastisements? "And they shall be paid[3] the punishment of their iniquity" (ibid., 26.43). And not only this, but chastisements atone even more than sacrifices. For sacrifices affect only one's money, while chastisements affect the body. And thus it says: "Skin for skin, yea, all that a man hath will he give for his life" (Job. 2.4).

Some time ago R. Eliezer was sick and the four elders, R. Tarphon, R. Joshua, R. Eleazar b. Azariah, and R. Akiba, went in to visit him. R. Tarphon then began saying: Master, you are more precious to Israel than the globe of the sun, for the globe of the sun gives light only for this world, while you have given us light both for this world and for the world to come. Then

[3] The root of the Hebrew word for "be accepted," ונרצה, is the same as that of the word for "shall be paid," ירצו.

יי אלהיך מיסרך ואומר כי יי אלהיך מביאך אל ארץ טובה העולם הבא מנין שנאמר כי נר מצוה ותורה אור ודרך חיים תוכחות מוסר אמרת צא וראה איזה דרך שהיא מביאה את האדם לחיי העולם הבא הוי אומר יסורין רבי נחמיה אומר חביבין יסורין שכשם שהקרבנות מרצין כך היסורין מרצין בקרבנות מהו אומר ונרצה לו לכפר עליו בייסורין מה הוא אומר והם ירצו את עונם ולא עוד אלא שהייסורין מרצין יותר מן הקרבנות מפני שהקרבנות בממון והייסורין בגוף וכן הוא אומר עור בעד עור וכל אשר לאיש יתן בעד נפשו. כבר היה רבי אליעזר חולה ונכנסו ארבעה זקנים לבקרו רבי טרפון ורבי יהושע ורבי אלעזר בן עזריה ורבי עקיבא נענה רבי טרפון ואמר רבי חביב אתה לישראל מגלגל חמה שגלגל חמה בעולם הזה מאיר ואתה הארת לנו בעולם הזה ובעולם הבא נענה

49–50 משלי ו׳, כ״ג. 54 ויקרא א׳, ד׳. 55 שם כ״ו, מ״ג. 58 איוב ב׳, ד׳. 58–86 סנהדרין ק״א, א׳–ב׳.

---

51 דרך] מ. ~ ארץ ט״כ. ~ טובה. 56 מפני] א. ~ מה. 61 טרפון] מ. יהושע / רבי] ד. <. 62–86 שגלגל חמה–ירושלים למלכותו] ד. <. 62–63 מאיר ואתה הארת לנו] מ. ורבי.

R. Joshua began saying: Master, you are more precious to Israel than the days of rain, for rain gives life only for this world while you have given us life for this world and for the world to come. Then R. Eleazar the son of Azariah began saying: Master, you are more precious to Israel than father and mother. For father and mother bring a man into the life of this world, while you have brought us to the life of the world to come. Then R. Akiba began saying: Precious are chastisements.—R. Eliezer then said to his disciples: Help me up. R. Eliezer then sat up and said to him: Speak, Akiba.—Akiba then said to him: Behold it says: "Manasseh was twelve years old when he began to reign; and he reigned fifty and five years in Jerusalem. And he did that which was evil in the sight of the Lord," etc. (II Chron. 33.1–2). And it also says: "These also are proverbs of Solomon, which the men of Hezekiah king of Judah copied out" (Prov. 25.1).

רבי יהושע ואמר רבי חביב אתה לישראל מיום הגשמים גשמים נותנין חיים בעולם הזה ואתה נתת לנו חיים בעולם הזה ובעולם הבא נענה רבי אלעזר בן עזריה ואמר רבי חביב אתה לישראל יותר מאב ואם שאב ואם מביאין את האדם לחיי העולם הזה אבל אתה הבאתנו לחיי העולם הבא נענה רבי עקיבא ואמר רבי חביבין יסורין אמר להן רבי אליעזר לתלמידיו סמכוני ישב לו רבי אליעזר אמר לו אמור עקיבא אמר לו הרי הוא אומר בן שתים עשרה שנה מנשה במלכו וחמשים וחמש שנה מלך בירושלים ויעש הרע בעיני יי וגו' ואומר גם אלה משלי שלמה אשר העתיקו אנשי חזקיה מלך יהודה

72–74 דהי"ב. ל"ג, א'–ב'. 74–75 משלי כ"ה, א'.

64 יהושע] מ. טרפון. 64–65 מיום הגשמים גשמים נותנים חיים] מ. מטיפה של גשמים שכך יפה (צ"ל טיפה) של גשמים. 65–66 ואת נתת לנו חיים] מ. ורבי. 67 רבי] מ. < / יותר] א. <. 68–69 שאב ואם–לחיי העולם הבא] מ. שאב ואם בעוה"ז ורבי בעוה"ז ובעולם הבא. 71–72 סמכוני–אמור עקיבא] מ. סמכוני באשישות ואשמע דברי עקיבא תלמידי שאמר חביבין ייסורין אמר לו מנין לך. 72 אמר לו]=מ. ג: א. < / הרי הוא אומר] מ. כך למדתנו מקרא אני דורש דכתיב. 73 עשרה] א. < / שנה] מ. <.

And could the thought enter your mind that Hezekiah king of Judah taught the Torah to all Israel, and to his son Manasseh he did not teach the Torah? You must therefore say that all the instruction which he gave him and all the trouble which he took with him did not affect Manasseh at all. And what did have effect upon him? You must say: chastisements. For it is said: "And the Lord spoke to Manasseh, and to his people; but they gave no heed. Wherefore the Lord brought upon them the captains of the host of the king of Assyria, who took Manasseh with hooks, and bound him with fetters, and carried him to Babylon. And when he was in distress, he besought the Lord his God, and humbled himself greatly before the God of his fathers. And he prayed unto Him; and He was entreated of him, and heard his supplication, and brought him back to Jerusalem into his kingdom" (II Chron. 33.10–13). Thus you learn that chastisements are very precious.

Gods of Silver or Gods of Gold. Why is this said? Since Scripture says: "And thou shalt make two cherubim of gold" (Ex. 25.18). And what if one should say: I am going to make four?

וכי תעלה על דעתך שחזקיה מלך יהודה למד תורה לכל ישראל ולמנשה בנו לא לימד תורה אלא אמור מעתה שכל תלמוד שלימדו וכל עמל שעמל בו לא הועיל לו כלום ומה הועיל לו הוי אומר ייסורין שנאמר וידבר יי אל מנשה ואל עמו ולא הקשיבו ויבא יי עליהם את שרי הצבא אשר למלך אשור וילכדו את מנשה בחוחים ויאסרוהו בנחשתים ויוליכוהו בבלה וכהצר לו חלה את פני יי אלהיו ויכנע מאד מלפני אלהי אבותיו ויתפלל אליו ויעתר לו וישמע תחנתו וישיבהו ירושלם למלכותו הא למדת שחביבין ייסורין.

אלהי כסף ואלהי זהב למה נאמר לפי שהוא אומר ועשית שנים כרובים זהב אמר הריני

80–86 דהי"ב. ל"ג, י'–י"ג. 88 שמות כ"ה, י"ח.

---

76 תעלה על דעתך] מ. < ט. עלתה דעתו של. / שחזקיהו] מ. ט. חזקיהו. 76–77 למד תורה לכל ישראל] מ. על כל העולם כולו לימד תורה. 77 לא] מ. <. 78 אמור מעתה] מ. <. 78–80 שכל תלמוד–הוי אומר יסורין] מ. מכל טורח שטרח בו ומכל עמל שעמל בו לא העלוהו למוטב אלא ייסורין. 81–83 ויבא–ויוליכוהו בבלה] א. <. ט. וגו'. 83 ויוליכוהו] מ. ויבאו אותו / וכהצר] ט. ובהיצר. 83–84 חלה–אבותיו] הגהתי כמו במקרא. מ. חלה את פני יי ויכנע מאד לפני יי אלהי אבותיו א. חלה את פני יי אלהיו ט. חלה את יי אלהי אבותיו. 85–86 ויעתר לו–למלכותו] א. ט. וגו'. 86 ירושלים] מ. לירושלים.

By saying here "gods of gold," Scripture teaches that if you make more than two, they are like gods of gold.

Gods of Silver. Why is this said? Has it not already been said: "gods of gold?" And if we have forbidden even what is otherwise permitted, it is but logical that what has never been permitted should surely be forbidden. What need then is there of saying: "gods of silver?" Because we find in the case of all the vessels of the Temple that if there is no gold for them they may be made of silver, I might think that it is also so in the case of the two cherubim; therefore, it says: "gods of silver." Behold, if you change and do not make them of gold, they are like gods of silver.

Ye Shall Not Make unto You. Lest you say: Since the Torah has given permission to make the cherubim in the Temple, I am also going to make them in the synagogues and in the schoolhouses, Scripture says: "Ye shall not make unto you." Another Interpretation: *Ye Shall Not Make unto You Gods of Silver.* Lest you say: I am going to make them merely for adornment as others do in the various provinces, Scripture says: "Ye shall not make unto you."

עושה ארבעה מה תלמוד לומר אלהי זהב אם הוספת על שנים הרי הם כאלהי זהב אלהי כסף למה נאמר והלא כבר נאמר אלהי זהב ומה תלמוד לומר אלהי כסף והלא מה שהתרנו בו אסרנו בו ומה שאסרנו בו דין הוא שנאסר בו ומה ת״ל אלהי כסף לפי שמצינו בכל כלי בית עולמים שאם אין להם של זהב הן עושין אותן של כסף שומע אני אף שנים כרובים כן ת״ל אלהי כסף הא אם שניתם משל זהב הרי הם כאלהי כסף.

לא תעשו לכם שלא תאמר הואיל ונתנה תורה רשות לעשות בבית המקדש הרי אני עושה בבתי כנסיות ובבתי מדרשות ת״ל לא תעשו לכם. דבר אחר לא תעשו לכם אלהי כסף שלא תאמר הרי אני עושה לנוי כדרך שאחרים עושים במדינות ת״ל לא תעשו לכם.

94–95 מנחות כ״ח, ב׳. 97–100 ש. 115.

---

89 מה] ק. ומה נ. ל. ט. < / זהב] ד. כסף מ״ח. כסף ואלהי זהב. 91–93 ומה ת״ל–שנאסר בו] ד. <. 92 והלא]=ט: א. מ. אלא מ״ח. וקל וחומר. 93 שאסרנו] מ. שאמרנו. 95 הן] ד. </ שנים] ד. < מ״ח. שני. 96 שניתם] ד. אינו נותן מ״ח. עשיתם. 96–97 משל זהב] ד. של זהב מ״ח. משל כסף. 97 כאלהי כסף] מ״ח. כאלהי זהב. 102 אני עושה] ד. אנו עושין / לנוי]= ל״ט. מ״ח. רמב״ם בסה״מ. מצוה ד׳: ט. ~ או א. לנו אי (צ״ל לנואו) מ. לכנואי (!) ד. לנו.

Chapter XI
(Ex. 20.21–23)

An Altar of Earth Thou Shalt Make unto Me. An altar made especially for Me. You should not have first built it for the name of another. R. Ishmael says: An altar attached to the earth you shall make unto Me. You shall not build it upon stones or upon pillars. R. Nathan says: An altar hollowed[1] through to the earth shalt thou make for Me, as it is said: "Hollow with planks shalt thou make it" (Ex. 27.8). Issi b. Akiba says: An altar of copper filled in with earth thou shalt make unto Me, as it is said: "Because the brazen altar that was before the Lord was too little to receive,"[2] etc. (I Kings 8.64). And was it really too little? Has it not been said: "A thousand burnt-offerings did Solomon offer upon that altar" (ibid. 3.4)? What then does it mean by saying: "too little?" It merely teaches that on the day when the one was built the other was hidden away.[3]

---

[1] See Introduction and cf. Commentaries.

[2] See Introduction. It is assumed that the altar here referred to was the one made by Moses, presupposing in the parallel passage in II Chron. 7.7 the reading אשר עשה משה as given in Zeb. 59a (cf., however, Rabbinovicz, *Dikduke Soferim* ad loc.) instead of אשר עשה שלמה, as found in our masoretic text.

[3] See Introduction.

פרשה יא (שמות כ׳, כ״א–כ״ג.)

מזבח אדמה תעשה לי מזבח מיוחד לי שלא תבנהו מתחלה לשום אחר רבי ישמעאל אומר מזבח מחובר באדמה תעשה לי שלא תבנהו על גבי כיפים ולא על גבי עמודים רבי נתן אומר מזבח חלול באדמה תעשה לי שנאמר נבוב לוחות תעשה אותו איסי בן עקיבא אומר מזבח נחשת מלא אדמה תעשה לי שנאמר כי מזבח הנחשת אשר לפני יי קטן מהכיל וגו׳ וכי קטן היה והלא כבר נאמר אלף עולות יעלה שלמה על המזבח ההוא ומה ת״ל קטן אלא מלמד שביום שנבנה זה נגנז זה.

2–4 זבחים נ״ח, א׳. 5–6 שמות כ״ז, ח׳; זבחים ס״א, ב׳. 7–8 מלכים א. ח׳, ס״ד. 6–10 זבחים נ״ט, א׳–ב׳; ס״א, ב׳. 8–9 מלכים א׳. ג׳, ד׳. 8–10 מ״ת 54.

---

3 מחובר] ד. <. 5 חלול] מ״ח. מלא. 6 עקיבא] מ. עקביא. 10 מלמד] ד. < / נגנז] ק. נכנס.

And Shalt Slaughter on It. That is, near it. Perhaps "on it" literally? And the following reasoning would favor it: If the north side of the altar, which is not a fit place for the performance of atonement rites, is a fit place for the slaughtering, the top of the altar, which is a fit place even for the performance of atonement rites, should surely be a fit place for the slaughtering. But the case of the inner altar would disprove this. For the latter is a fit place for the performance of atonement rites and yet it is not a fit place for slaughtering. It would therefore prove concerning the outer altar that although it is a fit place for the performance of atonement rites, it should nevertheless not be a fit place for slaughtering. No! If you cite the case of the inner altar—[that is another matter], for it is not a place for any act which allows the meat to be eaten, or qualifies a person to partake of holy things, or completes the atonement. Therefore it is not a fit place for slaughtering. But will you say the same about the outer altar? It is a place for acts which allow the meat to be eaten, qualify a person to partake of holy things, and complete the atonement. It should therefore be a fit place for the slaughtering also. But Scripture says: "And thou shalt offer thy burnt-offerings, the flesh and the blood upon the altar of the Lord thy God" (Deut. 12.27)—the flesh and the blood shall be offered on the top of the altar, but the slaughtering shall not be performed on the top of the altar. R. Jose says that it is also permitted to slaughter on the top of

וזבחת עליו כנגדו או עליו כמשמעו והדין נותן ומה אם צפון המזבח שאינו כשר לכפרה כשר לשחיטה ראש המזבח שהוא כשר לכפרה דין הוא שיוכשר לשחיטה והרי מזבח הפנימי יוכיח שהוא כשר לכפרה ואינו כשר לשחיטה הוא יוכיח על מזבח החיצון אף על פי שהוא כשר לכפרה לא יוכשר לשחיטה לא אם אמרת במזבח הפנימי שאינו לא מתיר ולא מכשיר ואינו גומר את הכפרה לפיכך אינו כשר לשחיטה תאמר במזבח החיצון שהוא מתיר ומכשיר וגומר את הכפרה לפיכך יהא כשר לשחיטה ת"ל ועשית עולותיך הבשר והדם על מזבח יי אלהיך הבשר והדם בראש המזבח ואין שחיטה בראש המזבח רבי יוסי אומר אף לשחוט

21–22 דברים י"ב, כ"ו. 23–34 זבחים נ"ח, א'.

---

11 או] ד. ~ אינו אלא. 19–21 תאמר–כשר לשחיטה] ד. > 20 יהא כשר] מ. לא יוכשר (בתמיה?). 23 יוסי] ד. אסי.

the altar.[4] And this scriptural passage supports him: "An altar of earth thou shalt make unto Me and shalt slaughter on it," etc. (Ex. 20.21). One passage says: "Thy burnt-offerings and thy peace-offerings" (ibid.). And another passage says: "Thy burnt-offerings, the flesh and the blood" (Deut. 12.27). How are both these passages to be maintained? Said R. Jose the son of R. Judah: From the middle of the altar and northward is considered north. And from the middle of the altar and southward is considered south. I would know only that the northern part of the altar is a fit place for slaughtering. How about the entire northern part of the Temple court? Scripture says: "And he shall kill the he-lamb in the place where they kill the sin-offering and the burnt-offering in the place of the sanctuary" (Lev. 14.13). There can be no purpose in saying: "In the place of the sanctuary," except to declare its entire northern part a place fit for slaughtering.

And Thou Shalt Slaughter on It Thy Burnt-Offerings, etc. From this I know only about the burnt-offerings and the peace-offerings. How about other holy sacrifices? It says: "For as the sin-offering is the priest's so is the guilt-offering" (ibid.). There can be no purpose in continuing to say: "It is most holy" (ibid.), except to permit the slaughtering of all the sacrifices in the same place. Still I would know it only in regard to the sin-offering, burnt-offering and the peace-offering How about all other sacrifices of the community?

[4] See above *Pisḥa*, II, note 1.

בראש המזבח והכתוב מסייעו שנאמר מזבח אדמה תעשה לי וזבחת עליו וגו'. כתוב אחד אומר את עולותיך ואת שלמך וכתוב אחד אומר ועשית עולותיך הבשר והדם הא כיצד יתקיימו שני כתובים הללו אמר רבי יוסי ברבי יהודה מחצי המזבח לצפון כצפון מחצי המזבח לדרום כדרום ואין לי אלא צפון המזבח שהוא כשר לשחיטה ושאר כל צפון העזרה מנין ת"ל ושחט את הכבש במקום אשר ישחט את החטאת ואת העולה במקום הקדש שאין ת"ל במקום הקדש אלא להכשיר בו כל רוח צפונית.

וזבחת עליו את עולותיך וגו' אין לי אלא עולה ושלמים שאר כל הקדשים מנין ת"ל כי כחטאת האשם הוא לכהן שאין ת"ל קדש קדשים אלא להכשיר בו כל הקדשים אין לי אלא חטאת ועולה ושלמים שאר כל קרבנות הצבור מנין ת"ל

31–32 ויקרא י"ד, י"ג. 33–41 ת"כ מצורע ג' (71d). ש. שם.

---

24 מסייעו] א. מ. מסייע. 27 הא] ד. <. 32 את החטאת ואת העולה במקום הקודש] הוספתי: א. מ. וגו' ד. את העולה, וליתא במקרא. 33 אלא] א. ומה ת"ל במקום הקדש אלא. 33–34 רוח צפונית] ד. הקדשים א"צ. הקדש. 35–38 וזבחת עליו-כל הקדשים] ד. <. 37 האשם] מ. כאשם. 39 הצבור] ד. <.

Scripture says: "Thy sheep and thine oxen." But this might be interpreted to include not only all the sacrifices but also ordinary animals. You must reason: What does the context deal with? With sacrifices only.

In Every Place, etc. Where I reveal Myself to you, that is, in the Temple. Hence they said: The tetragrammaton is not to be pronounced outside of the Temple.—R. Eliezer b. Jacob says: If you come to my house I will come to your house, but if you do not come to my house I will not come to your house. The place my heart loveth, thither my feet lead me.—In connection with this passage the sages said: Wherever ten persons assemble in a synagogue the Shekinah is with them, as it is said: "God standeth in the congregation of God" (Ps. 82.1). And how do we know that He is also with three people holding court? It says: "In the midst of the judges He judgeth" (ibid.). And how do we know that He is also with two? It is said: "Then they that feared the Lord spoke one with another," etc. (Mal. 3.16). And how do we know that He is even with one? It is said: "In every place where I cause My name to be mentioned I will come unto thee and bless thee."

And If Thou Make Me an Altar of Stone. R. Ishmael says: Every "if" in the Torah refers to a voluntary act with the exception of three.

את צאנך ואת בקרך משמע מביא את הקדשים ואת החולין אמרת במי הענין מדבר בקדשים.

בכל המקום וגו' שאני נגלה עליך בבית הבחירה מכאן אמרו שם המפורש אסור להאמר בגבולין רבי אליעזר בן יעקב אומר אם תבא לביתי אבא לביתך ואם לא תבא לביתי אף אני לא אבא לביתך מקום שלבי אוהב שם רגלי מוליכות אותי מכאן אמרו כל עשרה בני אדם שנכנסין לבית הכנסת שכינה עמהם שנאמר אלהים נצב בעדת אל ומנין אפילו שלשה שדנין שנאמר בקרב אלהים ישפוט ומנין אפילו שנים שנאמר אז נדברו יראי יי איש אל רעהו ומנין אפילו אחד שנאמר בכל המקום אשר אזכיר את שמי אבוא אליך.

ואם מזבח אבנים תעשה לי רבי ישמעאל אומר כל אם ואם שבתורה רשות חוץ

44–46 סוכה נ"ג, ב'. אדר"נ י"ב. 47–52 אבות ג', ב'. ברכות ו', א'. ט. שם. 48 תהלים פ"ב, א'. 49–50 תהלים שם. 50–51 מלאכי ג', ט"ז.

---

42 בכל המקום] ט. ט"כ. ~ אמרת במי (ט. במה) הענין מדבר / שאני מ. ט. ט"כ. שאינו / מ"ח. אינו כ. (תהלים פ"ב, ז') איני / עליך] ט. ט"כ. מ"ח. ~ אלא. 45 אף אני] ד. <. 48 עמהם] מ. עליהן. 54 אם ואם] ד. אם.

"And if thou bring a meal-offering of first fruits" (Lev. 2.14) refers to an obligatory act. You interpret it to be obligatory. Perhaps it is not so, but is merely voluntary? Scripture however says: "Thou shalt bring for the meal-offering of thy first fruit" (ibid.)—it is obligatory and not voluntary. Similarly, "If thou lend money to any of My people," etc. (Ex. 22.24), refers to an obligatory act. You interpret it to be obligatory. Perhaps it is not so, but is merely voluntary? Scripture however says: "Thou shalt surely lend him" (Deut. 15.8)—it is obligatory and not voluntary. "And if thou make Me an altar of stone," refers to an obligatory act. You interpret it to be obligatory. Perhaps it is not so, but is merely voluntary? Scripture however says: "Thou shalt build . . . of unhewn stones" (ibid., 27.6). And what does Scripture teach by saying: "And if thou make Me an altar of stone?" Simply this: If one wishes to make an altar of stones one may do so, and if one wishes to make an altar of bricks one may do so. Now, by using the method of *kal vaḥomer*, one can reason: If in the case of the altar, a very important object, a change in the material is permitted if desired, how much more should this be permitted in the case of all the other Temple objects.

משלשה ואם תקריב מנחת בכורים וגו׳ חובה אתה אומר חובה או אינו אלא רשות ת״ל תקריב את מנחת בכוריך חובה ולא רשות כיוצא בו אם כסף תלוה את עמי וגו׳ חובה אתה אומר חובה או אינו אלא רשות ת״ל העבט תעביטנו חובה ולא רשות ואם מזבח אבנים תעשה לי חובה אתה אומר חובה או אינו אלא רשות ת״ל אבנים שלמות תבנה חובה ולא רשות ומה ת״ל ואם מזבח אבנים תעשה לי אלא אם רצה לעשות של אבנים יעשה של לבנים יעשה והרי דברים קל וחומר ומה אם מזבח החמור אם רצה לשנות ישנה קל וחומר לשאר כל הכלים.

53–57 ת״כ ויקרא נדבה י״ג (12º). 53–62 לקמן כספא א׳. 53–109 ש. 116. 55 ויקרא ב׳, י״ד. 57–58 שמות כ״ב, כ״ד. 59 דברים ט״ו, ח׳. 61 שם כ״ז, ו׳.

---

55 ואם] א. אם. 56–57 תקריב–בכוריך] מ. תקריב מנחת בכורים. 60 ואם מזבח] ד. כיוצא בו ואם מזבח. 61–62 חובה ולא רשות]=ג. ז״י. א״צ. ש״י: ט. ~ מזבח אדמה תעשה לי רשות ולא חובה א. מ. ד. רשות אתה אומר רשות או אינו אלא חובה ת״ל מזבח אבנים (מ. אדמה) תעשה לי רשות ולא חובה מ״ח. אבנים רשות או אינו אלא חובה. 62 ומה ת״ל] מ״ח. ת״ל / אבנים] א. אדמה. 64 קל וחומר] מ. ד. ~ לשאר כל הכלים. 64–65 ומה אם–כל הכלים] מ. <.

Thou Shalt Not Build It of Hewn Stones. "Hewn stones" means only stones cut by lifting an iron tool upon them. R. Nathan says: Suppose one has built into the altar two stones cut by lifting an iron tool upon them, I might understand that the whole altar becomes unfit thereby. But Scripture says: "Thou shalt not build with[5] hewn stones."—They alone are unfit but the rest of the altar is still fit.

Thou Shalt Not Build It of Hewn Stones. It alone you are not allowed to build of hewn stones, but you may build the Temple and even the Holy of Holies of hewn stones. For the following argument might have been advanced: If the altar, which is of lesser importance, is not to be built of hewn stones, it is but logical that the Temple and the Holy of Holies which are of greater importance should all the more not be built of hewn stones. Therefore Scripture says: "Thou shalt not build it of hewn stones."—It alone you are not to build of hewn stones, but you may build the Temple and even the Holy of Holies of hewn stones. And how am I to maintain the passage: "And there was neither hammer nor axe nor any tool of iron heard in the house, while it was in building" (I Kings 6.7)? "In the house" they were not heard, but they had been heard outside of the house.

---

[5] This rendering of the word אתהן is required by the *Mekilta*, which takes it to be like עמהן, thus interpreting the passage to mean: Do not use hewn stones with the other stones of which the altar is properly made.

לא תבנה אתהן גזית אין גזית אלא גזוזות שהונף עליהם ברזל רבי נתן אומר והרי שבנה בו שתי אבנים גזוזות שהונף עליהם ברזל שומע אני יהא המזבח כלו פסול ת"ל לא תבנה אתהן גזית הן פסולות ושאר כל המזבח כשר.

לא תבנה אתהן גזית בו אין אתה בונה גזית אבל אתה בונה בהיכל ובקדשי הקדשים שהיה בדין ומה אם מזבח הקל אסור לבנות בו גזית ההיכל וקדש הקדשים החמורים דין הוא שתהא אסור לבנות בהן גזית ת"ל לא תבנה אתהן גזית בו אין אתה בונה גזית אבל אתה בונה גזית בהיכל ובקדש הקדשים ומה אני מקים ומקבות והגרזן כל כלי ברזל לא נשמע בבית בהבנותו בבית אינו נשמע אבל בחוץ נשמע.

66–70 מדות ג', ד'. 71–79 סוטה מ"ח, ב'. תמיד כ"ו, ב'. מ"ת 180.
77–78 מלכים א. ו', ז'.

---

66 גזית[2]] א. גזיז. 67 שהונף] מ. שהונח. 68 שהונף] מ. שהונח.
70 ושאר כל המזבח כשר] ד. ולא המזבח כלו פסול. 71–72 בונה גזית] מ. ד. בונה. 74–75 שתהא אסור לבנות בהן] ד. שלא יהו בונין בו. 78 כל כלי] א. ט. ט"כ. וכל כלי.

For If Thou Lift Up Thy Sword upon It, etc. In this connection R. Simon b. Eleazar used to say: The altar is made to prolong the years of man and iron is made to shorten the years of man. It is not right for that which shortens life to be lifted up against that which prolongs life, R. Joḥanan b. Zakkai says: Behold it says: "Thou shalt build . . . of whole[6] stones" (Deut. 27.6). They are to be stones that establish peace. Now, by using the method of *kal vaḥomer*, you reason: The stones for the altar do not see nor hear nor speak. Yet because they serve to establish peace between Israel and their Father in heaven the Holy One, blessed be He, said: "Thou shalt lift up no iron tool upon them" (ibid., v. 5). How much the more then should he who establishes peace between man and his fellow-man, between husband and wife, between city and city, between nation and nation, between family and family, between government and government, be protected so that no harm should come to him.

Neither Shalt Thou Go Up by Steps unto Mine Altar.—Hence they said: Make an inclined plane leading up to the altar.—From this passage I would know only about ascending. How about descending? Scripture says: "That thy nakedness be not uncovered thereon." Hence it matters

---

[6] This rendering of the word שלמות is required by the *Mekilta*.

כי חרבך הנפת עליה וגו׳ מכאן היה רבי שמעון בן אלעזר אומר המזבח נברא להאריך ימיו של אדם והברזל נברא לקצר שנותיו של אדם אינו דין שיניף המקצר על המאריך רבן יוחנן בן זכאי אומר הרי הוא אומר אבנים שלמות תבנה אבנים שמטילות שלום והרי דברים קל וחומר ומה אם אבני המזבח שאינן לא רואות ולא שומעות ולא מדברות על שהן מטילות שלום בין ישראל לאביהם שבשמים אמר הקב״ה לא תניף עליהם ברזל המטיל שלום בין איש לאיש בין איש לאשתו בין עיר לעיר בין אומה לאומה בין משפחה למשפחה בין ממשלה לממשלה על אחת כמה וכמה שלא תבואהו פורענות.

ולא תעלה במעלות על מזבחי מכאן אמרו עשה כבש למזבח אין לי אלא עלייה ירידה מנין ת״ל אשר לא תגלה ערותך עליו הא לא

80—92 ת״כ קדושים י׳ (92d). תוס׳ ב״ק ז׳, ו׳–ז׳. ת. יתרו י״ח. 81—83 מדות שם. 88—89 דברים כ״ז, ה׳.

81 שמעון בן] ג. < / נברא] א. נבנה. 82 נברא לקצר] ט. מקצר ד. לקצר. 83 דין שיניף] מ. דין שיניח ד. רשאי להניף. 88 לא תניף עליהם] מ. לא תניף עליו.

not whether it is at going up or at coming down. What does matter is being covered. R. Ishmael says: This passage is not needed for this. For has it not already been said: "And thou shalt make them linen breeches to cover the flesh of their nakedness" (Ex. 28.42)? What then does Scripture teach by saying: "That thy nakedness be not uncovered thereon"? That one is not to take big steps on it but walk heel touching toe and toe touching heel.

That Thy Nakedness Be Not Uncovered On It. On it you are not allowed to take big steps but you may take big steps in the Temple and even in the Holy of Holies. For the following argument might have been advanced: If on the altar, which is of lesser importance, it is forbidden to take big steps, it is but logical that in the Temple and the Holy of Holies, which are of greater importance, it should be forbidden to take big steps. Therefore Scripture says: "That thy nakedness be not uncovered on it."—On it you are not allowed to take big steps, but you may take big steps in the Temple and even in the Holy of Holies. Behold now, using the method of *kal vaḥomer*, you reason: The stones of the altar have no sense of what is proper or improper. Yet God said that you should not

עלייה ולא ירידה גרמה אלא כסוי גורם רבי ישמעאל אומר אינו צריך והלא כבר נאמר ועשה להם מכנסי בד לכסות בשר ערוה ומה ת״ל אשר לא תגלה ערותך עליו שלא יפסע בו פסיעה יתירה אלא גודל בצד עקב ועקב בצד גודל.

אשר לא תגלה ערותך עליו עליו אין אתה פוסע פסיעה יתירה אבל אתה פוסע פסיעה יתירה בהיכל ובקדש הקדשים שהיה בדין ומה אם מזבח הקל את אסור לפסוע בו פסיעה יתירה ההיכל ובית קדש הקדשים החמורים דין הוא שתהא אסור לפסוע בהן פסיעה יתירה ת״ל אשר לא תגלה ערותך עליו בו אין אתה פוסע פסיעה יתירה אבל אתה פוסע פסיעה יתירה בהיכל ובבית קדש הקדשים והרי דברים קל וחומר ומה אם אבניב שאין בהם דעת לא לרעה ולא לטובה אמר המקום

97–98 שמות כ״ח, מ״ב. 109–112 ת. שם.

99 שלא יפסע–יתירה] ד. שלא ילך פסיעה גסה. 100 אלא] מ. אבל. 101 אשר לא] ג. דבר אחר אשר לא. 102 יתירה] ד. גסה. 103 יתירה] ד. גסה. 104 יתירה] ד. <. 105 ובית קדש] ד. וקדש. 106 לפסוע בהן פסיעה יתירה] ד. לפסוע פסיעה גסה בהן לפי שהן חמורין. 108 ובבית קדש] ד. ובקדש.

treat them disrespectfully. It is therefore but logical that you must refrain from treating your fellow-man, who is made in the image of Him by whose word the world came into being, with disrespect.

That Thy Nakedness Be Not Uncovered on It. And These Are the Ordinances which Thou Shalt Set Before Them.[7] We can thus learn that the place for the Sanhedrin is alongside of the altar. Although there is no proof for it, there is a suggestion of it in the passage: "And Joab fled into the tent of the Lord and caught hold of the horns of the altar"[8] (I Kings 2.28).

---

[7] The proximity of the laws about the altar and about justice suggests that the altar and the tribunal of justice, i. e., the *Sanhedrin*, should actually be adjacent.

[8] See Commentaries.

לא תנהוג בהן בבזיון חברך שהוא בדמותו של מי שאמר והיה העולם דין הוא שלא תנהוג בו בבזיון.

אשר לא תגלה ערותך עליו ואלה המשפטים אשר תשים נמצינו למדין שסנהדרין בצד המזבח ואף על פי שאין ראיה לדבר זכר לדבר שנאמר וינס יואב אל אהל יי ויחזק בקרנות המזבח.

חסלת מסכתא דבחודש השלישי

113–117 לקמן נזיקין ד׳. 116–117 מלכים א. ב׳, כ״ח.

111 בבזיון] ד. מנהג בזיון / בדמותו] מ. בדמיונו. 112 בבזיון] ד. מנהג בזיון. 113 אשר לא תגלה ערותך עליו] ק. נ. ~ חסלת פרשת יתרו. 115 בצד המזבח] ד. באין בצד המזבח ט. שמסר דין (אולי צ״ל שמסדרין?) דירתו בצד המזבח ט״כ. שמצדדין דירתן לצד המזבח. 118 חסלת מסכתא דבחודש השלישי] מ. ק. נ. < ל. חסלת פרשת יתרו. עיין מאמרי The Arrangement and the Divisions of the Mekilta, *Hebrew Union College Annual*, I, pp. 443-4.